生活·讀書·新知 三联书店

郑重 著

海上收藏世家

Copyright © 2022 by SDX Joint Publishing Company.
All Rights Reserved.

本作品版权由生活·读书·新知三联书店所有。
未经许可，不得翻印。

图书在版编目（CIP）数据

海上收藏世家 / 郑重著 . —北京：生活·读书·新知三联书店，2022.4
ISBN 978-7-108-06946-7

Ⅰ. ①海… Ⅱ. ①郑… Ⅲ. ①收藏家-列传-上海 Ⅳ. ① K825.4

中国版本图书馆 CIP 数据核字（2020）第 159977 号

责任编辑	唐明星	
装帧设计	康　健	
责任校对	龚黔兰	
责任印制	宋　家	
出版发行	生活·讀書·新知 三联书店	
	（北京市东城区美术馆东街 22 号 100010）	
网　　址	www.sdxjpc.com	
经　　销	新华书店	
印　　刷	北京隆昌伟业印刷有限公司	
版　　次	2022 年 4 月北京第 1 版	
	2022 年 4 月北京第 1 次印刷	
开　　本	635 毫米 × 965 毫米 1/16 印张 28.75	
字　　数	383 千字　图 64 幅	
印　　数	0,001-6,000 册	
定　　价	79.00 元	

（印装查询：01064002715；邮购查询：01084010542）

1 唐 怀素 苦笋帖　　　　周湘云旧藏　上海博物馆征集

2　明　祝允明　牡丹赋（一）

戚叔玉　徐志英捐赠

3 五代 徐熙 雪竹图　　钱镜塘旧藏　上海博物馆征集

4 南宋 马远 雪屐观梅图　　　　　　　　丁惠康旧藏　上海博物馆征集

5　宋人　秋山萧寺图　　　　　　　　　　　　　　　　　　两涂轩庄氏家族捐赠

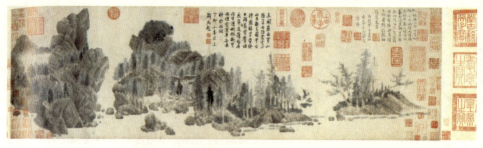

6　元　钱选　浮玉山居图　　　　　　　　　庞莱臣旧藏　上海博物馆征集

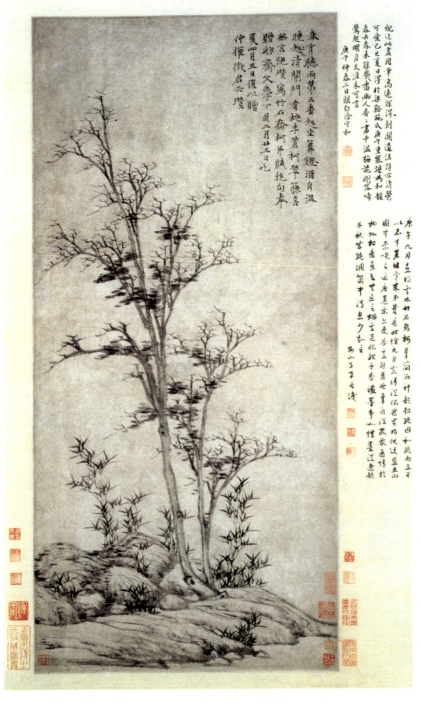

7　元　倪瓒　竹石乔柯图　　　　　　　　　　　　　　　顾公雄家族捐赠

8 元 朱德润 浑沦图

9 明 吕纪 寒香幽鸟图

孙志飞家族捐赠

10 明 唐寅 雪山会琴图

孙志飞家族捐赠

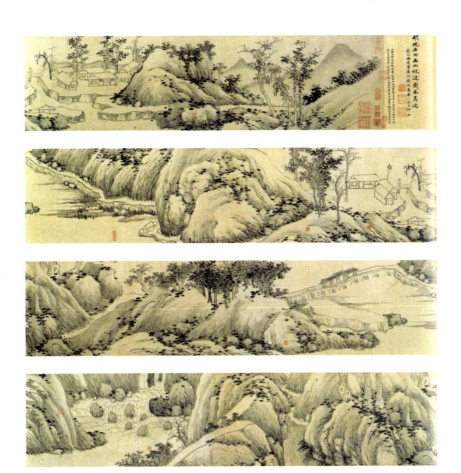

11　明　沈周　西山纪游图（一）　　　　孙邦瑞旧藏，吴湖帆题跋　上海博物馆征集

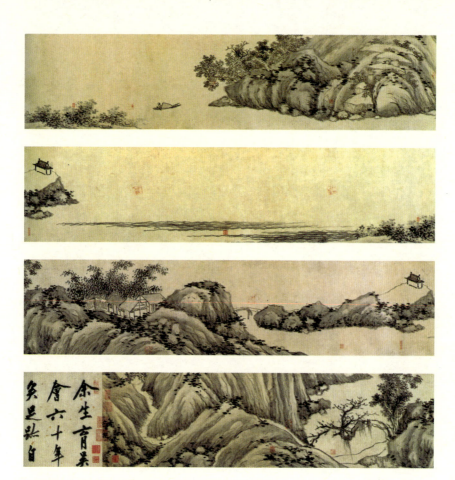

12 明 沈周 西山纪游图(二)

13 明 沈周 两江名胜图（一）

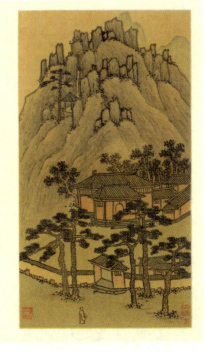

潘达于旧藏　上海博物馆征集

14 明 文徵明 天平龍門圖

吳芳生家族捐贈

15 清　玉翚　山水　　　　　　　　　　　　　孙煜峰　王德封捐赠

16 清　王原祁　山水　　　　　　　　　　　　孙煜峰　王德封捐赠

17 元 任仁发 秋水凫鹭图

庞莱臣旧藏 上海博物馆征集

18 明 陈洪绶 斜倚薰笼图

严惠宇捐赠

19 西周孝王 大克鼎 潘达于捐赠

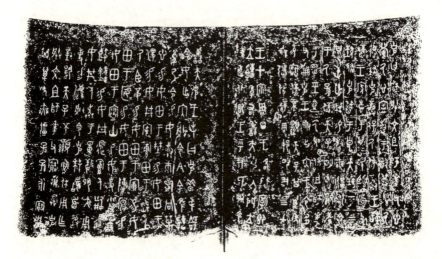

20　商晚期　亚次觚
　　李荫轩　邱辉捐赠

21　西周成王　亚盉
　　李荫轩　邱辉捐赠

22 北宋 定窑白釉
印花云龙纹盘
顾恺时捐赠

23 北宋 钧窑月白釉出戟尊
　　胡惠春　王华云捐赠

24 清 雍正 景德镇窑青花
釉里红三果纹高足碗
陈萍捐赠

25 北宋 耀州窑盖盒
陈器成捐赠

26 宋 乾元重宝背十（正背）
罗伯昭捐赠

27 清 光绪四川当三十铜元（正背）
罗伯昭捐赠

28 清 光绪 吉字圆孔五钱
机铸币（正背）
施嘉幹 董逸新捐赠

29 清 上海一两银币（正背）
施嘉幹 董逸新捐赠

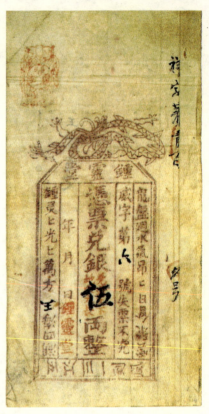

30 清 钟灵堂伍两布币（正背）
　　吴筹中捐赠

目　录

大克鼎：从潘祖荫到潘达于　　1

半壁江山过云楼：顾公雄、沈同樾夫妇的
　　书画收藏　　14

红顶房老板：周湘云和他的收藏　　26

历尽沧桑的商鞅方升：鉴藏家龚心铭、龚安东
　　父子　　38

珍惜那段情缘：鉴藏家龚心钊、龚安英父女　　47

庞莱臣：虚斋名画甲东南　　55

从竹山堂到宝山楼：潘博山与潘景郑的收藏　　68

父子收藏家：丁福保与丁惠康　　81

小校经阁主人刘晦之　　91

钱镜塘："我爱雪竹图"　　105

顾丽江：真、小、精、多的收藏　　118

华笃安：方寸之间天地宽　　127

吴湖帆：梅景书屋，梅花安在　　139

严惠宇：收藏以自娱　　154

孙伯渊：碑帖鉴藏家　　163

常熟瞿氏：藏书五世的铁琴铜剑楼　　174

庄万里：两涂轩"挥泪含笑别家珍"　　181

孙煜峰：有收藏思想体系的收藏家　　192

陈器成：收藏无悔　　203

孙志飞与王亢元：收藏道上两亲家　　212

吴芳生：儒商的收藏精神　　225

张继英：云山看去天无尽　　234

袁安圃：将自己"藏"起来　　244

胡惠春：暂得楼主的瓷器收藏　　255

刘靖基：书画相伴度终生　　270

李荫轩：青铜泪坠如铅水　　281

罗伯昭和钱币收藏家群体　　294

李伟先：钱币界的"独行侠"　　307

施嘉幹和他收藏的现代钱币　　315

吴筹中：纸币收藏五十年　　327

戚叔玉：学者型的收藏家　　341

何东轩与吴王夫差盉　　350

顾恺时：偶然走上收藏之路　　359

王南屏的遗愿：送"王安石"回家　　374

薛贵笙：上海古玩界的老资格　　385

谭敬：聚是他，散亦是他　　392

张珩：四海无双木雁斋　　　402

陈萍：功利心太强的人成不了收藏家　　　414

杜维善：从"丝绸之路"古钱币上发现历史　　　423

张永珍：收藏我喜欢的东西，再贵也值得　　　440

后记　　　452

图版目录

1	唐	怀素	苦笋帖	周湘云旧藏　上海博物馆征集
2	明	祝允明	牡丹赋（一）	戚叔玉　徐志英捐赠
3	五代	徐熙	雪竹图	钱镜塘旧藏　上海博物馆征集
4	南宋	马远	雪屐观梅图	丁惠康旧藏　上海博物馆征集
5	宋人		秋山萧寺图	两涂轩庄氏家族捐赠
6	元	钱选	浮玉山居图	庞莱臣旧藏　上海博物馆征集
7	元	倪瓒	竹石乔柯图	顾公雄家族捐赠
8	元	朱德润	浑沦图	刘靖基捐赠
9	明	吕纪	寒香幽鸟图	孙志飞家族捐赠
10	明	唐寅	雪山会琴图	孙志飞家族捐赠
11	明	沈周	西山纪游图（一）	孙邦瑞旧藏，吴湖帆题跋　上海博物馆征集
12	明	沈周	西山纪游图（二）	
13	明	沈周	两江名胜图（一）	潘达于旧藏　上海博物馆征集
14	明	文徵明	天平龙门图	吴芳生家族捐赠

15	清 玉翚 山水	孙煜峰 王德封捐赠	
16	清 王原祁 山水	孙煜峰 王德封捐赠	
17	元 任仁发 秋水凫鹭图	庞莱臣旧藏 上海博物馆征集	
18	明 陈洪绶 斜倚薰笼图	严惠宇捐赠	
19	西周孝王 大克鼎	潘达于捐赠	
20	商晚期 亚次觚	李荫轩 邱辉捐赠	
21	西周成王 亚盉	李荫轩 邱辉捐赠	
22	北宋 定窑白釉印花云龙纹盘	顾恺时捐赠	
23	北宋 钧窑月白釉出戟尊	胡惠春 王华云捐赠	
24	清 雍正 景德镇窑青花釉里红三果纹高足碗	陈萍捐赠	
25	北宋 耀州窑盖盆	陈器成捐赠	
26	宋 乾元重宝背十（正背）	罗伯昭捐赠	
27	清 光绪四川当三十铜元（正背）	罗伯昭捐赠	
28	清 光绪 吉字圆孔五钱 机铸币（正背）	施嘉幹 董逸新捐赠	
29	清 上海一两银币（正背）	施嘉幹 董逸新捐赠	
30	清 钟灵堂伍两布币（正背）	吴筹中捐赠	

大克鼎：从潘祖荫到潘达于

每次去上海博物馆，我总要参观青铜器陈列室，到了青铜器陈列室，又总要看西周彝器大克鼎。这固然是因为鼎的体积之大，还有更重要的是鼎的造型之美。

它那微敛的口部、方方的唇、宽宽的沿、鼓出的腹部、大立耳、蹄足，气魄真是够雄浑厚重的了。再看它周身的纹饰，也透露出一种厚朴美，和它的造型浑然一体。从玉器纹饰演变过来的兽面纹，到这时已经完全变形，仅存双目和一些弯曲的条纹，浮现在颈部，那方方眼眶中的瞳仁，似乎在水灵灵地转动，这是不是异化了的生命？宽大的波曲纹，在它的腹部形成了带状与环状相结合的浮雕，有起有伏，连续反复，有着一种活泼舒畅的律动感。还有那排列28行290字的铭文，是少见的金文书法杰作。整体布局严谨，字迹端正质朴，行款纵横疏密有致，和鼎身纹饰风格一脉相通。文物界的一代宗师徐森玉先生初次见到此鼎时惊叹道："（大盂鼎与大克鼎）乃是研究中国古代史和美术考古学的珍贵资料，它们在学术上的价值，堪与毛公鼎、散氏盘和虢季子盘媲美，若以小盂鼎、小克鼎与之相比，真有大巫小巫之别了。"

数千年时光的流逝，给它披上了遍身斑驳的铜绿，但历史的烟尘封不住它散射的时代光芒。铸刻的铭文告知我们：大克鼎的最初主人是克，西周孝王（距今2800多年）时的膳夫，专管周天子的饮食，属于

"天官"。克的祖父师华父是周室重臣，辅弼王室，德厚功高。周天子感念师华父的功绩，就任命克为出传王命、入达下情的宫廷大臣。官职爵禄世袭，单传嫡长子、孙。克知道自己的一切都得之于祖父的余荫，于是铸造了这个大鼎，用来祭祀祖父师华父。这铭文是周天子把土地赏给臣民的记录，对于西周的土地制度、社会制度的研究，都提供了极其珍贵的史料。

我们应该感谢那位叫克的人，作为这件鼎的最初主人，为后人留下了这件集科学、历史、艺术于一身的古器，使我们知道了两千多年前的许多事情。我们更应该感谢珍藏这尊鼎的最后一位主人潘达于先生，她视大克鼎如生命，历尽劫波，终于把它保护起来，最后又把它送进文物殿堂——上海博物馆，完成了作为收藏家的最神圣的使命。

吴中"贵潘"

潘达于（1906—2007），1906年3月出生在苏州，原姓丁，1923年嫁入潘家。因丈夫潘承镜早逝，为了掌管门户、守护家财的责任，遂改姓潘，名达于。潘达于父亲丁春之，曾任山西定襄知县。

苏州潘家是大户，但分两族，一是大儒巷的"富潘"，族大，兄弟子侄众多，从事金融工作者多。一是钮家巷的"贵潘"，世代书香，曾出过状元、探花、举人，代代有人在朝中做官。同治年间，李鸿章抚苏州时曾题赠一匾额曰：祖孙父子叔侄兄弟翰林之家。"贵潘"中最显贵者是状元宰辅潘世恩，他历乾隆、嘉庆、道光、咸丰四朝，爵位蝉联，可谓"四朝元老"。

潘世恩就是潘达于的高祖父。潘世恩（1769—1854），初名世辅，字槐堂，号芝轩，别署思补老人，清代苏州府吴县人。16岁参加童子试时，得到吴县知县李昶亭（字逢春）和知府胡世铨的褒扬佳评。是年

潘达于像

补诸生,就读于紫阳书院。乾隆五十七年(1792)中乡试举人,次年中癸丑科一甲一名进士,状元及第,授翰林院修撰,历任翰林院侍讲学士、侍读学士,礼部侍郎,工、户、吏三部尚书,体仁阁大学士,军机大臣。道光十五年(1835)任翰林院掌院学士、东阁大学士。道光十八年晋武英殿大学士,赠太子太保、太傅衔。

潘氏家族在潘世恩之后,最显赫的就是潘祖荫了。潘祖荫(1830—1890),字伯寅,号郑盦,小字凤笙。潘世恩之孙,潘曾绶之子。潘祖荫19岁时,因祖父80岁赐寿恩获赏举人。21岁考取国子监学正、学录。23岁中咸丰二年(1852)壬子科会试第九名,殿试一甲第三名进士及第,授翰林院编修,累迁侍读学士、大理寺少卿。同治时,历任光禄寺卿、都察院左副都御史、工部右侍郎、南书房行走。光绪元年(1875)授大理寺卿,补礼部右侍郎,晋任刑部、工部尚书,官至军机大臣。潘祖荫是金石、文字学家,凡闻有彝器出土,则"倾囊购之,至罄衣物不恤",所得有史颂鼎、盂鼎、克鼎等,都是稀世无价之宝。

潘祖荫秉性直爽,敢于直谏,不计祸福,曾多次请诛和弹劾失职官员，但对有识之士却能鼎力保荐。咸丰十年（1860）三月，左宗棠在湖南巡抚骆秉章幕中襄理军务，颇受器重。左宗棠当时尚未发迹，在湖南巡抚骆秉章幕中做师爷，是一个恃才傲物的人物，监司大员向骆秉章有事相禀，骆让他们向左师爷请示，他也就当仁不让，隐操湖南政柄，甚至代拟的奏折不经骆秉章过目就直接向朝廷拜发，而左宗棠的科举功名仅是举人。

左宗棠的举动犯了官场的众怒。有人上奏弹劾，朝廷命湖广总督官文密查，如确有不法事情，可以就地正法。肃顺将事情告诉门客高心夔，高又告诉湖南名士王闿运，王告诉翰林院编修郭嵩焘，郭即与同值南书房的潘祖荫商量，潘氏三次上疏力保，说明左宗棠为人诬陷，并荐其能。肃顺也说："人才难得，自当爱惜。"加上胡林翼、曾国藩也纷纷保荐，左宗棠因此获起用，随同曾国藩襄理军务，后独自率领一军，并成为"同治中兴"之名臣。

后左宗棠任陕甘总督，在陕西访得大盂鼎，这时想起恩人潘祖荫，他知道潘对青铜器爱之如命，即命主管西征粮台的袁保恒（袁世凯叔父）购下赠送潘祖荫。大盂鼎高101.9厘米，口径77.8厘米，重153.5千克，自道光初年出土后，为岐山县令周庚盛收藏，在研究金石彝器的学者中被视为难得一睹的宝物，腹内有铭文291字，极有史料价值。然而潘祖荫疑为赝品，对接受这份礼物犹豫不决。所以左宗棠在给袁保恒的信中说："盂鼎拓本细玩定非赝品，伯寅侍郎疑为不类……弟意宝物出土，显晦各有其时，盂鼎既不为伯寅所赏，未宜强之，盍留之关中书院，以俟后人鉴别。"次年，潘祖荫改变了主意，亟欲得盂鼎，左宗棠立即安排袁保恒将大盂鼎运往北京，献给潘祖荫。这是左、潘友谊的一段佳话。潘祖荫获得大盂鼎后，请金石家王石经篆刻了"伯寅宝藏第一"巨印，以表达欣喜自得的心情。

潘祖荫曾辑有《攀古楼彝器款识》二卷。他还是一位刻书、藏书家，曾刻书近百种，所藏图书、金石之富，甲于吴下，闻名南北。藏书

西周孝王大克鼎

斋名有"滂喜斋""八求精舍""攀古楼""澄怀堂"等。大克鼎是光绪十五年（1889）在陕西宝鸡县渭水南岸出土，潘祖荫以重金购之，在此之前，他已得西周史颂鼎、大盂鼎，三宝镇宅，潘氏自然高兴。直隶总督端方曾逼诱潘氏后人出让，终未能如愿。

关于大克鼎出土的时间，博物馆陈列时曾标明："1890年陕西扶风县法门寺出土。"《中国大百科全书》中的各种金石学著作都沿此说；姚芳藻在《古鼎悲欢录》一文中亦称："大克鼎一八九〇年在陕西扶风法门寺出土，被天津柯氏购得，他（潘祖荫）再从柯氏那里重金购买来的。"罗振玉在其《贞松堂集古遗文》的"克鼎"条中，记载有琉璃厂商人赵信臣之说："此器实出岐山县法门寺之任村任姓家。"他本人"常为潘文勤公（潘祖荫）亲至任村购器"。此说是赵氏告诉罗振玉的。今人姜鸣则认为：潘祖荫死于光绪十六年（1890）十二月，如果克鼎出土于1890年，从出土、转手、再转手到北京为潘祖荫所得，实为不可能。

姜氏论证的两条资料，一是《潘祖荫年谱》光绪十五年条下明确记载着：“是年得善夫克鼎，大几于盂鼎埒……先属李仲约侍郎文田及门下士之同好者皆为释文。"此谱是在潘祖荫逝世后不久由其弟潘祖年所撰编，当为可信。另一条是《西周大克鼎金文拓片》，由李文田撰写的释文及跋语：“郑盦太保得周克鼎，命文田读之，今以意属读而已，经义荒落，知无当也。光绪十五年五月顺德李文田识。"在李文田释文右侧，还有民国学者马衡的题跋：“克鼎出宝鸡县渭水南岸，大小与盂鼎相若，二器并为潘伯寅滂喜斋所藏而此尤晚出。此本李苟农（李文田）释文乃系未剟时稿，墨本则较清晰，盖同为光绪十五年事……"姜鸣的发现，对大克鼎出土年代足以匡正视听。

挑起历史赋予的保护重任

潘祖荫没有子女，其弟祖年的两个儿子过继给他作为嗣子，不料皆早殇。这样，潘祖年除了两个女儿，并无子嗣。长女嫁到吴江同里徐家，次女潘静淑嫁给吴湖帆。潘祖荫在京城逝世，平生遗藏就由其弟祖年用五艘大船运回苏州。

潘祖年比兄潘祖荫小40岁。祖荫逝世后，夫人曾住苏州，因生活不习惯又回京居住。潘祖荫夫人去世后，祖年赴京料理后事，因路途遥远，交通不便，当他到京时，已经耽搁了一个月。潘祖荫收藏的文物已有部分被盗，有些宋版古籍缺首卷。处理完善后，潘祖年将文物、书籍装船运回苏州。铜器中即有著名的大盂鼎和大克鼎。潘祖年对家藏文物定下了“谨守护持，绝不示人"的规矩。潘祖年逝世后，潘达于就挑起保护家藏文物的重担。

有关潘达于保护克、盂两鼎的传说，我久有所闻，可是总感觉那似乎是前朝遗事，离我们相去甚远。

由于是显赫家族所藏器物，这些大鼎给人一种高贵而神秘的感觉。1994年的岁尾，我带着景仰而又激动的心情来到上海高安路口的那座高层建筑，走进一个普通家庭。当一位普通的老人出现在我的面前时，传说中的潘达于一下子变得崇高起来。虽是九旬老人，但步履还稳健，神情开朗，谈笑中透露出她那种拿得起、放得下的博大气度。只是她那瘦小的身材，和沉重庞大的大克鼎形成鲜明的对比，使我无法相信就是她挑起了历史赋予的保护克、盂两鼎的重任。

在这里，就大克鼎的保藏与捐献，我对老人进行了长达几个小时的访谈。

郑：能否请您谈谈初到潘家的情况？

潘：我小时候没上过学，只是自己留心，粗识一些文字。我18岁出嫁到潘家。我丈夫潘承镜，表字蓉士，是潘世恩第三个儿子的后代，也叫"老三房"的后代，是祖年公的孙子，过嗣给祖荫公为孙子，兼祧两家香火。谁料他和我结婚三个月就去世了，没有留下子息。这在潘氏家族中也是怪事，嗣进一个就死一个，都是未成年或是没有子息就亡故。传统说法都认为这是家中的收藏带来的阴气太重，无法承受。祖年公善解人意，很能体谅我的处境，决定不再嗣孙，否则我这寡孙媳今后在家难以做人。当然立嗣是件大事，不能不解决，于是就由我出面，替先夫蓉士立嗣子。可是嗣进不久还是夭折了，决定再嗣，嗣进家懋。家懋又名德斋，日后长成，担任苏州中学老师，生儿育女，传续潘家香火。

丈夫去世时我19岁，家中就只有祖父、祖母和我三人，冷清得很。不过有祖父在，家里有主心骨。哪料到第二年刚过新年，祖父也去世了。祖父棺材上的子孙钉，按规矩要子孙来敲，家懋当时才4岁，是让人把着小手做个样子尽了礼仪。

祖父去世后，我从此不得不担起侍奉祖母、抚养幼小子女、掌管门户、守护家财的责任。我们老小四代四口，在深宅大院里冷冷清清地过日子。又过了7年，到了我27岁上，祖母也去世了，我身边只有家懋、家华一双子女。家华（老人指指坐在身边的女儿）是我姐姐丁燮柔、姐夫潘博山的女儿，后过继给我的。

郑：家中到底有多少文物，又都放在哪里，您当时心中有数吗？您知道这些文物的历史价值吗？

潘：当时子女幼小，孤儿寡母守着大量文物财宝，确实让我心事重重。我知道这些都是几百年、几千年来朝朝代代留下来的珍品，一定要想办法管好，有点闪失就对不起祖宗。至于藏品的总数，我也不大清楚。当时借住在苏州城里南石子街"老二房"的旧宅里，光铜器就放满了一大间，另有一大间全放古籍和字画卷轴。这么多东西，我自己没有能力去清点整理，但也不许外人来过手。这是祖父立下的规矩。

郑：那么多的文物，有没有被盗与散失？有没有出售过？

潘：贼偷发生过几次。有一次在花园围墙下草丛里，发现藏着四麻袋青铜古董，这分明是偷贼来不及运出的文物。这里宅基进深，房间又多，夜里黑灯瞎火，防不胜防，我稍微经心不到就要出点子事情。究竟几次被偷，偷去了什么，我一时也记不清。各式各样铜绿斑驳的古董，我也认不得叫不出。青铜器最大最重的要数西周克鼎和盂鼎。据祖父说，克鼎是祖荫公得自天津柯氏，盂鼎原是左宗棠之物，他为了报答祖荫公营救之恩赠送的。这两件稀世宝物外国人知道在我家，曾经派人来试探，说是愿意用六百两黄金外加洋房作交换。我想起祖年公曾叮嘱这些珍贵文物来之不易，要妥加保护，传给子孙后代，因此一口回绝。

郑：传说日本军队占领苏州时，为了得到大克鼎和大盂鼎，在您家中掘地三尺，由于您周密保护，他们也没能得到。

潘：抗战前我曾请可靠的摄影师，将全部青铜器逐个拍照，共得380块玻璃底片，另外收藏好。抗战开始，我家也卷进战乱。家懋、家华随中学撤退去浙江南浔，我随家族到太湖边上光福山区避难。到了中秋，以为仗打得不那么急，趁机回趟城里过节。不料8月16日、17日这两天，日本飞机大轰炸，苏州危急，我匆忙收拾好又逃到光福。就在18日、19日这两天，为了这些珍贵宝藏不被破坏，我立定主意秘密埋藏。先叫家里的木匠做一个结实的大木箱，底板用粗粗的圆木直接钉牢。到夜里，在我住的一进中间背后，搬开了方砖掘个坑，先放入木箱，克鼎、盂鼎成对角慢慢放进箱子，空档里塞进一些小件青铜器及金银物件，随后盖好箱盖平整泥土，按原样铺好方砖，再细心整理得外表不留挖掘过的痕迹。书画和部分古董如何隐藏？想来想去放进"三间头"最为稳当。夹弄里有三间隔房，我们一向叫它"三间头"，它只有一扇小门与弄堂相通，如果小门堆没，很不容易发现。当时藏书有十几个大橱，不好搬动，儿女不在身边，只有请我姐夫潘博山将书画按宋、元、明、清朝代分类，放到书箱里，装了30来箱，连同卷轴、铜器等，搬进"三间头"。小门关严，外面用旧家具堆没，收拾得随随便便。这样一来，不知底细的人就是走过，也看不出里面还有隔房。当时家中两个木匠师傅出力，潘博山和他的八弟具体指点，我始终守在现场，没有旁人参加。连着两天干这桩吃力的事，夜里点着蜡烛搬运，直到弄好了心才踏实。

日本兵占领苏州城之后，到处抢劫。我家闯进七批日本军人，一遍又一遍地搜刮，财物损失就不用提了，万幸的是大土坑和"三间头"没有被发现。据说日军司令松井都查问潘家的收藏，他到底也没有抢到手。我家来过那么多日本军人，是不是有目的的搜索也难说。总算躲过了这场灾难，文物被保存下来了。

又是六七年的时间过去了，到了1944年的光景，埋在地下的木箱腐烂，泥土带方砖都塌了，潘博山已经去世。我和儿子家懋及几个叔伯弟兄和一个木匠，把藏品挖了出来，他们用圆木做架，粗绳结着大鼎，徐徐吊出土坑，箱底还没有烂掉。两只大鼎就此堆在中间背后地方，鼎里放些破衣杂物，再用旧家具堆没。这一进的房屋也被钉断，既不住人也不走人，这样就一直保存到新中国成立之后。

潘达于讲完了和她生命相连的铜鼎以及她个人命运的经历，长长地叹了一口气，如同完成了保护铜鼎的使命一样，显得轻松了许多。

1949年5月，苏州、上海相继解放，8月即专门成立了上海市古代文物保管委员会，颁布了一系列保护文物的法令和政策。1951年7月，已经从苏州移居到上海的潘达于致函华东军政委员会文化部，信云：

谨启者，先祖舅伯寅公当逊清光绪间，学尊公羊，启新民之初轫，网罗金石，创考古之先河。遗箧彝器有盂、克二鼎，为举世所称重。公逝世后，保存迄逾六十年，中间虽满清两江总督端方一再威胁利诱，坚拒未为豪夺。达于旅沪日久，所有器物均寄存同族寓庐。迨八一三之役，日寇陷苏，屡经指名搜索，幸早复壁妥藏，未罹洪劫，而宅中什物掠夺殆尽矣。窃念盂、克二大鼎为具有全国性之重要文物，亟宜贮藏得所，克保永久。近悉上海市文物管理委员会正积极筹备大规模之博物馆，保存民族文化遗产，发扬新爱国主义教育，惟是上海为华东重要地区，全国人民往来辐辏，诚愿将两大鼎呈献大部，并请拨交上海文物管理委员会筹备之博物馆珍藏展览，俾全国性之文物得于全国重要区域内，供广大观众之观瞻及研究，借以彰先人津逮来学之初衷。倘荷鉴同下情，希订期派员莅苏搬运，实深盼切，此上

华东军政委员会文化部

潘达于谨启
一九五一年七月六日

上海市文管会受捐后，随即派人前往苏州搬运，由潘达于的女儿陪同前往。当时搬之甚重，今日无法想象，幸好有搬运报告，才使我们可以得知当时的情况，现抄之于后：

本会前于一九五一年七月十九日，奉华东文化部函信：接潘达于来函，呈献家藏盂克两大鼎，请拨交本会筹备之博物馆珍藏展览。属即派员赴苏州妥运来沪。又潘达于又藏有齐镈镈一件，无铭镈一件，业经本会廉价购妥，并拟同运送来沪。奉派职等前往接运，适有清华大学教授铜器专家陈梦家，因假在沪，自愿同往苏州，会同装运，经于本月二十七日早六时半约同潘达于之女家华乘车赴苏。本日九时到达，当先持本会备好之介绍函前往苏州车站接洽装运，请予协助。该站允以最迅速妥慎方法装车，并派熟练工人代为抬运。十时同往南石子街十五号潘宅。该四件铜器原密封存在该宅大厅后面小屋内，详视四器虽积灰甚厚，但完整无缺，二鼎厚重高大，两镈略小，花纹细致。经与陈教授商妥：（一）用厚木板自做四大板箱。（二）用厚棉絮将原器全身扎缚，并用稻草棉垫等物，四面塞紧。当由职等分头雇匠购料，连夜赶装，争取翌午上车。包扎一节尚需熟手办理，初觅得古玩商四人，请其协助代办。同时职等即持本会备就致苏州市政府介绍函前往苏州市人民政府投递，市府派沈振孟秘书接洽，即请办：希即通知有关公安部门沿途放行，沈秘书允即照办。当晚该管派出所即派公安同志到潘宅了解情况后，允即放行。二十八日晨，木箱及包垫工作均已完毕，当由车站派来工友十人将四木箱扛运至车站，职等随同押运。到站后，车站并派贾同志联络照料，商定当晚随货车运沪，该站并派熟练工友四人随同赴沪装卸。职等亦随箱乘车押运。二十八日下午九时四十分上车，同晚一时到达麦根路车站，到站后因调车之路线及北站货站台无空，直候至二十九日下午四时，始达到北站货车站卸车，当即雇妥胶轮大板车两辆，由苏站派来工友妥卸装车，由职等步行随车，于二十九日下午六时安全到会卸下。翌日拆视，见无丝毫磨擦碰损之变。此次赴苏接运，陈教授始终协助督率，并亲自动手搬运包装，帮助甚大,合并陈明。

10月9日上午10时,在天平路40号上海市文管会举行潘氏捐献盂、克两鼎授奖典礼。典礼由华东文化部文物处处长唐弢主持,上海市文管会副主任徐森玉报告潘氏捐献经过。他说:我首先介绍潘先生所捐献的两件彝器(大盂鼎与大克鼎),此乃是研究中国古代史和美术考古学的珍贵资料。它们在学术上的价值,堪与毛公鼎、散氏盘和虢季子盘媲美,若以小盂鼎、小克鼎与之相比,真有大巫小巫之别了。因为这件体积之巨大是惊人的,其花纹与制作之精美也是同时代彝器所罕见的。尤其是两器的铭文,乃是西周统治阶级将土地与臣民颁赐的记录,这些记录对西周的土地制度、社会制度(是奴隶制抑已进入封建制)等问题的研究,都提供了很有力的旁证。其次,从两器所记述的许多地名,参照它们出土的地点,也可以作为考证古代地理之一助。同时,从大小鼎铭的异文,更可探求西周文字变化和字形递嬗的轨迹。如果把它们结合别的铜器,从事于"形态学"或"花纹学"的比较研究,也是美术考古学者所最感兴味的课题。所以就这两件重器的价值而言,潘先生此举,对于学术界的贡献是很大的。

接着由华东文化部部长陈望道致表扬词,并颁发中央文化部褒奖状。褒奖状上写道:

> 潘达于先生家藏周代盂鼎、克鼎,为祖国历史名器,六十年来迭经兵火,保存无恙,今举以捐献政府,公诸人民,其爱护民族文化遗产及发扬新爱国主义之精神,至堪嘉尚,特予褒扬,此状。
>
> 部长 沈雁冰

同族堂弟潘景郑(潘博山之弟)代表潘达于在会上发言:"国家的

古物，不应再予私藏，而应公诸人民。由于上海市即将建立博物馆，为了便利广大人民欣赏与研究，愿将此两古鼎献给政府。"10月10日，上海《文汇报》刊登了捐献颁奖新闻，同时还刊发了潘达于、潘景郑和陈望道在一起的照片。1959年中国历史博物馆成立，大盂鼎被调北上支援，大克鼎则成了"独子"，它在上海博物馆更是身价百倍了。

继献鼎之后，在子女们的支持下，从50年代到60年代，潘达于又分批向国家捐献了大量文物，现在还保存在上海博物馆和南京博物院的就有1956年捐献的字画99件，1957年捐献的字画150件，1959年捐献的字画161件。其中有弘仁《山水》卷、倪元璐《山水花卉》册、沈周《西湖名胜图》册等。

潘达于当时的家庭经济状况并不宽裕，子女们都是普通的中小学教员，孙辈也小。即使这样，献鼎后政府发给的奖金2000元，她仍交还政府作为捐献，支持抗美援朝。而她这位未出嫁时是大家闺秀、出嫁后又是名门望族的家庭主妇，当时已过中年，还参加了里弄的生产组，学习在玻璃上钻孔的技术，做一个自食其力的劳动者。

虽然是往事如烟，但那往事仍在抚慰着达于老人那颗平静的心。她见到陪同我去采访的上博人，如同亲人，家长里短地说个没完。和她生活在一起的女儿家华，在捐献大鼎时还是热血沸腾的青年，是她陪同上海市文管会的刘汝醴和沈羹梅把两尊大鼎从苏州运到上海的。

我们走进达于老人的居室，一床，一橱，一桌，极为俭朴，只是文化部颁发的褒奖状仍然挂在床边。老人指着"潘达于"三个字说："我原来姓丁，家藏旧物都是潘家的，丈夫去世之后，我就改姓了潘，何况又是代表潘家捐献的。"

这位平凡而又令人尊敬的中国女性，保藏了大克鼎和大盂鼎，又把它们捐献给了上博，她一无所有，也一无所求，连自己的丁氏之姓也消失了。她拥有的就是那点精神，无人能说清楚那精神有多大的价值和内在的力量。

半壁江山过云楼：
顾公雄、沈同樾夫妇的书画收藏

是博物馆展品的说明文字，是已经发黄变脆并带有历史烟尘的公文报告，把我带进另一个收藏世家的世界——过云楼。把收藏书画的地方名为过云楼，当然有过眼烟云、暂归于己之意。这种得之即去的脱俗的风范，令我肃然起敬。

从过云楼第一代主人顾文彬所著的《过云楼书画记·自叙》中，我果然看到收藏家的这种心境。作者开章明义地写道："书画之于人，子瞻氏目为烟云过眼者也。余既叕其论以名藏秘之楼，则罗而储焉，记而存焉，适然之遇已耳，殆无容心！"收藏书画，只是为了适然，赏心悦目，自得其乐而已，并没有像青铜器上的铭文那样"子子孙孙永世宝之"的格言与企望。作者还在自序中描写了这样的情景："先子暮年获名贤一纸，恒数日欢，余务以娱其心。"他曾亲眼看见自己的父亲将吴道子水墨《达摩像》和宋画《上林图》慷慨送人，这两幅画虽然后又得幸遇见，但前者索价太高，无奈中，他只得重金购下《上林图》。此后，那幅《达摩像》立轴再也无从觅踪，遂有"追忆及之，不禁惘然"的感慨。这就是过云楼第一代主人顾文彬的心境。

从《过云楼书画记》于清光绪八年（1882）镌刻成书算起，到1951年，过云楼所藏书画传至第四代顾公雄，由其夫人沈同樾捐献给上海市古代文物保管委员会。顾氏遗族这一义举，在上海市文管会的公

一九四三年顾公雄与夫人沈同樾合影

文报告中有详述,抄录如下:

  苏州过云楼顾氏,是近代很著名的收藏家。自顾子山先生开始,递经其子乐泉先生、其孙鹤逸先生,以迄其曾孙公雄先生,已历经四世,将及百年。所收书画名迹,见顾子山先生《过云楼书画记》,及顾鹤逸先生《过云楼续书画记》(尚未刊行,其稿正在录清,将来由会代为付印),为全国所艳称。今顾公雄先生逝世,遗命以其所藏捐献政府,其遗族亦不愿以先人手泽,轻易分散,流为私家所有,决定化私为公,捐献华东文化部。文化部特指定拨交本会庋藏,遵即前往点收,除宋元明清书画,周齐侯罍、唐琴、毕沅珍藏的石子、宋藏经纸等由古整处接管外,所有书籍八十八种,大都为书画参考材料,颇为珍贵,论版本,若万历刻初印本朱性甫《铁网珊瑚》,乾隆刻《吴越所见书画录》及《书画跋》,正德刻《刘完庵集》,崇祯刻《耕石斋集》,瞿氏刻本《沈石田集》,明玉兰堂刻本《南村辍耕录》,乾隆冰丝馆刻开化纸印本

《牡丹亭》《黄小松碑目》及《魏稼孙日记》，皆为不可多得者，又鹤逸所著《画赘》版片，为公雄先生于抗战时期所刻，当时仅印一二十部，流传未广，特交本会代为续印，分送各图书馆参考。

为了记述这位收藏家的无量功德，我还要再录当时前往苏州过云楼清点书画古物的经办人马泽溥、瞿凤起、丁淇所写的报告：

> 我等奉派苏州接收元和顾氏捐献先世所收藏的书画书籍古物等。遵示于一九五一年十一月二十四日上午同往苏州。到达后即同往朱家园二十二号顾宅，由顾公雄（已故）夫人沈同樾女榴、弟公硕接待。当时由我等三人，会同顾夫人等清点，经由顾夫人逐件提出。二十四日上午起先点收书画类，当就所提出书画逐件清点并分类开列目录。至晚书画类已大致清点抄目完事。二十五日继续前往，逐件查对，并补列入数件，继即收书籍与古物，亦系逐件清点，同时抄列目录，至二十五日晚大致完事。二十六日再往，与顾氏商妥将已清点抄目之书籍及古物与普通书版片共装三木板箱，精品书画共包四大包，以便我等随身携带，内计书画立轴屏联类六十四件，手卷类十二件，册页类二十二件，又杂页未裱计二十五张，成扇十一把，扇面五页，碑帖两种，古器物类三件，古纸一包（计大小五十二张），书籍四百三十一册，《画赘》版一部。

对收点书画器物，马泽溥等又分类缮正清册，正册本各一份，正本交沈同樾保存。在册末，他又写道："以上各件业于一九五一年十一月二十六日在苏州朱家园二十二号顾宅，由我等照单如数点收完讫，装箱运送上海文物管理委员会，先给付此册，以后再换补正式手续。"马泽溥、瞿凤起、丁淇三人签名盖章。沈同樾所捐宋、元、明、清书画，经文管会鉴定，除七件尚待商榷外，其余全为真迹。

1959年，沈同樾再次捐献家藏书画全部，计明清书画169件。其价值无以估量，现均藏于上海博物馆，可谓当年该馆馆藏书画精品的半壁江山。

这些珍品和感人的捐献故事，把我带到古城苏州，去寻找过云楼的遗韵。从《过云楼书画记》及有关资料中，我得知苏州顾氏过云楼曾位于阊门内铁瓶巷，后园为姑苏名园"怡园"，同属顾文彬所有。此楼庭院小巧，悬有俞樾题"艮盦"匾额，花木扶疏，幽雅之至。顾文彬不热心宦途，受祖上影响，钟情书画收藏，此楼竣工六日，他就离任返回苏州。

顾文彬（1811—1889），清元和（今苏州）人，字蔚如，号子山，晚号艮盦，斋号过云楼。道光十一年（1831）举人，二十一年二甲六十七名进士，授刑部主事，升员外郎，补湖北汉阳知府，擢武昌盐法道，以父忧去职，同治九年（1870）复出，授浙江宁绍道台。平生工倚声，善操琴，书法宗唐欧阳询、褚遂良，精于鉴赏，富于收藏，所著录碑版卷轴，乌丝栏小字，题识殆遍。著作除《过云楼书画记》外，还有《过云楼诗》《眉绿楼词》《百衲琴言》《跨鹤吹笙谱》《过云楼帖》《可自怡斋试帖》《过云楼日记》等。顾文彬晚年游宦归来前后，与三子顾承共同主持营建了怡园别墅。

收藏乃是性情中人所做的性情中事，不只是要有学养，而且要有悟性，方能玩得精美。在这方面，顾文彬是深有体验的，曾自云："性爱骨董，别有神悟，物之真伪，一见即决，百不失一。因余素嗜书画，自唐宋元明迄于国朝，诸名迹力所能致者，靡不搜罗，旁及金石，如钟鼎尊彝古钱古印之类，亦皆精究。"

顾文彬的长子廷薰、次子廷熙，均工书画，也继承顾氏收藏衣钵，很小的时候就有收藏的愿望，"遇有小品，私出所蓄饼饵钱购之"。三子顾承，文彬甚为厚爱，父子共构怡园，手定《过云楼书画记》，可惜早逝。文彬作诗四十首哭之，并记云："承幼慧，偕长兄廷薰、次兄廷熙从塾师徐江帆先生游。先生素工书，其时翁小海、范引泉、沈竹滨、程序伯诸君，皆以画名，与江帆交好，往来塾中。承聆其绪论，信手涂抹，具有夙慧，诸先生皆爱之，引为小友。"

从顾文彬和顾承相往还的书信中，可知顾承也是参与了过云楼书画收藏的，而且起着重要作用。如顾文彬在北京购得智永真草《千字文》墨迹（今藏苏州博物馆），他写信给儿子顾承说："心帛和尚有智永《千字文》墨迹纸本，卷后有思翁长跋。"又一信中说："智永卷反复审完，的确是奇宝，京中鉴赏家不少，蹉跎至今，仍落吾手，殆有夙缘。"信中还说："近来所得文物，只要智永无疑，便也探骊得珠，此外皆鳞爪耳！"但过云楼所藏智永真草《千字文》残卷墨迹，实是后人临仿之物。

画商送来《米芾题褚摹兰亭》《唐写郁单越经》两个卷子，顾承即写信告知顾文彬，文彬在回信中说："皆人间至宝，幸而遇之，万不可失，失之交臂，即悔之终身。"顾承告知父亲这两件已经用六百两黄金得之，顾文彬在信中赞扬说："汝料及我遇此尤物，即千金拼得出，真知我心之言也。"又说："我家既得永师书，兹若再得河南书，则大江以南推为收藏家第一，亦可当之而无愧矣。"顾承遇《右军千字文》卷，顾文彬甚是高兴，写信给儿子："右军墨迹世所希有，然必备此种，乃成收藏大家。"他希望能获得此卷，在信中说："我家得此墨宝，收藏家定执牛耳矣。"他告诫儿子，遇到珍贵之品，要不惜一切求得，他在信中说："所贵乎有钱者原为快心之用，否则与守财虏者何异哉？"他又说："盖财物易得，至宝难求耳。"他们父子之间还在信中交流鉴定收藏的心得，顾文彬在给儿子的信中说："观古人之迹，必须虚心细省，若自执己见，一望便决真伪，必有失眼之处。"又说："必须心细如丝，庶无千虑一失。"

过云楼顾家到了第三代，出了位书画家顾麟士（1865—1930），山水画可媲美"四王"。麟士为顾承之子,字鹤逸,号西津、晋叔、西津散人、西津渔父、一峰亭长、鹤庐主人等,斋号鹤庐、海野堂、甄印阁,是近代著名书画家、藏书家。著作《过云楼续书画记》,还有《因因庵石墨记》《鹤庐画赘》《鹤庐题画录》《顾鹤逸山水册》《顾西津仿古山水册》《鹤庐集帖》等。作为新一代怡园主人,其家过云楼收藏古今书画精品真迹至富,甲于吴中。麟士继承祖业,家学精湛,作画以山水见长,尤擅临古。诗人冒广生曾记云:"余来吴门游顾氏园屡矣,因得识鹤逸,而余友吴子昌硕又时为余称道鹤逸不去口。鹤逸少时,即有洒然之致。其所作画,出入烟客、元照,世之真鉴赏者,未闻有闲言也。既性喜鹤,因以鹤名其庐。陈眉公云:'若是学道,故是黄鹤背上者,舍鹤逸将谁属也!'"光绪年间,怡园雅集,群贤毕至,每月开画社,吴昌硕、金心兰、吴大澂、顾若波、王同愈、费念慈、陆恢辈,咸隶社籍,怡园"遂为有清一代艺苑传人之殿"。麟士所著《过云楼续书画记》六卷,其中书类两卷、画类四卷,所记书画涉及王羲之、释智永、吴道子、范仲淹、苏东坡、米芾、李公麟、朱熹、赵孟頫、吴镇、沈周、仇英、唐寅、祝允明、文徵明、董其昌、萧云从、龚贤、陈洪绶、八大、石涛、四王等。

顾麟士在他所撰的六卷《过云楼续书画记》中,确实流露出一种发自肺腑的艰辛和自豪:"予家自曾王父以来,大父及仲父、先子,咸惟书画是好,累叶收藏,耽乐不息。溯道光戊子,迄今丁卯,百年于兹。唐宋元明真迹入吾过云楼者,如千里马之集于燕市。帧轴卷册,郁郁古香,寝馈其中,恍友前哲,赏心乐事,无逾于此。陈后山云:'晚知书画真有益。'予幸获益之非晚,何可不述祖德,重负烟云邪?"

至顾氏第三代顾麟士,过云楼早已名重江南,所藏的字画、碑帖、金石千余件。然而,这种由家族共有的藏品,也会因传统的析产分家方式逐渐散落。过云楼藏品经历过两次类似的分散:(一)顾文彬三个儿子分家析产,书画一分为三。(二)上述分家之后,藏品最丰的三子顾承的这部分书画由其子顾麟士继承。最后，麟士将这批书画再分作四份，授予他的四个儿子。

　　1930年，顾麟士去世，沿袭曲折的收藏历程，过云楼书画移至顾氏第四代。经历集聚和流失，能够继续保持过云楼收藏品质的传人，是顾氏第四代的顾公雄，他同妻子沈同樾遵循祖训，保藏这批文物。

　　1937年5月，顾公雄、沈同樾夫妇居住在苏州朱家园，8月16日，日本飞机的一颗炸弹恰落在顾家窗下，窗子整个飞去，所幸窗台两侧两列书画箱未伤毫发，而连接大厅的书房全毁。顾公雄次子顾笃球曾回忆顾宅被炸的情景说："祖父（顾麟士）一帧自画像大镜框被炸得荡然无存，但北魏佛像原拟供放在书房内，因偶然的原因才没遭殃——姑母病殁前，一直由母亲（沈同樾）代吃素，姑母遗言欲将此像赠母亲，但她不受，故佛像没放在书房……"

　　过云楼所藏书画从苏州转移到上海的经过，顾笃球亦有详细介绍：秘藏书画的住所遭炸后，顾公雄一家避居蠡墅镇亲戚处。顾笃球说："需要纪念的是，家中的车夫朱召棠，冒着生命危险从残屋中抢救文物。此人粗通文墨，毫无二心，抗战期间一直看守朱家园住所，不幸于1944年春病殁于朱家园。"顾公雄的朋友、常熟诗人杨无恙闻讯后特为朱召棠撰写墓志铭。

　　蠡墅镇离苏州还是太近，常有敌机盘旋，极不安全。中秋后顾家雇了艘船，决定带着藏画箱一起迁去光福，船走了一整天，经一大湖，风浪陡增，船底也渗漏，但紧张了一阵，终无大碍。在光福住了几个月，顾公雄始终担心身边这批书画的安危。1938年刚过春节，在上海的妹妹顾贤和她的丈夫陆楚善，决定将顾公雄一家接到市里的租界，他们请上海天香味宝厂的一位朋友化装成日本人，身上带了钱，同一辆汽车去苏州光福镇。因为战争，这一带交通并没有完全恢复，没有日本人出面便不能通行。车子还算顺利，总算接到了顾公雄，但在返回途中发生意外，忙乱之中，司机忘了加水，汽车发动机烧坏了。此车上装的全是画箱，停在常熟城外三里的路上又遇到日本兵盘问，顾先生大受惊吓。所幸日本兵见车上有日本人，便走了。顾先生一刻也不愿等，用包袱包了些书画，自己历经艰难先回上海，待亲朋问及家人，他才想到当时因为装画，车上就没有两个儿子的位置，他们被留在了常熟汽车站的一家小店阁楼上。第二天，天香味宝厂又派一辆卡车，才将滞留的人与画箱运回。

顾公雄的子女辗转来到上海，在虹口一个日本商人家住了一夜。因为安排运回文物，顾贤家的小车进出租界频繁，车中又有日本人，引起了当局注意。当时抗日情绪高涨，但谁也不会知道，这个日本人竟是假扮的。这真是一段惊心动魄的经历。

顾公雄将这批珍贵字画的一部分，寄放在爱文义路（今北京西路），是常熟藏书世家、铁琴铜剑楼后人瞿启甲父子（子为济苍、旭初、凤起）的沪上寓所。瞿家帮顾家在附近的爱文里找了住房。自此，瞿、顾两家常有往来。瞿家楼下的客厅一时也成了书画雅集之所。

对于顾公雄一家抵沪的消息，日本人已经掌握。但也许是慑于苏州顾家的声望，来拜访的大都较为礼貌和谨慎，也没有探出顾家藏品的虚实。当时的汪伪行政院院长梁鸿志，也是著名诗人，文墨颇佳，斋号"三十三宋斋"（藏有33件宋代名人书法墨迹），在得知顾公雄的住址后，曾以嫁女儿的由头送来请柬，请其赴宴。为此顾公雄着实为难了一阵，最终以送礼不赴宴的办法应付了事。

为保全过云楼藏画，顾公雄在上海度过了漫长的七年，这种如履薄冰的生活并没有泯灭他的信念和过云楼定下的祖训。1945年夏，抗战临近胜利时，顾公雄携沈同樾回苏州居住，顾笃球姐弟仍继续在沪求学。7月份放暑假，顾笃球遵父命，携带一皮箱书画返回苏州，进城门时遭到敌伪的检查，箱中唐寅的画轴和张渥《九歌图》卷均被当场翻出，他的心提到了嗓子眼，极为紧张。敌伪的一个检查人员有些文化素养，展开唐寅的画，"喔！唐伯虎。"又打开《九歌图》卷，顾笃球几乎厥倒。但不知为什么，对方又有些心不在焉，只将卷首藏经纸那一部分折断，便离去了，顾笃球又惊又恨。所幸的是，这次检查没有酿成大祸，只是虚惊一场。

1949年春节后，顾榴、顾笃球姐弟又将部分书画从苏州带到上海。也是在这一年，生活拮据、心力交瘁的顾公雄在病榻上决定，将过云楼所藏的书画存入外滩中国银行的保险箱。

藏品中任何一件，按当时的价格，完全可以供顾家生活数年，也可以付讫高昂的银行保管费。但对顾公雄夫妇来说，这是不可宽恕的行为，他们节衣缩食，所承担的仅是守护保管之责。

1951年，顾公雄临终时说出自己的心愿："还是献出来，把我的书画献给国家。"过云楼书画历经抗日战争和解放战争，顾氏先辈、后人以及前文所提或没有提到的朋友，都为中国的这笔珍贵财产呕心沥血，辗转奔走。目睹战争离乱和世态沧桑，目睹日渐繁荣的新中国的景象，顾公雄做出了极为慎重的选择。

沈同樾遵从丈夫的遗愿，和子女顾笃瑄、顾榴、顾佛、顾笃璋、顾笃球等在当年将过云楼书画的一部分捐献给国家。中央政府文化部发给褒奖状及奖金2000元。他们当即把奖金全部捐献，作为抗美援朝之用。1958年，沈同樾第二次捐献，上海市文化局奖给顾家现金1万元，沈老太太闻知当时里弄办食堂，意欲捐给居委会。上海博物馆得知此事，即通过有关部门转告老太太，这笔钱同过云楼价值连城的藏品相比，实在微不足道，顾家生活并不富裕，望能将这笔钱聊补家用，沈老太太得知后，仍捐出了一部分给里弄。

沈同樾率领子女捐献书画的情景，至今已无人能说清楚。在一个酷热的夏天，我曾到杨浦区翔殷路顾笃璋的住所访问。他患病多年，卧床不起，言语木讷，已经无法交谈了。只有他的妻子方秀云和我交谈，但她也感到无从谈起，她是在顾家捐献后第二年才嫁入顾家的，对捐献情况一无所知。此后，我在常熟又一次和她相遇，也只是作了简短的交谈。直到 1959 年 3 月上海博物馆举办"沈同樾先生捐赠过云楼书画展",她才在这次展出中看到原属顾家的这些书画。第二次捐献 160 余幅宋元明清书画时,方秀云才在家里看到那批书画。"一点不知道家里有这些字画。"她回忆说,"当时家里是还有几幅吴昌硕、张大千的画,这些是顾家上辈画友的画,倒是随便地挂着。捐献时婆婆曾说:'这些画就不捐了,实在拿不出手的。'"

曾任上海博物馆副馆长的历史学家杨宽在其自传《历史激流中的动荡和曲折》一书中略有记载:"这时过云楼的后代分为两支,其中一支的女主人亲自把所有收藏的名贵古代字画,从苏州送到上海来捐献。我们特别为她举办了一个捐献古代书画的展览会,还特别为她召开一次文物保管委员会举行授予奖状的仪式。过云楼的另一支主人顾公硕,也是热情支持我们工作的。我曾率领一个五人小组,前往苏州专程访问他,承蒙他热忱接待,把所藏的名贵字画提供鉴赏。我们访问的目的,是请求他出让著名的苏东坡所写《祭黄几道文》卷。我们依照他提出的出让价格,使这件著名的苏东坡代表作成为上博的名贵藏品之一。使我感到十分不安的是,在'文化大革命'中听说顾公硕家被抄,他被迫害而自杀了。"

沈同樾捐献过云楼书画时,杨宽任上海市文管会主任秘书,实际上是他在主持这次捐献工作。在上海博物馆的历史档案中,我还看到为了给潘达于、沈同樾奖励,杨宽签署的调查潘达于、顾榴"二人的成分是否是地主"的调查公文。苏州市人民政府文教局回复:"顾榴先生经调查系地主成分。又据来函,潘达于先生居住上海,因此我处实无从调查。"另有一件关于顾氏家庭情况的调查,内容为:"顾氏上辈于苏城开设顾得其酱园,为合族所有,虽有小量田产,公雄本人以卖画为生,惟以身弱多病,生活不甚宽裕,妻沈同樾,子三人,长子已故,次三两子未娶,女三人,均已出嫁,现其妻生活由次子负担,尚可维持,其家藏古物,后人不欲轻易分散,自愿无条件化私为公。"

其实，沈同樾在两次捐献过云楼书画的过程中，顾榴起了重要作用，捐献事情多由她出面联络。1951年，沈同樾遵照顾公雄遗愿捐献过云楼所藏书画，上海市文管会只开了临时收据，到1954年1月顾榴给文管会写信云："当时文管会请瞿、丁、马三位同志来接收的，所以由以上三位同志出了临时收据，但是事隔二年余，正式收据迄未掷给我们，所以我们希望早日取得正式收据，以了此一件未完之事。再者为了他日的便于参考，所以希望你们在正式收据上凡书画记上有记载者悉照书画记上原名，切勿以某某山水一轴等写出收据为盼。"1959年1月，顾榴又写信给市委书记柯庆施，信中写道："榴等奉家母沈同樾之命，拟将先严顾公雄遗下所藏过云楼书画（大部为手卷），乘榴寒假，到沪捐献，物件由上海文管会或博物馆接受，则请市人委决定，决定后请先行联系，物件希望放上海博物馆。"这次，顾家又捐献书画碑帖169件。1959年3月，上海博物馆举办了"沈同樾先生捐献过云楼书画展"，并应顾榴的要求，展出书画的时代和名称，都是根据《过云楼书画记》而来的。

1997年夏天，常熟博物馆新馆开馆，我应邀前往参加，在这里见到顾榴以及顾笃璋的夫人方秀云。这时，顾笃璋已经去世，顾榴也行动不便，要她的先生搀扶着，呆呆的目光对我的问候已无反应，谈到当年捐献过云楼书画的事，已经忘却得茫然无所知，似乎和她没有关系。只是她的先生代为做了一些简单的说明。

沈同樾老人在"文化大革命"期间去世，已经无法再见到了；她的子女顾笃瑄、顾榴、顾佛、顾笃璋、顾笃球，有的已不在人世，即使还在的，也都是老弱多病，天各一方。过云楼的历史在他们的印象中真像一片过眼的烟云了。过云楼老宅的另一半，已经住着许多普通人家，除了那些上了年纪的老人还隐约记得过云楼的风韵外，更多的人不知道苏州还曾有过一个过云楼。在深深老宅里面，居民在天井搭起厨房，在过道里堆了许多杂物，那些贴在门上的新年画和新潮的大年历虽然十分醒目，但和过云楼的遗风却无一脉相通了。只有那一座残存的石雕大门，它的上端保存得相当完好，上刻被风雨残蚀的"霞晖渊暎"四个大字颇为沧桑，略存过云楼昔日的一点风貌。而要理解过云楼主人的胸怀，只有去上海博物馆看那些留有他们的手泽和气息的国宝了。

红顶房老板：周湘云和他的收藏

在上海博物馆的藏品中可称得上镇馆之物的，一件是怀素的《苦笋帖》，另一件是米友仁的《潇湘图》卷。这两件宝物都和一个人的名字联系在一起，他就是周湘云（原名鸿孙，1878—1943）。不要说别的藏品了，只要是收藏这两件东西，就可以称得上大收藏家了。收藏能不能成为大家，藏品的数量在其次，最重要的是看他的藏品水准之高下。当今收藏界知道周湘云的人恐怕不多，而在民国年间的上海房地产界，可以说是无人不知。多年以来周湘云的"收藏家"之名被房地产商的名声所湮没了。

豪宅旧事

周湘云的曾祖父是一位名医，鸦片战争之后家境日渐败落，到了周湘云父亲一辈已近赤贫。因生活所迫，周湘云的父亲周子莲（字莲塘）随两位兄长乘坐小船从宁波到上海谋生。两位兄长在事业有成之后，均先后前往汉口经商，而周子莲独自留在上海继续发展。因周子莲会一些"洋泾浜"英语，所以就在著名的英商沙逊洋行打工。因为人机敏忠厚，办事勤快认真，被一位法国传教士看中，就聘他到租界的教堂

宝米斋主人周湘云像

去工作。在此期间,周子莲为租界内的洋人代办一些土地买卖、住宅建造、改建旧屋等事务,赢得了良好的口碑和名声。于是他自己组建了一支建筑施工队,成为了一名建筑营造商。若干年后,该法国传教士回国,将自己名下的一部分房地产送给了周子莲。周即建造三处里弄房出租,由此成为房地产商,后来又逐渐在英租界中开发了多处房地产,并且将自己的公司"莲塘记"在沙逊洋行挂牌以筹集资金。到20世纪初期,周子莲在市中心已经拥有十几处整片的里弄房产,房租收入可谓日进斗金。周子莲逝世后,由其夫人水氏接管经营并继续进行房地产扩张,到了周湘云接管家业时,周家已为沪上宁波籍商人中的首富。辛亥革命之后二三十年间,上海租界的人口骤增,房价也随之飞涨,到周湘云1943年去世之前,周家全部资产已达到8000万元,位列租界工部局纳税第五名。

周湘云之所以能成为收藏家,因为是房地产商而成为海上巨富,他有了钱就玩收藏,藏品又具备一定的品位。周湘云收藏之事,当时并不为外人所熟知,但当年周家豪宅的旧事,却为人们所津津乐道。周宅即为现青海路44号的岳阳医院门诊部。直到今天，来这里就诊的人，会突然发现在闹市中心，居然还有如此幽静典雅之所在。花园里依然是旧时庭院，小桥流水，曲径山石，更有几棵古树浓荫遮天，古树都编了号并挂有园林管理部门保护古树的说明牌，顿然使人感到有着几分古意。

这幢房子造于抗战之前。那时除了外滩一带的银行大厦和洋行大楼，一般楼房里极少安装电梯，而周家的这幢房子只有三层，居然也安装了电梯！不仅有电梯，院子门房与主楼之间还安装了对讲器。外面有人来访，门房用不着跑到楼上通报，只需在对讲器里讲一声即可。面朝花园的底层大门还是电动卷帘门，而设在大门旁边的按钮，被一幅精美的雪山图画遮掩着，自家人掀开饰图的小门，可以径直开启卷帘门，若是陌生人，即使来到了门前也不知如何开启。楼里的许多设备是进口的，彩色玻璃是比利时的，大吊灯是法国的，地板是意大利的。最令人称奇的是，他家不仅马桶是抽水马桶，连走廊里的痰盂也是抽水痰盂。用完之后只需用脚轻轻踩一下阀门，痰盂即刻被冲得干干净净。周湘云夫人施彤昭的侄孙女施蓓芳女士曾在此居住了十几年，她说主人房间里有三个秘密的保险柜，还有两把万能钥匙，所有房间均能打开……

这些新奇的洋玩意儿当然不是周老板本人的创造，而是他的外甥李景韩（周的大姐之子）的创意。李在一家洋行里当买办，世面见得多了，又深得舅舅的信任，建造新宅的任务就交给了他。结果，房子是造得新颖别致，新玩意儿、洋玩意儿是不少，但钞票也花得铺天盖地。一幢三层楼房，大小52间房，造价40万法币，这以抗战之前的行情看，可称得上价格奇昂了。难怪周湘云的儿子周昌善曾讥讽说："人家一座华懋饭店造价也不过40万！"

周湘云的另一处豪宅叫"学圃"，地处巨鹿路与延安路之间，1949年后一半盖了延安饭店，一半盖了景华新村，成为当今名人栖息之地。只在延安饭店院子里的绿地中，还保留着幽亭小径，隐约可见"学圃"

昔日的遗韵。华山医院中有一幢别墅和一座花园，至今人们还按照老习惯称之为"周家花园"。现在这个花园还保留得比较完整，除了流水、曲径、小桥、亭榭外，还有一个很大的池塘，曲径风荷，自是别有一番风味。抗战胜利后，周家把宅子卖给了虞洽卿的儿子，名之为"蕊园"。

周家所拥有的房地产有多大的规模，现在无人能说清楚。诸如宝庆里、恒庆里、福庆里、吉庆坊、肇庆里、大庆里等，在上海滩的里弄房子中，凡是带有"庆"字的，都是周家的房产。每个"里"究竟有多大面积？以大庆里来说，北起南京路，南至九江路，东起云南路，西至西藏路。周家的大庆里在中国城市中最繁华的路口屹立70多年，直到20世纪80年代才在一阵爆破声中轰然倒下，继之而起的是一座现代化的大厦。

红顶商人

杭州胡庆余堂国药号的创始人胡雪岩，是前清结交官府的药材、钱庄巨商，有"红顶商人"之称，而周湘云亦是一位"红顶商人"。

由于清代流风余绪的影响，周湘云在光绪朝后期，曾花了几万两银子（据说是四万两），向朝廷捐了一个"上海即补道"的官衔。当时清末的官制，要做官无非两个途径：一是由科举考入仕途，硬碰硬科考出来，此为正途；另一条即花钱"捐班"，买个官级或直接进入官场，而实际上由"捐班"真正进入官场的人很少，大多买个荣誉官衔而已。因清末朝廷积贫积弱，需要大量的钱财，就想出办法出卖一些空头的官衔，以充实国库。上海道相当于上海市市长，是四品官。"即补道"是"候补道"中最高的级别，按说是可以有缺即"补"的，而真正能"补"上的机会是极少的。周湘云是房地产商人，本来也并不真想当官，捐个官主要为抬高身份，便于结交官场上的人罢了。他捐官之后，的确是结识了不少清末名流,与他们时常在一起讨论诗书字画。

光绪皇帝驾崩之后,因周湘云是所谓的"上海即补道",所以曾去崇陵(光绪寝陵)种树,还捐了一大笔钱报效清王室。据说因此一举,他就从四品上海即补道,又官升一级,升到了三品。按照清廷旧制,三品官就有"大红顶子"(红色顶子的官帽)戴了。所以周湘云在1908年就是一个"红顶商人"了。

按照清朝的规矩,子孙后代若是获得了某个封赏的官职,不仅自己可以尽享这种荣誉,还可以"贻赠"给他的祖上。所以周湘云升到三品大官后,虽然他的祖父早已入了土,但也被封为"光禄大夫",两位祖母被封为恭人;他的父亲周子莲也被封了一个什么大夫。这些事现在看起来颇为可笑,可是当时对那些遗老遗少来说,却是家族极大的荣誉和褒扬,都将之载入家谱或族谱之中。

周湘云那套花钱"捐"来的官服,在逢场作戏的场合也的确穿过,还曾多次借给英商哈同穿过,可知哈同亦是个守旧而有趣的洋"官迷"。几年后清朝灭亡,那套官服和大红顶子再也派不上用场,成为了历史遗物。

周湘云的收藏

由于周湘云有了红顶子,所以他与一般商人不同,有条件和清王室的遗老遗少相交往,与学界的人也颇有交情,如宝熙、端方、康有为、梁鼎芬、刘承幹、罗振玉、方若、沈瑞林(沈秉臣之子)等,其中梁、刘还和他一起去崇陵种过树。个人的爱好和这种文化熏陶,使他的收藏具有一定的水平。周湘云曾自编了一本藏品目录,不但记述了藏品的名称及流传经过,更重要的是记述了他如何购得这些古物及所付的代价。直到20世纪60年代,上海博物馆的工作人员还看到过这本手写目录，后来就不知流落何方了。所以今人对周湘云的整体收藏也就茫然无知了。

从零星的记述中，我们知道周湘云藏有青铜器、字画、瓷器、田黄石印章。青铜器中有许多是阮元、曹载奎、吴云的旧藏。如西周的齐侯罍，原系阮氏积古斋旧藏，后归吴氏，曾筑抱罍轩藏此器，何绍基为之书匾额；十年后又获一只曹载奎的怀米山房藏罍，故改其居为"两罍轩"，仍由何绍基题写匾额。据说周湘云当时花了两万两银子买下一只罍，一时传为海上豪举。另外，周湘云还藏有阮元的"家庙四器"，即虢叔大钟、寰盘、葛伯敦、无款执壶，自榜其居为"二簠二敦之斋"。

他的书法收藏中最负盛名的是唐虞世南《汝南公主墓志铭》、唐怀素《苦笋帖》、宋米芾《向太后挽词》，以及南宋赵孟坚、元代耶律楚材、鲜于枢、赵孟頫的手卷，明董其昌《临淳化阁帖十卷》等；画则有元黄公望《富春大岭》残卷、王蒙《春山读书图》、明文徵明《湘君湘夫人图》等，至于四王、吴、恽之下的石涛、金农、华喦等人之作，更是难以数计。碑帖收藏方面，则大多是端方的旧藏。周湘云在世时知其侄子周退密最嗜石刻，爱好书法，曾取出全部拓本让其欣赏，在周退密的印象中，其中不少汉碑善本均是明代拓本的上乘之作。

1943年，周湘云逝世，周家举行大出丧，这又是上海滩上的热闹话题。那时在举行公私祭奠（类似现在的追悼会）的时候，大家族有一道极为讲究的仪式，叫作"点主"。丧家把逝者的"神主"牌位（竖立在会场遗像下面的灵位牌）事先用黑笔写好，但在"神主"的"主"字上面一点的位置空着，等有身份的"大宾"（最尊贵的来宾）前来用银朱笔（红笔）"点"上。此红笔一"点"的仪式，就叫"点主"。一般人家是不讲究谁来点主的，而大户人家则讲究得惊人，而且被请来"点主"的"大宾"，似乎有种不成文的惯例，一律是请前清有科举功名的人物。

周湘云去世时，正是日伪占领时期，而且前清的封疆大吏几乎均已下世，就请了周家世交、著名书画家、篆刻家赵叔孺为之"点主"。

赵对周的友情可谓善始善终，周氏生前收藏古物书画，请赵叔孺为之"掌眼"，周氏的藏品之精，与有赵这样高水平的"掌眼人"有关。周氏对书画收藏要求很高，只要纸本，不要绢本，而品相过于陈旧亦不要。赵叔孺在"掌眼"时都一一做到。周湘云谢世，这位"掌眼人"又为之"点主"，至此两人的友谊可谓功德圆满了。

周湘云谢世之后，周家不再买进古物字画了。但他的夫人施彤昭恪守夫业，家中的藏品迟迟没流散于市场。上海解放之初，时任上海古代文物保管委员会副主任的徐森玉亲自登门拜访了施彤昭和周亦玲母女。当时已经被称为"森老"的徐森玉是周湘云的朋友，对周湘云藏品的价值一清二楚。徐森玉的来访是带着友谊和安慰的，当时并没有谈及收购周湘云的旧藏之事。

1949年后，土地实行国有政策，原先寸土寸金的私有房地产已经一去不复返了。不仅如此，这些在国有土地上的房产反而成了他们沉重的包袱，一方面国家要收地价税，迟付了要成倍地加收滞纳金；另一方面租赁私人房子的住户，则可以任意拖欠租金。如此一来，该收的收不上来，该付的又不能迟付，房产商们在两面夹击中，很快就纷纷倒闭，周家只好出让文物，以缴纳税款。这时徐森玉再次登门拜访，与周氏母女商量出售这些珍藏的事情。经过几次磋商，周家首先出售的是两只西周的齐侯罍，为上海市古代文物管理委员会购藏。其中一只在展出时被郭沫若看中，后来就调拨到北京，入藏在国家文物机构了。后来徐森玉又从周家为上海文管会购进怀素的《苦笋帖》和米友仁的《潇湘图》卷，两件共计价人民币2万元（当时币值为2亿元）。

《苦笋帖》草书"苦笋及茗异常佳，乃可径来，怀素上"两行十四字。《苦笋帖》是邀朋友来吃笋品茗的书札，无上款，故不知是写与何人。《苦笋帖》用笔圆转流动，若走蚓惊蛇，笔势若断若续，左揖右让，大小疏密相间，有节律感。通篇气贯如一，浑然天成。怀素曾自言："吾观夏云多奇峰，辄常师之。其痛快处如飞鸟出林，惊蛇入草，又遇圹墙之路，一一自然。"且看帖中"乃"之撇笔，放腾若跃，"径"字之转笔蜿蜒流动，不正含有"飞鸟出林，惊蛇入草"般微妙天趣吗？此帖与他另一传世草书《自叙帖》（真伪有争议）相比，更显出笔法之凝练和气韵之浑穆，脱尽了《自叙帖》中用笔的某些"火气"。

《苦笋帖》左钤有"御书""宣和""绍兴"等后人伪印。帖后有南宋米友仁（真伪存疑）、聂子述，明项元汴，清弘历、李佐贤、丁振铎、陆润庠等题跋或观款，另有南宋"宝庆改元九月九日重装，松题记"。元明以来，历经欧阳玄、项元汴、高士奇、安岐等名家鉴藏，乾隆时曾入清宫，后又为永瑢、永瑆、奕䜣、溥心畬等递藏。先后著录于明陈继儒《妮古录》、清吴其贞《书画记》、顾复《平生壮观》、安岐《墨缘汇观》、李佐贤《书画鉴影》等。

据张珩《木雁斋书画鉴赏笔记》中记载：《苦笋帖》后为金城之子金开藩（字潜庵）购得，但是否从溥心畬手中购得，不详。1933年，金氏携此帖至上海，欲售与张珩。但张厌恶帖中多方两宋内府伪印，以及恭亲王几方大印，故无意购藏。后被周湘云以一万银元购得，并在卷上钤有"古董周氏宝米斋秘笈印""雪盦铭心之品"和"湘云秘玩"三印。

米友仁的《潇湘图》卷是传世古画中的杰作。此卷为三连纸，尺寸为28.7厘米×295.5厘米，题写"元晖戏作"。米友仁为米芾之子，父子首创"云山墨戏之作"，在中国文人画历史上具有划时代的意义，史称"米家山水"或"米氏云山"。米友仁初名尹仁，字元晖，号懒拙老人，为米芾的长子，生于熙宁七年甲寅（1074），卒于绍兴二十三年癸酉（1153），享年八十。

《潇湘图》卷系为左达功所作，写三湘九嶷之际，水绕山重、天空白云浮动之状，于一片浑蒙中，流露出清泹的气氛。元晖在此卷上曾作两题，画成后即题：

夜雨欲霁，晓烟既泮，则其状类此。余盖戏为潇湘，写千变万化不可名神奇之趣，非古今画家者流画也。惟是京口翟伯寿，余生平至交，昨豪夺余自秘著色袖卷，□于盟天，而后不复力取归。往岁挂冠神武门，居京口旧宅，以白云词寄之，此所谓《念奴娇》也。

洞天昼永，正中和时候，一凉飙初起，羽扇纶巾雩咏处。水绕山重云美，好雨新晴，绮霞明丽，全是丹青戏，豪攘横卷，誓天应解深秘。　留滞字学书林，折腰缘为米，无机涉世。投组归来欣自肆，目仰云霄醒醉。论少卑之，家声接武，月旦许吾子。凭高临望，桂轮徒共千里。

昨与吴傅朋蜀冷金笺上戏作一幅，比与达功相遇，知亦为此郎夺，因追省此词，跋于小卷后。旧曾写寄蔡天任，以白雪易其名，旧名可谓恶甚。懒拙老人元晖。

后来，米友仁重睹此卷，再跋云：

昔陶隐居诗云："山中何所有，岭上多白云。但可自怡悦，不能持赠君。"余深爱此诗，屡用其韵跋与人袖卷，漫书一二于此。其一："山气最佳处，卷舒晴晦云。心潜帝乡者，愿作沧波君。"其一：与翟伯寿横披，书其上云："山中宰相有仙骨，独爱岭头生白云。壁张此画定惊倒，先请唤人扶着君。"绍兴辛酉岁孟秋初八日，过嘉禾获再观。懒拙老人米元晖书。

左达功何许人也？我们从洪迈在此卷的题跋中可知大概："忆年十六时，识达功于檇李。后七年，得词场名第行卷，赞谢诸公。米老为兵部侍郎，谒之。明日亲袖启扣旅舍立，须余出乃肯去。转眼三十年，二君久归山丘，余亦老矣，观此使人太息。淳熙己亥夏四月。鄱阳洪迈景庐。"可知左达功曾进士及第。

《潇湘图》卷历来为世人所珍重，明代沈周有段跋语可窥一斑。其跋语中云："小米《潇湘图》，再题自称珍，仆从少时知慕，为杭张氏所蓄，高价而锢吝，人罕获见。后游杭两度，仲孚亦辱往来，但启齿借阅，便唯唯而终勿果。今七十五年矣，意余生与此图断为欠缘，亦叹仲孚忍为拂人意事。兹廷贵忽而携至，犹景星凤凰，为之重沐者再，得一快观。忽然三湘九嶷，弥漫尺楮。"

《潇湘图》卷所写的三湘九嶷是屈原的故乡。湘水与漓江同源，其上游合漓江称为漓湘；中游和潇水合流，称为潇湘；下游与蒸水合流，称为蒸湘。九嶷山，一作九疑山。

在上述米友仁自题后，接有绍兴五年（1135）关注为左达功题跋，又有谢伋跋，跋称："达功下第后，即有放浪山水之意，元晖作招隐之图，仆以为此公未宜置丘壑中也。"可证此卷系米友仁62岁稍前为左达功所作。其后有韩浒跋、钱端礼跋、绍兴十七年（1147）洪适跋、绍兴丁卯（1147）曾惇跋、绍兴五月（未署年）钱端礼跋、绍兴庚午（1150）十一月曹筠观款。接纸又有米友仁自题十四行，款"绍兴辛酉岁（1141）孟秋初八日，过嘉禾再观，懒拙老人米元晖书"（按此跋依年次应接于钱端礼第一跋后）；淳熙己亥（1179）洪迈跋，淳熙辛丑（1181）尤袤跋，袁说友跋，钱闻诗跋；接纸绍兴乙丑（1145）朱敦儒跋，淳熙己亥朱熹观款，绍兴丁卯曾惇跋，绍兴十七年三月廿二日洪适跋，己巳（1149）钱端礼跋，绍兴庚午（1150）十一月中浣日曹筠跋，温革跋，绍兴丙子（1156）林仰跋、钱端礼跋，淳熙六年（1179）洪迈跋，淳熙己亥朱熹跋，淳熙辛丑仲春十八日尤袤跋，淳熙辛丑袁说友跋、钱闻诗跋，淳熙丁未（1187）时佐观款；元张绅观款，明王彝《潇湘图考》，明沈周跋，清乾隆帝弘历丁卯（1747）跋（题在《潇湘图考》后隔水上），近人陈宝琛辛未（1931）跋。卷前有明董其昌题记，引首附有清董邦达水墨山水一帧。米友仁画上则有清乾隆帝弘历丙寅（1746）、丁卯题跋各一则，又有他未署年但称"庚子（1720）春图烟雨楼曾用此法"题记一行。此卷在元末曾为寓居太仓的泉州籍富商陈彦廉所藏，明代曾经杭州张仲孚收藏，后归沈周；又经项元汴、吴廷、董其昌、王永宁（吴三桂女婿）递藏。入清曾归安岐收藏，乾隆时进入内府，后自宫内散出，由罗文钧收藏。在陈宝琛辛未题跋时，已归周湘云宝米斋收藏。此图曾经明朱存理《铁网珊瑚》、张丑《清河书画舫》、汪砢玉《珊瑚网》、清安岐《墨缘汇观》等著录。

《潇湘图》卷是米友仁传世绘画中的杰作，作者除在画末落款之外，又在别纸上一题至再，深自珍惜。题记的书法，结体紧密，笔势峻拔，深得米芾用笔"无垂不缩，无往不收"之妙。在前一则题记中，录有自作《白雪词》（亦称《念奴娇》）一阕。此卷自绍兴五年至淳熙丁未，先后有十六人于卷后题跋。其中除关注、谢伋、韩浒、朱敦儒、温革、林仰、时佐七人各题一跋外，余则洪适、洪迈、朱熹、曾惇、曹筠、尤袤、袁说友、钱闻诗各题二跋，官至观文殿学士的钱端礼前后共题四跋，共计跋 27 则，为传世宋人画卷中宋人题跋最多的一件作品。

自从徐森玉把周家的大门打开之后，施彤昭、周亦玲母女和上海博物馆的交往也就多了起来，上海博物馆搞文物征集的工作人员成了周家的常客。从上海博物馆征购文物的清单中，我看到继 1953 年收购周家藏品怀素《苦笋帖》和米友仁《潇湘图》后，1956 年 12 月 24 日，从周家收购到宋赵孟坚字卷，元鲜于枢字卷、赵孟頫字卷，明董其昌山水轴，清王翚山水册页二十五开和山水册页十二开、王鉴山水轴、石涛人物卷，清单还写明"以上捌件共计人民币贰万伍仟元"。1959 年 3 月 11 日，从周家收购有明姚绶山水三绝册、文伯仁《金陵十八景》册，清钱杜山水册，罗聘人物山水花卉册，龚贤、卧云合作山水册，戴本孝、傅山合作山水册，潘恭寿、王文治合作书画册，任薰山水册，任渭长人物山水册（共三册），方士庶山水册。清单上注明"以上十二件共计人民币玖仟元"。1959 年 12 月 19 日，又从周家收购清王时敏青绿山水卷、《渔村夕照图》，明沈士充《长江万里图》卷，清华嵒没骨山水轴、王原祁《仿黄鹤山樵》轴等，共64件字画，共计人民币6840元，此外，1953年，还从周家收购宋钧窑洗、雍正官窑粉彩十八学士笔筒、康熙豇豆红太白尊、乾隆官窑祭红粉彩梅花瓶、绿松石、汉金符等40件，共计人民币8160元。

周湘云斋号"宝米斋"，是因为其收藏米芾《向太后挽词帖》（今藏故宫博物院）和米友仁《潇湘图》卷。《向太后挽词帖》是米芾唯一传世小楷墨迹，且是进御之作，帖末署款"臣米芾上进"。明清两代屡经著录，流传有绪，明末为项元汴天籁阁收藏；清末至民国先后经徐渭仁、费念慈、端方、袁励准递藏，周湘云或是从袁氏手中重金购得，帖上钤有"古堇周氏宝米斋秘笈印""雪盦铭心之品"和"湘云秘玩"三印。周氏卒后归王南屏收藏，约20世纪50年代，王氏在香港转让给内地文物部门。

流传在民间的故事是有生命力的，但是当年脍炙人口的房地产老板周湘云的故事，随着时间的推移渐渐地被人们忘却了。他的那些带有"庆"字的里弄房产，有的早已为新的高楼大厦所代替。但原来鲜为人知的周湘云的收藏，如今在博物馆内再现辉煌。今人应该感谢这位收藏家，他给后人留下了一份珍贵的古代书画遗产。

历尽沧桑的商鞅方升：
鉴藏家龚心铭、龚安东父子

商鞅方升是国之重宝，我曾以《历尽沧桑的商鞅方升》一文记述此事，并见诸报端。后应上海博物馆副馆长汪庆正之约，撰写《海上收藏世家》一书，又将该文修改纠误后列入其中。2002年10月上旬，书稿行将付梓，在寻找有关插图时，上海博物馆青铜器部马今洪为我提供商鞅方升的胶片，上有说明"龚旭人旧藏"，我当时心中为之一震。在前述的文章中我将龚旭人误为"龚学仁"，此事使我内心颇有些自责。因旋即有三峡之行，所以未能及时予以订误。

在《历尽沧桑的商鞅方升》一文中，有过这样一段记述：20世纪60年代，上海博物馆得知商鞅方升为龚旭人收藏时，就把对它的征集工作转移到他的身上，上海博物馆征集组的两位工作人员去了几次，龚旭人都说家中没有这件东西。他们就采取"蘑菇战术"，三天两头到龚家去。龚旭人被他们搞得烦了，一次刚进门，龚就不客气地说："你们两位到我这儿来，无非是为商鞅方升的事，这件东西被我卖给外国人了，家中没有这件东西，请你们不要再来我家了。"上海博物馆的工作人员在履行文物工作者的职责，想将此物征集入馆藏，也在情理之中。

1962年，上海博物馆方面在南京东路国际饭店请了一桌客，把龚旭人、朱静宜夫妇请来。馆长沈之瑜、保管部主任马承源都参加了。他们说："商鞅方升是国家的重器，全世界独一无二，国家需要这件东西，龚先生能不能割爱相让。"

龚旭人回答："这东西，确实被我卖给外国人了，你们的同志也来了多次，我都给他们说过了。"

沈之瑜说道："我们给你一定价钱。除此之外，你还有什么要求都可以，比如儿子上大学、住房问题，博物馆都可以请市里帮助解决。"

龚旭人仍然不松口，一口咬定商鞅方升已卖给外国人了。当时博物馆征集组的一位工作人员觉得龚氏似乎有些"顽固"，语气也就变得有些生硬起来："龚先生，商鞅方升就在你家，证据都有，你现在也不要推托了，只要承认东西在你家就行了。"

龚旭人说得也异常坚定："我家实在没有这东西！"事已至此，也只能不了了之。

等我三峡之行归来后，上海市文管会的倪贤得告诉我，龚旭人的女公子龚理咸已看到《历尽沧桑的商鞅方升》一文，并且找到上海市文管会，她认为其中"有些事与历史不符"。第一次在写此文时，我已经感到对商鞅方升流传的脉络梳理得不够清晰，曾经找过龚旭人的后人，但当时没有找到。现在他们找上门来，那岂不是好事？

11月7日，我约了龚理咸和她的弟弟龚理熊在上海市文管会见面。龚理熊当时62岁，1968年大学毕业后被派往甘肃工作，现在退休后寄居于江苏吴江。理咸、理熊姐弟告诉我："为了尊重历史，我们把商鞅方升收藏的情况介绍一下。商鞅量是我祖父收藏的，当时装这个器物的盒子中还有拓片，有我祖父的考证文字，在《浦口汤泉小志》中也有记载。因为已经公之于众，所以社会上都知道我家藏有'秦量'——当时称之为'秦量'。那时我们家用钱都是向银行抵押，祖父是清朝进士，也是上海有名的鉴藏家和实业家，把坐落在苏州河边上的开滦煤栈抵押给汇丰银行。抵押快要到期了，汇丰银行来了通知，说钱可以继续用，用多少给多少，只要用'秦量'作抵押就可以了。那时祖父的年纪大了，此事由我母亲具体操办。母亲把自己的陪嫁卖了，还上汇丰银行的抵押款，才保住了'秦量'。母亲出生于叉袋角朱家，上海华人第一家纱厂裕源纱厂就是我外公创办的。日伪时期，日本人又来追查'秦量'，我父亲就说被我祖父卖到外国去了。我祖父在弥留之际，向我父母交代，'秦量'和印子金是我们的传家宝，谁要外卖，谁就是罪人。父母也把祖父的遗言交代给我和弟弟。那时传男不传女，我也是在抄家之后才知道的。"

当谈到20世纪60年代，上海博物馆请他父母在国际饭店吃饭之事，龚理熊说："我当时没有考上大学，他们告诉我博物馆第一个条件就是要保送我进交通大学，第二个条件就是出十万美元收购。我知道父亲当时就回绝了，说是被我祖父卖到外国去了。父母是在征求我的意见，要不要进交大念书。我当时说，去不去交大念书无所谓，这回考不上，下回再考。只要父母决定把'秦量'传给我们，我们一定会传下去。父亲说你祖父过世时就关照，一定要传下去。我要遵循祖训，不能当个罪人。就这样，'秦量'又留在我们家里。"

商鞅方升是如何由龚家流出而进入上海博物馆的？在我原来写的《历尽沧桑的商鞅方升》一文中也略有交代：

"文化大革命"开始，龚旭人女儿所在的工厂造反派去抄她的家，商鞅方升是重点搜寻的文物，抄来抄去，只抄到"郢爰"，这是安徽寿县出土的楚国金币，都是打了印的。50多块郢爰虽然也有价值，但最重要的商鞅方升却没有找到。造反派并没有撤退，在龚旭人家前后抄了28天，仍然不见商鞅方升的影子，后在朱静宜的侄子家中抄出商鞅方升。龚旭人得知商鞅方升被抄走，如同夺走他的生命，愤怒之极，心脏病突然发作，在送医院抢救的途中就与世长辞了。而造反派却敲锣打鼓，把抄到商鞅方升作为胜利战果报喜去了！

龚旭人，名安东，1898年出生于上海，在他15岁时，其父龚心铭即把他送往美国，入波士顿大学读书。他在美国学习10年，25岁回国后，在上海铁路局做车务总管，不久即在家赋闲。共和国成立之初，他

龚心铭像

自筹资金开了一个百货商店，后又公私合营，从百货商店退休。对传给他的商鞅方升，他绝不轻易示人，最后以生命相报。我从内心深处尊敬他这种收藏家的品格。

我按照理咸、理熊姐弟两人提供的线索，11月8日托上海图书馆的许全胜帮我找到了龚心铭编著、1925年出版的《浦口汤泉小志》，携回阅读一晚，对商鞅方升及其他文物收藏的脉络才算大致清楚。为了还原历史，我对《浦口汤泉小志》中的有关文字作了一些摘录。

龚心铭的《浦口汤泉小志》是因浦口的汤泉而得名。龚在该书中记载："同光中，先光禄大夫仰蘧公（龚照瑗的字）督金陵，机器局有顾问马格里者，英之医学博士也。予与弟怀希（龚心钊的字）从学英文。马喜游秣陵左右诸名胜，足迹殆遍，尝谓先公曰，去浦口不六十里，山脉回环，有泉为暖流，浴之可以已疾，泉侧有庙久圮，惜无人注及之。先公曰有明都建业时未久，或未及此，然昔南朝人多慧业，当有建设，特未若今之重验气质之晰耳。愿心铭使稽其事。心铭考泉源出其南之汤泉山，庙即萧梁时汤泉院，昭明太子读书处也。南唐韩熙载有记,宋初易名惠济,元祐间又改院为寺,明太祖临幸,赐名香泉。"龚照瑗(1835—1897)为清末洋务派要员,出任过大清驻英国大使,在任期间曾奉命秘密逮捕流亡伦敦的孙中山。心铭为其长子。

1908年,津浦铁路(天津至南京浦口)开始兴建,龚心铭出任顾问,此时江南提督张勋正陈兵浦口与徐州之间,龚心铭与张勋相识,得以往来其间,从东葛车站步行往浴为乐,或纵猎山林,晨出而夕返。宣统初年,龚心铭于珍珠泉西购一泉,泉名五柳,辟地筑室,有屋顶花园、健身房、游泳池、养鸡场等设施,以此作栖宿之所,所在处即惠济院遗址。《浦口汤泉小志》所记即此事。《浦口汤泉小志》的史料中还收有宋秦观《游汤泉记》《汤泉赋》等。

龚心铭的住所当时名为"龚氏汤泉别墅",来游者、住宿者甚众,此书中载有《龚氏汤泉别墅禊集》,当时的名人文士易顺鼎、陆文麓、陈宗彝、奚侗、张继㲽、王景韶、沙嘉树、李荣国、杨毓瓒、冯煦等都有题咏。

《浦口汤泉小志》中收入的重要文章有《周爰金考》及《秦鞅量考》两组文字。龚心铭在《周爰金考》一文中写道:"余所见印子金有四种,若颖、若郢爰、若陈爰、若专爰,惟专爰弗详其地。"又云:"铭馆甥寿春,光绪中时往来淮肥间,因获得出土之爰金,内子传林夫人亦出箧中孙太夫人所畀者,相与印证。秦庭、勉臣、荫庭、子刚数君复为搜集,先后共获三十二品,曰郢、曰专、曰陈,皆属楚铸。厥后复得若颖者,其文益古,为此类中所仅见,殆属西周时代,其地后皆隶于楚,然不得以楚金概之,谓之周金爰固无疑义。予筑汤泉既成,因辟一室以庋此金与商鞅之量,题为周爰秦量之室。今春辑印《汤泉小志》,因以拓本影印。"这就是龚心铭的斋名"周爰秦量之室"的由来。

光绪皇帝的老师孙家鼐对此亦有题跋:"周楚金爰,景张侄倩,搜罗延访,费几许心力。吾乡时有此金出土,多毁于妇女饰具,景张宝此,既为吉金延命脉,复为吾乡征文献,厥功大矣。光绪乙巳仲春七十九岁老人孙家鼐识于京寓。"孙家鼐又题："李申耆先生《凤台县志》载，郢爰沿刘主字之误，景张考得专，陈、颍等爰，引证详明，定为楚爰金无疑，异日采入志乘，足为艺文增色。光绪乙巳（1905）三月上巳日寿春孙家鼐。"合肥龚家与寿县孙家为通姻之好，龚心铭娶孙氏女传林为妻，在孙家被称为"三姑奶奶"，故龚心铭在题跋中有"内子传林夫人亦出箧中孙太夫人所畀者"之语。

此器上的铭文为：

十八年，齐遹（率）卿大夫（合文）众来聘，冬十二月乙酉，大良造鞅爰积十六尊（寸）五分尊（寸）壹为升。重泉。

龚心铭作《秦鞅量考》曰："按大良造鞅，乃商鞅也。商君列传，商鞅姓公孙，少好刑名，因秦孝公宠臣景监以求见。孝公三年，卫鞅说孝公变法，十年以为大良造，令民父子兄弟同室内息者为禁，而集小都乡邑聚为县，置令丞，凡三十一县。为田开阡陌封疆而赋税平，平斗桶法度量衡石丈尺，不知商君治秦平斗桶已在前也。"

廿六年，皇帝尽并兼天下诸侯，黔首大安，立号为皇帝。乃召丞相状、绾法度量则不一，嫌疑者皆明壹之。临。

该段铭文，龚心铭考释："按此诏乃始皇帝兼并天下后，诏李斯改小篆所凿，故文字较肥，前诏文细，仍是先秦文字，乙酉'酉'字尚有钟鼎笔意，'重泉'二字似与前诏同时刻，'临'字当是后刻。以意揣之，此量始行于重泉地方，继又用于临。"龚心铭收藏商鞅方升，潜心研究考证，述其重要，功莫大焉，应当载入史册。

龚心钊在此器的拓片上亦作一段题跋："嬴秦文字传世者，唯泰山峄山石刻。近百年来，吉金出土日众，有诏版权量诸器，以长白端午桥制军、黄县丁幹圃所得为最夥。然率皆始皇、二世之诏。此器则为孝公时商君平斗桶之制。商君为变法之祖，此量实为变法之舆，不独以先秦文字重也。丙午七日将重游欧洲，倚装记此，龚心钊。"丙午为1906年（光绪三十二年）。这是在《浦口汤泉小志》出版前近20年所作的题跋。心铭、心钊昆仲对商鞅方升的铭文考证都是花了一番功夫的，提出己见，以证史误。心铭、心钊都已成历史人物，他们也就成为历史所拥有的了。

从秦孝公十八年到秦始皇二十六年，其间相去122年，商鞅方升曾流传在重泉、临两地，足见其为秦时标准的量器了。重泉在秦时为重泉县，《史记·秦本纪》中有记载，临在《左传》哀公四年亦有记载"赵稷奔临"。两者都是实有此地的。

今人马承源的研究得出如下结论：（一）商鞅方升的容积为201毫升。（二）商鞅方升是很准确的秦制，传世的始皇方升实测容积是196.69毫升，与商鞅方升比较，误差不到百分之一。（三）始皇廿六年距孝公十八年的时间相差122年，商鞅规定的量制仍然为秦始皇所采用，所谓统一度量衡，乃是秦始皇命令丞相隗状和王绾把商鞅既定的制度推行到全国。（四）战国量制经过一个比较复杂的变化过程，容量单位名称有显著不同，而相同的量制名称，其单位容量也存在或大或小的不同程度的出入。这种量制不一致的情况，对于秦统一财政和经济的发展，不能不是障碍，这就是秦以商鞅规定的量制来统一全国量制的背景。从以上研究中，我们可以看出商鞅方升的历史价值了。

2002年11月18日，我和理咸、理熊、理涛姐弟三人相见于威海路上海文新大厦。理涛就职于哈尔滨。这次，他专程来上海讨论此事。他们对先人的事情有着这种郑重严肃的态度，令人尊敬与感动。

就在此次相见，他们还告诉我：龚家的收藏是别家不好相比的，除了秦量、印子金外，还有秦玉玺、汉金饼等国宝级文物，再有就是历代名人字画、碑帖、名砚、御墨、青铜器、瓷器、玉器等。另外如祖父与美国总统、与大科学家爱迪生合影的珍贵照片，以及与名人往来的信札，都在"文革"时期被抄走了。

我问道："你们祖父在什么时候收进商鞅方升的？"

他们说："不知道，《海上名人传》中有他的传。此书是1930年文明书局出版的。"

在见面时，他们还给我提供了记载其曾祖龚照瑗有关资料的《随照日记》、孙中山的《英伦蒙难记》和《上海故事》的目录，要我自己去查找。

11月21日下午，我和龚氏姐弟三人再次相见于文新大厦，他们向我出示了一张纸条，上面写有"秦量癸卯七月以重金得于清晖阁"的字样。癸卯是光绪二十九年（1903），据他们说，这是从龚心铭购物的纸条上找来的。这张纸条还抄有龚心铭的另一段购物记录："米元晖《云山墨戏图》（内府所藏有），董香光题，冯涿州题，载安氏《墨缘汇观》，高宗纯皇帝御制诗长题。庚子之变，洋兵从内府窃出，予以五百金购得之，以备异日贡献也。壬寅夏记。"（录自龚氏收藏金石目录）壬寅是光绪二十八年（1902），或许龚心铭是有一本收藏目录，目录中对每件藏品得自何时、何处，以多少价钱购得都有记载。但是龚氏姐弟只抄录了这两条向我展示。此外还有两方印章，一是"秦量"，另一方是"谨权量"。

在分别时，他们再次告诉我要去看那本《海上名人传》。已是下午4时，我赶到上海图书馆，许全胜帮我借到了这本书，其中果然载有《龚景张传》，资料多是引自《浦口汤泉小志》，但其中还是有点新的信息。龚心铭是"光绪壬辰（1892）科进士，授职翰林，以庶常改职考取商部，记名时奕劻父子柄国，苞苴竞进，先生以薄贽投之，触怒载振，奏劾落职，遂绝意仕进，耽金石书画之学。书得平原（颜真卿）、诚悬（柳公权）神髓，收藏金石碑版尤富"。与龚心铭同科进士有叶德辉、汤寿潜、张元济、张镇芳（张伯驹之父）、赵熙、唐文治、蔡元培等人。看来，龚心铭因送礼太少而未能入仕商部。他受知于翁同龢，深得翁的赏识,翁尝叹曰"入吾室者龚生也",并向家人交代寄语心铭,自己的墓志铭要"烦其手笔"了。我所能搜集到的龚心铭的资料也仅有这些了。

"文革"结束之后,政府落实发还抄家物资政策时,商鞅方升仍属龚旭人家所有,龚旭人在"文革"中因为商鞅方升被抄而悲愤身亡,此时他的夫人朱静宜也逝世了。龚家的理熊、理涛、理咸、理瑜、理琳兄弟姐妹虽负着违背祖训的沉重"十字架",商鞅方升及印子金等文物还是作价转让给了上海博物馆。理涛向我出示了上海博物馆从他们龚家征集文物清单的记录,并标明了每一种文物当时的征集价格,其中有商鞅量(方升)、楚国郢爰(印子金)52块、符印187方、铜器3件、甲骨4块、旧锦20块、字画及碑帖18件、旧经纸7卷、卖田契11张等,计300余件。

上海博物馆还藏有商鞅戟,戟上铸有铭文"十三年大良造鞅之造戟"十个字,此戟在秦孝公十三年(公元前349)时造。商鞅在秦孝公十年任大良造,其职务相当于相国兼将军。这件珍贵文物为收藏家徐士浩所藏,是由他的女儿徐景淑、徐景奂捐赠的。如果不是收藏家的慧眼,这两件极为珍贵的历史文物,如何能在传世2200余年后,最终走进上海博物馆这座古代文物的圣殿?

珍惜那段情缘：鉴藏家龚心钊、龚安英父女

  机遇不再，对许多海上收藏家都未能直接访问，我常常为此感到遗憾。
  在访问收藏家的夫人及后代时，和他们交谈，他们都是遵照先人的遗愿，把文物保护得很好，捐献给博物馆，使之有所善归，为中国文化的传承做出了贡献，应名彰青史。但他们对文物不甚了然，也没有太多的欣赏兴趣，对先人的收藏活动也知之甚少。可是，当我去访问大收藏家龚心钊的女儿龚安英时，她给我留下的完全是另一种印象。她于1910年出生在英国伦敦，与我见面时已是八十多岁的老人，但她的端庄、她的风雅、她的大家风范，却仍栩栩然显现着光彩。不知老人从什么地方读过我写的有关紫砂鉴赏的文字，一见面就说："看过你写的紫砂文章，文字不错，你收藏鸣远壶吗？"
  我说："只是见过，没有收藏。"
  她问："那曼生壶呢？"
  我说："也只是见过，没有收藏。"
  她再问："瞿子冶的壶呢？"
  我说："也没有收藏。"
  她还是问："你没有收藏，怎么研究？"
  我说："到唐云那里看看，到博物馆看看，许四海也收藏了不少。"

她不以为然地说:"唐云能有几把好壶？博物馆的紫砂壶,有的就是我爹爹捐的。"一连串气度非凡的发问,我不但不感到发窘,而且更想接近她、了解她。

她对紫砂壶有着特别浓厚的兴趣,从供春、陈鸣远、时大彬、陈曼生一直讲到顾景舟,比较它们的优劣,说:"陈曼生的那些壶不是做得好,主要是玩得好,玩出了名堂。古玩,古玩,学问就在一个玩字上,要会玩……"

我说:"你也是个大玩家。"

她说:"我不会玩,主要是我爹爹在玩,我在他的身边看着他玩。"

接着,她向女儿龚理庄说道:"拿几件东西给郑先生看看。"

开始,龚理庄拿出翁同龢、梁启超、梁同书、何绍基书写的对联,有的对联上面还有龚心钊的上款。可能龚安英看出我对这些兴趣不大,又叫龚理庄再拿,结果又拿出恽南田的册页、田黄石雕弥勒佛像、苏东坡的"雪浪斋"印,还有唐代调兵用的虎符及唐代军队中用的象牙腰牌——通行证,还有一批宋代兔毫盏。那些小杂件都是我没有看到过的,因而我津津有味地观赏着。更有趣的是那些老照片,有的是她童年时代的留影,有的是家庭生活照,还有一张是龚心钊与清朝遗老学人们的合影,上有大藏书家傅增湘(字沅叔)题写的"蓬山话旧图。辛未七月既望写于藏园,沅叔记",并把合影者41人的名字全部写上,其中有:吴震春、章梫、俞陛云、宝熙、张濂、文海、商衍瀛、杨钟羲、瑞洵、陈宝琛、陈嘉言、吴熙、吴敬修、傅增湘、柯绍忞、龚心钊、马吉樟等人。

在给我看的文物中,还有一页傅增湘的手迹,写在淡绿色的兰花笺上,是"蓬山话旧"第二集的题跋:

> 癸酉八月二十八日,蓬山话旧第二集宴于藏园,与会者三十有四人,因此旧藏明内府写本《翰苑群书》,乞同人题咏,爰占一

律以为嚆引。

　　回首春明记梦余，玉河西畔忍停车。
　　漫愁避世无金马，幸有遗编守石渠。
　　觞咏径秋人易感，文章报国愿终虚。
　　瀛州道古谁能续，待访陈骙补后书。

藏园傅增湘初稿

这次"蓬山话旧"没有留下照片，有哪些人参加就无从知道了。从傅氏"乞同人题咏"的文字来看，参加雅集的人是应该有诗作的。但有哪些人作了诗，写的又是什么样的诗，也是文坛一谜，无从揣知。

龚心钊，字怀希，又字怀西，号仲勉，斋号瞻麓斋，安徽合肥人。他19岁中举人，26岁中进士，任翰林院编修，是清代最后一任科举考官。光绪年间曾出使英、法，清末任驻加拿大总领事，民国时期寓居上海。

合肥龚氏先世自江西临川徙皖之合肥。龚心钊的先祖龚鼎孳（1615—1673），字孝升，据说出生时庭院中长出一枚紫芝，故号芝麓。自幼奇颖，读书寓目不忘，总角能义，19岁即中进士（崇祯七年），被任命为湖北蕲水县令，史称其"劝农兴学，听断如神"。明亡降清，深荷清世祖赏识，世祖尝谓左右曰："龚某下笔千言，如兔起鹘落，不假思索，真才子也。"当时鼎革方新，前朝耆旧多混迹酒人画师，以寄其侘傺幽忧之感，而少年英俊希光待阴者翕集京师，均唯龚是从，朱彝尊、陈维崧、尤侗游京师，贫不能自存，得到龚氏的扶掖支持。著有《定山堂集》，与钱谦益、吴梅村并称"江左三大家"。龚心钊斋号瞻麓斋，即有敬仰龚鼎孳（号芝麓）之意。

龚心钊平生笃好文物，潜心研究，他收藏的文物，精品颇多，包括战国越王剑，宋代米芾、马远、夏圭等名家的画，宋汝窑瓷盘，以及时大彬、徐友泉、陈鸣远、陈曼生等人制的紫砂器。他所藏的印章，自战国至六朝的铜、玉、石的官印、私章两千余方,既丰且精,且宋代以后的一概不收。他曾拿出自己的藏印,编辑出版了《瞻麓斋古印存》,并记述曰:"仆幼喜摩挲古物,每侍严君购金石器,必从旁审其真伪,玩其文字,而于古泉印之类尤为笃嗜……"他收藏的每方印都精心包装,盛以瘿木盒或红木盒,盒用精致的织锦包面,盒内又贴了藏印印文,盒外贴上龚氏手书的标签,连鉴定家谢稚柳也赞叹龚氏的包装形成了自己的风格。龚氏家中长年雇用擅制各种工艺的能工巧匠,为其所藏各类文物配制木匣锦盒,随物之形,精制内衬,不惜工费,几近皇家内府装潢。

龚安英说:"爹爹收藏的古印止于唐代,宋人之印就不收了。"1960年,龚安英将珍藏的五百余件文物捐献给上海市文管会。在今天的上海博物馆印玺馆可看到龚心钊收藏的诸多秦汉印。

除了捐献给上海博物馆的一部分外,龚氏其余的收藏多为龚安英为支付生活开支而售出。她告诉我,她一生不下厨房烧饭,住在某个饭店里,每天都是下馆子用餐。直到现在,虽然住到一个简陋住所,但下馆子的习惯仍然不改,还经常带着女儿女婿外出吃饭。经她售出去的文物如今都已云散四方,如美国旧金山亚洲博物馆藏的时大彬制壶,包装的盒子上有龚心钊的收藏印及题识:"时大彬为陈眉公制小瓜壶。癸酉得自松江张氏。甲戌装,乙亥怀西记。"香港中文大学文物馆藏陈鸣远款的蚕桑盘,也保留了龚氏题记,盒外标签题写"鸣远春蚕食叶碟",盒内一张写着"鸣远蚕食叶盘",并钤了六枚收藏印:"瞻麓斋"、"龚斋"、"怀西珍藏"(两枚)、"龚心钊"及"陶冶性灵"。在鸣远壶中,最为收藏界所推重的是"丁卯壶",从乾隆年间至今,流传有绪。该壶初归"樊洞山房"的朱炎,后归苏州的吴大澂。吴大澂曾请道州的何庆涵为其先人撰写墓志,遂以此壶作为答谢归于何氏。民国元年,何氏的后代何星叔与赵某交换藏品,以此壶换了一块龙纹玉(玉勒)。其后,此壶又转到褚德彝手里,从褚家流出后到了陈氏之手,陈氏将其壶卖到日本长崎。1927年春，日本人川濑左一从长崎携此壶来上海，龚心钊得知后，以田黄等名石章与之交换获得，最后经龚安英散出。其他名壶上还刻有"清淡见滋味""两腕习习清风生""勇者不惧"及"甲午之望日为俨斋生制"等铭文。龚心钊之所以集中收藏紫砂壶，除了他的兴趣爱好，经济不甚宽裕也是一个原因。他曾对侄女婿陈克立说："古物种类繁多，难以广为收藏，财力亦所不逮，不如以宜兴紫砂器为对象，其产品仅在明清两代，且仅宜兴一地，范围小，易求。"龚心钊的紫砂器藏品中，亦有后人仿制之品。1934年年底，他通过"吴德盛"上海分号的老板向王寅春定制了两件高档紫砂方器，一件为"四方鼓腹壶"，一件为"六方壶"。次年春天，又通过"吴德盛"干脆将王寅春聘至上海，为其仿制紫砂古董。龚氏还专门请德国高级技工为王寅春制作了紫砂筋纹的口盖样板等制壶工具，均是由超薄不锈钢片做成，精度非常高。让王寅春仿制了如"菱花""玉兰花""掇球""菊瓣"等筋纹壶，署款为时大彬、陈友泉、陈子畦等，亦有无款制品。

龚安英谈到这些名壶时说："都拿出去换饭吃了。"她还告诉我："爹爹收藏的紫砂壶多在上海所得。明末清初蒋时英和他的女婿陈子畦，也就是陈鸣远的爹，在松江开店，所制作的紫砂壶后来全归松江张氏各房收藏。民国后，张氏子孙携来上海出售，由金山程云龙作介绍，爹爹从中买了不少。"

谈到这里，老人颇有所感地说："过去，别人卖壶，爹爹买进；现在我卖壶，别人买进，都是为了吃饭。古往今来，都是这样的。"她没有伤感与惋惜。

龚心钊也是碑帖收藏家，平生所藏的部分善本碑帖，今为上海图书馆收藏。其中最为著名的是南宋拓南宋装《九成宫醴泉铭》，明末清初曾为陕西宝鸡人党崇雅收藏，嘉庆四年归翁方纲收藏。此拓本无丝毫填墨修饰，字口清晰，拓工与装裱皆堪称一流，远在吴湖帆《四欧宝笈》本之上。且在传世的南宋拓本《九成宫醴泉铭》中，似可名列前三甲，现为馆藏一级文物。1935 年 1 月，龚心钊以 6000 银元从北京庆云堂张彦生手里购得，并先后两次付 3000 银元而结清。龚氏以黄色祥云古锦做函套，再外包以一大张麂皮作书衣，盎然古色，照人眉宇，亦可见其对拓本的珍爱之情。上海图书馆在 1961 年也是从张彦生处购得，标价高达 5060 元，在当时绝对属于"天价"碑帖。2016 年 12 月，北京匡时拍卖公司秋拍中，龚心钊旧藏的另一册南宋拓《九成宫醴泉铭》，以 1725 万元成交，成为了该年度碑帖拍卖的第二高价。

收藏界对龚安英的关注和叫"商鞅方升"（或称"商鞅量"）的那件遍体绿锈的文物有关。商鞅方升是秦孝公十八年（公元前 344）商鞅变法时所规定的标准升，可谓国之重宝。在 20 世纪二三十年代曾发表过它的铭文和全形拓本及龚心钊的题跋，引起学术界的注意。

上海博物馆一直在注意商鞅方升的下落。既然知道此物曾归龚心钊收藏，博物馆征集人员就去找龚安英。该名征集人员恰巧也是合肥人，操着合肥话，龚安英也是一口合肥话，乡音未改，息息相通，两人谈得很投机。待时机成熟，他就说出来意："龚大小姐，我们要和你谈谈商鞅方升的事情。"龚安英一听神情有些紧张，说："商鞅方升，这东西我实在不晓得。"该征集人员让她再好好想想，但她仍然是那样一句话。

回到博物馆，征集人员把谈的情况向保管部主任马承源汇报，马说道："这东西一定要弄到。"征集人员又去找龚安英，要她说清楚商鞅方升到底在哪里。开始，龚安英仍然说不知道。征集人员说："反正商鞅方升不会出龚家的大门，你一定要把情况说清楚。"从来不和社会接触的龚大小姐一听此话，不禁吓得哭了起来。

他们劝说："你不要哭，放心好了，绝对保证你的人身安全，我们是代表博物馆做事，什么事情都会给你挡住。"一听这话，龚安英的心情就安定了许多，告诉他们这件东西是堂兄龚旭人的收藏，其实并不在她家。

"文化大革命"抄家时，龚安英女儿厂里的造反派也来抄了龚安英

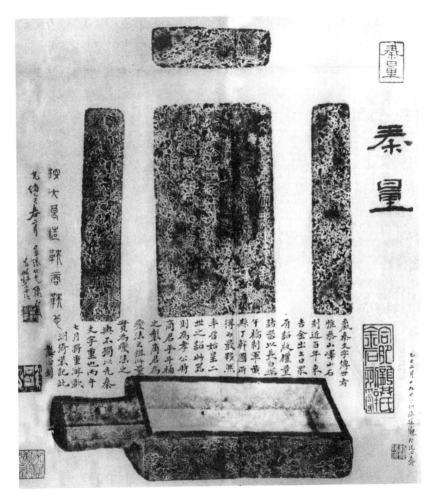

龚心钊题跋的商鞅方升拓片

的家,并曾向她追问商鞅方升的事,逼她跪在洗衣板上,造反派扬言:"不交出商鞅方升就别想起来。"上海博物馆的马承源、陈佩芬等人得知这一情况,立即前往她家为她说情,她才得以解脱。她的女儿龚理庄为了此事也曾一度被隔离,关在厂里。当我向她提起商鞅方升这件事时,老人只是淡淡一笑,说:"还能有什么样的东西比商鞅方升更重要呢。"

然后就将话题转移,不愿再谈这件事,那是一段难以回忆的噩梦。她告诉我,她从小就和文物生活在一起,合肥市里的几条街都是她家的,逍遥津公园的一部分就是她家的花园。小时候,和家中的一群堂兄弟姐妹向花园中的水池里掷瓷器玩"漂瓦"的游戏。1949年之后清理逍遥津时,从水池里挖出了宋代兔毫、元代隐青及明代青花瓷片。这位一生都过着大小姐生活的老人,到了晚年却遇到一件苦恼的事情:1986年,英国伊丽莎白女王来中国访问,到上海访问时找到了她,说她1910年出生在英国,是英国公民,要发给她一本英国护照。原来,在她出生的那家医院里还有她的出生证。这样一来,她作为英籍华人居留中国,每隔几个月要离开上海到香港去住几天,然后再返回上海。

　　人世间的事物聚散无定,文物收藏也是如此。对于收藏家来说,把文物捐献是一种散,把文物转让也是一种散,在动乱中流失也是一种散,但是对文物曾经拥有的感受是一样的。在人去物散之后,他们最为珍惜的也就是那种曾经拥有的感受,那种感受将会永远深藏在他们的心中。

庞莱臣：虚斋名画甲东南

古今书画收藏家大致分为两种类型，一是公开自己的收藏，欢迎朋友到家中鉴赏，为研究者提供资料，或者将自己的藏品著录成书，将藏品编成图册印行；二是"秘藏"类，除了自我欣赏，绝不轻易给他人观看，更不予以著录出版。民国海上收藏大家庞莱臣属于第一类藏家，在鉴藏界德高望重。因此庞家收藏了哪些古画名迹，此道中人大都知道得八九不离十。

从丝绸大王到书画收藏大家

庞莱臣（1864—1949），名元济，字莱臣，号虚斋，是浙江南浔"四象"之一的庞家开创者庞云镗的次子。庞云镗（1833—1889），字芸皋，是庞夷简之孙，原籍绍兴。父庞听泉，在湖南任幕僚，庞云镗在南浔读书侍奉母亲。1843年上海开埠后，洋商大购南浔辑里丝，丝价暴涨，业丝成为发家捷径。庞云镗15岁即去镇上"八牛"之一陈熙元开设的陈裕昌丝行当学徒，满师后已通晓蚕丝经营之道，以及品评丝质优劣的技术，他遂以小本贩运而获利，逐渐积累原始资本。

庞云镗在经营蚕丝中，结识了杭州胡庆余堂国药店老板胡雪岩，与

庞莱臣像

其成为莫逆之交。胡氏的后台是左宗棠,他是左氏麾下筹措军费的得力助手,时人称之为"红顶商人"。他有雄心囤积蚕丝,与洋商竞争,约定与庞云鏳合作,大量收购湖丝。但庞只是代为其收购,并不想介入合资经营。

胡雪岩结交左宗棠后,曾受托向上海的洋商购买军火。庞云鏳因熟识一些洋商,受胡雪岩之托与洋商接洽,从事军火生意,从中获得暴利,进一步扩大了庞家财富,成为南浔巨富的"四象"之一。

庞云鏳为了光耀门庭,即以他儿子庞元济的名义捐献十万两纹银,所谓"赈捐豫、直灾情报效",由李鸿章向朝廷奏奖。光绪十七年(1891)得慈禧太后恩旨,特赏庞元济一品封典,候补四品京堂。庞云鏳于光绪十五年病逝,终年57岁,清廷恩赐光禄大夫和刑部江西司郎中。

庞元济继承父业,在南浔经营庞滋德国药号和庞怡泰酱园。光绪年间,他曾去日本考察实业,获悉法国里昂丝绸市场畅销日本匀细厂丝,价格也高,南浔辑里丝虽色白质韧,但粗细不均,已降为杂用丝。他认为如能设厂改缫细丝,辑里丝定可胜过日本丝,故回国后他不遵父亲的遗训"莫再经营蚕丝",于光绪二十一年与丁丙(1832—1899)合资三十万两白银，在杭州创办世经缫丝厂，为浙江民族资本产生初期的著名企业之一。次年他又与丁丙合资八万两白银在塘栖创办大纶制丝厂，1928年扩资改为崇裕丝厂，由其堂弟庞赞臣为总经理。此外，庞元济也涉足棉纺业，于1896年与丁丙等集资四十万两白银，在杭州创办通益公纱厂，这是当时杭州最大的企业之一，1902年转让给李鸿章之子李经方接办。1918年庞元济等人发起创办浔震电灯有限公司。庞元济是浙江民族实业的开创者之一。

庞元济于1906年又创办上海龙章造纸厂，这是当时上海唯一的一家造纸厂。他还在上海收购外商正广和汽水公司大量股票，投资参股中国银行和浙江兴业银行，并在苏州办纱厂和印染厂，在杭州、苏州开办典当。他还在苏州、上海拥有大量房地产。

庞莱臣自幼嗜画，未及成年，就喜欢购买清乾隆、嘉庆时名人手迹，又刻意临摹，颇得形似。他毕生从事实业和收藏两项事业，又以实业的成功，支持和实现了收藏上的成功，是我国近代最大的收藏家和鉴赏家，尤以收藏书画之富冠于东南，尽其毕生精力和财力收藏和保护了我国许多绘画艺术珍品。

董源《夏山图》

在共和国成立初期，像庞莱臣这样的大收藏家，上海或北京的文物部门都把他列为重点的征集对象。庞莱臣去世后，其收藏的一部分为儿子庞秉礼（维谨）掌管。这样，上海文管会征集庞莱臣遗藏的任务就落在谢稚柳的身上。当时文管会的工作人员除了徐森玉和庞莱臣有过交往外，也只有谢稚柳曾到庞家看过董元的《夏山图》卷和其他名迹。此事是在20世纪40年代抗战胜利后，谢稚柳由蜀返沪，由张大千购得董源《潇湘图》卷而引起的。

张大千通过朋友的介绍，以重金购得董其昌、安岐、清宫内府递藏之董源《潇湘图》卷，为之欣喜若狂，马上通知谢稚柳来鉴赏。谢稚柳打开这四尺多长的卷子，是一卷着色山水，山水以花青运墨，没有奇峰峭壁，皆长山复岭，远树茂林，一派平淡幽深，有着苍茫浑厚之气，远处烟波浩渺，无穷无尽。这和他经常看到的北方画派完全是不同的景致，他感叹地说："千载以来，董源的才情和他那高深的观察与体验，不得不使人佩服。"

张大千告诉谢稚柳，上海的大收藏家庞莱臣家中也藏着一卷董源的《夏山图》，他和吴湖帆一起去看过。谢稚柳一听，当然大为动心，他要张大千和他一起再去看一次。但是，张大千不想再去了，要谢稚柳自己去看。

谢稚柳想：我是一个小人物，庞莱臣会不会让我看呢？这时，他认识一位姓王的朋友，和庞莱臣特别熟，要这位朋友引荐到庞家去看画。"好，我给你写封信。"姓王的朋友热情答应了。

对自己的收藏，庞莱臣虽然是较为"开放"，但由于观赏者的水平不同，他还是有区别对待的。一般人到他家看画，他总是给看清代"四王"的画。名气大一些的去看画，可以看到明四家沈、文、仇、唐的作品。除了张大千、吴湖帆等人，在上海能看到董源《夏山图》者极少。谢稚柳心想，到庞府如看明清画没有多少意思，此类画看到的机会较多，要看就看《夏山图》。但庞莱臣会不会让他看呢？

"你先把信寄去，说我点名看《夏山图》。"谢稚柳对姓王的朋友说。他想如果庞家不同意，他也就不去了，免得到那里碰钉子。过了两天，庞莱臣回信了，欣然同意给他看《夏山图》。

到了约定的那天，谢稚柳到庞家去了。到了那里，庞莱臣已经把《夏山图》拿了出来。谢稚柳打开，迅速地把这个一丈长的卷子从卷首看到卷尾，有了初步印象，然后又一段一段地向后看，看到卷尾，又回过来从卷首看起……

庞莱臣所藏董源《夏山图》卷，无署款。明代曾为黄琳、董其昌、袁枢递藏，著录于张丑《清河书画舫》、卞永誉《式古堂书画汇考》等，清末为上海徐渭仁、沈树镛递藏。图前隔水绫上有楷书题"董北苑夏山图神□"，卷后有董其昌、方士庶、徐渭仁、戴熙、潘遵祁等人题跋与观款。

庞莱臣问谢稚柳是否已看过张大千收藏的《潇湘图》卷，并问真伪如何。谢谨慎反问庞的意见。庞直言《潇湘图》卷太"新"，是假画，而自己所藏的《夏山图》卷才是真迹。谢当时心里想说这两卷都应是真迹，但嘴上却没有说出来。庞莱臣身上那种特别鲜明的大收藏家性格，谢稚柳感到颇为可亲可敬。

中午，庞莱臣请谢稚柳吃了西餐。午餐之后，庞因要午睡，不再陪谢。由庞的儿子庞秉礼陪着，在客厅里继续看《夏山图》。谢一直看到黄昏，才离开庞家。他晚上躺在床上，脑海中像背书一样，凭记忆又将《夏山图》重新温习了一遍。

在谢稚柳看来，一个画家被人承认和理解是很不容易的。史传明代董其昌家里，曾经悬挂了董源和黄公望、倪云林的画，而他的朋友们却只欣赏黄公望及倪云林，不向董源看一眼。虽然倪、黄正是从董源演变而来，而赞颂者却不归董而归倪、黄了。对此，谢稚柳感慨系之，遂作了一幅江南画派的《青绿山水》，题诗并跋云："何事人间有白头，相看长此故林丘，翻愁地老天荒日，减尽风怀是旧游。老董风流殊未陈，倪黄踪迹得前身，思翁已叹迷来处，绝意当时一辈人。思翁记云，金吾郑君与予博古，悬北苑（董元）于堂中，兼以倪、黄诸迹，无复与北苑著眼者，正是不知元人来处耳。"

从《虚斋名画录》看收藏

1949年之后，徐森玉任上海市古代文物保管委员会副主任，欲对庞莱臣的藏画进行收购。谢稚柳接受徐森玉之命，怕日久有变，遂决定迅速行动，连续从庞秉礼手中征购两批书画。

1951年1月13日收购有：董其昌《山水》册、《西湖图》卷、《依松图》卷，元任仁发《秋水凫鹭图》卷，周臣《长夏山林图》卷，倪瓒《溪山图》轴。1951年3月14日收购有：元钱选《浮玉山居图》，王冕《墨梅图》，柯九思《双竹图》，倪瓒《渔庄秋霁图》《吴淞春水图》，明戴进《仿燕文贵山水》，文徵明《石湖清胜图》，仇英《柳下眠琴图》，唐寅《古槎鹦鹉图》。1952年，庞秉礼又将北宋朱克柔缂丝《莲塘乳鸭图》捐献给上海博物馆。

上述这些古画大多曾经庞莱臣著录，庞氏曾刊印过多部藏品目录，即《虚斋名画录》十六卷（1909）、《历代名画共赏集》三册（1909）、《虚斋名画续录》四卷（1924）、中英文《中华历代名画记》（1915）、《名笔记胜》五册（1940）。

庞氏在《虚斋名画录》中云："余自幼嗜画，年未弱冠，即喜购乾嘉时人手迹，刻意临摹，颇得形似。先君子顾而乐之，曰：'此子不愁无饭啖矣。'迨后搜罗渐及国初，由国初而至前明，由明而元而宋，上至五代李唐，循序而进，未尝躐等。每遇名迹，不惜重资购求，南北收藏，如吴门汪氏、顾氏、锡山秦氏、中州李氏、莱阳孙氏、川沙沈氏、利津李氏、归安吴氏、同里顾氏诸旧家，争出所蓄，闻风而至，云烟过眼，几无虚日。其间凡画法之精粗，设色之明暗，纸绢之新旧，题跋之真赝，时移代易，面目各自不同，靡不惟日孜孜潜心考索，稍有疑窦，宁慎毋滥，往往于数十百幅中选择不过二三幅，积储二十余年而所得仅仅若此。欧阳子曰：'物常聚于所好，而常得于有力之强。'余不敢以有力自居，唯好之既笃，积之既久，则凡历代有名大家，盖于是略备焉。"这段话说明他的藏品的来源、收藏的时间、选择的精审及考辨真赝的用心。当时的吴门画家及文人陆恢、张唯庭、张砚孙、张大壮、吴琴木、邱林南等都曾客居庞家，雅资同好，赏奇析疑，并帮助他编撰《虚斋名画录》。

郑孝胥在为《虚斋名画录》所作的题语中，评价"虚斋主人收藏甲于东南"，而书所录以虚斋家藏为限，而且积书十六卷，所以郑氏认为"虽江村（高士奇）、荷屋（吴荣光）以亲见入记者，犹未能与之抗。噫！亦诚足以豪矣"。有书画著录的鉴赏家，正如现在的某些人一样，以写作为生，将他所藏弄著录其中，以表现自己的博览。而庞莱臣"以收藏为主，惟录的都是秘玩所蓄，以广流传，旦夕摩挲，与烟云过眼者，孰为真鉴，此岂可相提并论哉"。

庞氏《虚斋名画录》所著录的就有历代名画538件，其中传世名迹有：五代董源《夏山图》、宋徽宗《雪江归棹图》、宋夏圭《溪山无尽图》、金李山《风雪松杉图》、元钱选《浮玉山居图》卷等，其他元明清各代如倪瓒、文徵明、沈周、唐寅、仇英、董其昌、"四王"、吴、恽、石涛等人的真迹精品尤多。

《虚斋名画录》刊于宣统元年（1909）。中经十六载寒暑之后，庞氏又刊行《虚斋名画续录》。此时庞氏已六十有一，和刊行《虚斋名画录》时，又是一番别样心情，他在《虚斋名画续录》的序中写道："生不逢辰，适更国变，从此杜门谢客，日以古人名迹为伴侣，品藻山水，平章真赝，亦聊以消磨岁月遣送余生而已。"看来，他是把自己放在遗老的位置上了。

《虚斋名画续录》的编次别开生面，打破前录中的卷子、立轴、册页的分类，而是合三类而为一，按朝代以件数编录，共四卷，收录画迹96件。其中宋元32件，如宋李嵩《西湖图》卷、郭熙《秋山行旅图》、宋徽宗《鹳鸰图》、宋郑思肖《兰花》卷、赵孟坚《水仙》卷、赵孟頫、黄公望、王蒙、吴镇、倪瓒、柯九思、方从义、王渊等30件均见于前人著录。

清朝末代皇帝溥仪被赶出紫禁城之前，内府的收藏曾因盗卖、皇帝赏赐而流出宫外；清代官员、世家望族也随着社会变革与动乱，纷纷避战来上海，往往出售其藏，"或作题襟之助，或为易米之思"，使上海的文物市场货源丰富。像虚斋这样"粗知画理，兼嗜收藏"的遗老富户，上门求售的也就接踵而至了。面对前人名迹，像庞氏这样的收藏家怎能无动于衷呢。恰如他在《虚斋名画续录》的序中所言："比年各直省故家名族因遭丧乱，避地来沪，往往出其所藏，……以余粗知画理，兼嗜收藏，就舍求售者踵相接。余遂择其真而且精者，稍稍罗致，然披沙拣金，不过十之一二，因思古人所作，殚精竭思，原冀流传后世，历久勿佚。余自问生平无得意事，无胜人处，惟名迹之获，经余见虽属云烟过眼，而嗜痂成癖，所得在是，所胜似亦在是。彼苍苍者，殆不欲名迹湮没，特令余裒集之以广流传耶。"

庞氏在文中多次讲到历代名画要广为流传的意思，可是他的这些藏品有不少在他尚在世时，就已流到国外去了，其中尤以流入美国各大博物馆为多。虚斋旧藏有赵孟頫《湖州妙严寺记》，曾摹刻上石，嵌于庞家南浔旧宅宜园廊壁。2017年8月，我在美国普林斯顿大学观赏所藏中国古代书画时，曾看到王羲之《行穰帖》、黄庭坚《赠张大同》卷、赵孟頫《湖州妙严寺记》墨迹卷。按理说庞氏家大业大，即使在抗战时期亦不属缺衣少食之辈，既然"嗜画入骨"，为何又要卖名迹？此与庞莱臣的外甥张静江，以及张的小舅子、杭州人姚叔来（原名姚昌复，1884—1963）的巴黎通运公司有关。通运公司是因贩卖中国文物而在欧美与日本山中商会齐名的古董公司。庞氏因与张静江的舅甥关系，遂成为通运公司外销中国古画的最主要的供货人之一。

据王世襄先生统计，仅卖到美国被弗利尔美术馆收藏的就有好几件宋人名画。如宋郭熙《溪山秋霁图》，吴升在《大观录》中著录此画时说："丘壑烘染，空灵一派，烟云杳霭之气，秀润如湿，大家格制也。"另有文嘉、王穉登、董其昌、陈盟等明人题跋。据跋文称，此图旧为倪瓒、柯九思所藏，原有倪瓒题签，可惜已失去，柯九思墨印尚存。清末此画为端方所得，最后归于庞氏，经过已定居美国的姚叔来之手卖给了美国藏家。还有一幅宋人李嵩《画鬼》卷，卷中画松林石洞，鬼怪数十，奇奇怪怪，都用极简单的几笔勾勒而出，神态生动，用笔自如，卷尾有"完颜景贤精鉴"印，知是完颜氏三虞堂旧物。据弗利尔美术馆的购藏记录，知系购自庞氏，亦是由姚叔来经手。另有元龚开《中山出游图》卷。龚开以画钟馗和马著名，此卷中钟馗与其妹各乘坐肩舆，鬼怪前后随从，奇形怪状，纯用秃笔，貌似随意涂写，实则非天才之笔绝不能想出亦不能绘出。此画后经元明清三朝人题跋者达二十余家之多，著录自明张丑《清河书画舫》起，《式古堂书画汇考》《江村书画目》《青霞馆论画绝句》《三虞堂书画目》《虚斋名画录》皆有著录。此卷在明代为韩世能、安民泰等收藏，入清后又经高士奇、毕泷、蔡鸿鉴收藏，最后归入虚斋，后由姚氏卖往美国。其他著名古画还有：元钱选《来禽栀子图》卷和《草虫图》卷，吴镇《渔父图》卷等。钱选《来禽栀子图》卷在清初为大收藏家安岐所有，见《墨缘汇观》著录；乾隆时入清宫，后来赏给了成亲王永瑆，自成邸流出后，曾为崇彝的《选学斋书画寓目记》著录。据弗利尔美术馆的采购记录称，此画于1917年购自庞氏。钱选《草虫图》，汪砢玉《珊瑚网》和卞永誉《式古堂书画汇考》均有著录，此卷于1929年左右由庞氏卖给了美国底特律美术馆。吴镇《渔父图》卷，画渔船十五艘，出没于湖中岸边。吴镇自题唐代张志和渔父词体十六首于画中。此卷亦经姚氏卖给了美国弗利尔美术馆。

1915年，庞氏为参加美国费城举办的万国博览会，又印行了一部目录，精装本中英文版，书名《中华历代名画记》。著录其藏画78件，其中有宋郭熙《峨眉积雪图》轴、苏轼《凤尾竹图》轴、赵孟坚《莲叶鲜鱼图》轴等27件；金李山《风雪松杉图》卷；元赵孟頫《陶靖节像》轴与无款《胡笳十八拍图》轴、王渊《雪羽图》轴、王蒙《秋山萧寺图》轴等16件；明唐寅《梦仙草堂图》卷与《秋风纨扇图》轴，文徵明《落花图》卷与《风雨归舟图》轴，沈周《湖中落雁》轴，仇英

《昼锦堂图》卷等 14 件；尚有清王鉴《溪山雪霁图》轴、王翚《柳荫垂钓图》等 17 件。以上古画备受欧美艺术家和收藏家的赞赏。据《中国文物精华大辞典·书画卷》著录，原为庞氏收藏及《虚斋名画录》《虚斋名画续录》著录的五代至清代名画达 40 余件，其中上海博物馆藏 19 件，北京故宫博物院藏 18 件。

庞氏于 1949 年去世前，曾将家藏书画作为遗产分成三份，由其后代继藏。上海博物馆初建时，曾购得其中一房的藏品。庞莱臣育有独子，31 岁时病故，留下两个幼小的孙子增和、增祥，由庞莱臣夫妇抚养。庞莱臣因独子早逝，又将弟弟庞青城的儿子维谨过继为嗣子。庞莱臣的藏画即由增和、增祥、维谨三人继承，另一小部分由继室夫人庞贺氏（明彤）保管。

庞增和于 1997 年年底在苏州去世，时年八十多岁。"文革"前他家仍存有不少祖父遗藏，先后捐献给南京博物院，余下的书画在"文革"中全部被造反派抄走，"文革"结束后落实政策时发还，他又捐给了苏州博物馆。由此可知，冠甲东南的庞虚斋藏品，目前主要落户在了三个地方，即上海博物馆、南京博物院及苏州博物馆，更多的藏品则先后流向境外，现藏于欧美的一些博物馆和美术馆。

2003 年 10 月，南京博物院举办了"庞增和捐赠庞莱臣藏画展"，展出的 50 余件作品，是从庞增和捐献的 100 多幅作品中选出来的，其中有赵佶《鸲鹆图》（摹本），夏圭《灞桥风雪图》，李嵩《西湖图》，无款《芦雁图》，黄公望《富春大岭图》，倪瓒《丛篁竹石图》，董其昌《仿郭忠恕山水》，杜大绶《兰石图》，周天球《兰花》，王时敏《仿大痴山水》，恽寿平《山水》《花卉图》，王原祁《乔柯图》等。庞增和向南京博物院、苏州博物馆的先后几次捐献，体现出大收藏家后人化私为公的风范。

不为人知的清代名贤手札

庞莱臣收藏的另一个谜,是收藏法书甚少,《虚斋名画录》两集藏画录中均未见。多年来人们一直有这样的疑问:虚斋藏品中为何书法不多?朱孝臧在《虚斋名画续录》序中亦提及此事:"余每询鉴藏家,何以名画多而名书独少耶?世所传唐五代丹青往往而有,宋元而下益夥矣,而苏、黄、米、蔡之墨迹稀如星凤,上溯颜、柳诸贤,其传愈绝。画则近代十数大家之作,苟以收藏,名无不具备者,或一家累至数十百种以角胜,而书不能然也。夫作书易而作画难,及售于世,画之值又远过于书,然则易作及值贱者,恒易消灭,而日见少;难作且值昂者,顾能悠久,而遂见多耶,素蓄此疑,人莫能析。"这段话仍没有解决庞氏收藏为什么画多而法书少之谜。

其实,庞莱臣所藏书法并不少,只不过不是长卷或立轴,而是30册清代名贤手札。因为他收藏书札只是余兴所及,故著录中不见,知道的人亦甚少。

庞莱臣当年编撰《虚斋名画录》和《虚斋名画续录》时,也曾考虑将其所藏法书墨迹以及80册书画扇面另录一编,以供艺林欣赏,但终究未能如愿。近年出版的《庞虚斋藏清朝名贤手札》,由上海图书馆学者梁颖整理并作序,使我们认识到庞莱臣收藏名人墨迹的全貌。

《清朝名贤手札初集》20册,收手札156家378通;《清朝名贤手札续集》10册,收141家203通。剔除重复的作者,凡260家581通,外收约书一纸。现在这些手札均藏上海图书馆。

初、续两集中260家作者,自生于明万历十四年(1586)的恽本初起,至生于清嘉庆十年(1805)的姚燮止,其间绵延200余年。历史上喜爱书札的藏家并不少,如清道光年间海盐吴修辑刻的《昭代名人尺牍》,计24卷600余家730余札,并不是吴修一人所藏,分别借自梁同书、张廷济、潘奕隽、钱泳、孙星衍、阮元等40余家所藏，和庞莱臣一己所有相比较，可见虚斋的汇集之功。

既然称"名贤手札"，可见庞莱臣收藏时是有选择标准的。所谓"名贤"，声望自然不可忽略，而品格更为重中之重，钱大昕所谓"其仕宦显达而为清议所斥者，翰墨虽工，弃勿录也"，正是指此。反之则不然，品节为世所重，即使不以辞章翰墨名世，其手书仍然是庞莱臣孜孜以求的目标。庞莱臣的这种"迹以人重"的标准，可以说代表了文人士大夫阶层的主流品鉴观念。

庞氏所藏清人手札墨迹，有不少是流传有绪的。这在清初范永祺及其后学沈德寿的先后收藏中可以明显地表现出来。范永祺（1727—1796），字凤颉，号莪亭，浙江鄞县人。因科场不得意，绝迹仕途，虽然足不出乡里，而钟情于各家手迹，收藏范围从明代诸贤一直延伸到同时名家。范氏这样丰富的收藏，完全是通过自己的人脉学养建立起来的广泛交游，经由受赠、购买、交换各种渠道，终于获得了数量可观的明清手札。清末民初的沈德寿（1862—1925）是范永祺的后辈，范氏旧藏遂为沈德寿斋中之物，后来有的又进了庞莱臣的虚斋。

收藏各人手札的因素固然很多，其中最重要的还是书法的因素。庞莱臣藏札汇集了明末至清道咸间诸多书家墨迹，诸如傅山15札、梁同书20札、王文治21札、阮元16札。这些手札对研究清代文人学者的书法艺术的参考价值，自无须赘论。

由于庞氏对所藏"名贤手札"没有著录，更没有付梓传世，我们无法了解到他的所思所为及评论，对后世来说当然是件遗憾的事。但是梁颖先生在序言中对这批书札的书法价值、文学价值及史料价值以及"书"与"尺牍"的区别和演变的历史，都有精深的评述，对我们理解庞氏藏札无疑有着很大的启发。

陆恢在《虚斋名画录》跋记中写道："后之同志者就其录，读其画，摩挲展对，如见其人。然功力有浅深，精神有专泛，必得有虚斋之乐而始能乐其乐。苟同其乐，则好与知焉无不同。"庞莱臣的收藏虽自云"云烟过眼"，但他遗留下的宝藏，后人还是能从中"乐其乐"并与他同乐一番的。

从竹山堂到宝山楼：潘博山与潘景郑的收藏

苏州"大阜潘氏"的藏书，如果从潘奕隽的三松堂算起，递传到第六代潘博山、潘景郑昆仲的宝山楼，共藏典籍20万册，将潘氏家族藏书推向了顶峰。私家藏书递传六代，藏书至20万册，这在古今藏书史上，也是颇为罕见的。

潘博山（1904—1943），原名承厚，字温甫，号少卿，又号博山，别署蘧盦；潘景郑（1907—2003），原名承弼，字良甫，号景郑。他们的高祖潘世恩，官至太傅、体仁阁大学士；曾祖潘曾玮，官做得不大；祖父潘祖畴，县学生员；父亲潘亨谷，也是县学生员。从亨谷起继嗣伯父潘祖同之后，博山、景郑即算是祖同这一房的。在潘世恩的四个儿子中，四子曾玮这一房的功名仕途都较逊，可是到了潘博山却经商有成。他早年丧父，以下还有兄弟四人，长成后独立支撑门户，不仅振兴潘家已有两百年历史的酱园生意，且在吴县当地创办电气公司、垦业银行，抗战初期又在上海创设通惠银行。潘博山不幸于1943年英年早逝。潘景郑则专研国学，受业章太炎、吴梅两位国学大师门下，研学文史词曲。

藏书六代，薪火相传

潘氏藏书可追溯到乾隆时代，与他们科举功名的发达同时而起。奕字辈的三兄弟中，潘奕隽在乾隆二十七年（1762）中举，一洗其祖父连续十三科不中的悒郁，四年后又中三甲九十七名进士，首开潘家金榜题名的纪录。但不几年即乞归故里，与同时的大藏书家黄丕烈、袁廷梼优游林下，赏书品画，编有《三松堂书目》，其中曾经黄丕烈校跋的就在百种以上。奕隽因独养儿子潘世璜先逝，遂将藏书分给遵祁、希甫二孙各数万卷。潘遵祁，字觉夫，别字顺之，号西圃，道光二十五年（1845）二甲十六名进士，后在吴县城郊筑香雪草堂归隐。所得三松堂藏书在太平天国运动中损失几尽，事后仍积习难返地"还觅图书结古欢"，只是香雪草堂藏书再传后人陆续失散，剩下的数百种到1934年终被全部出售，潘博山、潘景郑兄弟曾以千余元收回其中数十部。潘希甫，字保生，号补之，道光十五年（1835）举人。他获自三松堂的藏书递传第三子介祉，介祉好书不下其祖，藏书处称为"渊古楼""桐西书屋"，可惜所藏比香雪草堂散得还快，光绪年间便为儿辈斥卖一空。潘奕隽一系所藏三松堂钞本《唐诗偶钞》、潘介祉手稿《明代诗人小传》14卷，现藏台湾"中央"图书馆。

潘奕隽幼弟奕基，字汝勤，号云浦，府贡生，他的功名虽不及二兄，但他的儿子潘世恩是乾隆五十八年状元，官至军机大臣、体仁阁大学士、太傅等。潘世恩的四个儿子中，长子曾沂积藏有图书数栋，计划建一藏书楼供吴中学子利用，但在咸丰九年（1859）时火焚殆尽。次子曾莹"小鸥波馆"以收藏书画著名。至于藏书要到下一代祖字辈才卓然成家，最著名的是潘祖荫"滂喜斋"，其次是潘祖同"竹山堂"，藏书4万余卷。

潘祖荫是潘曾绶的长子，咸丰二年一甲三名进士（探花），官至工部尚书、军机大臣。他在政事之余收藏金石图书。光绪十年（1884）祖荫和叶昌炽就苏寓故居的最珍本135部，编成《滂喜斋书目》，其中宋元本58部，包括赵明诚与李清照《金石录》、秦观《淮海居士长短句》、杨守敬从日本带回的北宋刊本《广韵》和南宋刊本《竹友集》。从潘祖荫的"分廛百宋逾架千元"藏书印，便可见其气势一斑。

潘祖颐为曾玮继子，历署浙江温州等地知府，收藏图书中有宋刊本《皇朝文鉴》《史记》等数十种。后意兴萧索至倾室出售，经叶昌炽等人劝请留存，终售与翰文斋书肆。

潘博山、潘景郑兄弟除继承了祖父潘祖同竹山堂藏书4万卷外，还很留意收藏三松堂失散的藏书，约收回十之二三。其他如曹元忠之笺经室、莫棠之铜井文房、孙毓修之小渌天等诸家藏书，多为潘氏兄弟所得。1919年，竹山堂改名宝山楼，后来陆续藏书达20万册，为大阜潘氏家族藏书之最。

兄弟创建宝山楼

2001年，正春寒料峭，我去西康路拜访藏书家潘景郑先生，大门紧锁，久无人居，原来他搬到闸北区蕃瓜弄女儿潘家都家去住了。

蕃瓜弄曾是上海有名的贫民窟，后几经改造建设，现在已是绿树成荫、风物宜人的居民小区了。其女儿家是三室一厅的房子，潘先生独居一室。此时他已静卧在床，春寒怕冷，平时很少下床了。潘先生卧榻旁还铺小床一张，原来是和儿子家武相依为伴，晨昏照料。他首先伸出那瘦骨嶙峋的手和我相握，我感到那手已经疲软无力，说话也没有气力，但他双目有神，思路还是很清晰的。他偶尔回答我的一些提问，但要家武伏身，从他那微弱的声音和口形上来判断他说的是什么。看到这种情景，我实在不忍心再打扰，就和他相对静坐，像读一本旧书似的看着他。我清楚记得在《著砚楼书跋》中，他自述在弱冠之年即开始藏书

的情景,现录之于此:

> 丁丑之难,吾吴文物,倍遭蹂躏,故家藏弆流散市廛者,不知凡几。如故人丁芝孙先生藏笈,生前殊珍,不肯示人,即一二知好,亦莫测其精奥。犹忆丁卯(1927)、戊辰(1928)间,与芝孙角逐书林,偶见一奇帙,辄相争取,而书贾从中居奇,互相射复,芝孙所得为多。于时吾吴藏书家,如邓丈孝先,宗丈子岱,晨夕过从,获闻绪论,余方弱冠,而诸公皆蟠然耆彦,不弃鄙愚,引为忘年之交,赏析奇文,曾几何时,此乐不可复得矣。

这段题跋写于甲申年(1944),潘先生正值壮年,对当年购书藏书情景,已有前尘梦影、恍若隔世之感。他如今已是94岁高龄,还能回忆当年购书藏书之乐吗?

1919年,博山、景郑兄弟将竹山堂改名为宝山楼,此中还有一段掌故。此年秋天,吴县书市出现一部宋蜀大字本《后山居士文集》20卷,由于纸色晦暗,大家都以为是明代翻刻本而不屑一顾,潘氏兄弟两人慧眼独具,毅然以200银元收下。此书字大如钱,字体古朴浑厚,用黄麻纸印刷,钤有"晋府书画之印""敬德堂图书印"等印记。由此,他们遂将藏书处取名"宝山楼"以示珍重。他们获得这部镇库之宝后,有一次傅增湘从北平南下,曾到吴县潘宅借赏,傅氏不禁赞叹道:"字大如钱,气息朴厚……捧玩再三,惊喜出于意表,盖不特为海内孤行之本,亦实为《后山集》传世最早之编。"潘氏兄弟得宋版《后山居士文集》后,又陆续购得明弘治本《后山集》、蒋子遵手校弘治本《陈后山集》及残宋本《后村居士集》。此外,他们还收有江藩校明钞本《后村集》。

宝山楼收藏的精华

宝山楼藏书，虽然大部分已入藏图书馆或博物馆，但都已化作零星片羽，没有专室收藏，潘氏兄弟又未编撰藏书目录，所以无法看到其总体面貌。但是从潘景郑《著砚楼书跋》一书中，可以看出他们收藏的大略情况。

第一是明末史料。光绪末叶以后，明末史料逐渐受人重视，收藏和研究都颇成风气，如谢国桢、朱希祖都是其中翘楚，博山、景郑兄弟对此也有一番罗致，如庄廷鑨因而贾祸的《明史辑略》、查继佐著《国寿录》等钞本。对明代史料，潘景郑多有评述，跋《钞本有明野史》中有曰："迨修明史，所谓史臣者，率皆徇在上之意，不敢批逆鳞以招祸，求董狐之笔自不可得，史以昭信，信可征乎？"又云："此书虽无诋毁之语，而所存掌故俱足补证明史之不逮，分年断代，自洪武以迄弘光，片言只字，信而有征。"对书后所附史可法等《南都公檄》、刘宗周《追发大痛疏》，其谓"读之令人气壮"。

对晚明人士的爱国情怀，潘景郑是极力赞颂的。宝山楼藏有丁初园手辑《河东君轶事》，在书后所作跋中，首先回忆了和丁初园的旧谊："余识初园在丁卯之春，每遇书林，辄纵谈今古，赏析奇书。时余年才弱冠，而先生则皤然一老，忘年订交，不自知其为固陋也。"日本侵略的战火波及苏州，丁初园手辑《河东君轶事》也流落市廛。此时潘景郑经战乱之后，虽衣食困迫，无复购书的余力，然"此册重为先生手泽，斥饼金得之"。丁氏对常熟的文献掌故，征文考献，研究颇为深入，"此《河东君轶事》为手辑特刊之本，搜罗赡富，纤屑靡遗。"对河东君柳如是，潘景郑评之曰："河东君才艺卓绝，行事或且不羁，遭口横议，其来有自。"丁初园对此审评去取之间，于毁柳之辞，屏为附录，而识其后云："此意存诋辱，多所附会，编纂佚事，当删之。"对丁氏的治学态度，潘景郑也是极为赞赏的，他说："盖贤者忠恕之道，不欲传信传疑，贻误后人耳。"这是旁证其治史之德。此跋作于戊寅（1938），正是抗日烽火炽燃之时。

潘景郑还藏有柳如是尺牍及诗集《湖上草》钞本。潘景郑在此书长跋中有云："此尺牍三十一篇，《湖上草》三十六首，犹是未嫁牧翁时所作，盖寄足迹西湖，日与汪然明酬唱者。洎归牧翁，汪益佗傺无聊，怅惘前尘，证此梦影，以牧翁难堪之怀，传本几不绝如缕矣。此本为旧山楼赵氏故物，当自汪刻本出者。""尝读李清照《金石录后序》，婉转情词，无忝作家。孰意数百年后，河东继武媲美，益令人想望风度于无穷云耳。然清照身后被谤，而河东君亦遭横议，前后一若合辙，吁！可悲矣！"宝山楼藏钱谦益诗文集也有多种，潘景郑在跋语中对钱氏的评论却不及像对柳氏那样推崇备至了。

宝山楼藏书另一类是乡贤文献，这也是宝山楼最大特色之一。凡是乡贤稿本、校跋，甚至只有片纸只字、数语题记之书，他们都见无不收。《著砚楼书跋》中近半是乡邦资料，尤以集部居大半。他们收集的范围不限吴县当地，还包括原苏州府所辖的常熟、昆山等在内。他们不仅仅是收藏，更常常就零散碎烂的稿本加以整理装裱。江南是中国文化的精华所在，以吴县为中心的苏州地区，又是其中的文人渊薮。潘氏兄弟勤勤于乡贤文献，先河后海，其实也是为中华典籍留根的事业。他们这种收藏宗旨，怀有很大的抱负，即要编撰一部类似《苏州艺文志》的专著，但可惜未能实现。

抗日战争开始，宝山楼连遭兵燹和盗窃，藏书损失约十之三四，潘氏兄弟移居上海后，收书之兴稍减。1943年，潘博山病逝，潘家失去主要经济来源，此后潘景郑的有些藏书也只得陆续出售易米，养家糊口。例如明代文俶（文徵明重孙女）彩绘的1300多幅《金石昆虫草木状》，便售与中央图书馆，今藏台湾。这部具有中药研究及艺术欣赏双重价值的名著，也是该馆经常展出的珍贵藏书之一。

潘景郑在上海一直居住在西康路的一幢楼房里，和妹夫顾廷龙楼上楼下。潘夫人陶今谐是苏州画家陶怀玉的后裔。我到西康路去拜访潘景郑时,还是她送茶招待,温文尔雅。他们有12个子女,再加上"床上书连枕",那就更显得拥挤了。贤惠而勤劳的陶今谐,虽不善书,但对潘景郑还是有着许多的支持。潘景郑开始研治《玉篇》时,很想参考《万象名义》,但无从得到。他从杨守敬的《日本访书志》中得知有日僧昌住的《字镜》及日僧空海的《万象名义》。为了找到两书的杨氏抄本,遍询南北藏书家而无从得到,不禁耿耿于怀。1930年,他为滂喜斋曝书时,捡得一本元人李文仲的《字鉴》,扉页上有杨守敬手跋,此书在《日本访书志》中也有著录。因此,他想《万象名义》有可能也在自己的家中,但翻尽书箱,就是找不到此书。其实,此书在他的叔祖潘祖年(潘静淑之父)手中,以为是释典音训之书,就藏诸箧中,平时很少翻阅它。他向叔祖力陈此书之罕觏,及屡访未获之苦心,"愿乞一瓻之惠,以偿夙愿"。潘祖年遂慨然相借。潘景郑在《传钞万象名义》跋中有这样一段记述:"携归,竭旬日之力,值春寒薄人,当漏夜篝灯,纂录为苦;闺人又拙于为书,未能相助也,潜归告吾外舅,冀乞昆季助为缮录;外舅知予孱弱,恐积劳致疾,因诿言觅胥代写,取去一册,手录数日而毕,予实不知也。逾月,闺人以告,为之悚然。"从这段记述中,对夫人的"潜归告吾外舅",及舅子"手录数日而毕",潘景郑一直铭感于心。多年后他写道:"今外舅墓有宿草,后嗣亦渐衰落,此本经乱幸未毁失。嗟予《玉篇》之业,蹉跎无成,展对斯帙,能无山颓之痛!"

兄弟收藏,各有所好

潘氏兄弟共爱藏书之外,他们又各有所好,博山收藏历代尺牍,景郑则嗜好石刻及古砚(藏有50余方)。博山积20年所得名人手迹一千余家，上起元代，下迄清末，而以获自无锡沈梧之古华山馆及陈骥德之吉云居所藏明末忠贤书翰最多，抗战中也全部携至上海整理，准备刊印流传人间，分为忠贤、儒林、文苑、金石、藏书、画苑、方外、闺秀、吴郡先贤九类，在编完"藏书"及"画苑"后即病逝。博山逝世后，景郑费时九个月，始告完成，其作《明清画苑尺牍》跋云：

> 先兄自幼喜集名贤手翰，于家藏先世遗札，装褫标识，卷帙精好，盖童龄已具夙契。弱冠后，阅肆搜罗，见闻益广，暇居辄以自娱。偶得一笺，玩索考镜，穷及毫芒。吴江沈氏古华山馆藏明季先贤尺牍最夥。兄所得几逮十之七八，由是博稽晚明史传，于遗闻逸事，了如指掌，虽残篇断牍，或帖尾仅具一名者，并考其文辞，钩稽载籍，想象观摩，得其人而后止。精神所寄，望气立辨，自非心领神会，曷克臻此！以视藏家之竞趋时好，等赏玩物，盖未可同日而语矣。兄寝馈于斯，殆二十年，所得简牍，上起元代，下迄清季，无虑数千通，积箧盈笥，攸待部次。丁丑浩动，幸免六丁之虐，息影海滨，从事搜讨，尝谓前人摹刻，殊失真传，而趋炎舍僻，尤失阐幽之道，爰是有志传布。暇辄检理，拟分别部居次第，授诸墨版。其已经部次者，曰忠贤，曰儒林，曰文苑，曰金石，曰藏书，曰画苑，曰方外，曰闺秀，而于吴郡先贤，别为一类，以崇乡邦文献焉。忠贤遗札得先编传，事经中辍。去岁又手辑《明清藏书家尺牍》，都一百四十八家，勒为初编，斥资影印，岁暮幸得藏事。今春续选《明清画苑尺牍》凡二百四十六人，点检编目，附录小传，约略生平，为次世泽，则相附系，俾觇家学之渊源，而以释氏殿焉。目成，才付手民，而兄已病作，倚枕指授，不忘汗青之业。弼随侍病榻，时以此相诏，期在必成。何意斯业未半，而遽痛惨变，五中摧毁，视世间文字，渺然如积劫，追唯前编，顾命有寄，许以绪言之垂，敢辞续貂之诮，任重载远，忧心京京，将事九

月,始获告成。谨附遗画像传一帙,俾昭言行,冀垂不朽,庶慰未竟之志于九原耳。癸未九月,同怀弟承弼谨识。

博山病逝,给景郑带来极大的悲痛,为了不负兄长的垂远之遗意,他遂取先人未刊稿本及师友遗著,与其他罕传之书,编成若干集传诸版刻,名曰《陟冈楼丛刊》,并为之作序,并印博山像及小传于集首。为了便于了解潘氏兄弟手足情笃,将原序录之于此:

余生薄祜,十二丧父,上袭先祖余荫,有书四万卷。稍知人事,颇喜涉猎,自经史子集以逮百家杂说,辄复浏览,贪多务得,每为塾师所非斥,而余怡然自乐,未尝以他嗜少分其好。弱冠以还,节衣缩食,穷搜坟典,于时求备而已,秘册精椠,不暇计及。先兄妮古善鉴,与有同嗜,力所未逮,辄为援手,积累二十年,藏篋卅万卷,列架插签,虽不敢自比于通都豪富之藏,然以之考鉴览优游,无阅肆借甀之苦。先兄尤留心哀访逸典及名人手校之帙,其区别雅俗,别裁真伪,余愧不如也。犹忆己巳之秋,邑中故家出大字本《后山居士文集》二十卷者求售,纸经染色致敝,见者辄疑明翻,无有问津。兄曰:"此必宋蜀大字本也,毋失交臂。"遂并力取之。由是颜所居曰"宝山楼",以志藏笈之冠。非兄眼明善鉴,或且失之千里矣。比十年来,历览故家聚散,如独山莫氏、常熟丁氏、上元宗氏、江宁邓氏,曾未易世而云烟过眼,未尝不令人气短。东南焚突之余,楹书之厄,一毁于兵火,再罹于胠篋,收拾余烬,什存六七。自来沪上,五更寒暑,而零星捃拾,积习未改,酉阳羽陵,犹足自豪。兄尝诏余:"五十以后,当归老故乡,与尔共读宝山楼中。幸以余力,取坠简缇帙,传诸不朽,岂虞聚久必散之虑,庶免赍驼书籝之诮。"何意斯志,竟成幻梦。兄归修文,吾留浊世,天荒地老,此恨靡穷,冰寒灰死,更何心锦轴牙签之乐，常恐一旦填委沟壑，即此区区搜聚之劳，随化云烟，抑无以副兄垂远之遗意。彷徨屏营，勉图传布之事，由是发箧陈册，取先泽之未刊，及师友遗著之有待名山者，与其他罕传秘帙有资考索者，凡若干种，次为若干集，积以岁月，传诸墨版。值兹工物腾跃之际，绵力有所未逮，节资求成，缩印巾箱，虽无当于大雅，亦衷多益善之私怀。题曰《陟冈楼丛刊》者，志永怀也。引首冠兄像传，鼎铭钟勒，示遗志也。灯火青荧，须眉如见，窗棂寂历，叹噫有闻，终古遗恨，长留兹帙矣。癸未季夏之月。

潘景郑在少年时代即图书与石刻同藏并收，到抗日战争前居苏州时期，他已积藏石刻拓本过万件，战火中所幸无太大损失。到1940年，贵池刘世珩聚学轩所藏石拓七千余件（包括叶昌炽五百经幢馆的三千余件），在上海书市待沽，其中可补景郑所缺的颇多，只因一万元的售价过高。他几经踌躇，最后还是毅然购藏。

抗日战争胜利后，潘景郑仍居上海，而在苏州宝山楼的藏书，竟被博山之子论斤售卖，连两三万块书板也被当作柴火烧了。有一次家乡送来酱菜，包菜坛口的竟是潘景郑的《玉篇》稿本。他对此不无郁闷，感慨道："第念三十年来，箧衍所存，一毁于兵火，再罹于肱箧，其仅存者比悉论斤于犹子之手。历劫荡然，固不免流恋怅惘。良友知我，同情慰勉。"

1949后，潘景郑将余藏善本佳椠，以及清代缙绅录朱卷等在徐森玉的鼓动下都捐献给了上海历史文献图书馆（上海图书馆前身）。又将所存六朝、隋、唐墓志，六朝造像，宋、辽、金、元经幢，汉砖汉瓦百余种，以及唐代残石、唐代井栏的拓片等统统捐赠苏南文管会，化私为公。而宋刻《后山居士文集》则归北京图书馆（今国家图书馆）收藏。

作为收藏家的潘景郑，此时是一种什么样的心情呢？他只能自叹："犹幸石墨无恙，捐箧归公。而区区尘羹涂饭，掇拾于覆瓿之余。抑岂敢作敝帚自珍，眼底沧桑，聊存聚散踪迹耳！"古今藏书家最后的结局，大多如此。

致力于版本目录学

1939年，张元济、叶景葵等人为保存历史文献，创办了上海合众图书馆，由于缺乏古籍整理专门人才，张元济邀请潘景郑共事。潘景郑欣然接受张元济的邀请，从此开始长达60余年的图书馆事业生涯。顾廷龙发凡起例，潘与之共编《明代版本图录初编》。此书网罗明代所刻书籍，分监本、藩府本、家刻本、活字本等12类，书影后附加文字说明，是迄今为止唯一一部用图文的方式系统介绍明代版刻的工具书，资料价值与学术价值都很高，深受研究者的欢迎和好评。他在《明代版本图录初编》序中说："此吾版本图录之作，所由梦寐向往，不惮矻矻穷年，会隶分举，勒为初编，以资讨理者也。"当时，藏书家都从文物价值出发，多重视宋元刻本，而他们认为："先之以明代者，以宋、元书影有传；而清刻传布綦广，胪举非易，绩以用缓；惟朱明承先启后，继往昭来，传递之迹，有所踪寻，而其精粗高下，尤足以觇文献之盛衰。"从研究文献的角度出发，对明代及明代以后的版本加以研究，代表了版本目录界先进的学术思想。日本在侵华时期，劫去大量文物古籍，为防万一，为使后代能有搜寻明代史料踪迹的工具书，顾、潘两人在十分艰苦的条件下编印此书，后人深深地体会到了两位学者的爱国之情。

从上海合众图书馆到上海历史文献馆，潘景郑除致力于古籍版本鉴定，还编了很多专题目录，有《海盐张氏涉园藏书目录》《上海历史文献图书馆农艺史料目录》《上海历史文献图书馆台湾史料目录》《上海历史文献图书馆黄河史料目录》等。有些是他人未涉及的，很有特色，体现了潘景郑很深的功力与渊博的学识。如《上海历史文献图书馆石刻分类目录》，以石刻内容为主，兼及地域、形式，首创将石刻分为16大类，编成综合目录，既合理又明晰。迄今为止，可说绝无仅有。首有序例一篇，不到3000字，石刻概况，一目了然。他撰写的《日知录补校（附版本考略）》，全面而周详，不仅仅是为研究者提供了一个较为完善的校勘本。

"文革"结束以后，潘景郑任上海图书馆研究员、《中国古籍善本书目》编辑委员会顾问、《词学》编委。在编善本书目过程中，大批善本需要重新审阅登录，因而集中了一大批年轻人，潘景郑与顾廷龙一起尽力教他们。这批年轻人在工作中运用到两位先生传授的课堂上学不到的知识时，感激之情油然而生。潘景郑还接受华东师范大学的聘请，担任该校图书馆系教授，为他们培养研究生。潘先生所教的学生不计其数，可谓是桃李满天下。

潘景郑一生藏书校书，可谓著作等身。自著书有《说文古本再考》《日知录补校》《词律校异》《词选笺注》《图书金石题跋》《寄沤剩稿》；编校辑成有：钱谦益《绛云楼题跋》、毛晋《汲古阁书跋》、沈复粲《鸣野山房书目》等。辑佚书100余家，题为《著砚楼辑佚书》。编辑完成原为潘博山编的《元明诗翰》《明清画苑尺牍》。除此之外，他还印行了章太炎《春秋左传读》、张鸣珂《寒松阁题跋》、龚自珍《定盦续集》、陈骧德《古云居书画录》等。1944年，为了纪念兄弟孔怀之情，他还编印了《陟冈楼丛刊》甲乙两集，甲集包括潘家先世未刊稿四种：潘祖荫《古埙考释》、潘世恩《兰陔絜养图咏》《家庆图咏》、潘祖年《拙速诗存》；乙集则是其师吴梅《霜厓词录》与《霜厓诗录》二书，每书前有题跋，以寄情愫。

1957年，潘景郑在幼子家武的帮助下，搜辑丛残，编成《著砚楼书跋》，书跋403篇，多为庚辰年（1940）之前所作，这只不过是平生所写书跋的十之二三而已。潘景郑所写的跋文，颇具时代精神，他曾自语云:"前尘忧患中,殊多抑郁之语。"1984年,他又将自己的书跋编成《寄沤剩稿》,序跋78篇,有些是从《著砚楼书跋》中选出的。书后有《自跋》一则,可谓是他一生藏书和治学的总结。好在此文不长,录之于此:

仆赋性愚暗,垂老朴樕,学无所成。顾自弱冠以还,拈毫弄笔,涂鸦污卷,五十年来,不知凡几矣。迭经风雨,随作随弃,行囊所存,什不过二三焉。乡前辈逸梅郑翁怂恿付印,聊记鸿泥;并介高弟沈君伟方,为之整理排比,及门陈君左高,亦佐校勘之事。荏苒两载,始写成帙。逸翁又代商征齐鲁书社,予以流传。诸君事谊,实深铭感!深惭残墨剩膏,不足以当大雅之论文,收拾残烬,聊寄衰叟之踪迹云耳。

潘景郑曾云"平生蓄聚,过眼烟云"。今撷集潘氏兄弟藏书旧事,亦有遗笈飘零,人事沧桑,善本佳刻,难得再现,翰墨因缘,也只不过如此罢了。

父子收藏家：丁福保与丁惠康

民国海上著名收藏家丁福保、丁惠康父子，我在许多年前就知道了。如果想了解丁惠康的收藏，则要先从他的父亲丁福保谈起。

丁福保（1874—1952），字仲祐，又字梅轩，号畴隐居士，别署济阳破衲，原籍江苏常州，先世移居无锡，8岁入家塾，识方字约一千，日授《大学》两三行，不能读，由母亲薛氏督课，自云"天性甚钝"，读四书，则日仅三四行字，非读百遍不能背诵。十三四岁始开窍，自《左传》《史记》《汉书》《文选》以及徐陵、庾信等人诗文集，其兄为之择要而解之，晚饭后，独坐小楼，油灯一盏，过半夜始就寝，由此学业大进。16岁参加乡试时作经艺一篇，主考官武进吴稚晖在卷后批曰："并肩司马，抗手班、扬，瑰奇宏肆之文，有规矩准绳在内，洵是作手。此才在梁溪当掩过芙蓉山馆（文章家杨芳灿）十层，不意怯弱小书生，扛得动如此巨文，咄咄怪事。"有时也作近体诗，诗风嵯峨萧瑟，如秋声夜起，百感伤怀，皆怪非十六七岁者之作。18岁入南菁书院，四年后肄业南菁书院。其院中藏书甚富，丁氏曾手抄院中藏书有《困学纪闻》《日知录》《十驾斋养新录》《读书杂志》《经传释词》《东塾读书记》等，依次购置，通部圈点一过，于是始得为学之门径，此为丁氏治朴学的开始。后来盛宣怀在上海设立东文学堂，投考者600余人，仅录取40人，丁氏名在其列。由此习日本文法，后来医学的成功，也多半得

丁福保 66 岁像

力于此。此时他搜集各种《说文》，开始着手编《说文诂林》，同时又开始学算术、几何、三角。清末奉端方、盛宣怀之命，赴日本考察医学，后就任京师大学堂译学馆教习。入民国后寓居上海，创设医学书局、虹桥疗养院等，于古钱币收藏、医学书籍出版及古籍刻印尤为著力。丁氏一生收藏宏富，除古钱币与古籍之外，还收有刘鹗身后遗留甲骨龟片一批。丁氏在古泉界被尊为领袖人物，所藏"新莽大泉"、鎏金"开元通宝""乾封泉宝"等，均为传世珍品。

20 世纪二三十年代，上海是中国文化中心，收藏和研究古钱币者人才济济，但在学术上缺乏沟通，往往局限于一己之见。为了打开这种局面，由古钱币收藏家张叔驯于 1926 年发起成立第一个同人社团"古泉学社"，并出版了学术刊物《古泉》杂志，旨在为古钱币的研讨提供方便。参加该社的成员主要有罗振玉、董康、宝熙、陈敬第、袁克文、丁福保等。但因缺乏同好的支持，该刊仅出版一期便告停刊，古泉学社的活动也随之停止。

1936 年 2 月 23 日，中国古泉学会在上海成立，丁福保被推为会长，副会长为叶恭绰、张叔驯，评议员有方若、宣哲、邓实、张䌷伯、

半两

程文龙、郑家相、卫聚贤、张晏孙、曹铨九人。1939年,蜀人罗伯昭来沪定居,于1940年3月在罗家召开上海泉币学社成立大会,丁福保又被推为社长。同年冬,上海古泉收藏界的老人组成"寿泉会",丁福保是成员之一。丁氏一生收藏、著述、刊印并举,刊印中除最著名的《古钱大辞典》《佛学大辞典》《全汉三国魏晋南北朝诗》之外,尚有《丁氏医学丛书》85种和《说文解字诂林正编》《说文解字诂林补遗》《说文钥正续编》,《清诗话》《老子道德经笺注》《陶渊明诗笺注》等,均为几十年心力所聚,嘉惠学林之作。丁氏自认为能传诸后世者有《说文解字诂林》及《古钱大辞典》。

许慎《说文解字》为研究中国学问必备之书,对该书注释之作,浩如烟海。自清乾嘉之后,关于《说文解字》的著作更是多不胜举,但使用很不方便,如要检查一字,非查遍各书不可,而单文零议则散见于各家文集及笔记之中,一时尤难查阅。丁福保耗时30年编成《说文解字诂林》,合原书一千余卷,囊括有清一代许氏之学,汇为渊海。恰如于右任先生所云:"此书不仅集许学之大成,实亦治学者最便利之捷径也。"

《说文解字诂林》书成，丁氏遂自榜其居曰"诂林精舍"，由吴稚晖作篆并跋云："仲祜先生博精小学，又好禅理，频年综贯许氏书，为说文诂林两巨篇，垂惠艺林，比迹仪征、长沙而有余，顾先生止逃佛隐海市，如慧琳之潜养，以余力治诸经音义，其韵致相仿佛，额小筑曰诂林精舍，聊以寄意。"

学者蒋维乔《诂林精舍记》一文中有云："精舍在仲祜住宅之旁，凡三楹而层楼，入门，中间为厅事，东为客室，西为食堂；登楼，则图书满架，古今要典咸备，仲祜寝馈其中，鸡鸣即起，张灯疾书，至午夜不倦，虽严冬盛夏，而工作未常稍辍。""舍之顶，规为平台，方广可四丈，登台远眺，西及徐汇，东至黄浦，帆樯隐隐，尽在目中。仲祜著书暇，缓步于斯，偃卧于斯，饱受日光空气，故其容颜老而弥泽，至于揽朝霞，迎素月，春雨秋风，景状变幻，自然之美，悉萃斯台，可以取之无尽，用之不竭，台之东北隅，辟一静室，闭户焚香，默坐其中，则又若老僧之禅关，超然有出世之志焉。"

在《说文解字诂林》正编与补遗出版之后，丁福保即杜门养疴，端居多暇，因此将他的先世所遗及在北京所购古钱币加以整理。又先后购得金锡鬯及方地山、袁克文所藏大批古钱币，朝夕摩挲，诧为奇观，又借得刘燕庭（刘喜海）、鲍康古泉拓本 200 余册，龚橙、杨守敬、高焕文拓本 12 册，方若《药雨古化杂咏》，反复辨证，选各拓本之品 6000 余枚，编成《古钱大辞典》，采用《说文解字诂林》的编排方法，将各钱的第一字，作笔画之多少次第排列，无论检查何种古钱，在数分钟内皆可得。

丁福保晚年以超脱放达的心态，将所有房屋、田地及藏品悉数捐献给了国家。1935 年曾捐入上海市立图书馆图书 1.5 万册；1938 年捐入震旦大学 2 万册和古钱币自周至清全套，该校为之设"丁氏文库"以志纪念；1949 年后将东周至清末的古泉三全套及甲骨等文物捐给上海市古代文物管理委员会，普通古籍捐与上海图书馆和复旦大学，1000

多种善本则捐给北京图书馆，其中包括购自常熟铁琴铜剑楼的宋元善本十余种。

丁福保的收藏观念和他的人生哲学相表里，不妨从他的著述中抄录几则，以告诫来者：

> 考古来之收藏古泉者，无积久不散之理，如翁宜泉（翁树培）、初渭园（初尚龄）、刘青园（刘师陆）、刘燕庭、戴文节（戴熙）、顾湘舟（顾沅）、吕尧仙（吕佺孙）、李竹朋（李佐贤）、鲍子年（鲍康）、王文敏（王懿荣）等各家藏泉，身后早经易主，鲜有藏二三世者。所以与其藏之于一家，不如藏之于团体，因团体较一家为永久也。与其散诸于他人，不如散诸于自己，因自己较他人为好也。故余将藏分为二十分，拟散诸各省之大学及博物馆而陈列之。一以公诸天下后世无穷之学者，而各足其才分之所当得，一以惩古人守己抱残、玩物丧志之蔽，多藏厚亡，庶几免矣。（《古泉大辞典·后序》）

> 盖世间一切，缘来则聚，缘尽则散，一棺附身，万事则已，平生一切好恶因缘，须与一刀断绝，不可更有丝毫牵挂，物来顺应，物去不留，自然别开一番殊胜境界，此即吾人归宿处也。（《畴隐居士自述》）

> 自今以往，不蓄财产，勿造新屋，勿置一切精好之物，须将书籍、碑帖、古泉等散去，空其所有，本无一物带来，亦将无一物带去也。（《捐书题记》）

丁氏不为商、不为官、不投机，只以著书的收入，居积自赡。当年江苏省开局编纂省志，有人推荐，他固辞不就。袁世凯欲改制称帝，曾有人召他出山，他谂知阳为尊孔之名，阴行帝制之实，乃答以诗云："家住江南旧板桥，长安残梦付渔樵；无心沮溺安知孔，避世巢由不识尧。烈士暮年还射虎，英雄失路惯吹箫。牛医贱技吾藏拙，五斗元来未折腰。"

纵观丁福保氏之人生及其收藏，胸怀旷达有如此者，要数他的儿子丁惠康了。

丁惠康（1904—1979）出生于无锡，自幼受父亲的熏陶。中学毕业后，一心攻读医学，1927年毕业于上海同济大学医科。在读书期间曾连获八次奖学金，并在1925年开始担任《中西医学报》主编，1926年担任《德华医学杂志》主编和《早报医学大纲》主编。1935年年底，德国汉堡大学授予其医学博士学位。

1935年2月，丁惠康出访德、奥、瑞士三国，参观了各国著名医学院校、医院、研究院、疗养院等一百余所，并调查各国的劳保和公费预防等先进制度，为我国医疗事业和防痨（肺结核病的俗称）工作引进了有益的科学经验。他将全世界有关肺结核的治疗、免疫、预防等重要发现和最新措施，写成《各国实验疗肺学》和《世界各国肺结核统计》两书。当时对肺结核病尚无特效疗法，他的著作起了很好的借鉴作用。

1936年年初，丁惠康回国，在上海医学院举行的欢迎大会上公开提出"要做好我国的防痨工作，首先应建立公医及普及劳保，才能达到预防的目的"。以后他放弃了对虹桥疗养院的全部诊务（每日有数百元诊费收入），集中精力，一心扑在防痨事业上。同时兼任上海医学院教授和《时事医学周刊》主编，在社论中公开提出"医学应为无产阶级服务"的口号，因此遭到当局的迫害，该周刊出到第十期被迫停刊。

虹桥疗养院与《申报》联合发起"X光集团检查"，供全市医生作论断参考依据。疗养院又对全市居民发起体格检查和"梅毒康瓦氏反应"等，便于实行"三早"（早期发现、早期诊断、早期治疗）措施，控制病情。现在对待肺结核病仍然实行"三早"原则。1939年，丁惠康发起"上海市第一届防痨运动"，凡经检查发现有病灶的，即行免费摄片。这次防痨运动摄片1000多人次。

1940年，丁惠康又联合上海公、私立20家医院，包括红十字会医院，共同发起"上海市第二届防痨运动"，得到《申报》《新闻报》《大美晚报》等报社的大力支持，仅丁惠康主编的《第二届防痨运动特刊》就刊出六次之多，每次广告费全由各大工厂热心捐助。此外，还印赠防痨标语10万张，编印专集分赠各界（均由丁氏主编），并在全市各电影院用幻灯片宣传防痨运动，公布20家医院地址，动员全市人民参加免费检查。全市几十位专家医师，在电台轮流广播，宣传防痨意义，造成浩大声势。在为期15天的第二届防痨运动中，免费接受X光检查的达8000余人次。还指定全市各大药房根据防痨运动处方笺，半价发售鱼肝油等药品。

1941年太平洋战争爆发后，日军侵入上海租界，汪伪政府命令全市医师向南京傀儡政府领取医生证书，丁惠康严词拒绝，新虹桥疗养院遂改由夏其昌、郑定竹任正副院长。

1943年，汪精卫之女忽患神经病，派飞机邀请栗宗华医师前往南京治疗。随后汪女来沪住进淮海路虹桥疗养院，陈璧君以汪主席夫人的身份，每天下午来院探视其女，丁惠康拒不一见。不久，护士长桑美元对丁说，陈璧君带来两皮箱储备券，拟捐赠医院，现放在他女儿的病床下，要桑接受，丁嘱桑坚决拒收。陈璧君又派一个汤院长邀请丁担任汪伪政府卫生部部长，也被丁严词拒绝。他一拒领证，二拒捐款，三拒当汉奸高官，因而有"三拒汪伪"之称。

"西安事变"前夕，1936年春，张学良住进美国人在上海办的力生疗养院，每月耗费4万元。同年夏天，杨虎城将军偕夫人住进虹桥疗养院，每月只收费485元，中外医院收费差距竟达百与一之比，实际上是虹桥疗养院对杨将军的优待。同年秋，杜重远从国民党监狱中释放出来，丁惠康和他素昧平生，但同情他的不幸遭遇，钦敬他的高贵品德，便冒着风险请他住进虹桥疗养院治疗，一切免费优待，把杜当作良师益友，深受熏陶。

宋庆龄创办的中国福利会最早成立于香港，到解放战争后期，为迎接黎明的到来，丁惠康率先帮助宋将中国福利会会址迁至淮海中路虹桥疗养院内的香雪园。该园原为丁的老友周瘦鹃主办的盆景花圃，有一所高大的茅屋，旁有荷花池、古老玉兰树等，颇有花木之胜。宋会长每天前来办公，丁从此得以时聆教益，在她的熏陶下，丁惠康更加同情革命，拥护革命。

1949年1月，民主人士张澜、罗隆基上了国民党当局的黑名单，丁惠康把他们安排到医院免费住院治疗，这时张治中、邵力子等和谈代表也常赴虹桥疗养院看望张澜、罗隆基，并交换意见。在特务的监视下丁惠康仍然给他们治疗。

丁惠康的收藏除了从他父亲那里得到几件藏品外，绝大多数都是自己出资购进的。1939年春，他联合上海美专校长刘海粟和其他收藏家，在上海孤岛发起"中国历代书画展"，并出版《中国历代名画大观》专集，提出"展我先民遗迹，发扬民族精神"的口号，宣扬中华民族光辉灿烂的历史，提倡民族自尊心和自豪感，激发人民的抗战热情和爱国精神。展览会盛况空前，门票收入全部捐献给上海医师公会，成立救护小组，开赴抗战前线。

丁惠康还发起个人摄影展览"故宫影展"，展品一律放大至24英寸，以此作为对华北沦陷两周年（24个月）的纪念，激发民众收复故土的决心。他还发起"吴昌硕遗作展览会"，刊印《缶翁遗墨》一书。

丁惠康曾为收藏的古代陶瓷印过一部非常典雅的目录，书名《华瓷》，所著录名贵古瓷有：晋越窑大角鸥、黑釉鸡壶、唐代越窑刻花壶、黑均蓝彩双耳罐、均窑黑斑天蓝大坛、黑均蓝彩壶、蓝彩银釉坛、唐三彩刻花盘、唐三彩天鸡壶、宋代钧窑天蓝紫霞大钵、钧窑天蓝洗、钧窑三足炉、定窑暗雕荷花大碗、官窑菱花碟、哥窑菱花碟、北龙泉刻花八角碟、天目古飞凤盘、磁州窑飞凤画坛、磁州窑黑白花坛、元代内府黑釉大坛、龙泉窑划花盖坛……以及明代洪武、宣德、成化、正德、嘉靖、隆庆、万历、天启、崇祯和明代建窑、法华窑瓷器。清瓷中有康熙、雍正、乾隆三朝的御窑瓷器珍品。该书共著录珍瓷 90 件，由叶恭绰作序，又自序一篇，阐述了中国陶瓷的历史发展、沿革，并说明自己收藏珍瓷的目的，是有感于文物大量外流而致："鼎革以来，海禁大开，国内文物菁华，辄输海外……而此不求，更复何求！"除了藏瓷，他亦热心古画及历代其他文物的收集，有一次曾卖掉四十幢的里弄房屋，不惜"血本"用以收购古画。

抗日战争胜利，丁惠康原欲复兴虹桥疗养院，但由于国共和谈破裂，内战重起，不得不放弃原定计划，等待局势好转。

1947 年 2 月，丁惠康和上海医学院院长颜福庆同船赴美作医事访问，参观了纽约洛克菲勒医学中心、洛杉矶市医院和不少的博物馆、美术馆。使他触目惊心的是，仅波士顿美术馆就收藏了我国历代名画 400 余幅之多；美国私人收藏的康熙黑地三彩此时公开展览，国内没有一件同类瓷器能与之比肩。丁对这些文物盗卖的行径十分愤慨，加之时局面临崩溃，珍贵文物被大量销卖出国，因此丁惠康在痛心之余，尽量收集，等待将来献给祖国，还宝于民。

1948 年春，丁惠康在南昌路法文协会（今上海科学会堂）举办"台湾高山族文化展览会"，由蔡元培夫人周峻主持剪彩，在当年的报纸上有过详细的报道，前往参观者甚多。1949 年 10 月，丁惠康应北京的清华大学邀请，参加"全国少数民族文物展览会"，会后即将高山族文物和书籍 500 余种捐赠给国家，今藏中央民族大学。同时，他在北京琉璃厂发现端方旧藏的西周青铜大鼎一座，为稀世之珍，当即购置捐献给国家。张澜从《人民日报》上得知消息，便写了一首《献鼎诗》赠予丁惠康："独建虹桥供疗养，更持周鼎赠清华。人群伤病中心恻，古物陈观众口夸。"

11 月，丁惠康得知政府因收购常熟瞿氏铁琴铜剑楼古籍善本而超出预算，便慷慨解囊，帮助国家完成购置重点文物的任务，其中包括秦汉以来历代著名碑拓，以及宋元孤本书籍1100余种，全部捐献给北京图书馆。北京故宫博物院缺少出土文物，丁惠康托人运去其全部出土文物，现列为国宝的唐代二色釉大壶，便是当年捐赠文物之一。

1949年，宋庆龄聘请丁惠康为中国福利会顾问，中央人民政府教育部因丁惠康捐献高山族文物向他颁发奖状。丁惠康收藏的台湾高山族文物甚为丰富，武器类有火药筒、弓箭、盾、枪、佩刀和匕首；还有高山族的贝货及劳动工具等各种生活用具，如陶器、匏器、藤竹器、梳、枕、盘、杯等；艺术品则有人像、祈祷用器、祭器、屏风、柱板，此外还有高山族的服饰，包括具衣、长衣、皮衣、头饰、耳饰、腰饰及脚饰等。丁惠康所捐赠的台湾高山族文物，曾先后在上海和北京两地展览，在当时产生了较大的影响。以后他将这批藏品捐献给了上海博物馆。上海市古代文物保管委员会聘他为顾问。1952年他任同德医学院教授。1956年2月，虹桥疗养院响应全市医院改私为公的号召，第一家向市卫生局呈送捐献书。

1956年8月，丁惠康参加在京召开的"中华医学全国第十届代表大会"，向傅连暲会长呈交关于虹桥疗养院创建时的第一手材料《萤火集》60大张，包括我国第一个职工治疗机构中国保健社的宣言。傅会长亲笔复信说，"虹桥（疗养院）能在各个不同的历史阶段，做出各项医学和群众结合的运动"，对丁给予了高度的评价。

1966年4月，丁惠康受聘为上海市文史馆馆员，"文化大革命"中受到迫害。1978年国庆节，丁惠康怀着极其兴奋喜悦的心情，看到了他旧藏的宋马远《雪屐观梅图》轴和明仇英巨制《剑阁图》轴展览于上海博物馆，了却了他多年的心愿。

丁惠康于1979年8月20日走完了生命的最后一段路。

小校经阁主人刘晦之

史学家的徇知之友

1936年，受通缉而亡命日本的郭沫若，生活过得异常窘迫，有时连买毛笔的钱都没有。更使他痛苦不堪的是研究资料的缺乏，学问无法做下去。刘晦之得知其窘况，又佩服他的才学，遂将自己历年所收集的龟甲骨片，请人拓片，集为《书契丛编》，分装成20册，托中国书店的金祖同带到日本交给郭氏，供其研究所用。郭氏见后，惊叹不已，从中挑选了1595片，先期研究考释，并据此著成了在甲骨学史上具有重要意义的鸿篇巨著《殷契萃编》，在日本出版。郭氏在该书的序中感叹道："刘氏体智所藏甲骨之多而未见，殆为海外之冠。已尽拓出文字，集为《书契丛编》，册凡二十。去岁夏间，蒙托金祖同君远道见示，更允其选辑若干，先行影布，如此高谊，世所罕遘。余既深受感发，爰不揣浅陋，取其1595片而成兹编，视诸原著虽仅略当十之一，然其精华大率已萃于是矣。……然此均赖刘氏搜集椎拓之力，得以幸存。余仅坐享其成者，自无待论。"感激之情，溢于言表。

刘晦之收藏的甲骨，均用楠木盒子规规整整分装成100盒。打开盒盖，满目粲然。另还有甲骨拓本《书契丛编》20册，每册后都附有释文。这套拓本与盒内的甲骨实物先后次序正相对照。甲骨文专家、古

刘晦之像

文字学者胡厚宣查对其甲骨实为28192片；著名学者陈梦家还作了考证，其中有300余片为徐乃昌的积学斋旧藏。

刘晦之所藏青铜器也极为丰富。1931年春，刘氏《善斋吉金录》已积稿成册，其中未经著录者，也就是属于新出土的"生坑"者，有二三件。学者容庚在周明泰家获见此编，惊为"睹此异文，振荡眙愕"。是年8月，乃约史学家徐中舒、商承祚专程赴上海造访善斋，得见刘氏所藏青铜器四五百件，并摄影、研读，大家在一起"晤谈如故"。临走时，刘氏还赠送全拓本300余纸，容庚云"整装归来，不啻贫儿暴富矣"。1936年，容庚选取所摄照片175幅，先期进行诠释、考证，由哈佛燕京学社影印出版，书名《善斋彝器图录》，可与刘氏《善斋吉金录》相参证。

1936年，刘晦之的藏品有一部分作价转让给故宫博物院及中央研究院史语所，这有傅斯年、李济给刘晦之的信为证。李济、傅斯年的信这样写道：

晦之先生左右：

顷中舒先生以尊旨见示，一切感佩！兹将弟等最大限度下所可能之办法奉陈，敬乞垂察。一、如不出彝器范围，博物院因上次决议案关系未能出过六万之数，仍盼多赐若干小件。二、度量衡一类及所说兵器中之四五件（见原单）共作一万元，由研究所设法。三、瓦陶器及拓本，承惠赐，极感盛谊。前谈以若干镜子赠敝院作标本之意，尤感。此为弟等能力中之最大范围，如至玉成，公私极感！倚装匆匆，不尽一一。专此敬问道安。

弟　李济　傅斯年　十一月二十六日

信中所说"中舒先生"即顾颉刚弟子徐中舒，此时是历史语言研究所研究员，当时是负责此事的经办人。

11月28日，李、傅又给刘晦之发了电报：

八仙桥青年会宿舍，徐中舒转刘晦之先生。接中舒兄书，知区区之意慨承允诺。不特弟等钦佩无似，即热心中央博物院诸同人亦感谢弥深。款即拨寄。

弟济　年叩

当年傅、李用7万元公款买了刘晦之的一批文物，今藏台北故宫博物院，而拓片今藏"中央"研究院史语所。

善斋的青铜器收藏中，有不少是惊世骇俗之品，为考古学界所震惊。其中之一就有骉钟。1931年，刘晦之购得一套骉钟。骉钟上有铭文61字，考古学家、文字学家及史学家刘节、吴其昌、徐中舒、于省吾、郭沫若、温廷敬、容庚及瑞典汉学家高本汉，均先后撰出考证文字，但未能取得一致意见，仅就骉钟制作的年代问题，已经是争论不休，何况其他内容。高本汉曾作《骉钟之年代》，综合各家之说。日本考古学家梅原末治在《洛阳金村古墓聚英》一书中，还印出了骉钟的图片。可惜这套尚未被完全破译的战国骉钟，后来从刘氏手中散出，据说是被卖到外国去了。看来，对骉钟文字的破译，不是指日可望，或是可望无日矣。

刘晦之被学术界专家引为徇知，他的藏品足以用来证史，或者对历史有新的补充，足见他的眼力与学养了，与那些好古而不识古的所谓收藏家相比，真乃天壤之别。

儒将之子

刘晦之（1879—1962），名体智，字惠之，后改字晦之，晚号善斋老人，安徽庐江人，出生于晚清重臣之家。其父是清末淮军的重要将领、李鸿章的心腹、四川总督刘秉璋。刘秉璋是咸丰十年（1860）的进士，选庶吉士，又授翰林院编修。同治元年（1862），李鸿章围剿太平军到了上海，即写奏折呈送朝廷，指名道姓要把刘秉璋调到上海，协助他管理淮军。刘秉璋虽为文官，却精通兵法，与李鸿章早就相识。李也知其贤能，能带兵打仗。刘果然不负厚望，与英国人戈登的常胜军协同作战，解常熟之围，攻太仓，破福山，果然攻无不克，连连获胜，遂成为李鸿章倚重的心腹干将。

常熟解围之后，李鸿章又对他委以大任，令其别募一军，以他为统帅组成仲军（刘秉璋字仲良，此即"仲军"命名的由来），率兵七营，攻打嘉善。他提兵五千攻克了枫浜、西塘等地的太平军营垒。朝廷见他如此骁勇善战，便降旨升其为侍讲学士。

刘秉璋率领的仲军先后攻克被太平军占领的嘉善、平湖、乍浦、海盐等地。待淮军占领太平天国的"天京"之后，刘秉璋又率军从嘉兴、吴兴一路打过去，成为清朝平定浙西的有功之臣。朝廷赐其"振鲁巴图鲁"（满语"勇士"）。直到参与曾国藩"剿捻"之后，他才官运亨通，出任江苏按察使、山西布政使、江西巡抚及浙江巡抚。

1885年，在中法战争的浙江镇海之役中，刘秉璋率守军与来犯的法国舰队激战103天，击退敌舰两艘。镇海之役胜利，刘秉璋即被提升为四川总督。刘秉璋督蜀十年，先后遇上"重庆教案""巴塘教案"和"成都教案"。在处理上述三件教案中，相关国家驻华公使强行要求清廷将其革职查办。清朝政府委曲求全，只得将其革职，并宣布永不叙用。刘秉璋被革职后回到安徽老家。

李鸿章当时在天津设有家塾，聘请已卸任的美国驻天津副领事毕德格为孙子们的英语教师。李氏念及刘秉璋的日后生计，遂函召刘家子弟来天津，与李氏孙辈共习英语，于是刘氏第四子刘晦之，得以入李氏家塾读书。

旧时大家族讲究门当户对的豪门联姻。刘家除了长子刘体乾娶李鸿章的侄女、四子刘体智（晦之）娶孙家鼐之女外，次子刘体仁娶两广总督张树声之女，三子刘体信先娶淮军名将吴长庆之女，如夫人是两广总督周馥之女，五子刘元之娶闽浙总督卞宝第之女，与李鸿章的小儿子李经迈为连襟。

刘家第二代五兄弟，了承父志，后来也曾风云一时。刘休乾在袁世凯当政时官至四川宣慰使，父子两代先后督蜀，一时传为美谈。刘体仁是举人，原在京城为官，因不愿与袁世凯合作，弃官回家。刘体信（声木）成为著名学者、藏书家，他关于楚辞的藏书，被郭沫若称为海内第一。五兄弟中最负盛名者，是后来出任中国实业银行（以下简称"中实银行"）总经理的刘体智（晦之）。

刘晦之在李氏家塾中得到了金钱所无法取得的人脉关系。入李氏家塾读书，遂得与李氏的子侄、门生故吏朝夕谈宴，不拘形迹。刘晦之在李氏家塾的情况，我曾访问过刘氏弟子胡邦彦。这位已年近九旬的老先生还专门写了《记刘晦之先生》一文，其中有云："先生讳体智，字晦之，安徽庐江人，清四川总督讳秉璋字仲良谥文庄公第四子，兄弟并博学,多著述,不以词章藻饰矜炫时人,谓之实学家风者也。岁戊戌,予以丁丈蓬乡之介,得侍杖履,时先生已近八十,视听不衰,偶因倾仆折肱,以带系肘,而谈笑如常。越数日趋侍,则已释缚,先生举臂笑云:'好了,好了。'此予识先生之始也。先生治学严谨,功底深厚,幼时已卓尔不群。刘李两家,世契兼至戚,文庄公与李文忠公鸿章为亲家。文忠公之幕僚,如于晦若、范肯堂,皆一时名士,先生虽年少,得与从容,或论诗文,或共戏谑,忘年交契,甚相得也。"胡文中提到对刘晦之深有影响的于式枚(字晦若)、范当世(号肯堂),均为李鸿章麾下重要幕僚。两人皆为李司奏章,但于氏长于文采,故凡贺表、谢折等应酬文章,多由于氏代笔。而有关重要或机密的奏折,则由范氏主笔,故李对范特重视优礼。少年时期的刘晦之与长辈"论诗文""共戏谑",无论是学识还是性情爱好,受其潜移默化的影响自不会少。

1896年,刘晦之进京,与孙家鼐(1827—1909)的女儿完婚。孙是安徽寿州人,咸丰九年状元,历任工、礼、吏、户各部尚书,武英殿大学士,与翁同龢皆为光绪皇帝的师傅。在晚清朝廷中,刘晦之历任户部郎中和大清银行安徽总办。进入民国后,于1919年出任中实银行上海分行经理,在此之前几年已举家迁至上海。

中实银行作为民营商业银行,刘晦之的社会关系大多是北方清末遗老,在北洋政府时期还有强硬的后台。但到1927年国民政府定都南京后,朝中就几乎无人了,最后终未能逃脱被宋子文吃掉的厄运。刘被宋逼得心灰意懒,索性辞了中实银行总经理职务,退隐到他的小校经阁去了。

善斋和小校经阁

小校经阁位于上海新闸路、陕西北路路口附近。院子分里外两进,迎着大门的是四棵高大的广玉兰，枝粗叶大，青翠欲滴，遮蔽住了院内的一半光影。知道内情的老上海们都说，那广玉兰是当年从李鸿章的儿子李经方的花园里移植过来的。那时李经方从火车站附近安庆路乔迁沪西，花园里的树木和假山都送给了这儿的主人。几十年后，假山被搬往静安公园之内，而剩下的四棵广玉兰仍然挂着前朝残梦。

关于刘晦之读书与治学及其收藏，胡邦彦在《记刘晦之先生》一文中记述得比较翔实，在此摘录几段于下，以窥一斑：

> 先生每日黎明即起，读书著书，俗语谓之雷打不动。近午始到银行，午饭后治事及交际活动，不知者以为一大贾耳。
>
> 先生之学，重在经部，尤重文字音韵，所藏甲骨多至二万八千片，为举世之冠。金祖同君得其拓片以示郭鼎堂君，郭择其字较多者考释以成《殷契萃编》。予得奉观时，甲骨已捐献文化部，不独未及见原物，即拓片亦已散去，实为憾事。
>
> 先生藏吉金亦富，曾以拓本成《善斋吉金录》二十八卷印行，又以三十年精力，所聚吉金拓片二万余纸，择其中约七千器，辑为《小校经阁金文拓本》十八卷，丁乙亥春印行。予偶因问字，见先生日记皆以篆书，因论其假借之字，先生谓许叔重所云，本无其字，依声托事，盖就其大要言之，亦有本有其字者，今谓之通假或别字，钟鼎彝器中时有所见。因出示拓本十八卷，其中释文颇有更改，于假借之字，考证详确，予以颛蒙，诧为奇观也，先生遂举以见赐。此书乃先生自留本，蝴蝶装，释文每有更改，皆详为疏记。予以末学，欲辑为金文假借考，因循未就，惭负良深。

刘晦之所藏青铜器中的惊世之作，即《善斋吉金录》中著录的第一件，是一套使学者魂牵梦萦的12件虢氏编钟。这套编钟有虢钟8件，骉羌钟 4 件，据金文学家容庚考证，系出于河南洛阳故城遗址北部的邙山中。1928 年，一场暴雨之后，一座古墓塌陷，有人钻进去打探，发现覆盖在上面的地层是由木炭和小石块间积而成，其下为墓穴。于是先挖掘一墓，其他 7 墓也随之陆续揭开，前后历时 3 年，外界少有人知，共出土多少东西，谁也讲不清楚。这套编钟就是出自这组古墓。同时出土的还有其他祭器、明器、车饰、玉佩及日常用品，经加拿大传教士怀履光（William Charles White）著录的有 500 余件。这套编钟 12 件于 1931 年被刘晦之重价购得。另外还有一件骉羌钟和一件骉氏钟，被怀履光弄去。怀氏时任开封地区圣公会的主教，对洛阳一带古墓的挖掘甚为上心，多次亲往挖掘现场查看，曾于 1934 年出版《洛阳古城考古》一书，详细记述了这一阶段的奇遇，他后来将其中一部分出土文物海运到了加拿大。

刘氏藏品中也有不少是名家旧藏，如"者减钟"系刘鹗旧藏；"奇字钟"是陆心源旧藏；"武生鼎"为盛昱故物；"师汤父鼎"是刘喜海故物；"友簋"原藏清内府，后归潘祖荫攀古楼；"伯孝盨"是张廷济故物；"归父盘"是陈介祺旧藏；"亚兽鸮尊"是王懿荣旧藏。这些流传有绪的古物，后来均归刘氏善斋庋藏。

值得一提的还有"仪楚耑"，原为清末张鸣珂收藏，张氏曾有跋文，说是光绪十四年（1888）夏四月，江西高安熊姓农民在城西四十里地的清泉市附近，一外人称汉建成侯墓地的田中掘得古铎大小九器，耑三器，被邹殿书购归。三个耑"铜质湛碧，莹泽如玉"，考其铭文，知是楚公子仪楚之器。张氏去世后，其子以此器售给庞泽銮，1916 年庞氏去世，1918 年为邹寿祺所得，后归刘晦之。同墓出土的铎归于潘祖荫，其他两耑，曾归周志甫，后归罗振玉。

刘晦之的收藏在其《善斋吉金录序》及《小校经阁金石文字序》二文中，记述详确，对于考察其收藏，至为重要，故录全文以作文献。

《善斋吉金录序》云：

金文集录始于宋之《宣和博古图》一家所藏，纂为专书者最先则有钱氏之三十六长乐堂，然仅四十九器，秦汉以后器居其少半。继起而藏器较富者推《两罍轩彝器图释》及《匋斋吉金录》。两罍轩一百十器，其中三代器为数五十有九，匋斋四百四十八器，其中三代器为数二百十有六，盖以一人之力欲集其大成，甚矣其行之艰也。予自幼至京，嗜金石之学，适关陇河朔之间，古器日出不已，自龟甲钟镈鼎彝戈戟权量符钺泉镜以及碑志砖瓦泥封，上起三代，下逮朱明，凡属古物，靡不宝爱，耳目所及，既择其可喜者留之，即远至千里之外，亦必多方罗致左右，其间寝馈不厌，三十年藏弆粗有可观矣。摩挲之余，不欲自秘，因先就吉金一类，绘其形制，拓其文字，记其度数，次为十录，付之影印，用质当世。虽计其总数所得，远逾前人，顾有见新器出，无力致之，则以此而易彼。录中所载，今日亦不尽在寒斋，特存其目而已，书既成，略记始末于简首。至比次之劳，则丹徒鲍君（鼎）匡助为多，并识以铭弗谖云。庐江刘体智。

《小校经阁金石文字序》云：

许叔重言："郡国往往于山川得鼎彝，其铭即前代之古文。"然《说文》所收古籀文寥落可数，可见当时所得不多。汉以后得古器者亦罕，至宋始有集而释之者，及阮吴陈潘诸家继起，于是治古文字学者靡然从风。近世出土之器，岁有所增，考古家见闻既多，发挥旁通，骎骎乎欲夺前人之席，其所见资集然也。余前辑《善斋吉金录》，以曾藏余斋者为断其有器，非余有或未见著录或已见著录而佚者，必仿求拓本得而后已，三十年积至二万余纸。惧其久而散失，辄依类排比，去其重复疑伪，得六千五百余器，分载释文，并存旧有题记，编为十八卷。物聚于所好，岂不信哉！

前录拓本非出一手，且器亦有别属者，无从汇其全编精拓，颇以为恨。今此诸拓，求之非一时，得之非一地。至于器之不可悉见更无论矣。既欲公诸同好，存其迹不尤逾于无乎，爰志数语，具道本旨，所以为者，以告读者。时乙亥正月庐江刘体智。

根据前人记载，古代对于金石遗文的研究，在三国魏时已发其端。南朝梁元帝《金楼子·著书篇》载其有《碑集》十帙百卷，可惜书早亡佚，内容已无从考见。至北宋初年，由于皇帝的重视和提倡，士大夫中私家藏器之风日盛。与此同时，亦出现了几部有影响的著作，如刘敞《先秦古器图》、吕大临《考古图》、李公麟《古器图》、王黼《宣和博古图》及欧阳修《集古录》等，使金石研究逐渐成为一种专门的学问。以上诸书，前四者所载只限于钟鼎彝器，而《集古录》则金文石刻兼收并蓄，凡所集录达千卷之多，跋尾亦在400篇以上。此书之问世，对于当时方兴未艾的金石考古之学起了承先启后的作用。赵明诚《金石录》正是在继承前辈学者已有成果的基础上，进一步开拓耕耘，发扬光大，成为两宋金石研究的集大成之作。

元明两季，金石之学不振。至清季乾隆朝，众儒臣秉乾隆之命编《西清古鉴》《西清续鉴》及《宁寿鉴古》三书，金石之学又勃然而起，阮元继起为提倡，学者宗之，并著《积古斋钟鼎彝器款识》。当时海内名士，萃集幕下，故其辨识古文奇字，既极精审，而所篆铭篆又皆从拓本影摹，远非传世彝器款识辗转传写有失真面，其间故有可异之处，而三代文字不绝于今者，实赖此书维系之。同时，毕沅、王昶、翁方纲、钱大昕、孙星衍亦皆有著录自张其后，继之者有吴荣光《筠清馆金石录》、吴式芬《攈古录》、吴云《两罍轩彝器图释》、潘祖荫《攀古楼彝器款识》、盛昱《郁华阁遗集》及端方《匋斋吉金录》，洋洋洒洒，蔚为大观。但论其器物之丰、篆文之美、诠释之精确，与《善斋吉金录》《小校经阁金石文字》相比，均为逊色，刘晦之可谓中国历史上最后一位彝器收藏及研究的大家。

双忽雷最后的主人

《善斋吉金录》中绘有大忽雷与小忽雷的图形，并有曲阜孔尚任（号东塘）题句镌刻的墨拓。大忽雷和小忽雷实是鳄鱼皮所蒙的琵琶，原是唐代文宗宫中的禁物。流传经过班班可考，据北宋钱易《南部新书》载："唐韩滉入蜀，伐奇木如紫石，匠云：'为胡琴槽，他木不能并。'遂为二胡琴，大曰'大忽雷'，小曰'小忽雷'。后献德皇。"唐代段安节《乐府杂录》云："文宗朝，两忽雷犹在内库，宫人郑中丞特善之，训、注之乱，始落民间。"兹盖其小者，项后刻"臣滉手制恭献，建中辛酉春"，乃韩滉自制。

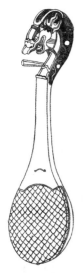

小忽雷线描图

孔尚任题诗拓片 1

至康熙年间，小忽雷为孔尚任收藏，孔氏得此物于一举人家，因作《小忽雷传奇》。乾隆以后，小忽雷归成亲王永瑆收藏，后又转归著名藏书家刘喜海之手。刘有女嫁四川华阳卓秉恬之子，遂以小忽雷陪嫁。卓秉恬字静远，号海帆，别署小忽雷斋。后小忽雷从卓氏后人流出，归安徽贵池刘世珩所得。

刘世珩字葱石，号聚卿，其父刘瑞芬，为李鸿章办洋务的助手，曾督办厘金，署理两淮盐务使，当过上海道；光绪十一年曾充驻英国公使，回国后擢升广东巡抚，殁于任上。刘氏袭其父荫，拥赀甚丰，曾在两江、湖北以道员候补，与时任总督端方趣味相投，当过好些差使。为人风雅，富于收藏，凡书画器物出自古昔名贤之手者，咸以得集藏之为快。居金陵时，与缪荃孙、张謇、范当世、梁鼎芬、王鹏运、李瑞清、况周颐、郑孝胥等往还。尤嗜校刊古书，刊《聚学轩丛书》，纂刊《贵池先哲遗书》31 种，乡邦文献，征集无遗。其余传刻金元以来传奇附曲谱、曲品共 60 余种，《玉海堂景刊宋元椠本丛书》38 种，《宜春堂景刊宋元巾箱本丛书》8 种，又模刊金石著录 5 种，均极精审。

小忽雷既为刘氏所藏，刘氏得陇又复望蜀，以为小忽雷迭经劫火，并未遗失，则大忽雷尚或在人世间，不能恝然置之。而事有巧遇，于某年冬日，刘氏访大兴张瑞山琴师，与之纵谈古乐，为言 30 年前于京师得一古乐器大忽雷。刘氏索观，则似琵琶而止二弦，凿龙其首，螳螂其腹，制极古雅，与小忽雷同牙柱，齮齕左右相向背，施朱漆，上加彩绘，有金缕红纹，蹙成双凤。瑞山能弹拨，声清越而哀，与小忽雷绝相类。二器并陈，望而能识，且断纹隐隐，与其所藏唐雷威斫琴鬃漆相同，为唐物益信而有征。张瑞山以小忽雷在刘家，乐以大忽雷归为双璧。世珩欣喜之余，自署为枕雷阁道士，请林琴南作《枕雷阁图》，并名斋号曰双忽雷阁。

刘世珩的收藏，卒后为其子刘公鲁继承。公鲁晚年居苏州，以出卖其父的收藏，过着抽鸦片、玩古董的寓公生活。1935 年，以双忽雷抵押于美国人，得3万银元。当时古物保管委员会及其他有心人士，大声疾呼，要求赎回这两件国宝。刘晦之毅然挺身而出，以重金将大小忽雷赎回，遂成为双忽雷的最后一位主人。

百年风水如何转

刘晦之一生不仅重收藏，还注重研究和著述，胡邦彦《记刘晦之先生》一文中有云："先生著述甚多，予得见者有《尚书传笺》《礼记注疏》，用力尤多者为《说文切韵》。先生谓古时字少则假借必多，如不明古音，则许氏所谓依声托事者，将无所依，亦无所托矣。三书之书稿，请人以工楷誊清，累然盈尺，于庚子岁寄京，似曾云请胡厚宣君转文化部，今其稿不知尚存否，杀青无望，言之增歔。"胡先生向我出示刘氏《尚书传笺自序》《礼记注疏自序》《说文切韵自叙》及三书之凡例，又及《守温三十六字母与罗马字母对照表》，皆当年胡先生手刻蜡纸油印之物，其字之小，难以卒读。胡氏曰："当年缺纸，小字可省纸也。"刘氏治学之艰，由此可见一斑了。

刘晦之的藏品，各有归宿。有一次和他的姐夫、李鸿章的长子李经方合伙卖给瑞典王子一批青铜器。据夏鼐撰文所记，当年瑞典王国王子出访中国，并为瑞典博物馆收集中国文物。瑞典王室三代人均对中国青铜器有浓厚兴趣。此事被消息灵通的李经方得知，就与刘晦之合伙做了这笔生意。他们各自拿出一批青铜器藏品，据说还向李经羲借了三件。瑞典王子看了赞不绝口，付给他们28万英镑，两人平分，各得一半。改革开放之初，当年瑞典王子的孙子来中国访问，还提到他祖父在上海买青铜器之事。

刘氏收藏的青铜器连同古钱币，共计四五千件，藏书10万册，历代古墨无数，历代印玺千数百钮，历代古碑帖拓本近千件。这些藏品，在 1949 年前卖给中央研究院一批。其余部分均在 1949 年之后捐献给国家。10 万册藏书和近千册碑帖拓本捐献给上海市文管会，后转归上海图书馆；一大宗历代古墨、古砚，捐献给家乡安徽省博物馆；130 件古兵器捐献给上海博物馆，2.8 万片甲骨龟片和唐代乐器大、小忽雷，捐献给文化部文管局，后调拨故宫博物院。

和许多收藏家一样，刘家也是十年河东，十年河西，风水轮流转，也有转不动的时候。从抗战开始，刘家的日子就不好过。刘晦之本人也当起寓公来，靠吃老本过日子。抗战胜利后，遂不得不靠变卖藏品度日。经傅斯年介绍，卖给中央研究院的那批青铜器就不用说了，1000 多件藏画也出售，包括宋代李公麟、元代赵孟頫及清初四王，那些精品均售以易米。大批瓷器亦是同等命运。再后来，小校经阁也住不下去了。花园洋房住进七十二家房客，他本人则从花园迁出住进淮中大楼，再迁到永康路 175 号。当他把所有的藏品向国家捐献完毕，他也终老在永康路的寓所里，像平民百姓一样入土为安了。

百年之后，人们再巡视一下刘氏家族的时候，会发现一个十分有趣的现象：在小校经阁长大的那一辈人，香港巨富刘永龄继承了家族的儒商精神，顷岁将《善斋吉金录》重新印行，嘉惠学林，可谓能善绳其祖武者矣。刘家其他子弟中有藏书、著书、教书、玩古经历的人亦很多。刘麟生继承了家族的文学传统；刘松龄、刘善龄和刘笃龄则踵继其家族的史学传统；刘鏊龄则远承好古收藏的家风，其石雕佛像的收藏在海上收藏界也是独树一帜。时代毕竟不同了，刘晦之的时代早已远去，刘氏子孙对祖风也许还有所眷恋，但他们再也回不到那个时代了。

钱镜塘:"我爱雪竹图"

寻找钱镜塘颇费了一番周折。他驾鹤西去已多年,要寻找他的踪迹,只有依靠其后人了。从朋友那里,我知道钱镜塘有一子一女,儿子甚为老实,对其父知之甚少;女儿已去了美国,在十年浩劫中父女之间有许多不愉快之事,其父去世后,又因分配父亲遗藏的书画,与其兄诉讼多年,要找她也是很困难的了。唯一能对钱氏的收藏说出一些具体事情来的,是其孙子钱道明。他自小就与祖父生活在南昌路旧居一幢花园洋房里,还看到过吴湖帆、陈巨来、刘海粟常到这里来走动,钱氏晚年游山涉水也是这个孙子陪着,道明常常从祖父那里听到一些收藏旧事。所以朋友告诉我:要了解钱镜塘,只有找到钱道明了。还是上海博物馆的倪贤德千方百计,终于把钱道明找到了。

钱道明清瘦而表情冷静,实际是一位热心人物。一见面他就说:"书画市场行情较好,收藏家的后人总是被人追逐着,我是低调子,躲着走。"这可能是从祖父久经沧海的收藏生涯中得到的生活感悟。

南昌路的花园洋房旧居现住着"七十二家房客",钱道明已经搬出,住在一个新式公房里。客厅里挂着钱镜塘遗像,一绺长髯飘拂胸前,圆墩墩的面孔,透露出一种宽厚。遗像两边悬挂着陆俨少、朱屺瞻画的梅花,另一壁上挂着陈佩秋画的大幅《竹石小鸟图》,这是钱氏八十寿辰时,画家们赠给他的"寿品"。钱道明说:"祖父说,画梅花不

钱镜塘像

能画垂枝的'倒梅',因为谐音是'倒霉'。"所以这两幅花的枝条都挺拔向上,没有下垂的倒枝。

我端详着钱镜塘遗像,似乎在哪里见过他,是在唐云大石斋,还是在谢稚柳壮暮堂,抑或是在某个书画展上,而且是不止一次见过。可惜当时没有去注意他,失之交臂,甚为惋惜。现在回忆起来,在书画界客串了几十年,我见过许多重要人物,画家、诗人、收藏家、学者,都是老派人物,如果他们还健在的话,年龄都在百岁以上了,在平淡之中都浸染着他们昔日的光彩。因为他们身上都是旧闻遗事,我端的是新闻饭碗,加上工作节奏很快,都一一擦肩而过,未能与之漫游。其实他们就是历史,就是沉淀的文化。现在回想起来,仍然有着懊悔之感。看着钱镜塘的面容,这种懊悔之情在我心中悠荡着。

钱道明还藏有其祖父的许多照片,其中有和程璋、张大千、吴湖帆、张克龢、朱屺瞻、王个簃等许多画家相聚的照片,也有游览观光的照片。其中有一张游无锡蠡园的照片,他两手各拿了一根棒冰和钱道明的夫人在一起,这一老一少似乎在比赛吃棒冰,吃得乐哈哈的,再现一种童心童趣。有这样多的老照片，是在其他收藏家的后人中很难见到的现象。

"他有没有告诉你，一生经手过眼的书画有多少？"我问。

"大概是5万件。"钱道明答道。

"有没有留下著录？"

"他曾经作过《菊隐老人过眼录》，只记了3000多件，'文化大革命'中遗失了。"

"捐献的有多少？"

"捐献3900多件，主要捐献给上海博物馆、浙江省博物馆、南京博物院、广东省博物馆、西泠印社、嘉兴博物馆和海宁博物馆。"

"老人去世时还剩下多少？"

"2000件左右，和我姑母对分了。"

谈到祖父的遗藏，钱道明又谈起那次轰动上海的诉讼，最后用"抓阄"的方法一分为二。谈到这些，钱道明的神情有几分黯然，他说："经历了'文化大革命'及家中的遭遇，爷爷晚年心情不是太好，他曾请钱君匋书写一副对联：'世事短如春梦，人情薄似秋云。'就可以看出他的心情。"

在上海博物馆，我曾看到钱镜塘自己书写的捐献目录，封面写着"近百年绘画系统目录"，前言写道："余将二十年以来征集近百年来绘画系统一百二十一家共一百六十四件捐赠于上博。捐赠人钱镜塘谨上。一九五八年七月八日。"在100多件捐赠品中，最多的是任伯年、赵之谦、费丹旭、虚谷、吴昌硕等海上画家的代表作。1962年，钱镜塘又向上海博物馆捐赠一批书画，其中最著名的是南唐徐熙（传）《雪竹图》轴。

"我爱雪竹"

钱镜塘（1906—1983），名德鑫，字镜塘，以字行，号鹃湖渔隐，晚号菊隐老人，浙江海宁人。远祖为吴越王钱镠，祖父钱笠群，父亲钱鸿遇（斋号数青草堂），皆擅书画，且喜收藏，钱镜塘从小受家庭熏陶，也习山水画。钱镜塘早年为了生存，曾学做过丝绸生意，因而时常去上海，在此期间开始购藏一些清末民初小名头书画家的作品。在20世纪30年代初钱镜塘到上海，开始书画收藏与经营，开设"六莹堂"书画店，并结识吴湖帆等人。钱镜塘晚年曾对孙子钱道明说过："没有吴湖帆，就没有我钱镜塘的今天。"

在钱镜塘众多的古画藏品中，宋代范宽《晚景图》和南唐徐熙《雪竹图》，现均藏上海博物馆。《雪竹图》是一幅无款的画，流散在社会有相当的岁月，后为钱镜塘收藏，经谢稚柳鉴定，认为此图出自南唐徐熙之手。

徐熙在北宋与蜀人黄筌的画派并称，列论"徐黄异体"是"黄家富贵，徐熙野逸"。这种神奇绘画风格，历来被人们称说不衰。1954年，谢稚柳在写《水墨画》一书时，就把"徐熙落墨"当作一个专题来予以论述。

谢稚柳将有关的史料综合起来看，得出的结论说，所谓"落墨"，可以得到这样一个概念：是把枝、叶、蕊、萼的正反凹凸，先用墨笔连勾带染地全部描绘出来，然后某些部分略略地加一些色彩。它的技法是，有双勾的地方，也有不用双勾只用粗笔的地方，有用浓墨或淡墨的地方，也有工细或粗放的地方。整个的画面，有的地方只有墨，而有的地方是着色的。所有的描绘，不论在形或神态方面，都表现在"落墨"，即一切以墨来奠定，而着色只是处于辅助地位。至于哪些该用勾，哪些该工细，哪些该粗放，而哪些又是该着色的地方，换言之，在一幅画之中，同时有用勾的，有用粗笔的，有着色或用墨的地方，这只是一种艺术变化。因而特别用"落墨"来区别这种体制。

《雪竹图》上虽无题款,但在石旁竹竿上,有倒书篆体"此竹可值黄金百两"八字。没有任何旁证说明这画是出于何人或何时代,只有从画的本身来加以辨认。但这一画派是在写生的基础上加工,能敏感地、生动地、毫无隔阂地使对象的形态和神情完整地再现,显示了绘画的特殊功能,是突破了唐五代以来各种画派的一种新颖而奇特的风格。

最后,谢稚柳认为,《雪竹图》完全符合徐熙"落墨"的规律,看来也正是其仅存的画作。谢稚柳不但坚信《雪竹图》是徐熙的作品,而且在自己艺术上开始变法,探索起"落墨法",工写结合,他的艺术进入一个全新的境界,在画中展现了他的个性风采。钱镜塘也坚信自己的眼光,专门刻了一方"我爱雪竹"的印章,钤在画心,以纪念他收藏生涯中的一段辉煌里程。后《雪竹图》转售给刘靖基,南京博物院曾借去展览,学者胡小石等人对此画大为重视。钱镜塘于是以一批明清画又从刘靖基手中换回。1985年3月26日,中国古代书画鉴定组鉴定《雪竹图》为宋人佚名之作。吴湖帆曾认为此图是南宋人之作。

收拾故乡旧文物

爱乡、爱土、爱乡邦文化,钱镜塘的乡土情结,从他的收藏上可以体现出来。他以16根金条购买王翚(石谷)为海宁陈元龙所画《竹屿垂钓图》最具有代表性。

早在20世纪40年代,《竹屿垂钓图》流散在书画市场上,最初流落在刘靖基手里,刘氏观赏数日,犹豫不决,怀疑此画是否真的值16根金条,最后以赝品为由退还。此画后又流转到钱镜塘手中,钱氏得此图,毫不犹豫以16根金条购藏。刘靖基仍是疑问难消,遂请教谢稚柳:"钱镜塘以16根金条购王石谷此画,你说值吗?"谢稚柳说:"这叫投其所好,喜欢就值这个价,不喜欢就不值。"

当时的书画市场,一张王翚的画是不是值16根金条,现在已无从讨论。但钱镜塘贵乡情,轻黄金,毅然用16根金条买王翚为自己的乡贤陈元龙画的画,非常值得。

陈元龙字广陵,号乾斋,康熙进士,授翰林院编修,累擢广西巡抚,后官至文渊阁大学士兼礼部尚书,卒谥文简公,有《爱日堂文集》。《竹屿垂钓图》是陈元龙请王翚画的。王在画上题曰:"竹屿见垂钓,茅斋闻读书。戊寅三月既望奉赠乾翁老先生并题。"图成装裱之后,陈氏在边绫上题写此图的来龙去脉:"'竹屿见垂钓,茆(茅)斋闻读书。'孟襄阳句也。御笔曾书此诗以赐,窃爱此二语,意味深长,因属王山人石谷作图以志,他年乞身泉石,歌咏太平,读罢钓阑,毋忘君赐之意。甲申四月以亲老告归,栖迟予舍三载,于兹颇得闲居之乐,展阅此图,辄怀终隐,庶几万竿修竹,数椽茅舍,可遂初心与此图相印证也。"这既是对圣祖的感恩,也是对清初太平盛世的歌颂。这恰是此画的经典之处,更可见王翚是用心去画的,不是一般的应酬之作,虽是陈元龙之嘱,实则是应圣命之言。无独有偶,清世祖曾赠赐王石谷"山水清晖"之御笔,足见其价值。

吴湖帆对此画两次作跋,其一跋曰:"王石谷画海昌陈文简公竹屿垂钓小影。海昌钱氏数青草堂宝藏乡贤文物名迹之一也。"钱镜塘在此画的边绫上书写陈元龙小传。钱镜塘的藏品中还有"海宁陈家"的《陈文简公襄阳诗》《陈世南诗翰真迹》《陈奕禧草书》,海宁名人如葛尊、徐砚、周承德、蒋百里、张宗祥的扇面、画轴、册页等。其中周承德的《墨竹》六幅册页,弥足珍贵,也是当年钱镜塘花了重金才买回的。

如果说钱镜塘重金购得《竹屿垂钓图》是为了荣耀乡贤,那么他收藏查继佐、查升的作品,则表现了他对乡贤遗物的抢救精神。在他的藏品中有一幅查继佐的草书和查升的一幅行书七言联很引人注目。在清代由于文字狱的原因,保存海宁查氏的墨迹可能会有杀身之祸。因此,这些查氏书法就是弥足珍贵的历史文献。

明末清初女诗人、女画家李因（1610—1685）的水墨花卉也在钱镜塘的收藏之列。李因是会稽（今绍兴）人，后流寓钱塘（今杭州）。因其诗画才华，被海宁人、崇祯元年进士、光禄寺少卿葛徵奇纳为侍妾，随葛氏宦游十五年，近至太湖，远到幽燕。葛氏卒后，李因以纺织、卖画为生，名传海内。大儒黄宗羲写有《李因传》一文。钱镜塘当年为了购藏李因几幅水墨花鸟画轴，据说在半年中四上沈阳、哈尔滨，斥重金从日本人手中购回。李因六十岁所画《芙蓉鸳鸯图》现藏上海博物馆，也是钱镜塘捐赠。钱氏可谓是李因的后世"知音"。

在钱镜塘旧藏中，还有海宁僧人六舟《丛菊图》四条屏、《周伯山豆补花卉》轴、《群仙祝寿图》轴、篆书《朱买臣事》轴、《临四体书》轴、《扇面小品》册、《秋葵图》卷等，今均藏于浙江省博物馆。这些书画上，都钤有"海昌文献""海昌钱镜塘珍藏乡贤遗迹记""钱镜塘卅年心力所聚"等鉴藏印。六舟（俗姓姚）是晚清名僧，僧名又曰释达受，诗、书、画、拓均极精妙。他十七岁正式出家于海宁白马庙，曾住持杭州净慈寺、苏州沧浪亭。他早年拜松溪为师，行迹半天下，后归居白马寺。晚年以摹拓石铜器称绝。

收藏印中见精神

钱镜塘的鉴藏印章，1968 年被抄走，1979 年被退还，后为其孙钱道明珍藏。经钱道明整理手拓成册，名之为《钱镜塘鉴藏印录》，由沙孟海题签，谢稚柳书扉，郑逸梅作前言。郑氏前言中写道："春雨初霁，钱道明来访，询之，则我友镜塘先生之文孙也。一自镜塘捐馆，我足蹇不良于行，致朋踪遽尔相疏，对于镜塘身后情况，亦付诸茫然。意以为旧居易主，文物飘零，不胜今昔之感矣。今晤道明，始悉日月递差，弓裘不替,守其居如故,庋其物亦如故。余忻然大喜,仿佛时光倒流,犹复登茂名之堂,相与欣赏其壁上之名画及几端之佳卉,轻红浅碧,常恽闽华,融而为一也。道明并出示一册子,乃镜塘生前所用印章之蜕本,朱白相错,各有矩度,累累百余方,其中尤以钱君匋、陈巨来所镌为最卓著。君匋印苍莽古劲,边款遒茂,足以凌轹群彦;巨来之元朱文,其师赵叔孺评为近代第一者。道明拟取原印拓以问世,其沾溉艺林,嘉惠后起,厥功当非浅鲜。而与镜塘相交有素者,藉此亦足慰雨晦风萧之思念,洵一举两得也。承道明恳挚之请,委撰一序,余固乐为执笔,奈氅荒薄殖,缘饰无文,则又愧恧随之矣。"此序由高式熊手书。高氏亦有序。

《钱镜塘鉴藏印录》收印67方,均有款识。所收14位篆刻家作品数量为:谢磊明一方,唐醉石二方,高络园一方,王个簃五方,陈巨来十五方,钱君匋三方,邓大川二方,支慈庵二方,葛子谅十四方,岂夫二方,高式熊十四方,吴朴堂四方,刘一闻一方,徐云叔一方。

在这些印人中,陈巨来、王个簃、钱君匋、高式熊等都为今人所熟悉,不再赘述,着重简介几位治印高手。一位是谢磊明(1884—1963),名光,字烈珊,浙江温州人,收藏金石书画甲浙南,海内孤本《集古印谱》(明人辑)即为其所藏。篆刻风格近似吴熙载,工稳端方,气息平和,楷书边款很具功力,体现了不甘俯就前人、独树一帜的精神。一位是唐醉石(1885—1969),名源邺,字李侯,湖南长沙人,幼时随祖宦游浙江,得与浙中文人相往还,浸沉翰墨,熏陶匪浅,又汲取西泠八家之长,与王福厂各领风骚,后人称之为"浙派新军"。一位是高络园(1886—1976),"梅王"高野侯之胞弟,名时敷,字绎求,杭州人,定居上海。高氏富收藏,精鉴别,所编《乐只室印谱》,收元至民国138位金石家作品,是历代印谱中的珍品。吴朴堂(1922—1966)是王福厂弟子,上海博物馆印章鉴定家,"文化大革命"中含冤去世,年仅44岁。他为钱氏治"钱氏数青草堂珍藏印",其长长的行书边款流利酣畅，堪称一绝。再者就是刘一闻和徐云叔了，两人皆是海上印坛后起之秀，为钱氏治印时，均年方二十，竟有如此之刀工，又有如此之章法，令人叹为观止。这些印章的背后都有一段故事，如高式熊所刻"钱镜塘审定吴湖帆真迹"印，原是为吴湖帆一件未署款的画卷而专刻的。此画卷藏于女诗人、女画家周鍊霞处，吴湖帆逝世后，周鍊霞在整理旧箧时，拣出此画卷。但因年代久远，已难以回想起是何人之作。周氏请钱镜塘审定，意在求证是哪位画家所作。钱一眼认定是吴湖帆的未竟之作，遂请高氏治"钱镜塘审定吴湖帆真迹"朱文印钤于画上。

弥足珍贵明人尺牍

钱镜塘藏有《明代名贤尺牍》煌煌20册，皆精裱精装，紫檀镶框，锦缎封面，收入400名家尺牍，几乎囊括整个明代名家的手迹。钱氏还特请鉴藏家倪禹功对每位名家尺牍逐一整理考证，不但考证了写信人，而且考证收信人，并请张克龢题签。翻阅此册，如同看一本明朝人名大辞典。十年浩劫，这批尺牍已被抄去，后由上海博物馆代为保管。劫后落实政策，抄家物资发还，此物完璧归赵，又回到钱家。钱家坐落在南昌路的花园洋房因被别人占用，自家房屋紧张，曾拟将此尺牍捐献给上海博物馆，由上海博物馆出面解决住房问题。因上海博物馆对此无能为力，只好作罢。在我访问钱道明时，谈到这批明人尺牍，他说："接受了祖父的教训，重要文物不宜私家收藏。"所以他将这批尺牍委托北京嘉德公司拍卖，其本意是定向卖掉，或整体出让给文物管理机构更好。在嘉德公司2002年的拍卖会上，上海博物馆以900万元购进。

海上收藏家历来就有收藏名贤尺牍的风尚，诸如吴湖帆、张珩、潘博山和潘景郑兄弟、丁辅之、倪禹功等人均在其列。钱镜塘亦是其中之一。钱镜塘集藏《明代名贤尺牍》20册，内收明永乐朝之后至崇祯朝名贤共400余人的尺牍600余帧，其中王侯将相、仕宦大夫、文人墨客、忠烈奸佞，莫不备焉，可称有明一代名人书札大全。综观民国年间江南喜好收藏的几大家，如潘氏兄弟宝山楼、顾氏过云楼、吴湖帆梅影书屋，以及沪上丁辅之、张珩、陶贞白等，收藏明代书札都属名家，各家所收藏的数量，除了张珩之外，其他均无可望钱镜塘的项背，如仅以明代的人物数量论，则钱镜塘独此一家，无有可以相比肩者。仰望此洋洋大观20巨册的钱镜塘集藏《明代名贤尺牍》，想当年诸收藏家竞购情形，可知钱镜塘先生一定付出了非同一般的心血和辛苦。

据嘉德拍卖公司拓晓堂先生介绍，这批尺牍有几大特点。其一是钱镜塘集藏的《明代名贤尺牍》，严格限定时代，即清初贰臣概不录入，且所收的400余家，每人只收书札一通，基本上不重复收录，这与其他同时代的各收藏家不同，具有明显的时间集中、人物极广的特点。如此可以想象，钱镜塘当时所收藏的明代名人书札数量一定非常可观。我猜钱先生至少剔除了与此现存数量等同的重复，才可筛选出现存的这400余通明代名人尺牍。倘若不采取这种精选原则，我们今天将看到的就不止20册了，那可能是40册或50册了。照此辑藏之法，才可能有如此之大的人物涵盖面，其中许多墨迹，极为罕见，甚至可以填补许多空白，这是目前所见其他任何一家收藏都无法望及和替代的。

其二是一般的名人书札收藏，或小品居多，或内容零散，文献史料价值有限。而钱镜塘集藏的明代名人尺牍，精挑细选，数量巨大，且具有一定的系统性。从现存的情况看，我个人认为钱先生当时一定得到了某些明代书札的专集，如一册之十至二册之二十，共31通，为毛科、程敏政、傅瀚、闵珪、梁璟等致韩文书札，这些人物大都是尚书、侍郎一级的高官；如三册之一至二十一，共21通，为孔闻韶、户部尚书侣仲、南京工部尚书韩重、南京吏部尚书臧凤、兵部尚书王时中等致毛宪书札；又如四册之十五至二十，共6通，为杨一清、史鉴、王汶等致吴宽书札，这些书札的内容有系统性，于文史研究较有价值。此外，如徐光启、严嵩、范允临等重要历史人物的书札，不仅极为罕见，而且都是长信，有相当的实际内容。兹举万历兵部尚书、太子太保张佳胤致某人函札，书札中称，因得罪文书房阉人（宦官），"其阉乘机冷语激动上怒"，被迫辞官，这与《明史》张佳胤传中记载"御史许守恩劾佳胤营获本兵，……遂三疏谢病归"，略有出入，究竟张氏缘何辞官，这通书札是至少可以直接补充《明史》资料的。毫无疑问，钱镜塘集藏的这份400余通明人书札，文史资料丰富，极具文物文献价值。

其三是自古以来，文人素喜名人名贤尺牍收藏，除了其中的书法艺术价值外，其内容时常具有私密性，还有丰富的社会生活资料，耐人把玩。钱镜塘集藏的这部《明代名贤尺牍》，汇集了明代诸多进士、举人出身的达官显贵、文人墨客，他们的书札描绘出了整个有明一代的社会生活画卷，每一通书札都像一篇小品文，如十四册之八，徐光启札纵论"东事又复披猖"的军国大事；如十九册之十九，朱隗札密谋"但恐中人不肯用力"的人事；如四册之一，朱芝札托人"困蚁得浮出于洪波"的狱案；如四册之九，焦黄中札的贬官归野颓情；如五册之十四，李梦阳札痛吊友人，以及其他谢人赠物、谈诗论词、品书赏画，甚至如酣醉盖因妓狂的放荡之类，皆一一在书札中自由展现。所以这部《明代名贤尺牍》，层层面面地勾勒出一幅细腻的明代士人政治、经济、文化的社会生活长卷，情文并茂，细观细读之，令人时而掩面悲哀，时而捧腹欢笑，时而瞠目惊异，时而拍案怒发冲冠，时而仰天长叹为古人担忧，人之七情尽在其中，在鉴赏把玩之余，知古人之思，解古人之情，探古人之幽，品嚼再三，令人感到回味无穷。

除上述之外，这部规模宏大的《明代名贤尺牍》涵盖了明代二百余年的历史空间的400余位重要历史人物，可称是明代仕宦大全；400余通书札，真草行书，可称是性格、流派各异的明代书法大全；600余页各色磁青砑花笺版笺纸，可称是明代不同时期笺纸实物大全。毫无疑问，不同的人都可以从中得到不同的时代信息。所以，钱镜塘集藏的这部《明代名贤尺牍》本身已成为一份厚重的历史文献遗产。

荷净纳凉时

　　钱镜塘收藏一世,都是提得起、放得下,有进有出,川流不息。世界上再大的收藏家,也不可能在收藏上只进不出,除非他永远进行低层次的收藏,否则资金一定会出现危机。钱镜塘所以能不断以大的投资入藏越来越多的精品,仅靠家产祖业是不可能的,他同时也进行书画经营,在合适的价位让出部分书画。但这是为了以画养画,与画商的纯粹商业行为还是有所不同。前者卖画是为了藏画,后者卖画是为了赚钱。他对书画收藏视作过眼云烟,甘做护画使者。在他五十寿辰时,冯超然弟子郑慕康为他画了小像,吴湖帆补景并跋,这种平静的心境在这一幅画上明显地表现出来。图中的钱镜塘手摇蒲葵扇,着便服立于荷塘之畔,芭蕉红荷,竹石杂树环绕四周,真有一种荷净纳凉的妙境,这也正是画中人的心境。此图装裱后,黄葆戊、陆树基、庞国钧、瞿兑之、潘伯鹰、张叔通、张宗祥、朱大可等十多人题咏,写出了他那不衫不履、结缘荷花的潇洒风致。钱氏在小像旁自题云:"风尘历碌饱经霜,自睹形容渐老苍。箧有遗书思补读,帖因乞米习成行。图征墨妙多同调,迹即乡贤发古香。却执蒲葵闲理咏,芰荷丛畔玉峰傍。辛丑初夏钱镜塘自题。"镜塘此时50岁,又出生于农历六月。六月俗称荷月,诚如庞国钧诗中所写,"生与莲同洁,年如日正中",而为他题咏的都是耄耋之年的垂垂老人。到他70岁寿辰时,程十发为他画像,他身着袈裟,足登云履,手持竹杖,背后黄菊数丛,沧江波涛,岩石耸立,超然尘外。几位老友还为此反复题咏,郑逸梅题曰:"合配琳琅万轴身,只容心里贮秾春。湖山旷劫三吴地,撰杖观涛得几人。"赵景深题曰:"鹤发童颜过古稀,笑容满面隐东篱。画象(像)题诗增光彩,聊书俚语庆期颐。"瞿凤起题曰:"不晤风姿四十年,喜从画上见神仙。宁海三杰陈赵去,羡尔一人福寿全。"顾廷龙题曰:"壶天岁月乐康庄,检点奇珍粲锦囊。图出庐山真面好,髯翁杖履见新装。"苏渊雷题曰:"江东独步富收藏,菊隐莲禅共一堂。书画随身谁得似,胸中自有米襄阳。"潘景郑则写了《长寿乐》词:"琳琅满目好啸吟,享尽人间清福。锦绣河山,晴天周道,鹤算康强并祝。羡多能艺事,况眼明如烛,看点检错落,奇珍满屋。携樽伴,吐秀桐枝早卜。扶杖处,正画出玉影双丝盈幅,欣对掀髯,春风笑颜,亲霁南山歌曲。"虽是旧雨多去,新雨无多,珍藏散尽,但他心中并无凄清之悲感,而且游无锡蠡园还手持两根棒冰,和孙媳比赛,老年童心之乐,菊隐莲禅之境,坎坷尽消,其乐无穷,真是人淡如菊,心宽似海。

顾丽江：真、小、精、多的收藏

许多年前的一个午后，我和倪贤德从上海博物馆出发，去寻找瓷器收藏家顾丽江的踪迹。当时天气特别热，我们在马路上走着，天空灰蒙蒙的，太阳也是灰白的，但散发出的热量烤人，地面上的温度又很高，鞋底被烫得发软，没有风，连空气都有一种很怪的味道，那种感觉不知是在桑拿浴，抑或是在密不通风的闷罐车中。脑袋已经发僵了，还在想着当天的采访不知能有多大的收获。

在我要写的海上收藏家中，顾丽江是最后一位了。一定要找到他的后代，因为在收藏家中是少不了他的。

上海近百年来的发展，文物市场特别活跃，也培育了一批收藏家。1949年之前，上海虽然也有上海市立博物馆，由史学家杨宽任馆长，但藏品甚少，大量的文物都是私人收藏，在收藏家手里。1949年之后，上海市首任市长陈毅战车拉着文物进城，又很快成立了上海市古代文物保管委员会，制定了一系列保护文物的政策，得到了收藏家的认可与支持，纷纷要向政府捐赠文物。当时已移居上海的苏州潘祖荫的后人潘达于首先捐献了大克鼎、大盂鼎等一批青铜器，苏州过云楼顾文彬的后人沈同樾捐献了一批书画。如果说潘家和顾家的捐献打下了上海博物馆收藏青铜器和书法绘画的馆藏基础，那么顾丽江捐献的2447件瓷器，则为上海博物馆打下了馆藏瓷器的基础。可是他没有留下任何文字资料，我们今天所能看到的就是《上海文物博物馆志》留下的一段文字：

> 顾丽江（1888—1958），上海人。一生从事实业，曾任华东煤炭公司董事、华商上海水泥公司常务董事等职，一九五〇年聘为华东军政委员会贸易总顾问。

顾丽江业余爱好文物，从宣统二年（1910）开始，收藏各类文物2000余件，其中尤以瓷器既多且精，如战国青釉印花龙首提梁壶、唐黄道窑黑釉彩斑瓷罐、明弘治官窑刻龙盘、清康熙青花花鸟觚。1956年，顾丽江将其毕生收藏的文物2447件全部捐献给上海博物馆。1957年春节，上海博物馆举办了"顾丽江先生捐献文物展览会"，以表彰他对祖国文物事业所做的贡献。

我还看到过他的一张照片，那是多年前的事了，照片上留下的就是1956年他和夫人程咏萍捐献文物的情景，上海博物馆的马泽溥、钟银兰、沈敏仁到他家去清点瓷器，那时他还住在瑞金路上一幢老式弄堂的房子里。照片上的他给我留下宽厚平和的印象。

追寻老一代收藏家的行踪，有的故宅已经消失了；有的故宅虽然还在，但那斑驳的门墙，再也见不到昔日辉煌；有的故宅易主，虽然还有人住，但仍留下人去楼空的感觉。就我所见到的收藏家后代的家居，很难再有旧时收藏家的文化氛围，一种特有的传统文化气息已经消失了。每当见到这种情景，我都会产生文化断裂的伤感。

在宛平南路一处新建的居民小区，我们走进顾丽江的孙子顾小霖的家。和普通的高层建筑一样，是一个两厅和几间居室的房子，所谓两厅实际就是一个大房间，近窗或阳台的那一端摆放着沙发、茶几，称为客厅；靠近进门的地方，放着一张方桌、几把椅子和茶具酒柜之类的家具，称餐厅，并不像已经消失了的他祖父的故居那样，客厅就是客厅，餐厅就是餐厅。我们在餐桌旁坐下，不是吃饭，此时他正在餐桌那里写

顾丽江像

顾丽江、程咏萍夫妇和文物工作者一起鉴定文物

提纲。他知道我们要来,在准备谈话的材料,密密麻麻地写了两张纸,一点、两点、三点……几句话就介绍完了,给我留下印象最深的是这样几句话:"我祖父很精明,很会买东西,常常花钱不多就能买到最好的东西,不会买假货,不会受骗上当。"他的夫人在旁边时时提醒着,帮他作一些补充。

我问:"你祖父还留下一些什么东西?"

他的夫人说:"就一只花瓶,瓶口还缺了一块。"她指着放在博古架上的一只青花花瓶。我没走去近看,不知道破损的情况如何。

我又问:"你们喜欢收藏吗?"

他说:"我们不懂,也没有兴趣,更没有资本。我祖父收藏,因为他很有钱。"

从闲谈中,我知道他是神秘的七〇八研究所副所长、高级工程师,虽已退休多年,但仍然是研究所的顾问,每天还去上班,顾问一些技术上的事情。1997年香港回归时,一艘导弹护卫舰开到香港,守卫香港,现在仍然停留在香港的大门口,他就是这艘导弹护卫舰的总设计师,为此他还获得"国家科技进步一等奖",得奖金人民币1000元。台湾一个企业家在海峡这边设立的"光华科技基金奖",向他颁发了"一生工作总贡献一等奖",奖金人民币5万元。

顾小霖的夫人叫贾方,是高级建筑师,比她的丈夫顾小霖要健谈得多。也许由于学工程技术的人具有条理性,他们的家收拾得整整齐齐、简简单单,不像有些文化人的家中到处堆积着杂物。

顾小霖结束了他的介绍,给我们提供了几份资料,一份是艾中全写的回忆录《西南行记事》,一份是刘念智写的回忆其父亲、民族资本家刘鸿生的书《实业家刘鸿生传略》,一份是他父亲顾苍生在十年浩劫中写的交代材料《我捐献给广东省博物馆的文物》,其中谈到和广东省的领导魏今非、李嘉人、欧初及上海画家谢稚柳、陈佩秋、唐云的关系。这些材料都是碎片化回忆,很不系统,但从中我们可以看出顾丽江、程咏萍、顾苍生的收藏及捐献脉络。

顾丽江出生在上海高桥,其父亲是湖南长沙的一名小官吏,他随往长沙,曾入学长沙第一师范学校,当时徐特立是地理教员。辛亥革命后在上海加入商团,参加过攻打南铁厂之战,加入革命同志会。在南市也是园创办十九铺、二十铺两所小学。1920年任上海江南中学数学教师。

1921年,顾丽江弃教从商,由他的亲戚罗通甫介绍,到华商柳江煤矿铁路有限公司任职员,专理华洋文书,兼做采办事务。上海总商会会长朱葆三是该公司董事长,刘鸿生、杜家中任该公司的董事。数年之后,顾丽江升为公司董事长。在采办工作中,顾丽江对厂矿机械设备、材料原料的性能质地进行深入研究,对市场行情又能进行细致分析,显示了既负责又精明的采办才能,从而得到提升。其时,刘鸿生已在筹建鸿生火柴公司,即后来的大中华火柴公司,邀请顾丽江两次赴日本考察。

刘鸿生(1888—1956),原籍浙江定海,出生于上海,和顾丽江是同年。刘鸿生早年在开滦煤矿公司任经纪人,自1920年起便开设中华码头公司、中华煤球公司、大中华火柴厂、章华毛纺公司、华丰搪瓷公司、上海水泥厂等,大小企业十多家,各家的采办科室,刘鸿生都请顾丽江主持。后来,刘鸿生任轮船招商局总经理,也请顾丽江负责轮船招商局的采购工作。为了提高采办效率,顾丽江把各家的采办工作集中在一起,开设了以他的名字命名的采办事务所。

顾丽江采办事务所是一家独特的代理商行,对刘鸿生的十余家企业,每月都收取定额的代理费。如上海水泥厂的每月代理费为1500元。据刘鸿生之子刘念智回忆:"顾丽江本人是一个采办高手,他的所里又配备各行各业的专家,既熟悉国内外市场供应和价格涨落的情况,又精通商品规格和商务知识,办事诚实可靠。我父亲规定,刘氏企业的一切物料、材料、机器、设备的采办,都必须委托顾丽江采办处代办,照规定付给代办手续费。他坚持说:'交给他们代办,不会吃亏上当,不会发生贪污中饱事件,我可以放心睡大觉。'"对其他委托采办的单位,不论经常的或临时的,都按代购总额收取2.5%的手续费,这样的客户有100多个,另外还有100多个特别优待的客户,其中之一就是国民党的导淮委员会。

由陈果夫和他的表兄弟、水利专家沈伯先领导的国民党政府导淮委员会,委托顾丽江代理采办治理淮河需用的进口钢材,顾丽江事务所义务代理,在1937年上海"八一三"抗战前运到港口,但一直滞留在上海,由顾丽江设法隐藏在仓库里,未被敌伪发觉。

艾中全是油画家艾中信胞兄,中共地下党员,活动在上海与南京之间。艾中全以做木材生意为掩护,和顾丽江有生意上的交往,并成了很好的朋友。顾丽江知道艾中全的政治身份后,仍然给予许多的支持和帮助。艾中信在给艾中全的信中说:"顾丽江先生是我们川沙县的一位实业界人物,应该给他立传的,不知县志上有没有?我第一次见他是在中南公司你的办公室,他坐在你对面谈话,我坐在边上靠背椅上。你说给顾先生画一张速写。我没有工具,就用铅笔在拍子本上画了一幅很小的侧面速写。他的面相是容易画像的,尤其是侧面。他看了不讲什么,却把速写叠了一下夹在本子里了。如果我自己留着,今天可能还在。""中午他请我们吃饭,到四马路一带一个本地小馆子,他叫了三碗长瓜鳝丝面。我至今不知道长瓜是什么,不是黄瓜,刨成长丝。很好吃的。吃完回去,坐电车,上三等,不坐头等。另有一次又在你的办公室遇到他,中午你开小奥斯汀送他回家,我知道了他的住处。现在只记得房子的形象,地段忘了。""我在凡尔登路住时(1942),画了一幅册页(麻雀、菊花)送他,他不说什么,他不是瞎捧的,一个真正爱好艺术的人,即便是很世故的实业家,也是很天真的。"艾中信使我们隐隐约约地看到了顾丽江宽厚平和的形象。

1942年,艾中全受组织的派遣赴重庆时,顾丽江给他写了几封信,介绍他去找国民党政府主计局局长闻亦有以及刘鸿生和一家机械厂的经理陆子冬。还有一封信是把艾中全介绍给陈果夫,要由闻亦有引见,才能见到陈果夫,在给闻亦有的信中就写到"绍见果公"的话。

临行之前,顾丽江送给艾中全一块玉,此玉一寸多宽,半寸多长,三分厚,雕着一只鸡。顾丽江殷切地对他说:"这片玉叫灵鸡,有年代了。到后方去,前途艰难,要警觉,临机应变。这块玉要引起盘问,答是辟邪的古董,带着压邪。"对顾丽江的理解,艾中全深为感动,他说:"这块灵鸡古玉与我相处三年多,渡过各种险情,在它身上凝结着我和顾老丈的情谊。"

艾中全到了重庆,拿着顾丽江的信去见闻亦有。他后来回忆道:"闻亦有很随和,他看了顾先生的信,我向他转达了顾先生的口信:导淮委员会委托顾丽江采办事务所从西方进口的钢材,到上海口岸时未被日寇发现,妥当地保管着。"闻亦有说:"待与陈果夫联系后再通知他。"

几天之后,艾中全按照地址找到陈果夫的家。"一幢讲究的中式小庭院,会客厅是不算宽敞的正房,油漆很新,陈设着整套瞌老椅,有围栏的座椅和茶几。不一会陈果夫和沈伯先两人从里间出来。那时陈果夫

50岁,与沈的年龄相近,都穿长袍,文绉绉的模样。陈问了顾丽江先生的健康,对顾先生保护导淮委员会钢材表示满意和感谢,问了我来内地的打算。"艾中全向闻亦有说了见陈果夫的情况,闻亦有说:"陈先生可以对你们投资,有了计划再找他。"在顾丽江的介绍下,一位装扮成木材商人的地下党员和陈果夫拉上关系,又在闻亦有的帮助下,陈果夫出钱,一个共产党的地下党员在广西办起了木材厂,木材厂赚来的钱又用来支持党的事业。艾中全不无感慨地写道:"解放前夕,闻亦有没有去台湾,留在上海。解放后,顾丽江告诉我,闻亦有被捕,正关在提篮桥监狱里。"

上海解放之初,"与魔鬼打交道"的卢绪章任华东进出口总公司负责人,因为发电报向欧美出口商询价得不到答复,要请顾丽江帮忙,并写了请顾丽江任华东贸易部顾问的聘书。凡是由顾丽江采办事务所"代为发出的询价电报,都能得到迅速复电"。"三反"时,任华东贸易部某处处长的艾中全遭诬陷,被停职一个月,审查方方面面。待审查结束,顾丽江知道这件事后,毅然将华东贸易部的顾问聘书退回,以此来表明他对朋友的态度。

顾丽江从青年时代起就喜欢收藏瓷器古玩,经商之后,兴趣不减,在经营采办代理业务之余,经常去古玩市场收购文物,此已成为他的一大嗜好。据他儿子顾苍生回忆:回家时常见他带回一二件小件,瓷、铜、玉器,类皆有之,无不美好,其价甚廉,购得一物,必道其底细。顾丽江五十多年的收藏,藏品甚富,当时艾中信陪中共上海市委办公厅主任马飞海到瑞金路拜访顾丽江时,马飞海带了一件梅兰竹菊瓷雕小瓶,想向顾氏请教。他们商定要看了顾氏的收藏之后再把那个小瓶子拿出来,而顾丽江在客厅古董柜里随手拿出二三十件给马飞海看,其中有一件恰好也是梅兰竹菊瓷雕小瓶,结果马带去的那只小瓶没有敢拿出来。出门之后,马对艾说:"看到了真的,才知道我这只瓶子是假的。"20世纪50年代初,顾丽江就向艾中全表示捐献的意思,为此艾还陪同当时的中共上海市委统战部部长蔡北华到顾丽江处，顾留他们吃饭，还亲自下厨炒了一盘"鸽肉丝炒青椒"。饭后，顾氏拿出了许多藏品给蔡北华看，并表捐献之意愿。艾中全说："那时蔡北华的思想很'左'，没有作出积极反应。政府不领顾丽江的这份心情，使他有些伤感。"有一次艾中信在上海朵云轩买了一只绿色鼻烟壶，和油画家俞云阶一起去看顾丽江的收藏。顾看到这只绿色鼻烟壶时，说："你买这做啥，我有很多，你这是从朵云轩买的，我见过它。"他拿出许多鼻烟壶给他们看，其中有用"发晶"做的。发晶即在水晶中有人的头发，古代大地震后形成的水晶。这天，顾丽江还高兴地登凳拿出柜顶上的瓷盘给他们看，不慎滑倒在地。他们忙去搀扶他，他倒哈哈大笑地说没啥。这天，报纸上刊登有俞云阶的油画作品，他看了看，并不感兴趣。

1955年，艾中信奉调去北京中央美术学院。行前以400元请顾丽江代购文物以作留念。他代艾购买了明刻象牙仕女、青铜三足洗、晋龙泉四耳小瓶、乾隆青花水盂等。这件象牙仕女，艾中信同吴作人鉴赏，都认为其比例恰当，线条流畅，开相文静，视为杰作。顾丽江告诉艾中全说，古玩商大都有些藏在后院的上品，这件明刻象牙仕女，是他请了一个老板吃了一餐饭才拿出来的，鎏金已经磨脱殆尽，还掉了一只手。在捐献的前夕，顾丽江送给艾中信五件任伯年的画作，以作留念。

1955年10月，顾丽江向上海博物馆捐赠2447件文物之后，身体健康就欠佳，于1958年病故。1959年，他的夫人程咏萍又向上海博物馆捐赠文物400件，1960年，程咏萍又遵照顾丽江的遗愿，向广东省博物馆捐献文物500件，1962年程咏萍病故。顾丽江、程咏萍夫妇感情甚笃，据说他们要结婚时，遭到顾丽江的父亲反对，顾丽江断其左手小指发誓："非程咏萍不娶！"有情人终成眷属，结成连理之好。

在危难中得到顾丽江帮助的艾中全在写给顾小霖的信中说："你祖父是一位兼有多方面特征的高尚人物，早年的革命志士，后半生的市场精英，挽救文物的里手，知识渊博的学者，隐于市的政治家，淡泊名利的企业家。"这个评论是很中肯而确切的,顾丽江确实是这样一个人。

1962年,顾丽江之子顾苍生(1907—1988)又向广东省博物馆作了几次捐献,其中有图书,都是和文物有关的参考资料,又有日、英、法、俄各种文字版的文物参考资料,如日本出版的《陶瓷大辞典》及其他国家博物馆收藏的中国瓷器图录,在当时都是极为珍贵的工具书。另外还捐献了瓷器及一些古代书画作品,如明丁云鹏的设色山水及清代扬州八家的作品等。

顾苍生也爱好收藏,青年时曾游历欧洲一年,本想入大学读书,但钱已花完,父亲不再给予经济上的支持,就只得回国。他本来学的是法律,后来与人合伙在四川路开了一家律师事务所,办公室里挂了一幅陈独秀写的对联。日伪时期,他将律师事务所关闭,决定不再做律师,是一个很有骨气的人。顾苍生与著名诗人、出版家、收藏家邵洵美是上海南洋路矿学校的同学,两人曾合资创办时代书局,还曾一起炒过股票。顾氏还写有数万字的《欧行杂记》,但未能出版,文稿在"文革"中被毁掉了。1949年后,在上海第六师范学校任教,专门培养中小学的语文教师。因为参加了中国民主同盟(民盟),1957年的反右运动中在劫难逃,被划为"右派"。一个教书育人的老师,"文革"中被定为资产阶级分子。"文革"结束后,他所遭遇的不公平待遇,都一一得到改正,他能够像正常人一样地生活了。但他的眼睛却失明了,像他的祖父一样,找不出失明的病因,医生说可能是隔代的基因遗传。眼睛失明,使他感到失去了生活的乐趣,郁郁寡欢,生无可恋,1988年无疾而终,享年81岁。

华笃安：方寸之间天地宽

只知道上海博物馆收藏的历代印玺相当丰富，也只是从展品说明书上或出版物上看到一些印文，至于那用各种材料制作、刻有各种钮和装饰花纹的印和玺，却无从欣赏。很难想象，那方寸之大的印玺，烦琐零碎，在偌大的博物馆里如何陈列。可是，当我走进中国历代印玺馆，虽说是方寸之物，由于组织陈列艺术的高超，整体上给人以恢宏壮观之感，在我的意识里，那就不再是一方一方的印玺，而是走进中国印玺发展历史的艺术长廊。从商周的初创萌发到秦汉的规范之确立，经过唐、宋、金、元的花样翻新，进入明清之际的文人篆刻的兴起，由此引导出明清五百年间篆刻艺术波澜壮阔的发展，呈现出奇峰突起的艺术现象，仍然表现出旺盛的生命力。

展馆中展出的涡纹玺，是传世较早的印玺。早期印玺的出现与陶器等工官器物有关，《周礼·掌节职》："货贿用玺节。"据汉代郑康成注：玺节者，即今之印章也。早期印章的出现，只是作为标记，在交流货物时作为凭信的证明。春秋时期，印玺的使用已经十分普遍，文书的往来，货物流通的封检，器物制作的"物勒工名"，均用印玺为凭证，象征等级身份和行使职权的信物。官玺的文字注重规范，私玺注重便利和美观。玺印的形制呈多样化，有图形玺、成语玺及与佩饰相糅合的形式。在这里，我看到的图形玺有鹿、虎、双鸟、人形等，成语玺有"大吉昌内""千秋百万昌"等，私玺有"登画""祝迅"等，官玺有"维丘关重""泸州"等。玺印从春秋战国时期初步形成到秦统一之前，经历了500多年的漫长发展过程，形成了各具特点的若干区域，晋系印玺（包括韩、赵、魏三国），印的形制较少，阳文印较多，印文笔道纤细。齐鲁地区出了许多陶文，许多印玺用于抑印在陶器之上，反映了玺印陶文由官玺到私玺的演变。楚系印玺早期笔道粗壮，中间粗，两端细，晚期受秦印字形的影响较大，出现了隶书风格的韵味。秦系印玺的印文呈现由大篆向小篆字体的变化，受到隶书的影响。秦代推行"书同文"的统一措施，促进了印玺文字和钮式的统一。秦始皇在少府设置"印符令承"，专门掌管印玺，开创了后世封建王朝监印官的制度。对君臣的印信，规定为天子称玺，制作了六玺，其材用玉，开创了后代帝王的玉玺制度。其余人只能称印。汉代官印按官阶、组别分为三种：皇帝、皇后、诸侯称玺；列侯——乡亭侯、将军部属、郡邑令长称印；列将军称章。印钮亦有区别，皇帝用螭虎钮，王侯及秩比二千石的用龟钮，二千石以下用鼻钮。印玺的材质也有规定：皇帝、皇后用玉玺；诸侯王、三公、列侯、丞相用金印；官级在二千石的用银印；千石以下用铜印。汉代印章艺术成就突出，不但形制、钮式精美，而且文字形体、结构方正浑穆，取得疏密参差、离合有伦的艺术效果，被后世的篆刻家奉为典范。

　　由于中国印玺是权力的象征、等级的标志，在封建王朝，皇上的御玺和官员们的官印都被视若生命。从历史上看，王权的继传与宫廷之变无不是首先争夺那颗代表王权的大印，官员的荣升与罢职也都有接印与交印这样的仪式。看到陈列在玻璃柜内的御玺与官印，在它们泛出历史幽光的背后，我想到那些腥风血雨的故事。

　　书法、绘画及文学，在两晋时期都有着开创先河的气魄，蔚为大观，但从参观的展品中可以看出，两晋的印和汉代不好相比，多有草率之作。隋唐以后的官私印多改为朱文阳刻，以前的白文不再使用。官印改为署官府名,而不署官名,以官署印代替长官印。和唐朝的恢宏气度一样,官印都雍容大方,气度非凡。唐宋时期,私印兴起,唐代开始将印用到书画鉴藏上,宋元时期文人名号、斋宝印、闲章印渐开端倪,元代押印盛行,形式有方、圆、椭圆、八角,以及形象的鼎、壶、鱼、龟、兔、鹿等,为明清文人篆刻打下了基础。

在书法馆、绘画馆和家具馆参观,我在移步观赏初期兴致盎然,到了展览的尾声,越看越感到乏味。而在历代玺印馆参观则不同,到了明清部分,流派纷呈,如明代后期以文彭为代表的吴门派,以何震为代表的徽派,以汪关为代表的娄东派,清初程邃、许容的篆刻风格,都在文人篆刻的百花园中争奇斗艳,散发出艺术的芳香。清代中期以后,由于受到乾隆金石学的影响,在印坛上形成了浙派和邓石如皖派,到晚清形成六家,篆刻艺术呈现出奇峰迭起的局面,这就是篆刻史上所称的"流派印时代"。

参观到这里,我惊奇地发现和流派印诸大制印名家的名字联系在一起的一位收藏家——华笃安!

最早是从谢稚柳那里听到华笃安(字国良)这个名字的。那时,我读到谢氏写的清代两位收藏家梁清标与安岐的文章,其中讲到,宋、元、明、清历代鉴赏家与收藏家,有的竭其一生的智力,从事于这种艺术的研究;有的尽其一生的财力,从事这些书画的收藏,争奇炫异,著录成书。历代以来各家著录的卷帙,相当浩繁。因此,一些法书名画,通过历代鉴赏家、收藏家的递传,屡见著录,对后来的鉴赏家、收藏家在真伪的鉴别上,有很大的帮助,甚至起到了重要作用。在谢氏向我介绍的几十位收藏家中,以收藏印玺知名的有华笃安、龚心钊。从这时候起,我就很注意收集这些收藏家的资料。我曾经看到华笃安的几张照片,都是光着头,戴着黑边眼镜,衣着很朴实,看不出他是一位有名的实业家。

有一段资料记录了华笃安的历史和生活:1900年,江苏无锡文孚

华笃安像

纸号的屋宅内传出了一位男婴的哭声,华笃安出生了。这个孩子从小谨慎认真,不苟言笑,他14岁的时候就进了常州武进电气厂工作,担任实习生、材料员、会计员、工务员、发电厂主任等职。他热爱学习,且肯吃苦,在30岁的时候,开始协助纺织企业家刘国钧筹建纱厂,担任事务长、厂长等职,以历年所得酬金取得企业股票,终于成为企业股东之一。当日本人轰炸无锡时,他积极护厂,并辛辛苦苦将机器运送到上海。不料渡过了难关,几个老板反为利益争斗起来,生性淡泊的华笃安深感失望,回到老家准备自己办厂。华笃安的民族感情极深,认为只有振兴中国工业才能造福于百姓,因此他对家人表示:个人的生命是短暂的,公众的事业却是长久的,我要搞一家大的纺织厂。海上著名纺织实业家刘靖基很看重华笃安,认为人才难得,因此当他在上海开办安达纺织公司后,便请华笃安来上海做他的助手。

1947—1956年,华笃安历任安达纺织公司代理经理、副总经理,直至公私合营任私方代表,1956年被调到上海棉纺工业公司,任基原室副主任。

华笃安一生淡泊,视钱财、名利如过眼烟云,在棉纺工业公司,见比他职务高的人钱没他拿得多时，便主动提出减去自己一半工资（结果政府帮他把另一半工资存进了银行）。虽然华家并不缺钱，可华笃安仍衣着简朴，他一辈子不穿洋装。粗布、棉袄、长褂、中山装，一双旧皮鞋连穿几年也不更换，不喝酒，不抽烟，连茶叶也很少享用。偶尔午觉起床泡一杯茶叶提神，也是质量差劣的茉莉花茶。对于他来说，最奢侈的享受莫过于临睡前夫人给他削个梨吃。

华笃安给子女们起了很中国化的名字——崇懿、崇仁、崇业、崇慧、崇真、崇信、崇智、崇法，并送子女们到外地读书、工作。头一个孙子出生之时，正是全国政协会议召开之际，做父亲的请祖父起名，华笃安便从新闻公报中的"步调一致"一词中抽出"一致"两字来。三年自然灾害时期，崇业的女儿出生，做祖父的为她起名为"诚一"，意为诚心一意地爱祖国。在他的影响下，子女们都很爱国，也能吃苦，他们分别奔赴祖国各地，成为各个工作岗位上的业务骨干。

与华笃安交流最多的，还是上海博物馆征集组的工作人员，他们一天到晚就是和收藏家打交道。华笃安的清六家流派印的收藏，名震海上，早已成为上海博物馆征集的重点对象，特别是为征集而东奔西跑的工作人员，总想找机会打开华家的大门，多次到其府上拜访。文物征集是有求于人之事，苦于找不到合适的机会。但他们对这批古印章的来历却是一清二楚的。

明清流派印章，是经过杭州丁氏、葛氏、高氏三家历代收藏所得，到了丁辅之、葛昌楹、高时敷时，又多集藏在丁辅之手中。后来，丁辅之手中缺钱，请古董商、收藏家孙伯渊找主出让。此时，华笃安对前人诗翰、尺牍、印章的收藏已甚为可观，在上海颇有些名气。

孙伯渊见到华笃安说："华先生，我给您介绍一件事情，您肯定会乐而为之的。"华笃安问是何事。

孙伯渊说："丁辅之收藏上千枚流派印，现在急等钱用，想找主出让，我想华先生会有兴趣的。"

华笃安说:"我现在经济也比较拮据,不知要多少钱?"

孙伯渊说:"只要华先生有此意,我去问了之后即回话。"

孙伯渊一问,丁辅之说:"3万元,少了不卖,不能还价!"

丁辅之说得丝毫不留余地,华笃安也就不再讨价还价。

华笃安得到这批旧藏,以后又陆续增添散印,蔚为大观,一时成为上海印章收藏之冠。上自明中叶篆刻流派印的肇始之期,下迄清代印篆创作之繁盛期,集印林名手250多家,各家风貌大体齐备,就是以收藏之丰闻名的杭州西泠印社亦远不及此。其中有篆刻流派印的鼻祖文彭、何震的作品,以及与文、何齐名的苏宣等人的作品,都极其难得。西泠八家的印章更为可观,多达700多方,单是浙派领袖人物丁敬一人就有85方。其他如皖派邓石如及晚清赵之谦等名家也不乏其作。华氏的这批艺术流派印章屡见著录,流传有绪,是公认的篆刻艺术的珍贵遗产。

他一开始收集的是南派的印章,连杭州胡庆余堂国药号的老板也让给他8方印章,就如同金矿区掘开了一个口子,华笃安一发不可收拾,又开始收集北派印章。为收集更为齐全的明清各家各派印章,他耗尽心血,光费用就花去了约100根金条(约千两黄金)的价钱。这是他原先准备办厂的积蓄。一位亲戚笑话他:"花了这么大的代价买下这批没用的东西,真是发痴。"华笃安并不分辩,只管用软纸将印章细心地包起,然后分类藏放在盒子中。由于那批印章分量太重,时间久了竟将地板压变了形,他只得将它们在床底下均匀地铺开,以减少压力。他还裱了诗翰、尺牍,并亲自买材料做裱的夹板,虽然花了红木的钱买来的却是柚木,他也没有怨言。他沉浸在中华文化遗产所散发的光辉之中,研究印谱、尺牍、诗翰的乐趣使他的生活更加充实。有时他会在饭后给子女读一段名人尺牍,例如甲为了赴宴,欲向乙借衣服穿。虽是三言两语,却能透视文人的穷困、要面子以及当时以衣取人的社会风情。

华笃安的夫人毛明芬(1901—2003)是个贤慧的中国妇女,对丈夫的所好持信赖支持的态度，有时也会在家务之余坐在一边欣赏那些文物。孩子们不太懂事，不明白父亲整天研究这些东西究竟为了什么。父亲告诉他们："这些都是国家的文化遗产，等我整理、研究好就将它们交给国家，它们最终是国家的东西。"正因如此，子女们从小就没有指望继承这笔财产，而华笃安也从没有传之后代的意愿。在上海博物馆美丽宁静的玺印馆中，人们可以发现，明清时期的陈列品大都是华笃安捐赠的。

但征集组的工作人员并不知道华笃安的心思，直到我采访时，他们还带着无尽的回味说："对这批东西，我们当时真是想得不得了，总想把它们收进博物馆。"后来，他们找到孙伯渊，想通过他去认识华笃安。

而孙伯渊却说："你们胡思乱想了，华先生是大老板，又不缺钱花，这批东西到手没有几年的时间，他还没有玩过瘾。"

最后，他们还是想方设法认识了华笃安，经常登门拜访。华自然知道他们的来意，但绝口不谈这批印章之事。为了博物馆的文物征集，工作人员最后只好厚着脸皮说："华老，您这批流派印实在是博物馆的缺门啊！"这话说的是实情，上海博物馆收藏了不少金印、玉印、石印及陶印，但难以形成系统，更没有华笃安这种明清流派体系完整的印章。但华笃安到底藏有多少印，他们也心中无数。

虽然是煞费苦心地软磨，但华笃安就是不松口，只是说："这批东西总要进博物馆的，我现在还是留着玩玩，以后再说。"

1966年夏季，刮起"文革"抄家的狂风恶浪，与其他收藏家一样，在上海博物馆文物抢救小组的收藏家名单上，华笃安也是挂了号的，只要一有消息，上海博物馆的人就会立即出动，将这批印章"保护"起来。

就在那个夏季之夜，上海博物馆的电话铃声响了。信息传来，戴红袖章的人已经进入华宅，准备抄家，请博物馆速派人来。打电话的人声音急促，似乎话还没有讲完就将电话挂掉了。

打电话的人正是华笃安！

原来这天晚上，华家突然来了几个戴红袖章的不速之客，其中一个竟是曾为华笃安开车的司机。过去的司机此时虽然成了主人,他见到老主人凛然的眼光时还是稍微心虚顾忌,但在刹那之后即自卑感消失,吼着发号施令:"动手抄!"

华笃安虽然此时已是被抄家的对象,如同被打入十八层"地狱",但是保护文物之精气却壮了他的胆子,他上前一步拦住凶神恶煞的抄家者,虽理直却气不壮地说:"这些藏品,上海博物馆一直要收藏,现在要请博物馆的同志来看看,只要有收藏价值的,我都要交给上海博物馆,剩下的你们再抄走。"

上海博物馆的工作人员及时赶到,情况发生了微妙的变化,抄家者退至一旁,上海博物馆的人员登场,和华笃安略微对视了一下,彼此微微点了下头,随即展开了工作。华笃安清楚地知道,哪些东西应该进博物馆,站立在旁边不时地指点着:这是明清流派印章、印谱;这是明贤尺牍,这是何人诗札、何人尺牍,这是何种碑帖……上海博物馆的工作人员清点了一夜。临别时,他们交给华笃安一份文物代管清单,清单上逐件登记,主要有明清篆刻印章1546方、明清名家诗札及尺牍近百册。他们将清单交给华笃安时说:"我们暂代您保管,其他的事,日后再说。"华也很平静地说:"这下我放心了。"

上海博物馆的工作人员小心翼翼地捧着文物刚下楼,造反派就雷厉风行地抄起家来,杂乱之声四起,花瓶的碎裂声惊心动魄,可是华笃安对此似乎视而不见,听而不闻,喃喃地重复着对上海博物馆的工作人员说过的那句话:"这下我放心了!"他的心仍然在那些明清印章上。造反派抄走了红木家具、瓷器、书画及青铜器,都是博物馆挑剩下的。他想既然这些东西进不了博物馆,和明清印章相比也就无足轻重了。

抄家后不久,工作人员曾悄悄地去看望华笃安,他们要华放心,这批印章保护得很好,将来如果能进博物馆,肯定也是镇馆之宝。华说:"应该拿到博物馆去,否则失散了,就非常可惜。"他们说:"我们只是代管,所有抄来的文物都是这样。以后如何处理,还得由您决定。"华笃安说:"那就看将来的世道如何,现在已在博物馆,我这下放心了。"

落实抄家物资归还政策的时候,华笃安已经去世。华夫人毛明芬把子女都召回到家中,商量如何处理这批珍贵的东西。毛明芬和子女们只知道一家之长视这些东西如同生命,但它们究竟如何珍贵,大家也说不清,他们心中都有一种隐约的惭愧。这也难怪他们,华夫人操理家务,无暇过问丈夫的收藏。大儿子过继给了无锡的兄长,大女儿崇懿定居国外多年,其余子女也都天南海北分散在各地工作。唯有小儿子留在身边,那时还是一个读书的学生。大女儿崇懿从美国回来探亲,对这批印章到底是捐、是卖还是向上海博物馆要回来,想和母亲及家人商量一个结果,但大家仍是犹豫不定。

上海博物馆得知这一消息,知道机会来了,就立即赶到华家去见华崇懿,一见面就说:"华老的这批印章,千万不能散失。"他们并没有明确要求华家将这批印章捐献或出让给上海博物馆,因为还不知道华家人究竟是如何打算的。他们在征集文物这条线跑了几十年,对上海各类收藏家及其后代的心理状态,几乎是一清二楚的。华家所藏的这批明清古印章,要么捐献,要么出让,除了进博物馆,别无他路。

华崇懿心中对此也很清楚,所以她既没有应酬,也不绕圈子,而是开门见山地说:"你们放心,我们兄弟姐妹集中商量一下,这批东西如何处理,会给你们一个答复,你们放心,绝对不会散失。"

上海博物馆的人听了这话,心里也笃定了许多,说:"让你们兄弟姐妹都来上海,这件事情不管怎么办,他们来往的路费全部由上海博物馆报销,事情成功不成功都没关系。"

华氏兄弟姐妹陆续来到上海,正好碰到有人捐献文物,要举行捐献仪式,博物馆就请他们来参加,但他们不愿去,博物馆的人员说:"你们来玩玩、看看,无所谓的。"结果毛明芬带着小儿子来了。捐赠仪式结束,毛明芬感到上海博物馆是按落实政策的精神办事,心中很高兴,当着子女们的面对博物馆的人员说:"我家的东西家里人都不懂,你们最清楚,如何买进来,又如何被抄走,你们都晓得,值多少钱,我们也不知道,是捐、是卖还是退还,你们在一起看着办吧。"

话虽说到这一步,但博物馆还不能贸然叫华家捐献,于是绕了一个弯子问道:"你们有什么要求吗?"

华崇懿提出要落实私房政策,他们家在巨鹿路的一所高级住宅被人占用,现在母亲住的地方很小,她希望能让母亲安度晚年,把房子退还给他们。当时上海的房源属于第一紧张物资,住进来的人再搬走,那是何等困难。博物馆的人员一打听,华家的房子给一个群众团体联合会主席住了,是一位局级干部,上海博物馆哪有那样大的力量让他搬迁让房呢?当时上海市文管会主任是张承宗兼任,属于副省级干部,比联合会主席官大一级,上海博物馆就把这一情况向张承宗报告,要他出面解决。当时对方要价很高,谈来谈去谈不成,最后还是由市政府帮助解决房源问题,联合会主席才肯搬走,华家的私房总算是物归原主。

华家的房子困难解决了,上海博物馆的人员又来到华家,问:"你们还有什么要求吗?"

毛明芬说:"我现在苦得很,80岁了,身边没人照顾,想把二儿子从青岛调回上海。"

华笃安有子女七人,除了大儿子过继给无锡的兄长外,二儿子留学美国,回来后原在杭州工作,1957年被错划成"右派",后居住在青岛,三儿子在淮南,小儿子在外地插队,后来考上大学,仍在外地读书,大女儿定居美国,二女儿在西安,三女儿在内蒙古,身边没有一个儿女照顾她的生活。

上海博物馆给市人事局写了报告,又开始奔波起来。报告送到人事局,人事局的人表示:"现在有一连串新政策出台,像华家这种情况,不但可以调一个回来,他的妻子、孩子都可以回来。"没有补办任何手续和材料,不到一个月老二华崇业一家调回上海。

华崇懿看到上海博物馆办事如此认真,他们提出的两个要求都顺利解决，二话没说，就陪母亲毛明芬到上海博物馆，递上一份捐献书，决定把"保管"在上海博物馆的印章全部捐献。

上海博物馆为华氏家人捐献举行了隆重的仪式。这也算完成了华笃安生前的心愿，实践了他的一句名言："个人的生命是短暂的，公众的事业是长久的。"上海博物馆接受华家的捐献后，即为这批藏品举办了专题展览会，并出版了一本图录。

在上海博物馆编辑的《中国历代玺印馆》一书的前言中有这样一段话："从十六世纪的明代开始，印章艺术又和文人书画相结合，乃至成为作品的构成部分，于是就出现了明清两代五百年间具有革新精神的文人篆刻艺术，改变了篆印历史的漫长进程。"倘若没有华笃安的这批藏品，人们或许对于上述的这段话只能凭空想象了。

如今，我平心静气地在玺印馆欣赏着，明文彭刻的"七十二峰深处"象牙章，表面的光泽已经消失，布满裂纹，边款已经剥落，一些红印油墨顺着林立的裂纹爬了上来，原本黄色如断壁的凹凸处，细纹已成黑色，不规则的红印油渗透其间，别有风味。这类印从名到形皆具天然之趣，很易引人入境。但那印文和挺拔的线条，却给人一种苍山不老的感觉。明汪关刻"子孙非我有委蜕而已矣"石印，边款"汪关"两字刻得何等浑厚。魏植刻"悔庵"石印，也颇为引人遐想，印石四侧镌刻着《般若波罗蜜多心经》，似乎可以看见一个恭恭敬敬而不放逸的出家人，独自一人一庵不问世事地潜心修道，但是不知此印的因缘是出于为书斋起名而生的附庸风雅，还是来自欲解脱出世的情怀。张弘牧的四套印"得其秀而最灵"，则显示了一种匠心。它们一方比一方小巧，与徐真木中间镂空、五面篆刻的"锦石亭"一样，都是动了一番心思的。清高翔刻"蔬香果绿之轩"，印文篆隶相参，边款刻得如手写行楷，流畅自然。清奚冈刻"龙尾山房"，四面刻边款，文曰："龙尾山自南唐采砚后，其名著于星源，石之铿铿，水之泠泠，他山无或过焉。汪君雪礓，大阪人也，侨居广陵，榜其室曰龙尾山房，因刻此印以赠，美其未忘故土之志，工拙在所不计也。庚寅秋萝龛外史冈记。"清丁敬刻"丁敬之印"六面印，"丁居士""石畲老农""豆花村里草虫啼""两湖三竺万壑千岩"等，质朴而又自然，不难看出作者有着怎样的潇洒与气度。似乎印章篆刻家大都平和散淡，但也不是一味地没有火气，例如"耻为斗升谋""一腔热血竟洒何地""酒气拂拂从十指出"等印就表现了一种骨气、悲愤、激情，丰富了人们对篆刻家人品的认识。清蒋仁刻"真水无香"，用单刀凿出长题边款，表现出非凡的功力。清邓石如刻"淫读古文甘闻异言"石章，不但印文布局天衣无缝，边款"王充论衡语辛丑五月古浣子邓琰"，印人以刀代笔，完全是写出来的。其他如林霆刻"从来多古意可以赋新诗"石章、赵之琛刻"萍寄室"石章、吴熙载刻"震无咎斋"石章、翁大年刻"身行万里半天下"石章、徐三庚刻"延陵季子之后"石章、胡钁刻"石门胡钁长生安乐"等，都是天赐之石、神来之刀，创出新意。从中可以看出赵之琛之严守家法，杨澥、钱松则虽受熏染而终于变化，浙派印风延续至清末而流韵未泯，邓石如经吴熙载推向精熟。在这些印风不同的艺术品前，视觉、感觉一直在转变着，如禅师论禅，常常透露出难以参透的禅机。

华氏捐赠的明清名家诗翰、尺牍也已为上海博物馆收藏，这批明清名人的墨迹极为难得，不仅具有艺术价值，而且有着重要的学术价值，尺牍里包藏着当时的社会风貌、经济活动、民情世故、文人往来以及一些官场内幕，为专业人士的学术研究提供了丰富的文献史料。

与其他大收藏家的身后一样，如今华家的客厅里，挂着两张褒奖状，一张是常州市人民政府于1984年授予的，表彰华氏家族为常州市纺织工业培养人才捐款人民币15.6万元；另一张是上海市文物保管委员会于1983年授予的，表彰华氏家族捐赠一大批明清名人印章、诗翰、尺牍。衬托着这两张褒奖状的是两只简易的沙发、一个普通的茶几以及一个普通的冰箱。唯有镶在壁上的书柜显得不同一般，此书柜平时不轻易打开，一旦打开则满屋幽香，那是一种樟木和古纸融合的气味。

吴湖帆：梅景书屋，梅花安在

吴湖帆生前以画名世，与张大千并称"南吴北张"，与溥心畲并称"南吴北溥"，是民国画坛的南方半壁江山。民国海上画坛有"三吴一冯"，即吴湖帆、吴子深、吴待秋和冯超然，吴湖帆被列为海派绘画四大名家之首；其有"待五百年后人定论"书画印章，在他身上寄托着中国画的前途。诸如此类的美妙光环掩盖了他作为收藏家的光彩，吴湖帆的收藏并不是从他白手起家的，也不是个人的闲情所好，而是上承祖荫，体现了中国文化的传承关系。

身披文物之潜光

甲午（1894）之秋的七月初一，中日甲午战争爆发，作为湖南巡抚的吴大澂请缨北上，指挥辽东海城前线，但甲午战争不可逆转地以中国战败而告终。被《清史稿》评断不知兵而喜言兵的吴大澂，作为主要责任者回湖南，不久被清廷革职，永不叙用。他从此结束仕途，回到了故乡苏州。

在甲午战争爆发的第二天，即七月初二（公历8月2日），吴家的第三代吴湖帆诞生了。

吴大澂兄弟三人，为吴大根（字培卿）、吴大澂（字清卿）、吴大衡（字谊卿）。吴湖帆为大根之子讷士所生。而吴大澂之子吴本孝于9岁时夭折，此后吴大澂一直无嗣。吴讷士正值壮年，所以大澂出兵前与其兄大根商定，如果讷士此番得子，即过继在大澂名下。吴湖帆出生后，吴讷士即派快马报信到关外，传递得子之讯并请起名。当时大澂正会同幕僚们看地图，深感关外地势开阔，苦于兵源不足。大澂闻讯后焚香拜祷苍天，起身在地图上写了一个大大的"万"字，泣道："愿有万千儿郎，屏我中华。"于是吴万便成了吴湖帆最初的名字，而他的字取屏护边陲之意：翼燕。吴大澂在苏州有两处别业，即以其中的东庄为新生儿贺礼，所以吴湖帆又有东庄之号。

从这一刻起，吴大澂这位晚清封疆大吏，以及他的整个家族都对吴万寄予了很大希望。特别是几年以后，吴万的弟弟翼鸿3岁时惊风而亡，吴讷士也再没有得子，于是大根和大澂兄弟共一孙，吴万成了两房兼祧之子。

吴大澂富收藏，喜诗文，擅书画，尤以大篆为胜。他为官20余年，虽巡学赈荒，治河巡边，筹屯戎马，未尝一日有闲，却仍然著书立说，如《说文古籀补》《古玉图考》《权衡度量实验考》《恒轩所见所藏吉金录》《愙斋集古录》《愙斋诗文集》《十六金符斋印存》等。吴大澂与大收藏家陈介祺，一个是鞅掌王事，一个是半生潜居林下田间，但两人在治学上建立了交情。愙斋视学陕右先秦故郡、齐鲁名都，每有所获，则尺素往还，相与欣赏。凡鼎彝古陶泥封印钵文字，以及朝野时事，治兵赈济之方，无不析疑问难。

吴湖帆家《十钟山房印举》大本凡三部，每部99本，这就是由陈介祺拓辑而成。陈介祺藏有三代秦汉魏晋古玺9000余方，夸称为"万印楼"，拓辑《十钟山房印举》，乃小型本，拟重拓十部大本，而资力有所未逮。这时吴大澂方任湖南巡抚，即汇银三百两，资助其事。陈介祺拓成十部大本后，以三部答酬大澂，并附拓小本，又专拓两面印12册、玉印1册。壬戌年（1922），吴湖帆以大本一部售与上海商务印书馆，代价800元。商务印书馆印《十钟山房印举》，每部售20元，即湖帆家物。又一部被张鲁庵以银一千两购去。那专拓两面印的12册即赠与陈巨来。又吴湖帆家传古玺印40余方、官印50余方、将军印28方，吴大澂生前尤为珍爱，装在紫檀匣内。吴湖帆全部请陈巨来精拓，朱墨灿然，很是夺目。

吴湖帆其他的收藏，有铭文累累的周代邢钟和克鼎，那是吴大澂遗传下来的，遂名其室曰"邢克山房"。金石拓片，装成二十余巨册。案头常置虎齿笔架，也是吴大澂出猎所获的。丁卯岁，吴湖帆在杂件中发现约重三钱的黄金一块，上有阳文"秦爱"二字，吴湖帆不知为何物。一日，陈巨来见后，告之曾在袁寒云寓中获睹类似的金块三丸，其一上有"楚爱"二字，袁曾对陈说："这是战国时代的罚锾。"袁且以"三爱庵"为斋名，可见此金块之宝贵。

手拉文化链条

吴大澂在任时有直声，江南名士多归之，著名者有王同愈、陆恢、翁绶琪、吴昌硕等人。退归林下后，一度任龙门书院院长，与顾麟士、金心兰、倪田等相伴林下。在此数人中，对吴湖帆影响最大者为陆恢、顾麟士等。

陆恢为名画家，吴湖帆进小学前，他曾以西席身份予以启蒙教育。陆氏教吴湖帆用薄纸印在他的画上摹写。天资聪颖的吴湖帆对此并不以为然，日后对其弟子说："陆先生这套教导学画的方法并不足为训，但我是受他启蒙的。他那种诲人不倦的诚意，深深留在我童年的记忆里。由于他的指导，我在入学之前，已经认识了许多花果之名，并初懂调笔弄墨之法。我的翰墨因缘，由此得到先飞之助。"

吴湖帆的外祖父沈树镛,字韵初,咸丰九年(1859)举人,官至内阁中书。爱好书画碑帖鉴藏,与赵之谦、吴大澂相友善,曾与赵之谦合纂《补寰宇访碑录》。又因收藏董源《夏山图》卷、《溪山行旅图》半幅,遂名斋曰"宝董室"。吴湖帆后来购藏董其昌《戏鸿堂摹古法帖》十卷,及钱松为沈树镛刻"宝董室"印,亦名斋号曰"宝董室"。

吴湖帆生父吴善本,字讷士,也是当地士子中的代表,因一脚微跛,不良于行,尤不喜官场中繁缛的虚礼,于年轻时中了一个贡生后就无心功名。甲午战争后,受新学影响,参与创建苏州公立第一中学(今之草桥中学),潜心研究学问。喜临池,擅行草书,对吴湖帆少年学习书法颇多影响。

藏品之来源

一是吴大澂的遗藏。1902年,吴大澂病故,临终遗嘱编修家谱,并分配遗产,在整理登记家藏文物时,特别叮嘱"为我善视万儿"。吴大澂中风卧床时,仍每日将吴湖帆叫到床前,以平生藏物之名目相授,并细观其悟性。吴湖帆对此类名目能过目不忘,应对如流。于是吴大澂谓家人曰:"有嗣如此,死复何恨!"遂将家财分作两份,一份给两个待嫁的女儿,一份归吴湖帆。因有意要吴湖帆继承家学,故其所有字画彝鼎多归吴湖帆。

吴大澂收藏三代彝鼎及玉器文物,有"宋微子鼎",其铭文中有"为周窓之文",因自号"窓斋",作《窓斋歌》。该鼎不幸于动乱中失散,数十年后,出现在天津柯氏家。抗战时期,吴湖帆以高价向柯氏赎回,拓了铭文,赠予亲朋好友。后该鼎捐赠给苏南文管会。《恒轩所见所藏吉金录》为其收藏青铜器物之著录,《窓斋砖瓦录》为其收藏汉砖、瓦当之著录,《古玉图考》为其收藏三代古玉之著录,《十六金符斋印存》为其藏印之著录,《说文古籀补》为其考证古文字心得结晶,可谓山吞海吐,洋洋大观。

二是外祖父沈树镛"宝董堂"所藏。沈氏收藏与吴家不同,以碑帖为主,后来此批收藏中有部分归梅景书屋。另外,沈所藏的隋《常丑奴墓志》,原系清代书画大家金农旧物,沈收得后送给了吴大澂,吴大澂又传给吴湖帆,湖帆因自号"丑簃"。又购得徐渭仁原石拓本隋《董美人墓志铭》,吴湖帆爱不释手,在临睡前仍摩挲不止,且拥之入衾,自谓"与美人同梦"。两件流传有绪的善本佳拓,一"丑"一"美",湖帆遂镌一闲章"既美且丑",传为石墨佳话。

三是吴湖帆自己的收藏。梅景书屋所藏历代法书字画,几乎抵得上一个相当规模的博物馆。一般的小博物馆都不及他的藏品之精。从吴湖帆的收藏来看,自从和潘静淑结婚之后,他们有着共同的收藏志向,陆续购进喜欢的及研究所需要的书画、碑帖。开始,他们在苏州购进董其昌《戏鸿堂摹古法帖》十卷。1924年迁居沪上后,他们利用海上藏家云集、古玩市场繁荣之便,广开求购之门,十余年间所收极多。1937年抗日战争爆发,情况有所改变,一些藏品陆续出售,自言"专为度岁资",或作"避难之资""易米之需",有着无可奈何的伤感,"平生心爱之品出门,几如李后主挥泪别宫人,意殊不舍,情实难堪"。此种情景不长,1938年开始好转,散出的书画又陆续回归到梅景书屋,给他们带来许多宽慰,"皆调心骇目之品,相继归来,于是兵乱之懊乃失"。藏品这样十年河东、十年河西,得而复失、失而复归,在吴湖帆的收藏历程中反映得尤为明显,他的感受也最为真切。

吴湖帆虽为世宦子弟,但他毕竟不是日进斗金的富商大贾,日常收入主要靠苏州老屋、田产等固定收入,以万金购藏,还是不敢轻易出手的,这客观上就使他有多种收藏方式,其中有"以物换画",以家中的旧藏古物交换自己偏爱的书画,这是有世家背景的收藏家常用的一种手法。如以毛钞《盘州乐章集》、宋椠河上本《道德经》易蒋毂孙的唐寅《骑驴归兴图》；以宋瓷5件易王时敏《仿古山水图》册；以潘静淑千金紫貂易元代《诸家题咏倪瓒耕云轩咏》；以周四足宝敦易元钱选《蹴鞠图》卷与元人《山水三段》；以商王之母黎尊易黄公望《剩山图》等。

吴湖帆既是藏家，又是画家，这就给他"以画养画"提供了收藏的方便，吴湖帆与草桥中学同学陈子清于1924年合资开办了"陈子清吴湖帆书画事务所"，通过事务所，他出售自己所藏的古书画，或出售自己的画作，购进自己喜爱的书画。售郑思肖《兰花图》卷，购恽寿平《为陶延仙补照图》卷，以恽寿平《茂林石壁图》换董其昌精品，还有以自画三尺山水一幅，换文徵明《玉兰图》轴。还有与朋友交换馈赠，其中如张大千、叶恭绰、蒋毅孙、孙邦瑞、张珩等，另有弟子徐邦达、王季迁等。

上海是书画、古董集散地，市场交易繁荣，这也是吴湖帆收藏的重要渠道。汲古阁老板曹友庆等是梅景书屋的常客，吴氏所藏元代张中《芙蓉鸳鸯图》、王时敏《仿大痴为文翁七十寿图》轴，大多得之于曹氏。黄公望《剩山图》也是经曹氏的周旋，吴湖帆以出售祖藏两件青铜重器而购进的。

梅景书屋的女主人

综论吴湖帆的藏品，还有一个极为重要的来源，即其夫人潘静淑的陪嫁。吴湖帆为叱咤画坛的风流人物是当之无愧的，其夫人潘静淑也应该和他享有齐眉之誉。我初知潘静淑是在60年代之始，我从复旦大学毕业，等待分配工作，无事即往福州路逛书肆，购得《绿遍池塘草》印本一册。那特大的开本和淡绿色的封面，署名"静淑"的题签"绿遍池塘草"跃然纸上，打开扉页，还印有潘静淑《千秋岁词》稿刻石拓

吴湖帆自画像

片等。

我将此卷携回江湾宿舍，爱不释手，翻阅经旬，心情才渐渐平静下来。原来，我只知画坛上吴湖帆的大名声震寰宇，自此始知有潘静淑也，窃想如果没有潘氏之所归，吴湖帆当逊色多矣！

潘静淑名树春，其曾祖父潘世恩在道光朝位居大学士，父潘祖年为光绪朝军机大臣潘祖荫的胞弟。祖荫无后，祖年有两子两女，两子均过继给祖荫后先后夭殇，长女归吴江同里徐氏而早逝，次女即静淑，和吴湖帆于1915年喜结连理。潘静淑虽生在望族世家，但无金玉纨绮之好，不喜应酬，当时即有"冷若冰霜"之称。她幼承庭训，雅好诗词，亦喜书画，初习兰竹，旋弃不为，40岁后又致力花鸟。

潘氏家族历代嗜古物，富收藏，潘祖荫"攀古楼"所藏青铜器及"滂喜斋"所藏古籍善本，雄冠江南。前文所述的向上海博物馆捐献大克鼎、大盂鼎的潘达于，为潘静淑的侄媳。潘达于的丈夫潘承镜是潘世恩第三个儿子的后代，祖年两子夭折，承镜过嗣给祖荫为孙子，兼祧两家香火。吴湖帆以收藏之富名于世，固然有祖父吴大澂、外祖父沈树镛的部分遗藏，但其中重要的几件都是来自潘家，且是静淑陪嫁之物。

"四欧堂"所藏 4 件原石宋拓欧阳询碑帖,其中《化度寺碑》《虞恭公碑》和《皇甫诞碑》3 件是静淑出嫁时带来的。静淑的嫁奁中还有一方当年皇上赐潘氏先世的玉华砚,清如堆雪,润若凝脂,夫妇二人爱如生命,于是又名其室曰"玉华仙馆"。

吴湖帆另有两件宋拓孤本,一是南唐《许真人井铭》,二是梁萧敷《敬妃墓志铭》,后者即从静淑处所得。静淑初得此拓本,喜不自胜,欣然命笔,在托裱的空白处题写"壬申(1932)夏日归潘静淑秘笈",湖帆题曰:"此本不独宋拓,犹是明代库装,尤可宝贵。"后来,湖帆又题签:"吴氏双修阁珍藏镇宝。"南朝素有立碑之禁,故少有碑碣传世。此二帖与《张黑女墓志》齐名,声震天下。《张黑女墓志》原为秦淦收藏,"文革"期间造反派抄家,欲得此帖,秦氏拒不交出,被批斗通宵,秦氏几乎绝命,无力再坚持,始将藏在毛泽东像后的此帖取出,后归上海博物馆。"文革"结束落实抄家物资发还政策,上海博物馆欲向秦氏收购,秦氏坚决拒绝,不容商量,遂予以退还,现不知流落何处。

吴湖帆有一斋号曰"邢克山房",由其祖父旧藏"邢鼎"和潘家旧藏"克鼎"两器而来。克鼎实不为湖帆所有,但曾拟将邢、克两鼎售与上海大收藏家周湘云。周氏为海上房产巨商,收藏甚富,藏有阮元的"家庙四器",自颜其斋曰"二簠二敦之斋"。以周氏的雄厚实力,对邢、克两鼎志在必得,曾托冯超然为说客求吴售让,价钱由 8000 银元上升到 1 万银元。最后吴氏说不要钱了,要一栋洋房。周氏云:"洋房有大有小,不知要多大的洋房?"遂作罢。

话题再回到梅景书屋女主人上来。潘静淑 30 岁(1922)生日时,岁逢辛酉,恰与宋景定辛酉年刻本《梅花喜神谱》的干支相合,其父祖年遂以宋刻《梅花喜神谱》相赠为贺。《梅花喜神谱》为南宋宋伯仁编绘,分上下卷,按梅花从蓓蕾、小蕊、大蕊、欲开、大开、烂漫、欲谢、就实八个过程,绘出不同姿态的梅花 100 幅,每幅配有题名和五言诗一首。我曾在上海博物馆库房中观之,雕工简朴精细。宋人称画像为喜神，因而得此书名。静淑得此宋刻原本，湖帆即以"梅景书屋"名其斋，而且专门篆刻鉴藏印"吴湖帆潘静淑夫妇所藏海内孤本宋刻梅花喜神谱之印章"，并作《梅影书屋图》，集吴梦窗词而成《瑞鹤仙》词，静淑亦自制《烛影摇红》一阕为酬，自是闺房之内，茶香酒浓，唱和之作甚多。20世纪上半叶，梅景书屋成为书画创作、研究、鉴赏和交易的艺术沙龙，可与王时敏的"西园"相媲美。

世人对潘静淑虽有"冷若冰霜，艳不若桃李"之说，但她对吴湖帆却有着无微不至的关怀。湖帆、静淑婚后，静淑一直留居苏州，在吴家"君舅君姑，奉饷唯谨，接姑姊妹和而有礼，驭婢仆严而有恩，持门户米盐纤碎，靡自弛息，其尽瘁有以也"（潘景郑：《归延陵姑母传》）。正因为如此，湖帆才能怡然自适，往返于苏沪间。1924年，湖帆染疾沪上，不能再回苏州，静淑襆被挈筐，负稚携婴，命驾海上。但当她进入四十又八之岁，突患疾病，遽然长逝。关于潘静淑的去世，当时就传说颇多，难以尽释。湖帆以静淑"绿遍池塘草"征诗乞画，时人云为"忏悔之举"，今人更难从中得到真实的信息了。多年来，我客串于书画界，听前辈们对此事亦略另有一说，后重读《绿遍池塘草》时，似乎对其中之诗意画境又有了深一层的理解。对湖帆知之甚深的冯超然在其画题识中有"丑簃鼓缶情深"云云；张元济题诗中有"平时愁损未归眼，身后回思更惘然"之句。冯的"鼓缶情深"与张的"身后回思"，其义有一致之处，对平时的"愁损"不放在心上，身后的"回思"除了留下怅惘心绪，又有多少意义呢？

吴湖帆的收藏后来大部分归上海博物馆和上海图书馆等所藏。从吴湖帆手中收购的文物清单，现在仍然完整可见。其中以潘静淑的几件陪嫁尤为引人注目。文管会当年向吴收购"四欧宝笈"，吴索价两万元，即依其价格而成。后又欲收购《梅花喜神谱》，亦索价两万元而未成，经"文化大革命"，才为上海博物馆庋藏。吴湖帆藏《许真人井铭》为文管会购得也经历了一个颇有趣的过程。《许真人井铭》为宋拓传世孤本,潘祖荫旧藏。徐森玉欲将此帖购进,便叫秘书汪庆正设法完成此事。汪去了,吴说不缺钱,不愿出让。汪还是出入吴家,吴爱好围棋,汪常常陪他下棋,吴有时让汪五子,汪还是以输终局。如此往返经年,吴就是不把此帖拿出来。有一天,吴突然到天平路文管会,找汪庆正:"小汪,你在中午12点之前,给我筹划人民币800元,这部帖就给你,但过了12点就不要来了。"12点之前,汪庆正将钱送到吴家,遂将此帖携回。

梅景书屋主人的玩法

收藏就是玩,玩文化,玩历史,玩钞票。玩文化与玩历史者为学人收藏,玩钞票者为书贾画商。两者不可或缺,没有玩钞票者,文化和历史也无法玩起来,文物没有长腿,需要玩钞票者从中使之流转。这样在历代收藏家中就出现了"十年河东,十年河西"的必然现象。

吴湖帆是一位大玩家。从几件作品的收藏上可以看出吴氏的玩法。

(一)乡贤文化:72把苏州状元扇(今藏苏州博物馆)。清朝近300年间共出了112个状元,江苏省占49名,而苏州一地竟出了26名。自唐至清,苏州一地的状元竟达50名。苏州可谓是"状元之乡"。

收藏有时需要一种悟性。吴湖帆抓住苏州的"状元之乡"这一特点,自己又是苏州人,就动脑筋收藏状元扇。吴大澂生前已蓄了状元扇若干柄,吴湖帆在这个基础上再事扩展。清代每一科的状元,照例须写一扇面赠送亲朋。在新科状元方面,一纸人情,只需略事挥洒,不费什么事;而在亲朋方面,一扇在握,却以为宠光殊荣,视同至宝。因此,状元扇流传较多。吴湖帆拟搜罗清代的状元扇,以为年代较近不难成为系列,岂知实际殊不容易,往往有许多可遇而不可求的。有些状元的后人，和吴家有世谊，吴湖帆认为向其后人商量，一定有把握。不料其后人对于先人手泽并不重视，鼠啮虫蠹，寸缣无存。加之扇面是写给人家的，不可能写了自留，这样按图索骥，大失所望。但吴湖帆具有信心和毅力，还是千方百计地搜求。有的出高价收买，有的用自己的藏品与人交换，历20年之久，才获得70余柄。顺治年间的有孙承恩、徐元文。康熙年间的有缪彤、韩菼、彭定求、归允肃、陆肯堂、汪绎、王世琛、徐陶璋、汪应铨等。雍正年间的只有彭启丰一人。乾隆年间的有张书勋、陈初哲、钱棨、石韫玉、潘世恩5人。嘉庆年间的有吴廷琛、吴信中等。道光年间的，有吴钟骏。其他如咸丰年间的翁同龢，同治年间的翁曾源、洪钧、陆润庠等。至于末代状元刘春霖，光绪三十年（1904）甲辰科取得一甲一名，直至抗战时期才下世。当时吴湖帆加倍送了润笔，请刘春霖在扇面上作跋语。吴湖帆更用蜡纸油印《清代状元名次表》，详列年份及干支，以便检查。小说家范烟桥和吴湖帆是老同学，而且是甲午同庚，交谊很深。这时苏州拙政园的一部分辟为苏州博物馆，由范烟桥主持其事。范烟桥为了充实该馆，到处搜罗文物，想起了吴湖帆的状元扇，特地到其家商谈，吴湖帆慨然将70余柄状元扇全部送给苏州博物馆。

（二）给古画"动手术"。所谓给古画"动手术"的方法有多种：移配、拼配、拆装、补笔、润色等。

吴湖帆所藏明代四大家、清代四王等，有些四幅尺寸一例，似乎是这些画家在作画时商量好的画同一尺寸。其实了解内情的人都知道，有时吴湖帆藏古画尺寸几乎相同是属于巧合（见《丑簃日记》）；而有些尺寸稍异的古画到了吴湖帆手里，他有时也稍做"截头去尾"，或者裁左切右等，尽可能使之尺寸相同，方为满意。据陈巨来回忆，他曾亲眼所见：某日，吴购得明人山水一幅，似为蔡嘉之作，与明代某人画二幅阔度相同，而蔡画长了五寸余，署款则高高在上，势难去也。所巧的是上下均山，中间画水隔之。吴乃嘱咐"御用"裱画师刘定之将画腰斩，斩去水纹，上下与某画齐一尺寸了。当时陈氏力劝勿损画作，吴说："裱好后我会接笔，到时你再来看看。"后二画同挂，去水之画，竟无痕迹与破绽。吴湖帆笑对陈巨来曰："吾是画医院内科外科兼全的医生。"

吴湖帆何以敢对古画"动手术"？这叫艺高人胆大。吴湖帆曾为陈巨来仿摹画中九友作小册页10帧，9人9种笔法，陈巨来说"精美莫与伦比"。后来他又为王季迁作长8尺、高5寸手卷，一仿元四家，一仿明四家，两画均非分段为之，一幅长卷接连而绘，四种笔法，浑然一体。元人一卷，第三段为黄鹤山樵（王蒙）笔法，将及第四段时，笔渐变而为倪云林。前者崇山峻岭，后者平原远坡，一无牵强之处。张大千乐于游山玩水，江湖泛舟，而吴湖帆对此则惮之。张大千曾劝其宜游名山大川，他说："吾多观唐宋以来的名画，丘壑正多，取之不尽，用之不竭也，何必徒劳两脚呢。"所以吴湖帆敢于对古画"动手术"，也由此可见他的功力之深。但有一点也应该了解，吴湖帆对古画"动手术"，应该属于偶尔为之，而非时常之举，只是被人口耳相传、渲染夸张了而已。

（三）独乐乐与众乐乐。吴湖帆一身傲气，但不文人相轻。他的收藏是厚古而不薄今，对同代画家的作品，他亦诚心收藏。像他这样地位的画家，当然不好随意张口请人作画，总要找个因由，于是他就以二十四斋室为题，请当时的丹青名家为他作画。按其顺序为，沈剑知（觐安）《宝董室图》，吴华源《双修阁图》，郑午昌《渔庄图》，吴待秋《仿大痴富春山居图》，吕万《宝秦权室图》，冯超然《梅景书屋图》，溥儒《魏墨楼图》，萧俊贤《归鼎图》，夏敬观《四欧堂图》，张大千《迢迢阁图》，陈小蝶《宝石山房图》，他自己与陈子清合作《丑簃清閟图》，汪东《佞宋词痕图》，张叔通《十六金符斋图》，樊少云《二十八将军印图》，朱屺瞻《辟非玉印小室图》，黄西爽《羽阳阁图》，刘海粟《百宋陶斋图》，陆俨少《清梦吟巢图》，唐云《淮海草堂图》，谢稚柳《昭陵碑八骏之斋图》，应野平《后村别墅图》，糜耕云《万宜楼图》，程十发作两长卷《七姬造像图》，始于30年代，完成于50年代。这和各名家题咏《绿遍池塘草》一样，此类玩法只有吴湖帆能办到，其他人谁有这种玩的福气？

吴湖帆也不是只进不出，他也喜欢为别人的斋、堂作图，以此来寄怀友情之雅兴。如为钱镜塘画《小方壶图》，为冼玉清画《琅玕馆修史书》，为周鍊霞画《螺川诗屋图》，为尤墨君画《塔西掷笔图》，为许窥豹画《今雨楼图》，为吴小钝画《慧因绮梦图》，为陆颂尧画《陇梅图》，为俞子才画《石湖秋泛图》，为孙鸿士画《双山游屐图》，为关颖人画《梅花香里两诗人图》，为汪东画《碧双栖论词图》，为冒广生画《水绘园图》，为叶恭绰画《凤池精舍图》，为沈曾植画《海日楼图》，为王同愈画《小孤山图》，为吴梅画《霜崖填词图》，为蔡巽堪画《梅花草堂填词图》，为杨铁夫画《桐荫勘书图》，为陆蔚亭画《秋夜读书图》，为郑逸梅画《纸帐铜瓶室图》，等等。吴湖帆善解人意，每张画都是根据藏者的特点，可谓"投其所好"。从这些事情上，也表现出吴湖帆的气度胸怀与为人处世的情商。

吴湖帆收得黄公望《剩山图》，与朋友共享收藏之乐。1938年11月26日，日记记载他从曹友庆处购得此图，在《丑簃日记》中记上海收藏家吴诗初、孙邦瑞、林尔卿、孙伯渊等结队来看，但此卷尚在刘定之装池铺中装裱，以后又有刘海粟、沈剑知、黄仲明等先后来观看，这使吴湖帆不无自豪地在日记中写道："新正以来，无日无人不索阅此卷，盖为'大痴《富春》'四字所摄人耳，余亦足以自豪矣。"他在写给陈子清的一封信中也说："虽老庞亦奈我不了了。"老庞即庞莱臣。

收藏、赏玩、鉴定融为一体

收藏家应该是鉴定家。这是收藏史上比较普遍的现象。以往收藏界流行着一句口头禅：花钱买眼睛。因为花了钱，买进伪品，吃了大亏，这就促使收藏家认真去做学问，做研究工作。还没有发现有哪位收藏家的藏品中没有赝品的。靠"掌眼人"帮助收藏，这也是有的。过去大收藏家都有"掌眼人"，但是要品味鉴藏乐趣还是要自身去体验。

吴湖帆的鉴赏力高人一等，而且有着细腻稳健的鉴定风度，他自己又是绘画大家，对历代书画研究得比较透彻，对各家各派的风格可谓了如指掌。鉴定时不只是指明真伪，且能断代，并指出某画是哪家画的山头，哪家补的云树小汀；某明人伪画是清人所作，某元人伪画是明人所作。那年赴伦敦国际艺展的故宫旧藏，先在上海预展，后运往伦敦，聘吴湖帆为审查委员。经他鉴定，才知大内之物，真伪参半。全国美术展览会、上海苏州文献展览会，都请他审查，结论精确，令人佩服。朋友曾问鉴定真伪是否根据笔墨、纸缣、题款、印章。他说："这些方面，当然是不可忽视的要点，但善作伪者，都有欺混之法，一经搬弄，往往珷玞乱玉。我的着眼点，偏在人们不注意的细小处，因为作伪能手，轮廓布局，运笔设色，都能模仿得一模一样，唯有细小处，如点苔布草，分条缀叶，以及坡斜水曲等，作伪者势必不能面面俱到、笔笔注意，我便从此处打开缺口，找岔子，真伪便不难辨别了。"

吴湖帆的一些藏品完全是从鉴定着眼。如元人倪瓒所作《耕云轩图》卷，原图已不知所终，唯有盛林、曹诜、陆广、倪瓒、陶宗文、释碧潭、如海、王雨等元人题跋真迹还在，而图的前半部分则为张大千所仿的《枯木竹石图》。这种真伪交集的手段，对古代书画的鉴定有着启发性的实用价值。

湖帆有《丑簃谈艺录》和《丑簃画跋》稿本两册，尚未付刊，十年动乱中即散失。后发现《丑簃谈艺录》尚有残稿，存亦不过十之三四，而《丑簃画跋》则神龙不复再现矣。上海博物馆所藏古书画中，经吴湖帆题跋者为数不少。旅居香港的吴湖帆弟子董慕节先生曾委托上海博物馆将吴氏题跋全部拍照，准备自费结集出版，但至今未见下文。

我也曾抄录过其中有关宋元画家的跋语,读之令人心动眼明。吴湖帆题跋大多有会心会意的独见卓识,对后人学习和鉴定古代书画会有极大的启发。经吴湖帆收藏、鉴定而写有题跋的古代书画、碑帖,现在有案可查的有 600 余件套,分散在海内外各家博物馆及众多的私人藏家处。

吴湖帆集书画家、鉴藏家、词人等于一身,这在古今画史上能有几人?他生前曾自信曰"待五百年后人定论",其实何需用五百年。在他逝世 50 年后的今天,他在画史上的地位就已经被人们所公认了:"一代绘画宗师和鉴藏盟主。"

严惠宇：收藏以自娱

在上海市文物保管委员会1959年的档案中，有这样一个记载：据闻本市居民严惠宇藏有明清书画、手札、扇面等三四千件，于去年主动捐献给徐汇区政协。我会与徐汇区政协取得联系，证实严惠宇确有上述一批文物捐献，并已由徐汇区政协接收，鉴于这批文物在历史上与艺术上均有极大价值，应由专业部门整理保管较为妥当。

这是上海市文管会写给上海市人民委员会的一份报告。后经中共上海市委批准，这批文物转交给上海市文管会。而且从此立下了一条规定，今后各单位"对文物受赠工作，交由文物有关单位办理"。

严惠宇这次捐献的文物有明清名人扇页集册1816开81册、明清书札1616开61册。严惠宇的这次捐献，没有宣传报道。除了上海市文管会的档案中留下了一点记录外，此事一直鲜为人知。

事过20年，严氏后人严忠婉、严忠慎遵其父遗愿，又将宋元明清瓷器11件、明清书画9件，捐赠给上海博物馆。不久，严忠婉、严忠慎又将父亲的遗藏明清书画20件向上海博物馆作了捐赠。其中有董其昌《豀山雨意图》轴，恽寿平《双松图》轴、《摹张中桃花山鸟图》轴及《秋妍图》轴等反映了恽寿平早、中、晚不同时期风格的作品。严惠宇生前还向镇江市博物馆及南京博物院捐献了一批书画文物。

严惠宇是怎样一位收藏家？他怎么会有如此丰富的古画收藏？

身世与事业

严惠宇(1895—1968),名敦和,字惠宇,后以字行。因藏书画扇面数千,故号簠斋,祖籍江苏镇江,出生于江苏泰州,父亲严奎卿,习中医。严惠宇早年毕业于南京法政学校,曾任扬州法院书记官,数月即辞职,进入扬州交通银行任文书,先后任职于北京金城银行、上海金城银行等。抗日战争胜利之后,严惠宇、冷御秋、陆小波三人被尊为"镇江三老",可见人们对他的尊敬了。

和徽商出身的收藏家不同,镇江籍的两位收藏家严惠宇和陈光甫,都出自银行业。严惠宇26岁即任上海金城银行副经理,和早期的实业家常州的刘厚生、金山的陈陶遗为忘年之交,且深受他们的影响,走"实业救国""教育救国"之路,成为民族资本家。由于他从事银行业多年,在工商界有着广泛的联系和影响。他一生的事业有这么几件:与人合办大东烟厂,生产的香槟牌卷烟行销全国;在家乡创办四益农产育种场,占地5000余亩,农工近千。大女儿严忠婉学农,就留在农场任蚕种部主任,1949年后,严惠宇把该农场捐献给人民政府,变成国营农场。此

严惠宇像

外还办过溥益纱厂和贾汪煤矿，中途多经波折，一直维持到后来的公私合营。在教育方面，严氏在镇江创办了京江中学，并自任校长，1949年前夕，该校已有20个班级，学生1000余人。国务院副总理李岚清、中科院学部委员汪尔康都毕业于该校。1949年后，京江中学改为镇江一中，是沪宁线上的名校之一。资助南通学院。南通学院是我国最早的实业家南通张謇于20世纪初创办的高等学校，设有农艺、纺织和医学三科。1937年抗日战争爆发，南通学院陷入极端困难的境地，严惠宇对张謇的实业救国精神极为崇敬，对学院的经济大力支持。1941年，严氏又联合有实力的企业家，组织校董事会，重振南通学院，在上海重庆北路租用新寰中学两幢校舍，开学招生，聘请江苏耆宿徐静仁为院长。对中国传统文化，严惠宇也是热情有加，效力扶持。昆曲曲高和寡，加上清末民初社会动荡，这一高雅艺术濒临绝境。早在20世纪20年代，严氏与纺织业巨子穆藕初共同捐资在苏州创办昆曲传习所，所址设在苏州城北的五亩园，延请昆曲老艺人担任教席，招收当地青少年入学习艺，不收学费，供给食宿。经过几年的辛勤教育，终于培养出一批有较好专业基础和文化素养的"传"字辈昆曲新人，生、旦、净、末、丑行当齐全。学生毕业后，严、穆二位又资助师生组成仙霓社昆曲社，在上海、南京等地演出。当年南京中央大学文学院的吴梅、胡小石两位教授曾带领学生观看仙霓社的演出。传字辈的昆曲演员周传瑛、王传淞、朱传茗、张传芳、顾传玠、华传浩都是昆曲传习所的学生，后来都成为知名的昆曲表演艺术家。

　　1949年之后，严惠宇所创办的大小事业，有的献给国家，有的按赎买政策归国家所有，有的并入其他单位，有的停办。国家给了他足够的养老定息，他曾经对大女儿严忠婉说："我有生以来，还从未有过这样舒坦的日子。"

交友与处世

在采访中,听到许多严惠宇治业生财之道,我只能如前述略而记之。给我留下较深印象的还是他的交友与处世之道。从我听来的许多传闻中,一位口快心直、坦率刚强的人时隐时现地活跃在我的眼前,当然,其中也有他的玩世不恭,在他生存的那个社会里,那是不得不如此的。

严惠宇青年时代的挚友有三人:陈半丁、陈调元和周佛海。陈半丁是画家,长严惠宇20岁,也可以算是忘年交,他们结过金兰换过帖,可谓是情同手足。陈半丁是孪生,故言半丁。他曾刻一方印,送给严惠宇一个别号曰"三半斋主",从所赠的斋号中可知,他是把严惠宇当作三胞胎兄弟看待的。严惠宇和陈半丁的交往,多是书画上的事情。

陈调元是军人政客,因为是陈半丁的好友,所以和严惠宇也成了朋友,两人也曾换帖,义结金兰。陈调元每调动一处,都要给严惠宇送来一张顾问聘书,有时还要迎接严惠宇到他的任上小住。那种顾问真是顾而不问的,只是挂个虚名。陈调元调任国民党安徽省主席时,托人把严惠宇请去,见面后便一躬到地,说:"这次请你,有事相商,兄弟只会带兵,不会理财,请老弟帮忙,当我的财政厅长。"严惠宇说:"我们只谈私交,不谈政治;只做朋友,不做下属。"陈屡求不允,不免生气,说:"再不答应,我把你关起来。"竟派卫兵守住严的住处,不让出门,也不见面,关了两天,严仍然不答应,此事只得一笑而罢。

严惠宇也求陈调元办过事,大东烟厂生产的香槟牌卷烟在苏北很有市场,但有一年冬季严寒,河道封冻,无法通航,那时苏北还没有公路运输,春节临近,卷烟奇缺,小贩肩挑背负,仍是供不应求。严求陈帮忙。陈即派了一名副官,两辆卡车,代大东烟厂向苏北运送香槟牌卷烟。抗战胜利之前,陈调元在兰州病逝,严惠宇帮助他的家人分析了遗产。

另一个朋友是周佛海了。周佛海曾任江苏省教育厅厅长，严惠宇因兴办教育和他相识，以后又由相识到相知，朝夕相聚，成为莫逆之交，周佛海还把儿子周幼海给严惠宇作义子。抗战期间，周佛海追随汪精卫堕落成汉奸。周佛海曾请严惠宇到他的沪西"歹土"别居，严惠宇在花园中下车，周佛海迎了出来，严惠宇不肯进屋，就立在台阶上交谈，问周有什么事。周说这次是上峰同意，请严惠宇出任伪中央储备银行总裁。严惠宇予以拒绝，并说："仁者见仁，智者见智，彼此不必相强。"

周佛海大谈私交，并道各自珍重，做出一副洒泪而别的样子。曾任过严惠宇秘书的李家本回忆说，他曾看到周佛海写给严惠宇的信，是在这次见面之后送来的，信中有句话给他留下很深的印象："要知道我现在有杀人的权力。"收到信后，严惠宇即径往香港暂避。日本投降的消息一发布，国民政府派吴绍澍来上海接收。吴到了上海，托严惠宇联系和周佛海见面。见面的地点就在上海马斯南路（今思南路）严惠宇的寓所。吴、周两人谈话时，严作了回避。送客时，周佛海和严惠宇在门口握别时，说："自分必死，望念当年私交，帮助照顾好我的儿子。"严惠宇不负所托，后来对周佛海的儿子确有不少照顾。

抗战胜利之后，"镇江三老"之一的冷御秋任江苏省临时参议会议长，严惠宇列坐其次当了参议员。在选参议员时有一段小小的插曲：有一天，素无往来的上海市市长钱大钧，突然轻装简从，微服过访。钱开始说请严当上海参议员的事，严推托婉谢。钱说蒋介石60岁生日，想送点书画作寿礼，想请教送点什么书画为好。对钱大钧的"打秋风"，严惠宇心里明明白白，不拿出藏品相赠是不行的，当即送了一幅恽寿平的《五松图》和吴熙载为胡林翼写的8幅篆书大屏，因为蒋介石还是佩服胡林翼的。钱大钧很满意，携书画称谢而去。

严忠婉回忆其父亲当年的朋友，曾说：他不是政客，但有许多政界朋友，如陈调元、黄炎培、杨卫玉、陈陶遗、赵棣华、唐生智、李明扬、周佛海等。他并不是银行家，但有许多银行界朋友，如陈光甫、周作民、唐寿民、胡笔江、徐国懋等。他并没有直接从事教育，但有许多学者、教授是他的朋友，如朱大可、邵家麟、聂传贤、丁济民、刘季高、冯焕文等。他和许多艺术家有往来，如汤定之、陈半丁、蒋兆和、梅兰芳、俞振飞、程砚秋、朱雪琴等，但他不是艺术家。他还有许多蚕桑方面的友人，如葛敬中、尹良莹、陆星垣、俞筠蠋、邵申培、陆子容等，但他并不是蚕桑专家。在工商界的朋友当然就更多了，如刘厚生、徐静仁、张敬礼、刘鸿生、杨管北、李轫哉、忻礼庠等。由于他广交朋友，接触面广，从而知识与见闻也多，这对他的事业开创与发展，是有极大帮助的。

不让国宝外流，开设云起楼

抗日战争期间，时局动荡，国人过着颠沛流离的生活，许多人家的家藏古玩书画流散于市肆。特别是在上海，市肆中所见的流散文物更多。不但居住在上海的外国人收购古玩书画，几家做书画生意的公司也大量收购，转售海外。严惠宇看到这种情况，就在上海西摩路（今陕西北路）开设了云起楼古玩店，借以收集字画古玩，遇到精品就自家收藏赏玩。严氏收藏多于此时购入。

严惠宇虽酷爱收藏，但自己有两点约束。一是不收元代以上的作品，因价值高、作品少、且难辨真伪，还有一个原因，是犯不着惹"怀璧其罪"的麻烦。李家本回忆严氏收藏时说：1941年狄平子逝世后，家人析产，出售狄藏古画，秦更年先生力劝严惠宇买下最佳一组的十幅，包括董其昌题"天下第一王叔明画"的《青卞隐居图》，严氏坚持不买。抗战胜利后，其常州友人、鉴藏家王春渠（号曼士）在北方收得珍品五件，皆稀世之珍。王氏送给严惠宇欣赏，并有两个条件：一不许给别人看，二如严氏喜爱，他可出让，别人要买则不卖。此事为银行家陈光甫所知，知不可得，但求一观，经严征得王的同意，陈到严家看了一个上午。严惠宇观赏之后，忍痛归还王春渠。严惠宇的第二个约束是不买热门，如明四家中不买唐、仇，盛极一时的"四王吴恽"，严氏藏品中唯王原祁与恽寿平各一件而已。他认为收藏凡热门者，假货居多。

严氏曾向镇江博物馆馆长陆九皋谈起他的收藏见解时说："我买东西不追求名头，而是看书画的质量，只要写得好，画得好，我不管名头大小，都要把它买下来。还有冷名头，东西很好，要的人不多，我就买下来。有些大名头的真假有争议，我认定了就买，不受旁人议论。"

严惠宇的收藏，早期甚少赝作。晚岁无事，以每周逛一次古玩市场为消遣，市场对老主顾，出于恭维，必出一周所收新货，一一展示，合意的真迹难得，往往购笔墨较好的赝作，以答店主招待的殷勤，因此家中亦有赝作了。严惠宇对书画的纸绢印泥的技术鉴定，并无研究，对作者的年代、风格亦知其大略，且多借重类书，唯一的鉴定标准为"一笔不苟"。据此看画，不常走眼，他有三十多年的练字功夫，作者什么力量，冷暖自知，这点是别人办不到的。他认为作书画有三境界，即写、画、描，在书法为写字、画字、描字，在绘事方面为写画、画画、描画。写要聚精会神，贯彻始终，笔笔地道，稍涉马虎即成画，模拟形似即成描了，马虎则笔到意不到处即成瑕疵，描则依样画葫芦，神气全无了。气韵有天赋，力量看功夫，若以一笔不苟写出者，必非劣作。不论名气大小，能经数十百年，历无数欣赏者过目而依然传世的作品，应该说都是"一笔不苟"的。严惠宇以此看书画，亦以此作书画，而做人处世，律己励人，亦皆如此。

严惠宇常言："千年土地八百家，古玩文物亦复如此。"慨叹之余，他早有把文物交给国家的准备。镇江博物馆馆长陆九皋经常来上海拜望严惠宇，据陆氏介绍，严氏曾对他说："我爱文物书画，原来我也不懂，弄了不少假东西，接下来就开了一间古玩店'云起楼'，通过收购和出售，我慢慢地能识别书画了。"严氏举起手中的钥匙，很风趣地说："我的宝贝都在这里，现在我代你们保管，将来都是你们的。"后来他又说："我现在每年有几万元的定息，我的儿女都有工作，也不要我的钱，除了日常开支外，我要用它继续买些书画，也可以说是替你们买的。"

1961年，镇江博物馆由金山迁到五十三坡新馆，陆九皋来上海向严惠宇借书画展出，其时严氏刚收到一件闵怀的《岁朝清供图》长卷，画的是折枝梅花、天竺、松、竹、瓶供等，清绝幽丽，交给镇江博物馆展览。这时他又拿了一件元代郭畀（字天锡）的《米氏云山图》轴，并有内府的收藏印，他说："这幅我是花了大价钱买回来的，有人看了认为靠不住，不过我是看准了，因为郭天锡是我们镇江的元代名人，像这样的画很难碰到，你拿去展览，让大家看看。"后来，他又拿出石涛的大中堂、沈周的山水手卷、顾鹤庆为高邮徐氏画的《瓜州徐园十六景图》卷，共有十多件。1963年，严惠宇到镇江博物馆参观时，说："这批东西就给你们展出吧，不用还我了。"接着又说："我所有的书画，都是你们的，不过有生之年，还想不时看看，最后都是你们的。"1986年10月下旬，古代书画鉴定组在镇江博物馆鉴定书画时，郭畀、石涛、沈周三件画作未记录在全国古代书画统一编号中，应该是作品真伪有疑。

早在20世纪50年代，严惠宇就向镇江博物馆捐献宋、元、明时的文物62件，其中有宋建窑黑釉盏、罐等，明代梅花白瓷三足洗，还有署陈鸣远款的破竹筒形紫砂笔筒；明清画98件，另外还有古籍图书100箱，对恢复绍宗国学藏书楼起到了促进作用。绍宗国学藏书楼由镇江吴寄尘创办于20世纪30年代，严惠宇是藏书楼经费筹委会委员，对藏书楼的建设有经济上的支持。对镇江博物馆的建设，严惠宇和柳诒徵、尹石公曾提出将藏书楼改为博物馆的倡议，在他们的积极倡导下，1958年镇江市政府正式批准建立镇江博物馆。"文化大革命"前夕，严惠宇写信给镇江博物馆，说上海破"四旧"十分激烈，他已顶不住，要求来人将他家所有的书画文物都运到镇江博物馆。但当时博物馆的领导不同意接收，此事只好作罢。1986年，严忠婉、严忠媛、严忠慎三人为了实现父亲的遗愿，将上海落实返还政策的195件书画捐献给了镇江博物馆。

严惠宇生前还向南京博物院捐献了文物300余件。南京博物院院长、江苏省文物管理委员会副主任曾昭燏屡函严氏邀请到南京游览并参观馆藏文物。一次，严惠宇到南京游览，嘱陪同者预订五台山旅馆。到了南京后，为避免曾昭燏招待，暂不前往拜晤。最后买好隔日回镇江的车票，才于下午前去拜晤曾氏。院方立即要为严氏调迁旅馆，严再三辞谢并告已买好回程车票。曾先生坚持留一天并代换车票，还派人到旅馆照料；晚间亲自回访并坚持约次日上午接往博物院评阅珍藏文物。次日中午，在马祥兴菜馆设宴，并请曾的老师胡小石等学人作陪，畅论书画文物真伪、源流，谈笑风生。

严惠宇擅书亦能画，我曾见到他画的扇面及书法。清咸丰、同治以后，书家竞重北碑，镇江名家如柳翼谋、赵蜀琴、苏硕人、项介石等皆工篆隶，若行楷皆从北碑入手，盖一时风气如此。严氏亦受此流风的影响，专攻唐碑，书中兼有二王之气韵，以平易出之，于腴美中有古林之气。其小楷精整，直逼"十三行"。严氏书法造诣虽深，但从不沽名钓誉，自云"以书自娱，以书养性，此吾学书之宗旨也"。据严忠婉回忆，她在读中学时，假期在家中练书法，严惠宇见了就谆谆教导她说："中国书法不是一日之功，要勤学苦练，要不畏严寒，不避酷暑，要持之以恒，要从高处着眼。学会写端正并不难，那只能是账房先生的字，首先要记住不能'俗'，防止'熟'而流于'俗'。"此话可谓是体验深刻。我看到他给女儿忠婉的赠言墨迹，楷书"诚勤"两大字，并跋云："我出塾时，老师沈仲宣先生交我此'诚勤'二字，叫我终身奉行。今老矣，勤字已差，诚字始终不变，受益良多，今将此二字转赠与你，与你共勉之。"严氏家教，也反映出他为人的道德风范。

孙伯渊：碑帖鉴藏家

走在嵩山路上，路旁的梧桐幽森，两侧的房屋仍是旧时容貌，只是弄堂小店的各色广告掩没了旧屋的沧桑之感，更不要说昔日的文化氛围了。这条现在看来很不起眼的马路，当年却是令人流连忘返的书画街。海上两大画家吴湖帆、冯超然隔帘相望，碑帖专家、收藏家孙伯渊和他们对巷而居；经常在这里走动的还有陆恢、赵叔孺等人，他们也在附近赁屋而居。吴湖帆的梅景书屋早已人逝易主，住进了七十二家房客，那木楼板踏上去也有摇摇欲坠之感，新灰鲜垢掩盖了历史的痕迹，文化的余辉也随着落日西沉而不再闪光。冯超然的门前已成了洗车的场地，别一番的脏乱景象可想而知。我曾在这条路上几进几出，心中总感到蒙上了一层挥之不去的阴影。

走进一路之隔的孙伯渊的石湖草堂，虽说是一改昔日旧观，在窗明几净中有几抹斜阳映照，还能感受到石墨的气息。孙伯渊的长子孙堃镕是上海吴淞化工厂的总工程师，一身儒雅之气，对其尊人的收藏仍能侃侃而谈，更为重要的是他能继其家风，将其父收藏的《千墨庵图》二卷和清代画家徐电发的山水捐赠给苏州博物馆，以表不忘乡情。《千墨庵图》是华裔建筑大师贝聿铭五世高祖贝镛当年在苏州齐门外所建的千墨庵写意图，卷后有清代苏州书画名家三十余人的题跋。

孙伯渊像

身　世

孙伯渊（1898—1984），江苏苏州人，出身寒门。其父孙念乔以镌刻碑石、拓裱碑帖为生，后在护龙街（今人民路）开设了一家"集宝斋"碑帖店，小本经营。因其为人和善，善交碑帖之友，店堂虽小，倒也充满了浓郁的文化氛围。孙氏有三子，长子伯渊，次子仲渊，三子季渊，女淑渊嫁与吴湖帆弟子、著名花鸟画家陆抑非。孙家小本经营，勉为温饱。但好景不长，孙伯渊在13岁时，父亲便因病辞世。

父亲病逝，孙伯渊家境贫困，为维持一家生计，母亲不得不亲自操持碑帖店的生意，而作为长子的孙伯渊也不得不从此辍学，小小年纪，就协助母亲料理店务。从此他就与碑帖结下了终身不解之缘，虽历尽艰辛、颠沛坎坷，而数十年如一日，孜孜不倦，无怨无悔，并且做到了视文物为生命，终于成为公认的碑帖专家。

苏州不仅是我国的古城，也是文化名城，山川秀丽，景物宜人，从来就是江南繁华之地，历代有不少骚人墨客聚集于此。张旭、范仲淹、沈周、唐寅、文徵明、仇英等，这些大画家、大诗人、大书法家皆出生于该城，苏州更是吴门画派的发源之地。辛亥革命以后，不少遗老遗少，或退居林下的大官巨商、文人雅士亦喜在此居住。这些人不仅家赀雄厚，而且图籍古玩、字画碑帖的收藏也极为丰富。年轻的孙伯渊借着业务上的往来和父辈们的友情，经常进出这些书香门第，耳濡目染，渐渐对文物收藏、鉴定方面的知识发生浓厚兴趣。他虽文化不高，却聪颖异常，过目不忘，且谦虚好学，凡有专长者皆尊为师长。当时苏州的大收藏家如顾麟士、李根源，昆曲大家和碑帖收藏家俞宗海，书画家陆恢、张善孖、张大千，词人、书画家谢玉岑等莫不对他表示好感，青眼有加，常将不示于人前的珍藏给孙伯渊观赏，并对这些字画碑帖进行擘肌分理、精心细致的讲解分析，还向其传授文物鉴赏的基本知识。特别是顾麟士视孙伯渊为忘年之交，友爱甚笃。凡孙伯渊有所请教，这位学识渊博的大收藏家无不详加指点，悉心教诲。每当此时，孙伯渊都潜心默记，像海绵吸水一样将这些前辈大家的文博知识、考据心得、鉴赏经验等广泛吸收。由于得到接触前辈大家们的机缘，加之本人勤学勉思、刻苦钻研，孙伯渊在而立之年已广泛涉猎金石书画、图书古籍、碑帖版本等领域，尤其对碑帖一门已经登堂入室。他虽然不善书法，也不擅长丹青，但对碑帖的源流、时代特征、拓本真伪以及各种法帖的版本等鉴赏的功力已达到较高的水平，成为此道中的行家里手。与此同时，他也开始注意收购集藏一些流入民间的字画碑帖。

孙伯渊年老以后，对晚辈回忆这个阶段时感慨地说："当时世道动乱，不少世家子弟、遗老遗少既不会做工，又不会务农，坐吃山空，家境日渐破落，不得不变卖家当度日，更有不少对文物价值一窍不通的人家竟将祖上留下的图书字画、碑拓法帖扎捆论斤当作废纸卖钱。那时我也贫穷，但看到这些文化遗产有遭流失毁灭的危险，十分心痛，只得自己节衣缩食收购了一些较好的文物，或将已收进的字画物件售出以换取现金再购进心爱的碑拓和法帖。"

孙伯渊一生俭朴，稍有收益都用于收购字画碑帖。观其数以千计的各种收藏,可谓价值惊人。

在抗日战争之前,孙伯渊以其收藏之丰特别是碑帖的收藏在苏州已颇有声望。国难当头,收藏界的爱国人士都千方百计地将保护好文物当作救亡的神圣职责。孙伯渊日夜惊恐,忧虑万分,如果自己的收藏落入敌手,半生心血付之东流事小,文化遗产的损失将无法弥补。万般无奈,他只得迁居上海,暂住在妹夫陆抑非家中,然后再将珍藏化整为零,冒着风险分期分批运到上海。好在苏州到上海路程不远,水陆都有交通,总算将这批收藏一件未少完好无损地安置到租界,从此孙伯渊也就定居沪上。

当时上海由于外国租界的存在,呈现出上海历史上特有的一种"孤岛"现象。在这个"孤岛"中,既有流离失所的难民,也有家产殷富的寓公,更有不少发国难财的暴发户以及附庸风雅的巨商大贾,同时从四面八方涌到"孤岛"的文物古董、名人字画、古籍碑帖极多。处于这种特殊的环境之下,孙伯渊为了生计也不得不凭借自己对文物的鉴定能力,从中进行一些经营交易。但他坚持两个原则:一是凡文物一律不售与外国人;二是凡上品的文物,特别是善本碑帖,只收不卖。在谈到这段经历时,孙伯渊无比感叹地说:当时国破家亡,多少百姓流离失所,沦陷区的很多人家为了维持生活,不得不将祖上遗产逐一变卖,就是当代的一些著名画家、书法家也要不断地写字作画以易米度日。许多名人字画以及长期湮没无闻或未见于著录的珍贵文物纷纷出现在古玩市场。当然这些字画文物中也有不少是伪作赝品,可谓鱼目混珠、斌玞乱玉,这既是收藏的好机会,也是容易上当受骗的大陷阱。收藏家就需要特别谨慎,要有辨伪识真的本领,并具备一定的历史文化知识,熟悉各类文物的源流和特征。我家境不宽裕,不可能有货即买,只能择优选购,有时财力不济,眼睁睁地看到一些珍宝落入他人之手也只得望洋兴叹。

当时沪上的书画家、收藏家很多,加上从各地移居上海的名人名家更是难以计数，这使长期偏居苏州的孙伯渊眼界大开，交游也更为广泛。他以字画碑帖为媒，寻师访友，无论是新知旧友都虚心求教，共同研究。每有善本碑帖到手，他都邀约专家学者来他的石湖草堂一同鉴赏，细细品味，切磋商讨。如庞莱臣、吴湖帆、冯超然、张珩、蒋毂孙、潘博山、徐邦达等都先后成了孙伯渊的挚友。尤其与吴湖帆既是苏州同乡又是近邻，朝暮相见，过从甚密。因孙为人谦和坦诚，数十年来无论哪个时期凡与他结交的师友，都视他为同道之人。如有新的收藏，也请他共同鉴定品评。孙伯渊的鉴赏能力和独到的精辟见解，也常使同道友人信服敬佩。

1949年后，新政府重视保护文物。此时孙伯渊已年届花甲，以无比的爱国热忱将自己珍藏的金石碑帖、字画文物捐献给各地博物馆，如捐给故宫博物院的宋拓颜真卿《多宝塔碑》、欧阳询《皇甫君碑》、李邕《岳麓寺碑》等，捐赠给家乡苏州博物馆的明黄道周《周顺昌墓碑记》墨迹，将明高攀龙《书札》卷捐赠给苏南文管会，还有一大批书画文献资料捐赠给南京博物院。这些捐赠都极大地丰富了这些博物馆的馆藏。

1966年"文化大革命"开始，一场灾难突然降临，孙伯渊猝不及防，不仅全家人被扫地出门，而且所藏的大量字画碑帖被当作"四旧"抄没一空。全家人被安置在一处阁楼上，祖孙三代蜗居一室。孙伯渊此时已是皓首白眉垂垂老矣，只得睡在墙角的小木板床上，生活十分艰难。当时他已行走不便，但头脑尚清楚。这位历经战乱、洞察世事的老人对此浩劫却泰然处之，安之若素。他谆谆告诫儿孙们说："我孙家本来就是清贫寒门，我生活上经得起，你们也要经得起，吃些苦也是锻炼，只要做人光明正大，诚实待人，心地自然宽广，何况现在受苦受难又非我一家。"可谓乐观豁达，处逆境而不萎，陷困顿而不悲。

孙伯渊晚年对儿孙们说："文物字画不是金钱，而是民族的文化遗产，只要不被毁坏，能够流传下去，并使之发扬光大，保存在自己手里或保存在他人手里都是一样。当然如果毁坏了却是无法弥补。别的东西可以再造，唯有祖宗留下的文化遗产再也无法复制。"

捐　献

20世纪50年代，孙伯渊向主持上海市文管会的徐森玉表示，愿将自己历年收藏的碑帖拓本捐献给文管会。1960年，上海市文管会和上海博物馆合署办公，这套石刻拓本也就入藏于上海博物馆的图书馆。上海博物馆将这批捐献的石刻拓本目录订成两大清册，我稍作翻阅，深感内容丰富，种类繁多，如入山阴道上，目不暇接，美不胜收。兹举其要者记述如下：

商周青铜器拓本：毛公厝鼎、散氏盘铭文；秦汉新莽刻石：石鼓文、琅琊台刻石、绎山刻石、泰山刻石；汉碑：祀三公碑、景君碑、西岳华山庙碑、孔宙碑、礼器碑、乙瑛碑、东海庙碑、衡方碑、史晨碑、西狭颂、韩仁铭、尹宙碑、曹全碑、张迁碑等名碑；吴碑：谷朗碑、封禅国山碑、天发神谶碑；梁碑：水拓瘗鹤铭；北魏：石门铭、张猛龙碑、高贞碑；隋碑：龙藏寺碑等；唐、宋、金、元、明诸多墓志。

1980年，这位碑帖专家已入暮年，他又毅然将珍藏的善本刻石拓本、宋版书、唐人写经和元、明、清书画23件捐赠上海博物馆。这批文物是：

宋拓张旭《郎官石记序》，宋拓米芾《龙井山方圆庵记》，宋拓蔡襄《茶录》，宋拓《黄庭经》，宋刊《竹友集》三册，宋版《乖崖集》四册，明拓《孔宙碑》，宋拓《李思训碑》，唐人写《涅槃经》卷，唐令狐宴写《大乘无量寿经》，唐人写《大神咒经》卷，唐人写《大般若涅槃经》，五代天福八年敦煌经卷，元袁泰行书诗稿，明刘基行书诗卷，明杨廷麟行书诗轴，明周顺昌《锦帆泾赋》稿，明沈周《仿倪瓒山水》轴、《云际停舟图》轴，清丁元公行书诗轴，清吴历《葑溪会琴图》卷，清钱杜山水卷等。

孙伯渊此次捐献之后,曾有记者采访他:"如此珍藏多年而又历经劫波的珍品,藏之不易,为何割爱捐献?"孙伯渊淡然一笑,从容回答:"打个比方,一颗明珠如果长期装在一只小盒子里,别人无从见其光芒,只有把盒子打开,让众人共同欣赏,方能充分显示其原蕴光辉,照彻大地,才能充分体现其内涵价值。我年轻时听师长兼老友顾鹤逸先生说过:'名人书画犹如过眼云烟,不可能生生世世永久保藏。'我收藏不少名人作品,很多都是破落子弟卖出的。几代之后,我的子孙未必就能收藏。现在国家太平,人民团结,建设'四化',百业俱兴,书法艺术也越来越得到发展,青年人爱好书法的也日渐增多,中华民族的传统文化日臻繁荣昌盛,受到国际上的重视。我岂能以一己之私,而使张旭大名湮没无闻,又何况我与张旭还是同乡,千年之后,我将他的存世孤本奉献给人民大众,也是尽了我一点桑梓之情啊!"

1984年8月8日,孙伯渊逝世,享年87岁。上海市文管会和上海博物馆联合发唁函称:"孙同志生前是著名的文物收藏家,十分热爱社会主义的文物事业。他为发展祖国文化遗产,解放后自愿将金石碑文4000余件捐献给上海市文物管理委员会;1980年又将长期珍藏的宋拓张长史(张旭)《尚书省郎官石记序》、宋拓米芾《方圆庵记》、宋刊《竹友集》、宋版《乖崖集》、吴历《葑溪会琴图》卷等珍贵的书画碑帖捐献给上海博物馆,为祖国文物事业做出了贡献。孙伯渊的可贵精神,值得我们文博工作者学习、怀念。对于他的逝世,我们殊为痛惜,谨表示深切的哀悼。"

收藏家要具备财力和眼力、道德和良心。孙伯渊当年听到有一件宋拓张旭的楷书求售,卖家索价高达数十两黄金。张旭素以狂草圣手名世,而其楷书却见所未见,因此长久少有问津者。孙伯渊闻讯立刻赶去卖家观看。此拓本年代久远,但保存完好,每页四行七字,计14页,有元、明、清鉴藏印数十方。碑文为陈九言撰《尚书省郎官石记序》,

张旭书于唐开元廿九年十月。据有关记载：此碑原石元时被毁，也曾有过翻刻本，明董其昌据陈继儒临本刻入《戏鸿堂摹古法帖》，但存世的原石宋拓却是未有见闻。册后又有明王鏊、王世贞、王世懋、胡缵宗，清人万经、梁章钜、翁方纲、永瑆、吴荣光、何绍基等多人题跋。翁方纲在跋中鉴定此拓本系长安原石宋拓本。孙伯渊从纸质、字口、钤印色泽、捶拓手法及查阅有关著录等方面逐一考证，也断定为原石宋拓本（注：此宋拓本非"孤本"，据说日本也有一册原石宋拓本），实在是值数十两黄金。于是他变卖了家中的部分字画，毅然将此拓本购下。

有人戏问孙伯渊："你一生收藏中有没有看走了眼、上过当吃过亏？"孙伯渊呵呵大笑说："从古至今历代大藏家没有一个敢于拍胸脯说自己的鉴定绝不会出错，也没有一个人敢说自己从来没有吃过亏，只不过是多是少的问题。正因为有这种现象，所以对古人或名人鉴定过的文物既要尊重但也不要迷信。"

孙伯渊曾讲过一个故事。有一次他在某藏家处见到一幅黄公望《九峰雪霁图》轴，大奇。因为友人张珩也收藏有同一件的黄公望《九峰雪霁图》，且是清宫旧藏，有乾隆题诗。抑或眼前此图乃是伪作赝品？但细观此图雪中高岭丘壑奇特，枯树疏落，气氛严冷，确是元人笔意，细绢地，印泥色泽不浮，并有清代"怡亲王宝"印。黄氏自题云："至正九年春正月，为彦功作雪山，次春雪大作，凡两三次，直至毕工方止，亦奇事也。大痴道人，时年八十有一，书此以记岁月云。"钤三印。孙伯渊暗自思考，张珩所藏与眼前此图必有一幅是赝品，因为从画史上看绝无一个画家用同一题目画出两幅完全相同的作品，遂决计用重金购下。后经多方考证和鉴定，张珩所藏实是临摹之作（今藏处不详），而孙伯渊所购者乃是真迹（今藏故宫博物院）。谈到这桩故事，孙伯渊不无得意地笑笑说，就这幅画来说，我帮助乾隆皇帝纠正了一个小小的失误。接着又说：公道地讲，乾隆所藏的那幅也是高手所作，不同凡响。否则岂能骗过清宫那么多鉴定家和乾隆的眼力？

收藏是为了保护，而保护文物的重要一条就是要使一些遭到破坏的文物尽量恢复原貌。北魏《崔敬邕墓志铭》是记叙崔敬邕政绩的墓志，明代有拓本，曾为吴湖帆旧藏珍本，但此拓文理不通，无法连贯。吴湖帆怀疑此拓恐有缺损，又没有其他物件可以对照，实为遗憾。后与孙伯渊共同商讨研究，孙伯渊认为是当初拓工或裱工出了差错，便根据拓本中的石花细细地重新排列，果然贯通了全文，恢复了原碑风貌。吴湖帆叹服不已，又请沪上碑帖装裱高手黄怀觉重新精心装潢，使拓本焕然一新。

有一次，张珩邀孙伯渊同往沪上一蔡姓人家观看一箱书画，其中绝大部分是民间红白喜事对联之属。见无足观者，张珩中途拂袖离去。孙伯渊却不惮烦劳，耐心埋头挑选，终于在箱底一堆废纸中发现元代大画家钱选（字舜举）的《梨花鸠鸟图》卷，光彩照人，眼睛为之一亮，便立即告之主人此件洵属珍品，如欲出售应得高价，万勿作贱低售。主人感激不尽。后来此图几经辗转又到孙伯渊手中，孙伯渊不食前言，遂以高价收购，主人大喜过望。孙伯渊后将此图给张珩观赏，张拍案叫绝，盛赞孙伯渊能"发潜德之幽光"。又恳言相告："我与钱舜举同为湖州南浔人，对他画作仰慕已久。我家藏字画虽丰，唯缺钱舜举这位乡贤的作品，真乃平生一大憾事！"孙伯渊闻言大笑，随即拱手转让，遂了张珩的心愿。其实，张珩还藏有钱选的《八花图》卷。作为鉴藏大家，孙伯渊的可贵之处，正是他那颗平常之心。

借薪传火：培育后人高尚的鉴定精神

徐森玉是文博界的前辈，鲁迅当年在北京摆弄"黑老虎"（碑帖）时，就得到过徐森玉的许多帮助。他曾任故宫博物院古物陈列馆馆长，抗日战争期间，在杭州抢救过"赵城金藏""武威汉简"。为了不让故宫所藏文物落入日军之手，就亲自将故宫文物转移到内地，还为此摔折了一条腿。1949年后，徐森玉担任上海市古代文物管理委员会（1955年4月改名为"上海市文物保管委员会"）副主任。这样一位博学多识、德高望重的学者，对孙伯渊深为赞许，他曾对自己的秘书汪庆正说过："孙伯渊是一位知识渊博、公正精明的碑帖行家，要多向他请教。"

　　孙伯渊还把鉴定碑帖的经验，毫不保留地传授给年轻一代，他说："文物是历史文化的沉淀和凝集，也是前人智慧创造的结晶，因此要欣赏和鉴定文物首先要有一定的文史方面的知识和修养，这是基础。现在虽然有了科学方法如用化学、物理等仪器来测定检验，但这仅仅解决了一个断代问题，至于一个作家不同时期的作品，一件碑帖的不同时代的作品，一件碑帖的不同拓本等就不能仅靠仪器来测定，完全要靠目测。例如有些著名的碑刻经过一拓再拓，一翻再翻，特别是有些碑受过洗刷即所谓'洗碑'后的碑拓，已与原刻的精神风貌相去甚远。拓本当然以越早越好，现在的拓本中，唐拓已不多见，我一生中未见到过，宋拓当然是珍本了。宋拓字口清晰，内容比较完备。但同是宋拓也有许多不同版本，如《九成宫醴泉铭》就有'栉'字未泐本，《云麾碑》有宋拓'并序'二字未泐本，《东方朔画像赞》有'结'字'迟'字未泐本。以著名的怀仁集王羲之行书《圣教序》为例，据记载，宋前已有拓本，据说其中'纷乱所以空'五字不损，但从未见过此本流传。现存最古的拓本为乾隆年间藏书家、文华殿大学士王际华的藏本（明代张应召旧藏本），第六行中'纷'中笔可见，第十五行末'圣慈'的'慈'字亦完好，故可定为最早最好的北宋拓本（今藏北京国家博物馆）。但后来不断有人对此碑翻拓，字迹完全走样。更可笑者有人掩耳盗铃，对缺损模糊处竟造字补刻嵌入，再行翻印，却伪称宋拓。只要仔细鉴别，凡仿造嵌入字迹之结构与原本不能吻合，墨色与原本也不同，形成深浅不一。类似这种情况在旧拓本中常见，越是古碑名帖，这种伪托的赝品越多。中国碑帖汗牛充栋，明清以后翻刻的碑帖更是成千累万，鱼目混珠，泥沙俱下，误人不浅。要在这些碑帖中沙里淘金，辨别出真伪新旧，就必须了解各种旧碑拓本的渊源和传拓刻本的经过，校勘碑文，细查字口，还要从石花的剥泐程度、用纸的厚薄稀密、墨色浓淡深浅、装裱的时代特征等方面综合起来鉴定。碑帖的真伪新旧、质量好坏是迥然有异的，这不仅在保存原作的精神面貌上大有区别，其价值当然也就不可同日而语。"

孙伯渊还常告诫年轻的书法爱好者在选拓选帖时千万要谨慎，不能胡乱买一些市上廉价的碑帖来临摹，否则功夫下得再深，也会与原作貌合神离。现在照相和印刷的技术都很发达，宋拓原件难以购得，尽可能采用影印本，当然是最好的宋拓影印本为佳。

在孙伯渊看来，审定新出土的原石真伪比之校勘旧碑更难。因为新出土的刻石既不见于前人著录，又无其他实物可以对照考证，这就需要鉴定者掌握书法家不同时期的不同风格和笔法，了解碑帖刻文的内容，要与历史对应，这些知识和能力都不是在课堂上听一两次讲解就能完全明白的，而需要见多识广，点滴积累，而且还要虚心听取别人意见，因为不同的鉴赏家在鉴定文物的实践中都有不同的风格和经验。这里面确有不少甜酸苦辣。对鉴赏家来说，看到一件珍品便如获至宝，不管其物件属于自己还是属于他人，只要自己确认是真品，便好像完成创作一样，会产生一种满足感；而当自己走了眼，将真品当作假货或将假货说成真品时，不管是自己上当还是别人吃亏，总会产生负罪感。杜甫说过："文章千古事，得失寸心知。"其实我们进行收藏和鉴定也常有这种体验。

常熟瞿氏：藏书五世的铁琴铜剑楼

1950年2月，上海市古代文物管理委员会接受了第一批捐献文物，即常熟瞿氏铁琴铜剑楼保存在上海的古籍图书2243册，捐献者为铁琴铜剑楼主瞿氏后人济苍、旭初、凤起三兄弟。此后，瞿凤起一人又向上海市文管会古物整理处捐献了汉、晋、六朝、唐、宋铜镜42枚。

铁琴铜剑楼在常熟古里镇西街，系清乾隆、嘉庆年间瞿绍基及其子孙五代的藏书处。瞿绍基（1772—1836），字厚培，一字荫棠，廪贡生，授阳湖县训导，自奉俭约而喜蓄书，凡宋元善本，不惜重金购之，藏书斋曰恬裕堂。他的儿子瞿镛（字子雍）继续广采勤征，藏书日富，重建藏书楼。瞿氏家藏铁琴、铜剑各一，遂以"铁琴铜剑"为藏书楼名。瞿镛之子秉渊、秉清及孙启甲等均能谨守家学，珍书如璧，延请名流精心校雠，相继镂版刊成瞿镛所编《铁琴铜剑楼藏书目录》，并仿留真谱例，印成《铁琴铜剑楼书影》《铁琴铜剑楼丛书》，又影印宋元古籍于《四部丛刊》《古逸丛书》中，对保护古代文献遗产功不可没。

常熟历来有藏书之风，自明代赵琦美之脉望馆、毛晋父子之汲古阁，清初钱谦益之绛云楼、钱曾之述古堂，到瞿氏铁琴铜剑楼达到高峰，其藏书不仅数量大，而且学术价值及史料价值珍贵。

瞿氏铁琴铜剑楼与湖州陆心源的皕宋楼，杭州丁申、丁丙兄弟的八千卷楼，山东聊城杨以增的海源阁，在清末并称海内四大藏书楼，尤以瞿、杨二氏的藏书为最，时有"南瞿北杨"之称。但在这四大藏书楼中，能五世递藏而不衰的，只有瞿氏的铁琴铜剑楼。

皕宋楼号称收藏200部宋版书而雄踞江南，因此有"双百"之称。皕宋楼主陆心源字刚甫，号存斋，晚号潜园老人，咸丰九年（1859）举人，官福建盐运使，因与上司不和，被革职回乡，湖州乡居20年，"专意著书，与古人争寻章摘句之乐，不与今人竞取奴颜婢膝之容"。太平天国时期，藏书家多不能守，陆氏趁机大肆收购，遂成巨观，曾用银八千饼，一举收购了上海郁松年宜稼堂4.8万册书籍，其中宋元旧版有蜀大字本《左传》、宋耿秉本《史记》、残蜀大字本《汉书》、宋一经堂本《后汉书》、淳祐湖州大字本《通鉴记事本末》、宋大字本《诸臣归汉》等。他有三个藏库，除了皕宋楼，还有十万卷楼和守先阁，三库藏书共计4067部，43694册，约15万卷。俞樾所撰陆氏墓志铭有云："素缥湘帙，部居类汇，遂为江南之望。"

陆心源去世后，其子陆树藩掌管家业。陆树藩在上海经商，曾拟在上海建一藏书楼，将陆氏藏书与盛宣怀愚斋藏书合为双璧，永存沪上，但因细节问题未能成功。不久陆树藩生意失利，陆氏藏书终以1.8万银元卖给了日本三菱财团的岩崎弥之助，存于静嘉堂文库。皕宋楼藏书之东去，中国的知识界大为震动，"世有贾生，能无痛哭"！"目见日本书贾，辇重金来劫书者未有穷也。海内藏书家与皕宋埒者，如海源阁，如八千卷楼，如长白某氏，安知不为皕宋楼之续，前车之鉴，思之能弗惧欤！"此事至今仍被称为"二十世纪中国文献典籍被外人劫掠之重大惨祸"。

八千卷楼也有藏书之习，丁丙的祖父丁国典建八千卷楼藏书，其父丁英亦好藏书，先世的收藏均毁于庚申、辛酉两次兵燹。丁申、丁丙兄弟于光绪十四年（1888）重建藏书楼为嘉惠堂，楼中又分别辟出小八千卷楼、后八千卷楼、善本书室。不过人们还习惯称之为"八千卷楼"，藏书总数为20万卷。丁氏藏书值得一记的是，咸丰十年（1860）

太平军攻陷杭州，丁申、丁丙兄弟在避难时发现了因战乱散佚于市的文澜阁四库藏书，于是不顾个人安危，"深宵潜往，于灰烬瓦砾之中掇拾得万余册"，舟运到上海暂藏。战事停息，又船运回杭州，并旁搜博览，或购或抄，使《四库全书》文澜阁藏本的数万册藏书，得以恢复旧观。可惜丁氏藏书亦未能维持很久，1907年，丁丙去世后八年，丁氏后人因经商失败，亏损巨大，不得不作卖书还债之计。此时正值端方出任两江总督，遂请著名学者缪荃孙出面与丁氏后人洽谈，最后以7.5万元成交，收藏于端方倡议建立的江南图书馆，1949年后归入南京图书馆。

海源阁地处山东聊城城内观街路北。杨以增字益之，一字至堂，聊城人。清道光二年（1822）进士，官至江南河道总督，人称有"两汉循吏之风"。藏书10万卷，因藏有宋本《毛诗》《三礼》及《史记》《两汉书》《三国志》，颜其室曰四经四史之斋。杨氏后人有杨绍和、杨保彝、杨敬夫，整理和保存藏书，著有《楹书偶录》《宋元本书目》，刊有《海源阁丛书》，洵为一时之盛。可惜海源阁于1930年不幸被盗，地方军阀、土匪劫掠亦不少，致使藏书损失大半，存余经版本目录学家王献唐整理后，归入济南市图书馆。

瞿氏铁琴铜剑楼藏书在清末四大藏书楼中不但历史延续最久，而且藏书有其特点。就版本而言，瞿氏藏书多宋元珍本、孤本及未经见之罕见本，从《铁琴铜剑楼藏书目录》看，收录善本书1228种，经、史、子、集无所不包，著录大多宋元本、手稿孤本，足以证实瞿氏藏书质量之高。

就校跋的价值而言，近代著名出版家张元济在编辑印行《四部丛刊》初编、续编、三编时，选用了铁琴铜剑楼最佳藏本。影印《续古逸丛书》及辑印《百衲本二十四史》时，同样选用了铁琴铜剑楼藏本，或补配缺失，或选取序跋，或据以校勘。瞿氏藏书源远流长，随着藏书辗转易主，留下许多前后藏主和校读鉴赏的题跋识语，内容十分珍贵，成为瞿氏藏书重要价值的组成部分。瞿启甲所编《铁琴铜剑楼藏书题跋集

铁琴铜剑楼外景

录》,收录元、明、清名家 60 余人题跋,令人叹为观止,其中尤以黄丕烈、顾广圻校跋为最多。

就瞿氏藏书特色而言,铁琴铜剑楼收藏乡邦文献、旧钞本和名家校本也是藏书的重要特色。曾任常熟图书馆馆长的陈文熙在《常熟县立图书馆续增旧书目录》(1929 年编)序中说:"罟里瞿氏自荫棠先生以来藏书已及五世,完好无恙。人第知铁琴铜剑楼之宋元椠本足以称雄海内,不知其先代遇乡先贤之著述,收藏亦为闳富。其恬裕堂未刊书目所载多为吾乡文献之传,而本馆之钞藏亦多数由彼传写也。"

正因为铁琴铜剑楼藏书价值珍贵,历来就被政府重点保护。1935 年的《中央古物保管委员会规定私有重要古物标准》规定:"难聚易散之古物,如鄞县范氏、聊城杨氏、松江韩氏、常熟瞿氏等之书籍,定海方氏、嘉兴张氏等之钱币,潍坊陈氏等之古印,安徽刘氏、秋浦周氏之彝器、武进陶氏之石刻、扬州宣氏之书画、安徽郑氏之四裔乐器、江苏袁氏之古墨等都要作重点保护。"从中可以说明瞿氏藏书之重要价值。共和国成立初期，中共中南军事委员会通令，明确各省市在土地改革期间，必须切实做到保护民族文物，其中就有对珍贵文物保护的意见，不得随意分掉、损失或散佚。常熟瞿氏铁琴铜剑楼捐献的宋元刊本被中央人民政府称为国之重宝。

清宣统年间，缪荃孙筹办江南图书馆和京师图书馆。两馆落成后，江南图书馆购丁氏八千卷楼藏书，庋之馆中。陆氏皕宋楼书已为日本人以重金购去，唯有铁琴铜剑楼藏书，因子孙能世守其业，没有散失，但已有不少人觊觎瞿氏藏书。两江总督端方议购瞿氏书，供京师图书馆庋藏，但瞿氏不允。端方又通过学部，"饬令常熟瞿氏书酌量呈献，储之图书馆，嘉惠士林"。瞿氏无奈，就其中孤本或钞本外间少有流传者，摘出71种，照原本体例，请人影钞，"但地处偏隅，写手极少，而进呈之件，又不敢草率从事。两年以来仅得半数"。学部一再电催，才"钞就五十种"，交缪荃孙解储京师图书馆。学部电文仍然催促："其余五十种，仍望添充写生，赶紧办理，完全进呈，并将垫出钞费报明数目。"此非瞿氏自愿捐献，而是强行购买。

常熟瞿氏有一种藏书精神，是很值得赞佩的。据史称，清德宗"好鉴秘识，亦以瞿氏藏书多为大内所未有者，供御进呈，以备宸览。曾有一书为德宗所赏识，欲得其书，至赏瞿氏后裔以三品京堂，并发帑币三十万两，以易其书。瞿氏后人则以先朝颁有诏书，仍不奉诏。德宗恪于祖训，竟亦无如之何"。太平天国时，兵火动乱，邑中藏书大半损毁，瞿氏后人（秉渊、秉清）独不避艰险，载赴江北，免于兵火，后载归，虽有散亡，而珍秘之本保护未失。瞿氏藏书，平日有人管理，每岁必取出一曝，而曝书有一定时日，故所藏书，因保存与曝书得法，能历久不蠹，又因有人管理，历经数代而不散失。

20世纪50年代初，新政府在农村全面开展土改运动。因常熟瞿氏尚有大量土地，即令"献粮"，而且采用累进制，即土地越多，献粮数量越多。但此时瞿家已经收不到雇农的地租，所以无法以现金抵缴"献粮"，万般无奈之下，只得呈书政府以所藏古籍善本作价抵献粮款。此事被张珩、曹大铁知道后，即求助于正在上海的郑振铎、赵万里等人，后经郑氏等人向有关方面协商，最终瞿家"自愿"向政府出让藏书的三分之一，收购价即该缴的"献粮"款，所售书目由瞿凤起自己拟定。

瞿济苍后来将其家藏宋、元、明善本古籍52种1776册，通过文化部社会文化事业管理局捐赠给北京图书馆（今国家图书馆）。瞿旭初将在上海的铁琴铜剑楼藏书捐献给上海市文管会。历经五代100多年而不衰的常熟瞿氏家族藏书，仅仅在数年之间，就大多归于公藏，著名的江南藏书世家就此消失。

文化部社会文化事业管理局局长郑振铎代表中央人民政府致瞿济苍、旭初、凤起三兄弟信中说："铁琴铜剑楼藏书，保存五世，历年逾百，实为海内私家藏书最完善的宝库。先生们化私为公，将尊藏宋元明刊本及钞校本……捐献中央人民政府，受领之余，感佩莫名。此项爱护文物、信任政府之热忱，当为世界所共见而共仰。"中央人民政府褒奖了瞿氏家族为中华民族文化事业做出的巨大贡献，文化部特颁发奖状予以表彰。

1951年，郑振铎又在致上海市市长陈毅的信中说："闻上海市将办大规模之图书馆及博物馆，甚盛事也！"接着就向陈毅推荐瞿氏兄弟，信中说："友人瞿济苍、凤起二先生，为铁琴铜剑楼后人，家学渊源，邃于版本目录之学。瞿氏藏书，时逾百载，历经变乱，均能典守不失。中央人民政府成立后，二君积极拥护人民政权，热爱政府，曾二次将前代藏书，捐献中央，我们都很钦佩他们的开明与热情。际此图书馆将次建立之时，需才自必孔殷，敬代为介绍，盼能加以延揽，对于图书馆事业的推进，当可有很大帮助也。"

在致信陈毅的同时，郑振铎又致信给上海市文管会主任李亚农和副主任徐森玉，极力推荐瞿济苍、凤起兄弟，殷切期望对他们"加以延揽"。1951年，瞿济苍被上海市文管会聘请为顾问。瞿凤起参加上海市文管会图书馆（今上海博物馆图书馆）的整理工作。上海图书馆成立后，作为古籍专业研究工作者调至上海图书馆工作，后成为著名版本学家，尤以鉴别宋元版本见长。50年代，他为上海图书馆建立古籍善本书库藏不辞劳苦，精心整理采购编目，还参加了从废纸堆中抢救出大批有价值的古籍的工作。每遇罕见之本，他就不惜精力细心抄写移录，编写了第一部《上海图书馆善本书目》，还曾花一年时间校对《道藏》印本，写下校勘记，使之成为重印《道藏》的可贵资料。瞿旭初擅以书画自娱，1949年后在上海市茶叶进出口公司工作。

瞿凤起将家藏的汉铜禽兽纹镜、汉铜十二辰镜、汉铜龙虎鸟纹镜、汉神兽纹十二方纹镜、汉贵乐未央长母相忘镜、汉见日之光天下太明镜及晋、唐铜镜40件捐献给上海博物馆。

君子之泽，五世而斩。常熟铁琴铜剑楼五世藏书，从此不再流落民间，有了最终的归宿。铁琴铜剑楼藏书的历史今已烟消云散，今日也很少有人能再知道它，再去谈起它。

庄万里：两涂轩"挥泪含笑别家珍"

"两涂轩"释义

> 当乘吾财力之所及，时间能兼顾，吾将尽量搜求近几百年来失散于异域之我国文化古物，藉以保存国宝，一俟将来运回祖国，或择地设馆庋藏，以供同好研究，或交请中央政府，以尽献曝之诚，俾能垂于永久，而免蹈天籁阁、端匋斋等"人在物存，人亡物散"之覆辙，以尽吾宣扬文化之素志。

这是菲律宾侨界领袖庄万里生前说的一段话。从1965年庄氏远行至今，他的子女们带着父亲的这一嘱托，将其竭尽心力收藏的法书名画，捐献给上海博物馆。

2001年，当我在上海博物馆看到那些历尽沧桑的书画，就带着这位收藏家的历史心声，寻找他的踪迹。

2002年的除夕之夜，窗外爆竹声声，烟花万朵，电视屏幕上播放着中央电视台的春节晚会，我不为所动，而是伏案读着《一封写不完的信》。封面的题签出自庄长江之手，书法秀逸。这是庄万里之爱女庄良有于每年她父亲忌辰所写的信，连续写了10年，失父之痛、思父之情尽在字里行间，给人一种任海枯石烂、永不泯灭之感。

庄良有是庄万里的第三个女儿，秀外慧中，菲岛人称她为"小冰心"，在学生时代以至婚后，常常随侍她父亲左右，几近十年，是庄氏晚年的甘泉。庄氏对"万"字有着特殊的偏爱，不但以万里为名，而且为儿子命名为"长江""长城"，父子名字相谐，即"万里长江""万里长城"也。他又是菲律宾巨富，真可谓理万件事，行万里路，读万卷书。他所到之处，女儿良有都是他的好陪伴和不可或缺的帮手。由于庄良有对父亲的理解与洞识，信中所记一鳞一爪，都能让人品味出庄万里的言行、思想及品格，帮助我走近庄万里。

《一封写不完的信》把我带进涂园："我每次踏进涂园去看母亲时，心里是多么黯然、怅惘，当我步入庭园里木然呆立在两涂轩前面，凝视着'两涂轩'那匾额时，一股剧烈的惆怅更重重地压在我心头上。掉头看到的是高耸入云的竹竿，被微风轻轻地吹着，那些瘦瘦的竹竿也跟着婀娜摇摆着。记得因竹叶容易脱落，时常叶落如雨，把周围弄得很不干净，所以母亲几次要工人把那些竹竿给除掉，但总被你挡着，你坚持保留那些竹竿，因竹是'雅'的象征，两涂轩门前不是挂着一对刻的对联'门对千竿竹，家藏万卷书'吗？"两涂轩藏有中国典籍《四库全书》《资治通鉴》《诸子集成》《续藏书》，可谓是名副其实的家藏万卷书了。

庄万里自榜其居名"涂园"，书斋名"两涂轩"。以"涂"名其居，这本身就给人很奇特的感觉。一涂其园还不够，还要两涂其轩。郑板桥的名言是"难得糊涂"，许多人不解其意却借而用之，这话不是板桥的谦逊，而自夸是"难得聪明"。以庄氏之学养，不会借用板桥的自夸之语而标榜自己的聪明吧？庄氏的朋友中写《两涂轩记》的不乏其人，都未能把其含义解释清楚。两涂轩主自撰《两涂轩释义》说："余之以两涂名轩，非为喜也，聊志吾过，而资警惕云尔。"他对郑板桥的"难得糊涂"及苏东坡的"一生总被聪明误"持有不同看法，他说："今日科学昌明，突飞猛进，世人殚精竭虑，钩心斗角，以求适应生存者惟恐不及，设若处事模棱颟顸，胶胶扰扰，其不为优胜劣败的演化所淘汰者几

庄万里像

希,可不慎哉。"

每个人都有展现生命本性的地方,这样的地方都是属于每个人自己的。庄万里也有自己这样的地方,那就是两涂轩。从《一封写不完的信》中我们知道他平生不染任何恶习,对烟、酒、赌、嫖都缺乏兴趣,唯嗜好品茗、字画和旅游。每天下班后就是回家泡茶品茗,观赏字画,阅书看报,在报上看到好的文章,总把它剪下来贴在簿子上保存着,在书上遇到好的文句,更要用笔圈下来,可见他对文字也是有相当兴趣的。

"观画寿长"

在爆竹声中,我把《一封写不完的信》又翻了一页,看庄氏的一句名言:"观画寿长。"这是他常挂在嘴边的话。从许多纪念的文字中,可以知道他嗜好古董字画,遐迩闻名。

他生前每次去台北，都会花好多时间去台北故宫博物院看画。那时良有还是门外汉，很多古物看不懂，但在父亲的影响下，也兴致勃勃，流连忘返。庄万里带着孩子们到处游历，使他最感兴趣的是各地各种艺术馆和博物馆。对欧洲，他极为欣赏，它的地域虽小，却是各国文化的荟萃之区，古迹古物，俯拾皆是。欧洲尽管各国有各国的风格，但他最欢喜的是罗马和伦敦。罗马艺术气氛最浓，艺术品之多不可胜数。伦敦没有罗马那么罗曼蒂克，也没有巴黎那么有刺激性，更没有马德里那种悠闲从容的情调，它多的不是夜总会或街边咖啡馆，而是一大片绿草如茵、树木苍翠的公园，还有那些价值连城、收藏丰富的博物馆，其中使他印象最深的是大英博物馆。1936年，他第一次踏足伦敦，就参观过大英博物馆。1961年，他旧地重游，第一件事还是要参观大英博物馆。在该馆二楼的亚洲馆徘徊数小时不忍离去，因为那儿陈列了不少中国的"国粹"。女儿的腿都站酸了，他还是依依不舍，沉醉其中。他每次去日本，最喜欢逛的也是古董店。国粹流入东洋车载船运，他的收藏中也有一部分来自日本。我看到长江、良有兄妹代表庄氏家族捐赠的书画中，有许多还是日本式的装裱，昭示了它流传的轨迹。

庄万里对自己的收藏行踪，曾对友人张其昀作过这样的介绍：

> 万里性喜古物，尤嗜名人字画，惟身处圜阓之中，每感收集末由。偶于友人处获睹一二，辄为之徘徊不置。民国二十五年，环游世界，途经山海关，久闻城额"天下第一关"数字，为明严嵩所书，笔力遒劲，故虽停车时已在午夜，时间仓促，亦急趋一观，讵料已为日寇运回本国，大失所望。当时窃谓日人如此蛮横，此一笨重石刻，尚在剽攫之列，则其他文物国粹，更不知被窃几许矣，感慨万千，愤激莫名，未知何日得遂珠还合浦之愿也。及后漫游东瀛，辄加注意，发现中国名人真迹沦落是地者殊夥，遂不揣绵薄，广为搜求，更不惜以重金购买，此为万里实现夙愿机会，亦为万里

收藏字画之嚆矢。多年来陆续于港台等地，搜罗收集，颇费心力。于此虽不敢妄自夸耀，但亲友以及中外名士莅临岷埠涂园参观者辄啧啧称羡。每年美国大使馆介绍欧美人士阅览后，对其中宋徽宗御笔《白鹰图》三幅，有愿以巨金求让者，万里惟一笑置之。又美国奥士汀烟草公司总经理奥士汀君于参观后，告以东南亚时局动荡不安，珍品集此，殊非善策，建议愿于其美国手创之大学内，辟构专馆，以万里物主名义陈列保存，并得无条件随时收回。万里以其情足感，然因不忍留置异域，婉拒而罢。万里固不知其珍贵若此，然观乎外人之重视，其价值亦可想见矣。

庄氏的收藏兴趣广泛，除了书画外，他还收藏古瓷、古玉、古铜器，可见他鉴古知识的丰富了。

坚忍克难，振臂再起

1899年，庄万里生于福建晋江青阳镇三光天乡。其父以农为本，旁兼货殖，后离乡远渡菲律宾，致力商业。庄万里9岁入家塾，13岁入青阳公立小学，16岁毕业，学业优异，校长甚为欣赏，延聘为义务教师，19岁随父南渡菲律宾，习计然之术，业余自修英语。此时的菲律宾摆脱了西班牙的统治，易帜美国，仍未取得独立。

庄万里志在事业，奋发有为，不久即与堂亲组织起庄万益有限公司，经营各国食品及菲律宾土特产。此时适逢米谷歉收，他建议往香港采购大米运往菲律宾销售，并由他前往香港主持此事，颇有获利，每至秋谷登场，粮价降低，购运则止。一家由菲律宾人办的碾米厂，因经营不善，业务不振，有意出让。他建议由庄万益公司收购，亦由他前往经营。该厂去公司百余里，庄万里身兼数职，往返其间，可谓筚路蓝缕，成绩斐然。公司财力由是而充,为以后的事业发展打下了基础。

当此之时,庄氏观察世界局势,深感非致力于工业,无以光大前途,于是积极筹办万国植物油厂,专攻制造椰子油、化学猪油、化学牛油等,兼制洗衣肥皂。1937年,庄万益公司择定在海南岛垦荒,设立制糖厂。庄氏亲自前往主持此事,后因七七事变突发,一切遽告停止,他亦由厦门返回菲律宾,但对国内的抗日救亡运动,给予了财力物力的支持。太平洋战争爆发,菲律宾沦陷,公司财产被掠一空,油厂亦被敌人占用,接着又被放火焚烧,厂房荡然无存。抗日战争胜利之后,他振臂再起,重整规模,公司再造。不久,万国植物油厂从瓦砾废墟之中巍然复兴。不独如此,庄氏昆仲合创三己兄弟烟草有限公司。后又创建中央纺织厂、菲律宾炼钢厂及贸易公司、万人保险公司……

1965年春天,庄氏偶感不适,本已调养痊复,但慕美国医学昌明,医术精良,趁赴纽约参观世界博览会的机会,顺便在那里对身体再作彻底检查,乃于8月初赴美,有长江、良有伴行。10月19日,他在参观纽约世界博览会后,北上波士顿访友时,心脏病突发,一句话也来不及嘱咐,溘然长逝,享年67岁。

挥泪含笑别家珍

庄万里有四子六女,子默杰、长江、长城、长安,女良玉、良知、良有、良能、良炎、雪梨。他们在享受父亲的余荫中并没有忘记父亲的遗愿,正如良有所说:"三十多年来,沉压在我心胸里的一块大石头也就是如何处理父亲留下来的文物遗产。"

两涂轩的收藏是如何进入上海博物馆的呢?《一封写不完的信》并没有回答我。我为此曾致信庄良有,请她为我作一介绍,能尽快为我作答。但电话打不通,信无法传出去,后来只有把信航寄。数日的翘首相待，庄良有把她写的《挥泪含笑别家珍》一文电传给我，较为详细地介绍了他们探索两涂轩藏品归宿的整个过程。

还是在20世纪80年代，庄良有在伦敦大学亚非学院攻读硕士学位时，经常去大英博物馆找参考资料，观察到里面的东方陶瓷部的藏品都是英国著名收藏家捐赠的，能给大家观赏，且能供学者研究。藏品借着博物馆多元化功能发挥了很大作用。她从中撷取了不少灵感，把她父亲所收藏的书画捐给一个世界级博物馆的想法因而滋生在她的脑海里。

放眼世界，考察了几年，最初看中的是纽约大都会艺术博物馆。她说："不是崇洋，也不是媚外，我所仰慕的是西方人的学术精神。英国人为我们造就古陶瓷专才，美国人为我们栽培古书画专家。"活跃在美国书画鉴定界的方闻、李铸晋、屈志仁等，都是颇有影响的人物。

从纽约归来后，对于探索两涂轩藏品的归宿，她作了慎重的思量。除了香港、台湾之外，其中许多藏品是她父亲购自日本的。其父在日本猎宝，如巧遇精品，钟情动心之余，还会感慨地说："这是属于我们的，焉能错过？价钱再高也得把它收买回来。""父亲四处搜罗国粹的情景一幕一幕地重映脑际，顿时使我大悟，父亲煞费苦心把流散在海外的文物蒐集一堂，难道再要把它们输送到国外去？"

从1993年庄氏家族邀请故宫博物院鉴定专家刘九庵赴菲律宾鉴定开始，启功、杨仁恺也对两涂轩的藏品予以过目。台北故宫博物院的专家对两涂轩的藏品亦曾作过鉴审。刘九庵在鉴定中逐幅鉴审，不但提了自己的见解，对有参考价值的藏品还拍照记录。刘九庵还鼓励他们将两涂轩藏品送到北京故宫博物院展览，该院曾经邀请长江、良有兄妹去北京商讨此事。但各家都没有最后的结果。

1996年10月，上海博物馆新馆落成典礼，参加庆典的嘉宾有全国文博界的元老，各博物馆的领导、专家，港台、东南亚及欧美的友人、学者……庄良有亦是被邀参加盛典的嘉宾之一。她考察了上海博物馆对藏品现代化的保管与陈列，深为所动，心里想：把父亲留下来的书画藏品捐赠上海博物馆自是上策，他老人家若九泉有知，能不欣然颔首？

庄良有托浙江省文物考古研究所著名考古专家朱伯谦向汪庆正透露了庄氏家族的意愿，汪氏反应特别热切，并积极落实此事。偏爱陶瓷而又对中国外销瓷器研究颇深的庄良有和陶瓷鉴定家汪庆正，自然有着灵犀相通的共同语言。在《一封写不完的信》中，庄良有多次表现出她对瓷器的爱好及藏瓷活动。

1997年，上海博物馆派该馆书画部的钟银兰、单国霖赴菲律宾，鉴审两涂轩的收藏，认知其中有不少明清时代的书画作品，并且有传世极少的小名家作品，尤其是明末清初一批书画颇具史料价值。再者就是明清之际的名臣书迹及信札，尤以书名不显而功力不浅的文人墨迹为甚，可为书法史提供补遗资料。由长江、良有兄妹发端，经过商谈，庄氏决定把两涂轩所收藏的"国粹遗珍捐赠于上海博物馆，作为永久归宿"。上海博物馆遂决定举办"两涂轩捐赠书画精品展"，并开辟两涂轩收藏陈列专室，展品定期更换，为永久性陈列。上海博物馆此举深深感动了庄氏家族，他们说："这批书画就像我们家庭钟爱的女儿，如今找到了一个好婆家，我们也放心了。先父希望不要分散，要完整保存。永恒辉耀人世的愿望也实现了。"庄长江撰文感言："上博珍藏文物数以千万计，具有最优秀的条件，负起保存中华文物之历史重大使命。吾家能作沧海一粟之贡献，所谓'马载千斤，蚁负一粟'是也。"庄氏家族又在香港嘉士德购宋代《秋山萧寺图》长卷，捐献给了上海博物馆。

2000年5月，单国霖、许勇翔、傅洪法三人飞赴菲律宾，亲自带232件古代书画回上海。长江、良有兄妹到机场送行，"眼看一箱又一箱的书画被磅称后，在行李输送带上缓缓运入不归途，我的心乱了起来，我们兄妹俩脸色凝重地愣怔在一边，咽喉梗塞，苦苦地与满怀矛盾的感情挣扎着。送客人到出境室，依依望着他们手拎着好几件一去不复返的明、清画作，慢步走向登机处，一股剧烈的失落感直蹿入我们的胸臆，泪水无法克制地淌了下来，久久不忍离去，千言万语亦道不尽当时的感受。唯一能平抚我们的是了了父亲的心愿，漂洋过海、流散在海外的文物也回了家"。他们毕竟是看着这些书画长大的，又怎能不别情依依！

2002年6月，上海博物馆举行了"庄氏家族捐献仪式"，并举办庄氏捐献书画展览。上海市人民政府向庄氏家族颁发了"白玉兰荣誉奖"证书。庄氏家族近百人从海外归来参加。庄万里的长孙、庄长江之子庄祖欣也来了，齐聚上海，共襄盛事。

宋人《秋山萧寺图》

庄氏家族捐赠的两涂轩200多件古代书画珍藏中，有宋人《秋山萧寺图》长卷、明人《人物图》屏、明陈洪绶《探梅图》轴、明董其昌《手札九通》卷、明葛徵奇《山水》轴及李因《芦雁图》轴等。

宋人《秋山萧寺图》绢本长卷，曾遭火焚之劫，打开画卷即可看到从包首、引首、前隔水一直到画心前面一小段，都有火焚痕迹，因为是个卷子，由外及里，残痕相间，到了画心部位，残痕的面积变小，而又多在画的留白处，故火劫只是损其皮毛，未伤筋骨。全卷层峦叠翠，连绵浩荡，墨气淋漓，卷末画有骑驴入山之雅士，甚是古风扑人。卷后首段题识曰："华源范中立善作重山复岭，古木瀑泉，近世鲜及，皆若真山，不以雕□细巧为美。"惜失去款印。观其书法为学米芾，故高士奇认为是米芾之子米友仁题写（此说存疑）。卷末有南宋贾似道收藏葫芦印"密致"及"魏国公印"，卷尾的最早题跋认为此卷为范宽（字中立）所作，再后就是明清诸家跋及收藏印。卷末贾似道鉴藏印旁隐约可见一方印，钟银兰看出印文为"恕斋"，恕斋是元代诗人、书法家班惟志（字彦功）之号。班氏的作品传世较少，以往所见,有《韩熙载夜宴图》后一段题跋。在此之前不久,钟银兰曾在苏州私人藏品中看到班氏的《真草两体千字文》,上面就钤有"恕斋"印,留下深刻印象。此画在宋元的递藏,可谓流传有绪。

此卷至清初为高士奇收藏,高士奇于康熙戊寅(1698)年题有诗跋,谓收藏此图已30余年。高氏并将它载入《江村书画目》,定名为《秋山萧寺图》卷,高氏云"真宋人画",购入价为五十两银子;又著录在其《江村消夏录》卷三中,改名为《重山复岭图》卷。今图上钤有高士奇收藏印九方:忠孝之家、简静斋、竹窗、江村、士奇、高士奇图书印、高詹事、藏用老人、闲里工夫淡中滋味。

至乾隆年间,此图被收入清宫内府,著录于《石渠宝笈》续编,记述"凡寺观五,村落七,皆隐见岩瀑树石间,间以栈骑舟梁景",并乾隆帝御题行书七言古诗一首和题签"范宽秋山萧寺图",钤有乾隆八玺。阮元在《石渠随笔》卷八"补遗"中也著录此图。续编成书于乾隆五十八年(1793),其时图卷尚完好无损。据清末李在铣(字芝陔)题跋可知,此图曾为冯氏收藏,忽毁于火,失去乾隆帝的题签和题诗,图上寺观唯存三处,村落存二区;乾隆印玺存六方:八徵耄念之宝、三希堂精鉴玺、宜子孙、乾隆鉴赏、古希天子、寿。李在铣题于壬辰,为光绪十八年(1892),此为千年古画遭受的一次劫难,诚为可惜。光绪三十一年乙巳(1905)此图又被完颜景贤购得,著录于《三虞堂书画目》,曾印入狄平子的上海有正书局《中国名画集》第八集,此时应当还存于国内。1928年,日本博文堂出版斋藤悦藏《董庵藏书画谱》时,此图已流入日本私人藏家,今卷后有日人内藤虎次郎辛未年(1931)题跋。

《秋山萧寺图》卷,单国霖、钟银兰两位鉴定为北宋和南宋之间的作品。从画家的用笔功底来看,显然不是自立风貌的大家,当然更不是北宋山水画派人物范宽的作品。这位画家虽然不是自立风貌的大家,但也非一般文士画的墨戏之作,而是流风有宗的高手。李唐、马远、夏圭三家为南画派的宗师，与他们同时或以后的画手，多为流风所染，随波逐流者甚多。但《秋山萧寺图》卷没有受其流风的浸染，画面上无痕迹，而画面布局及用笔的习性纯为北宋的画派，山上林木所用点子皴，则完全是从范宽一路而来。山石的轮廓线较松弛，不如北宋画家画得紧凑，树干上的钉头点也时有所见，此为南宋画家的习性。这位画家应在北宋已经取得了艺术成功，然后又带着北宋画风的余波流亡到南宋。

《秋山萧寺图》卷民国年间流落域外，历经数十年的沧桑，今天终于回归故土，入藏上海博物馆，不再秘藏高阁，有机会公开展出，使世人一睹千年遗珍的艺术风神，于画于人，其幸何如！

孙煜峰：有收藏思想体系的收藏家

查阅收藏家的身世，大都和实业家联系在一起。正因为他们是实业家，所以他们才有实力收藏书画，否则即使有收藏的兴趣，也成不了收藏家。中国工商界的实业家向来有着爱国的传统，1949年后，走上公私合营之路，他们的资产为国家所有，但他们的爱国精神并没有泯灭，继续走着"三同三献"之路，不少人为祖国的文化事业做出奉献，逢年过节或大庆的日子，他们总还要为祖国献一份厚礼。这种情况，在收藏家中尤为突出。

我从上海博物馆的档案中，读到一位文物捐献者的信，虽说此信已有几十年的历史，纸张已经发黄变脆，字迹也有些褪色，人也已经作古，但我仍然能听到那位捐献者心脏跳动的声音。为了让读者也能听到他的心声，我将原信抄录于此：

> 为了纪念我国第一颗原子弹爆炸成功，特将本人收藏的古书画四十件（包括宋人《睢阳五老图》、宋人画古贤遗像册暨董玄宰、陈老莲（陈洪绶）、石涛、王烟客（王时敏）、王石谷（王翚）、吴渔山（吴历）、恽南田（恽寿平）等人画册，宋人《搜山图》、《文姬归汉图》、宋人写经、张雨《台仙阁记》暨徐文长、仇十洲、谢樗仙（谢时臣）、丁云鹏等画卷，敦煌唐人人物画暨文

徵明、文五峰（文伯仁）、陆包山（陆治）、唐伯虎、周东村（周臣）、过庭章、项易庵（项圣谟）、陈老莲等人画轴），捐献给你馆，用以纪念我国核试验成功。

为恐真伪莫辨，拟先将上述各件送请你馆鉴定，如有赝品，即请退回；确属真迹之品，悉数捐献你馆，捐献画和目录待鉴定后补送，事出真诚，务乞收纳，书不尽意，诸希察照为幸。专此并致

敬礼！

孙煜峰

1964.11.12.

孙煜峰的古画收藏，不但品位高，而且都是精品，大都在绘画史上有着举足轻重的地位。从这次捐献的登记册上，我看到他捐献的不只是这 40 件，一共是 78 件。如果以幅而论，何止是 78 幅，其中册页 20 本，每本册页又有好多幅。如明沈周《吴越十二景》一册就是 12 幅。还有长卷，每卷后又有多家的题跋。还有条屏，明陈嘉言的一堂四条屏就是 4 幅。

在此之前的 1961 年，孙煜峰就将家藏的瓷器、青铜器 24 件捐献给上海博物馆。如康熙豇豆红瓷瓶，为清官窑中的名瓷；此外还有康熙郎窑红瓶、五彩人物瓶，乾隆窑变瓶；青铜器有商戈觚、商鼎、商爵，汉尚方镜、日月镜、长宜子孙镜，唐荣期铜镜等。这些青铜器及瓷器，都是传世珍品，且大都流传有绪，有着文物和学术价值。

孙煜峰有一本自撰的《漱庐主人自订年谱（1901—1940）》未刊手稿本，能为后人简略提供一些他的身世和生活的经历。

清光绪二十七年（1901）正月初六日丑时，孙煜峰出生在江阴城南河西街孙家祖宅。父亲大喜过望，为儿取名"寿喜"，母亲更是爱之尤切，为其取乳名"三胖"。6 岁时父亲病逝，年仅 38 岁。宣统二年

孙煜峰像

（1910），寿喜离家远行求学，母亲送儿上船时两人相依良久，仍是母亲饮泪令开船启程，再三告诉儿子："男儿志在四方，毋恋家。"船于扬子江上行 4 日后抵新港镇，寿喜就读于镇上竞新学校。

1915 年，寿喜小学毕业，欲投考江苏省立第三师范（省立无锡中学）。他知道家境不佳，对母亲说："可免学费和膳宿费。"母亲说："师范虽无所费用，然而衣服、书籍、行李之资，也非孤子一行自食其力就能从容应付的。"寿喜闻之，只得黯然辍学。后寿喜到常熟纱厂做学徒，于 5 月间转道上海，在"汤汉记"棉纱号做学徒，会计、跑街、商务等无一不为，开始了在上海做学徒谋求生存的生活。17 岁时的某个晚上，他读梁简文帝《咏朝日》诗，诗曰："团团出天外，煜煜上层峰。光随浪高下，影逐树软浓。"喜之不禁，遂自己更名"煜峰"，原"寿喜"之名不再用。19 岁时，与友人之妻妹、江苏宝山县（今属上海市）罗店镇王德封女士结婚。王德封后来不只是贤内助，而且是他收藏书画的知音，又是他捐赠书画遗志的倡导者。

1925 年，孙煜峰创立"裕康号"，担任上海证券物品交易所第 7 号经纪人，业务资本 6000 元。1929 年，独资设立"瑞康号"，担任证券物品交易所第 168 号经纪人。1934 年,孙煜峰创立"润康号",担任金银纱布交易所第 57 号经纪人,资本 6 万元,分为十股,其中陈仁涛五股半,孙煜峰三股半。同年,"瑞康号"解散,与陈仁涛改组成立"申康祥记号"。孙煜峰早年闯荡上海滩,原始积累的"第一桶金",是棉纱和纱布交易的经纪所得,他也成为此行业中举足轻重的著名经纪人之一。

1940 年,不惑之年的孙煜峰在从事经纪人业务多年之后,其"润康号"业务已涉及棉纱布、房地产及中外证券。在孙煜峰的证券经营生涯中最重要的一笔是抗战时期在闸北水电公司(今闸北发电厂和闸北水厂的前身)股票大跌之时,不仅没有抛售该公司股票,反而不断大量购进该公司股票。至抗战之后,他已成为闸北水电公司最大的股东,并出任该公司常务董事,从而成为上海滩一位颇有影响力的民族资本家。

1949 年后,公私合营开始。孙煜峰主动放弃了应得定息,决心成为一个社会主义的劳动者,这在当时并不多见。为此,政府给予他很高的评价,上海市民建工商联时,请他出任副秘书长,参与工商联的日常组织和领导工作。凡与他共过事或见过他几面的人都不约而同地称孙先生是一个好人。

孙煜峰是一个大资本家,但他的生活可以说是相当简朴,全家的生活也一样。他从不因为有钱而放弃对子女的要求,也不用钱去满足子女的要求,他的子女都没有因为父亲有钱而不同于普通人,儿女们勤奋读书,同父亲一样淡泊物质追求,后来分别成了大学教授和国家干部。

1935 年,孙煜峰有机会两赴上海外滩德国商会参观中国艺术品赴伦敦国际展览会预展,目睹选自北京故宫博物院的大量青铜器、古代书画、丝绸织绣、玉器、景泰蓝、古籍善本和家具等,震撼不已。此事后来影响了孙煜峰的一生。

事实上孙煜峰历年经商获得的利润大都用来收购中国古代字画与文物了。在他家里至今还保存着一沓沓泛黄的线装手稿本,上面一行行文字，都是他亲笔记录的收购字画账单和鉴赏笔记，如《弘一斋随笔》《弘一斋书画记》《弘一斋骨董琐记》《漱庐主人自订年谱》等。他将每幅字画的名称、作者、价格交代得一清二楚，可见其严谨和苦心。他的子女多未参与父亲的这一工作。在他们眼里，父亲是一个了不起的人，做的是很高雅的事情。他们只知道父亲曾拜交通大学著名学者唐文治先生为师研习国学，做了大量的读书研史笔记，勤奋有加。父亲还与刘靖基等民族资本家交往很多，与吴湖帆等海派画家交往也很多，常与他们一起赏玩字画，交流收藏心得。家中常是高朋满座，还时不时有贩画者求见，或有捧着字画请辨真伪者登门，孙煜峰只要在家，总是亲自接待，乐此不疲。

每当梅雨季节过后，艳阳高照，又无人约见之时，孙煜峰最喜欢的事就是在自家不大的天井里曝画。展开一幅幅泛黄的字画，细细揣摩。兴之所至，他会给身旁做帮手的子女们谈上几句收藏和保护的要诀。特别值得一提的是，孙煜峰在收藏中国书画的过程中已具备了相当高的眼力，他所藏的字画少有赝品，足见其功力之深。

1966年5月，当"文化大革命"的风暴到来的时候，孙煜峰这位已年逾花甲、经历过太多世间沧桑的老人出人意料地在红卫兵赶到他家查抄之前，把家藏字画全部用封条封存，面对那些狂热的红卫兵郑重声明："封条所封者乃是国家的重要文化遗产，本人已决意捐给上海博物馆，当由上海博物馆来接收。"并当即致电上海博物馆，催派专人快来接收。孙煜峰就这样把凝聚自己毕生心血的一大批珍贵书画文物托付给了上海博物馆。翌年，孙煜峰先生因病不治，临终前再嘱家人要像他平时多次表示过的那样，将家藏文物捐赠给国家。

王德封率子女再次捐献时历史已进入20世纪80年代，早已尘封的孙煜峰的收藏又重见天日。那不是本人，而是夫人王德封及8个子女，继承了他的遗志，又向上海博物馆捐献文徵明、祝允明、王鉴、王翚、恽寿平及近代任伯年、吴昌硕、徐悲鸿等名家书画82件，都属精品,极为珍贵。

1981年5月9日,上海市文物保管委员会在上海博物馆举行了一个隆重的捐赠仪式,接收孙煜峰夫人王德封率全体子女捐赠的明清书画等珍贵文物82件,并专为他们全家颁发奖状。在捐赠仪式上,孙煜峰的大女儿孙恒慧代表母亲和兄弟姐妹致辞。她说:"我父亲孙煜峰,生前爱好字画文物,收藏了许多文物,特别是明清近代的字画。他生前曾几次将他认为比较珍贵的文物捐献给博物馆,受到了大家的好评,他自己也觉得很高兴。今天,我们根据父亲生前一贯的教导和遗愿,再次捐献82件文物给国家,表示我们的一点心意,我们感到很激动。"此时此刻,他们仿佛看到了九泉之下父亲欣慰的笑容。

直到这次捐献10年之后,我才见到已是96岁高龄的王德封老人。她19岁嫁给孙煜峰,相濡以沫几十年,虽没有多少文化,但心地善良,是个相夫教子、温良恭俭让的传统女性。在子女们心目中,母是慈母,父是严父,父亲不在了,子女们当然都听母亲的。所以,当全家聚在一起讨论父亲遗留下来的这批书画的归属的时候,王德封就说:"我们应该尊重你们父亲的愿望,把这些文物捐献给国家。"在场的儿女们太了解自己的父亲了,此时此刻,他们更理解自己的母亲。于是,他们都表示同意。尽管大家都明白这是一种牺牲,特别是远在海外的两位兄长尚有保留意见,但是全家人还是决定遵从父命,完成这一义举。王德封率子女亲笔写信给上海博物馆,表示了捐赠文物的真诚意愿。

和其他收藏家的后代一样,孙家也是一个普通且典型的大家庭。在一条旧式弄堂的拐角处,石库门、小天井,堆满杂物,房间里朴实无华,不见任何豪华的摆设和高档的电器。床是老式架子床,桌是旧八仙桌,几只木凳是上海非常普通的那种,坐上去敦敦实实的。墙壁斑驳脱落,且有渗水修补的痕迹,门窗的框架都有些变形,稍一推动便有吱吱呀呀的声响。房间整理得很干净,看不出这是一个四世同堂、有大大小小几十口人的大家庭,其中还包括一个患有先天性疾病、需要家人终身照顾的小弟。显然这一家人现在已并不富裕,他们和许许多多普通家庭一样,需要钱来改善生活。他们家收藏的任何一件东西拿到拍卖市场,都足以使他们的生活大为改观。

真正的收藏家最终达到的是一种境界,如孙煜峰本人所言是"悟道"的高度。达到这种境界需要足够的付出,不仅仅是钱,还有胆识和缘分,更需要人格、品位和修养。孙煜峰及其夫人和子女们所做的一切,是他们一家两代人用一生的时间做出的最重要的决定,就是这个决定使祖国文化艺术中珍贵的一脉得以延续,使千万个后来者因而受益无穷。

《睢阳五老图题跋册》

孙煜峰捐献给上海博物馆的《睢阳五老图题跋册》,早已被收藏界传为佳话,也是孙氏古书画收藏的镇宅之宝。五老图画的是宋仁宗时五位德高望重的老臣的肖像。他们分别是94岁的司农卿毕世长、90岁的礼部侍郎王涣、88岁的兵部郎中朱贯、87岁的驾部郎中冯平和80岁的祁国公杜衍。五人致仕后,归老睢阳(今河南商丘县),宴集为五老会,并赋诗酬唱,当时画家为他们绘制五老肖像,故称"睢阳五老图"。五老像皆深衣乌帽,体态恭肃,气度雍容,须眉伟岸。像的一边皆有题记,写明每个人的官职、姓名和年龄。孙煜峰捐献的《睢阳五老图题跋册》中的五老像是明代尤求的万历年间临本,文徵明隶书题册首。

据朱存理《铁网珊瑚》记载,宋至和三年(1056),钱明逸为此作序,序中有云图中五老"咸以耆年挂冠,优游乡梓,暇日宴集为五老会,赋诗酬唱,怡然相得,宋人形于绘事,以记其盛"。此序文中的"宋人",即指睢阳当地人,因为睢阳在周朝时为宋国。五老会中的五老各有律诗一首,称为"五老会诗",但"真迹诸诗并亡"。以后又有北宋欧阳修、晏殊、范仲淹、韩琦、苏颂、邵雍、文彦博、司马光、程颢、程颐、苏轼、黄庭坚、苏辙的题跋,《铁网珊瑚》云"以上真迹俱亡"。

《睢阳五老图》原作和部分题跋已流散到美国,王涣像和冯平像在华盛顿弗利尔艺术馆,朱贯像和杜衍像在耶鲁大学艺术馆,毕世长像和部分明清题跋在纽约大都会艺术博物馆。这些题跋极为重要,何惠鉴曾在一篇文章中说某著录中记载过五老图的作者,但始终没有找到这个资料。纽约大都会艺术博物馆收藏的题跋中有明代王逊、李乾、姚广孝,清代归庄、李洵、高廷璨和近人金城等18家的题跋和观款。

今分藏美国三家博物馆的《睢阳五老图》原作和部分题跋,清末以来大致的递藏经过是:狄学耕→王必达、王鹏运父子→盛昱→完颜景贤→蒋汝藻→上海来远公司(管复初)→纽约大都会艺术博物馆(毕世长像及题跋)→美国摩尔夫人(朱贯像、杜衍像)→耶鲁大学美术馆→纽约通运公司(姚叔来)→美国弗利尔美术馆(冯平像、王涣像)。有人认为金城也曾收藏过《睢阳五老图》及题跋,实误。金氏甲寅(1914)篆书所题是观款:"甲寅五月吴兴金城敬观于京师景氏之半亩园。"景氏即完颜景贤(亦名景朴孙)。

孙煜峰捐献给上海博物馆的《睢阳五老图题跋》上下册,上册题跋有:南宋蒋璨、黄缨、杜绾、钱端礼、王铚、洪迈、范成大、杨万里、洪适等17人;元代程矩夫、段天佑、泰不华、张翥、赵孟頫、柳贯、虞集等20余人;明代吴宽、董其昌、汪世贞等6人;清代钱谦益、缪元益、杨晋及近人张謇、郑孝胥、谭泽闿、吴湖帆共7人。

下册是原《睢阳五老图》历代题跋的一册副本。崇祯六年(1633),五老之一朱贯后裔朱集璜得到家族原藏尤求摹本《睢阳五老图》后,分别请吴玄冲、叶奕荃、周启祥、王瀚、谢复元、王楷、顾仲恕等题跋并抄录历代题跋,朱集璜自题十跋,并抄录前人题跋,此外,徐汧、顾天叙、张鲁唯、归昌世、金俊明等也应朱集璜之请题跋。但尤求摹本《睢阳五老图》，现装裱在《睢阳五老图题跋》上册之中，当是从原副本中移配过去的。

《睢阳五老图题跋》上下册，民国以后大致递藏情况为：1916年，蒋汝藻将《睢阳五老图》与部分明清人题跋，委托或转售给上海来远公司（来远公司申号）的管复初（江苏吴县人），管氏将《睢阳五老图》印入其所编的《古画留真》（上海中华书局承印）中，与同画集中的其他60件86幅中国古书画，向美国收藏家弗利尔兜售，开价3万美元。但弗氏只肯出价1万美元，故当时未能成交。后来毕世长像被纽约大都会艺术博物馆购藏，而18家题跋即随画像赠送。朱贯像和杜衍像被美国女收藏家摩尔夫人购得，20世纪50年代捐赠给耶鲁大学美术馆。冯平像和王涣像约1948年由纽约通运公司姚叔来经手售与弗利尔美术馆。但1916—1948年，冯平像和王涣像的流传、递藏情况不详。另有一说，冯、王两像曾到过欧洲，也曾回归国内，后来又返往美国。

蒋汝藻将原《睢阳五老图》中的另一部分宋、明、清人题跋留在自己手中，且将朱集璜副本中的尤求摹本移配到宋、明、清人的题跋之前。后来蒋汝藻投资生意失败，遂将《睢阳五老图题跋》上下册转让给儿子，即碑帖、古籍商人蒋祖诒（见谭泽闿题跋），蒋祖诒后将之售与表弟——房地产商和古币收藏家张乃骥（字叔驯）；1938年6月，张氏又将之与其他古书画作价1万元抵债给侄子张珩（见《张葱玉日记》）；1942年，张珩又将之售与集宝斋（见《郑振铎日记》），集宝斋主人即孙伯渊，孙氏随即以3.3万元售与孙煜峰。《睢阳五老图题跋》上下册的民国年间递藏经过为：蒋汝藻→蒋祖诒→张乃骥→张珩→孙伯渊→孙煜峰。

同道胞弟孙邦瑞

孙邦瑞（1903—1972），名寿徽，字邦瑞，后以字行。孙家兄弟五人，孙煜峰排行老三，邦瑞排行老四，比煜峰小2岁，兄弟两人自小就关系亲密。邦瑞15岁时，由煜峰介绍到无锡源馀纱布号做学徒，后来随兄到沪谋生、创业。1929年，孙煜峰、孙邦瑞合股开设瑞康棉纱号于北京路钟德里，从事棉纱经纪业务。1936年，孙氏兄弟又与友人合资创立淳昌矿业社。后又合资建造江阴故宅宽仁堂，以此永为二房守业之宅。孙邦瑞的经济实力应该不及孙煜峰，但其在书画鉴藏方面却不逊色于其兄。

孙氏兄弟何时开始收藏古书画的，具体年月不详。孙煜峰《弘一斋骨董琐录》稿本中的"古书画类"，其记载始于1939年。而其所藏古书画题签最早是戊寅（1938）冬月的《宋人写经卷》。吴湖帆《梅景书屋题跋记》稿本中，为孙邦瑞所藏古画题跋最早为1938年；《丑簃日记》中最早记载孙邦瑞书画收藏的文字，是1938年1月15日："孙邦瑞来，以尤水村画属题。"尤水村即清乾隆年间画家尤荫（号水村）。或许可知，孙邦瑞的古书画收藏可能要稍早于孙煜峰，也可能两人是同时开始收藏古书画的。但孙邦瑞有一点与孙煜峰不同，他极少在自己收藏的书画上钤印。而孙煜峰则有书画鉴藏印60余方。

与孙煜峰的藏多卖少或互换藏品不同，孙邦瑞在收藏的同时应该还从事书画买卖或中介，即所谓的"以藏养藏"。在吴湖帆《丑簃日记》中颇多此类记载，如孙携钱谦益为王士祯书诗轴，索值200元，吴湖帆认为"太贵矣，留观之"。又孙携明人扇册48开，索值2000元。孙、吴两人还合资600银元购买王翚《夏山烟雨图》卷，还曾合购黄公望山水轴。

20世纪30年代末至40年代初，孙邦瑞与吴湖帆交往极密。梅景书屋这一书画、古玩交易和鉴赏"沙龙"，也使孙邦瑞进入了上海顶级的鉴赏圈子之中,结交了一批志同道合、趣味相投的朋友。1939年4月,吴湖帆等人筹办同人收藏古画展。孙邦瑞出明清书画10件,其中陈淳、沈灏、王翚、萧云从、倪元璐、王原祁、查士标等人的书画,均被吴湖帆评为"神品""逸品""妙品""精品"(见《丑簃日记》)。由此可见其鉴定眼力非同一般,绝非附庸风雅的好事家。

可能由于孙邦瑞的引荐,孙煜峰与吴湖帆、沈剑知、张珩、顾氏过云楼后人等也有了交往。1939年,孙煜峰购得吴大澂山水手卷(斗方二帧裱为手卷),将之赠予吴湖帆。两年后,吴湖帆将所藏《魏志五种》(李超、刘玉、王僧、刘懿、王偃),题跋后回赠孙煜峰。孙还从吴湖帆手里购得宋拓《昭仁寺碑》、宋拓《道因法师碑》、明拓《颜氏家庙碑》《万年宫铭》《嵩岳少林寺碑》《十七帖》等。1943年暮春,吴湖帆应孙邦瑞所请,为孙煜峰购藏的《睢阳五老图题跋册》写了一篇著名的长跋,记述《睢阳五老图》近世递藏的来龙去脉。

因为孙邦瑞既无书画藏品目录、著录和题跋传世,也不喜在藏品上钤印,所以对他一生收藏或经手过的古书画,难以有一个全面而又系统的评价,只能通过吴湖帆对其所藏部分书画的题跋,大致作一个粗浅的了解。如南宋艳艳女史《花鸟草虫图》卷,宋克《四体书陶诗并竹窝图》卷,沈周《西山纪游图》卷,唐寅《王鏊出山图》卷、《款鹤图》卷,陈淳《红梨诗画图》,查士标《南邨草堂图》,王翚《翠微秋色图》,恽寿平《山水》册,王原祁《仿宋元十二家山水》册等,其中十之八九为"真、精、新"之作,故吴湖帆不惜为之褒扬,绝非私情之论。

孙邦瑞生前收藏的部分古书画,后来分别转让或捐赠给上海博物馆、北京故宫博物院、南京博物院等文博机构。在上海博物馆的捐赠者名录墙上,就有孙邦瑞的名字。

陈器成：收藏无悔

1980年7月22日，收藏家陈器成将自己收藏的130件珍贵文物捐献给上海博物馆。这是他第二次捐献了。在1962年，他就向该馆捐献文物80件。在上海博物馆为他举行的捐献文物授奖会上，陈器成做了发言，谈了他对收藏的见解，现摘要如下：

我一向认为博物馆不仅是一个收藏、保管文物和标本的机构，而且要为广大人民了解社会发展提供重要的资料，文物、标本都应该为这个目的服务。例如云南元谋猿人化石的发掘和研究，使我们知道早在一百七十万年前我国境内就有人类的活动，还有一些文物纠正了典籍的错误和弥补其不足，还有的文物证明了我国古代所辖的领地，对保卫我国疆土起了重要作用。但是，在古代皇家、贵族以及少数收藏家收藏了一些文物，其目的仅仅为个人爱好玩赏，并不能对社会发生作用。这里我可以举两个例子来说明，任伯年画画有天赋，这是大家所公认的。但他没有机会观赏更多的古画、好画，每天只好徜徉于装帧裱画店门口，真可谓是过屠门而闻肉香，虽然也赏到一鳞半爪，毕竟所得有限，画的境界不高。反之，三十年代，中国画赴伦敦展览前在国内预展，吴湖帆、张大千等都去参观了，看到了他们过去从未寓目的名画，从此画境大进。

在解放以来的三十年中，全国博物馆在发掘、搜集、鉴定、保养、标本方面做了无数工作，许多稀世之宝得重见天日，而专家学者、青年学子在研究历史、社会史、艺术史、社会生态学方面，都得到极其重要的帮助，使文物的作用得到充分的发挥。此外，国际友人不远万里而来，对于中国文物的欣赏和研究，也产生了很大的兴趣和渴望得到帮助。本着此愿望，我十分高兴地将我收藏的一些名贵的、稀有的、有高度研究价值的文物捐献给上海博物馆，使它能在实现四化中起到一些绵薄的作用，我将感到无限高兴。

一个收藏家对文物收藏有如此的认识和觉悟，在收藏时就定有一个目标，那就是追求藏品的文化品位。如何来评价陈器成的藏品之文化价值呢？上海博物馆在《关于受赠陈器成同志捐献文物的请示报告》中所做的评述应该是最具权威性的了，也可从中看出这些藏品在博物馆馆藏文物中所占的重要位置。

光明制药厂创办人陈器成同志，是本市著名收藏家，最近陈同志自愿将文物130件，捐献给国家。

陈氏所捐献的文物有瓷器、青铜器、甲骨等，质量较高，多属我馆陈列和研究工作中的重要文物，其中商代甲骨100片，一部分从未发表过，是研究商代历史的珍贵史料。瓷器中的明成化绿釉盘是国内外都极重视的珍品，其他如宋定窑刻花大盘，磁州窑刻花大碗，明宣德白釉莲瓣暗花碗，唐褐黄釉兔耳罐，宋耀州窑瓶、盆，宋当阳峪白釉黑彩罐，五代白釉梅花式罐等都属稀见之物，铜器中战国建𨰻君剑，剑上有铭文，是研究战国历史的重要文物，战国"三年邙余"戈，西周德盘，东魏兴和二年造像等，都属极为珍贵的精品,其他尚有唐、宋、元、明瓷器,明代雕漆觚、清代名家张希黄竹刻笔筒等都系我馆应藏之品。这批文物的历史、艺术价值,很难以经济数字来衡量。陈氏说:"我愿为博物馆锦上添花。"陈氏这次把重要文物全部捐献给我馆,对文物博物馆事业,再一次作出重大贡献。

陈器成(1902—1983),原名木,晚年以字行,浙江鄞县(今宁波市)人。父富润,为当时宁波城中经营华洋百货最著名的大有丰百货店经理,为宁波商业界领袖人物。器成生于小康之家,幼年好学,颖悟过人,年才十余岁,其父即遣其负笈从奉化竺子寿(名士康)先生受业。竺先生为清末举人,工骈文,寓居甬上设馆授徒,经其教育者多成名家,器成为其最后的门生,仅攻读三年,获益匪浅,其后虽自学成才,基础实奠于此。器成虽不能尽传其所学,毕竟受过名师熏陶,饫闻绪论,故学识高人一等,年过八旬尤好学不倦,乃名师之教也。器成18岁辍学,进上海德商谦信洋行做学徒。外商洋行学徒,必须通晓英文,他因此每晚到上海青年会所办夜校攻读英文,因过于疲劳而患肺病,遂请假回乡。闻鄞东大涵山山明水秀,适于疗养,因寄宿一山寺,敛神养性,饱览湖光山色,颇有出尘之想。有时与村夫渔樵相狎相亲,因之颇能知民间疾苦。一年之后,身体康复,心宽体胖,肺病不治而愈,以后也再未复发,几乎是一个奇迹。

谦信洋行的华人经理周宗良是宁波旅沪同乡中首屈一指的资本家。他对器成另眼相看,以其长女周志芬许配器成,仅仅短暂的三年,他即被破格录用为副经理,不久又升为经理,深得倚重。器成也能应付自如,贡献卓越,不负所托。1939—1945年升任大成行经理,1940—1955年创建上海光明化学制药厂,并自任经理。退休之后,他又积极筹资参加上海市工商界爱国建设公司(著名的上海爱建公司)。1980年被聘为上海市文史研究馆馆员。

陈器成像

陈器成在筹创光明化学制药厂时,倾注了全部精力,并冒了投资风险。当时全国制药厂大都采用进口原料,略事加工,换上国产商标来谋利的。在爱国思想的主导下,陈器成认为医药原料如果仅靠进口,这类的国产药厂要处处仰人鼻息,遂提出自力更生,高薪聘请有经验的药物专家和高级药剂师,从提炼原料做起,生产国产新药,以此来抵制药品的"舶来品"。这样,就使他的药厂立于不败之地,直到1949年后走上公私合营之路。

由于受老师竺子寿的影响,陈器成好读书,嗜收藏。他的营利所得,有一部分就用在购买书画古董上。因为好读书,曾藏书数万卷。由于对文史研究感兴趣,同时又爱好艺术,因此从文史和艺术的角度出发,凭借着经济实力,日积月累,逐步奠定了收藏基础。但仅有爱好和财力,并不一定能成为一个收藏家。具备上述两个条件而能成为收藏家者,常常是偶然激发,随后不可遏止地走上了收藏之路。陈器成也是如此。

陈器成的收藏兴趣是从明代刘绩的《三礼图》引发出来的。所谓《三礼图》,就是以古代器物表示祭天、祭地、祭庙之礼,一般使用的是六种酒器。陈氏得《三礼图》后，对图中所绘的图案产生了怀疑。为了释疑，他广搜实物，想做一番考证工作。后来得到一尊青铜器，形状如鸡，和图上所绘的鸡形器物相近。后经查书，《周礼·春官·小宗伯》有记载："辨六彝之名物，以待果将。"郑玄注："六彝：鸡彝、鸟彝、斝彝、黄彝、虎彝、蜼彝。"经过这样一番查考，陈器成增加了鉴古的信心，希望能逐步把这一工作做得更完备、更深入一些，于是就开始搞起收藏来了。

作为收藏家，除了具备兴趣爱好和经济基础的基本条件外，还要有眼力，必须精通鉴赏，方能去伪存真，收到真品和精品。鉴赏是一项专门的学问，陈器成如何学得这方面知识的呢？陈器成曾与他的老朋友、学者、杭州大学教授周采泉交谈过这个问题，周氏曾记下了他们交谈时的有关对话。

周：鉴赏知识，你是从哪里学来的？

陈：请先生教呗。

周：到哪里去请老师？

陈：多得很哩，你要肯出学费，他们就会教你。他们用的是直观教材，比书本的知识强得多。

周：到哪里访求这些老师？

陈：买古董，就得从假古董买起，这就是交学费。拼着做"洋盘"（外行之意），大大咧咧地用重价买几件假古董来做番广告，使他们同业中竞相传说。那时，上海广东路一带有古玩市场，古董商人麇集在这条街上。陈某人是挥金如土的"大佬倌"，我的一举一动，很快就在同行中传扬开了。他们为了争取我这个"洋盘"主顾，殷勤献媚，无一家不想和我结交。

周：你不怕他们联合起来捉弄你这个"洋盘"？

陈：生意人为利益所驱动，有几个能搞联合的。我就是利用他们"同行相妒"的矛盾，拿着新买的假古董，要他们指瘢摘瑕，说出佐证来，这里面的奥妙，不经过明眼人指出，确实是可以鱼目混珠的。我听了这些挑剔以后，记在心里，不动声色地回到那出售假古董的店里，再购一件重价古董，在这次交易时，才告诉店主我当时的身份和收藏的意图，接着坦白地对店主说，我对收藏仅仅是兴趣，鉴赏方面可以说毫无经验，贵店所售之品，如经过研究是假的，事先说明应该让我调换，这是君子协定。店主听到我的社会地位之后，唯恐巴结不上这样一位大主顾，当然满口答应："本店货真价实，包退包换。"好！就凭他这句诺言，我把假古董退还给他。在他坚持"货真价实"时，我就把上面几位同业所指出的各点揭露出来，说这是经过行家鉴定的结论，或许你收进时也是上当受骗的，店主只得答应退货。可是货款无法照退怎么办呢？我表示货得照退，货款用"存麦吃面"的方法，陆续调换其他心爱的古玩就是了。主人虽是很尴尬地把假古董收回去，但是对我的做法还是很感谢的。

　　由此看来，陈器成不但极有经商之道，而且有收藏古董之道，两道相通，使他的事业及收藏的成绩都蔚然可观。在广东路古玩市场，陈器成是有名的大买主，和各古玩商大都有"君子协定"，在他们的店里或多或少均存有这种"退货款"，这叫"放人一马，也给别人留一条生路"。正因为他宽厚待人，所以古玩店到了新货，陈器成就有优先选购权。陈器成说："和'古董鬼'打了几十年交道，对我来说，可以讲是'转益多师'了。"

　　陈器成购进的文物古董，一般只进不出，但有时在藏友中也搞些"等价交换"。一次，陈器成收到一只粗糙的犀角杯，简直就是把整个一段犀角挖了一个酒杯大小的孔，他感到实在不太舒服。这时，刚巧有位藏友购进明人刻的犀角杯，玲珑剔透，两人比宝时，陈器成对此爱不释手，就与藏友婉转商调。交换成功之后，玩了几天，陈器成发现自己做了傻事，因为明刻犀角杯的重量仅及他的原杯的五分之一。但他并不后悔，他说："收藏无悔，即使买了假货也不后悔。"

陈器成也收藏书画，和其他器物相比，他感到鉴藏古书画最难。他说："古董中书画鉴别最难。唐、宋名家的作品，大都是赝品，有时赝品可能比真迹还好。我有李思训青绿山水一小幅，或鉴定是真，或鉴定是假，至今尚未能做出结论。据说黄宾虹给人审定古画，从没有说'真'的，品评古画附和别人说假，省得自己负责任；如果独排众议，肯定它是真迹，就要具有真知灼见了。我的藏品中不免还夹杂着赝品，当时也是出高价购进的，但我终生无悔，我是作为'乱真'的标本留下来的，作为研究的参考资料。"

何谓藏？了解陈器成的收藏方法，就可知道他对"藏"的理解了。陈氏收藏极为广泛，青铜器、甲骨、龟板、陶瓷、玉器、书画、文玩、砚、墨甚至纸张。他的藏品从不在室内陈列，也不在亲友间炫耀，更不想和其他藏家争奇斗胜，随力量选购一些作为自娱，做一位真正的藏家。直到"文化大革命"抄家，把他的藏品抄了出来，外人才知道他有如此丰富的收藏。所以和他相交几十年的老朋友周采泉就说："足下是一位真正的藏家，倘若不是红卫兵抄家，你的这些藏品，恐将被你永远禁锢。"

收藏品犹如过眼云烟，收藏家只是暂归于己而已。有些收藏家为了在书画上留下"曾归己有"的情感，往往在书画上留下印记或题跋。而陈器成所收藏的书画都不钤印。他认为前人批评项元汴在书画上滥钤印章，犹如"美人黥面，雅道凌迟"，此话是很有道理的。藏家何必在书画上钤盖自藏印，自诩得意。他不钤鉴藏印的观点是对的，但他哪里知道，那些被抄去的所藏文物，在落实文物归还政策时，发还的还不足抄去的一半。因为在抄家时没有明细清单，现在没有了印记，又能到哪里去找呢？其实他也不知道自己究竟有多少藏品。直到藏品发还后，请杭州藏书家陆心源的孙子陆成侯整理造册时，他才心中大致有了个数。

陈器成除了捐献给上海博物馆100多件珍贵文物外，所藏宋、元、明的各类古纸，经过"文化大革命"的抄家之灾，后来下落不明。他收藏的古墨也很丰富，其中就有乾隆修《四库全书》完成的纪念墨，墨质固佳，墨模的镌雕尤精。他收藏的鼻烟壶也别具特色，鼻烟壶有料器瓶胎作精细画面，有象牙雕刻成冬笋形，瓶盖用的是翡翠、黄金和白玉等名贵材质。不要小觑这些小玩意儿，在清代王公大臣的手里，可是宠儿，它是当时结交达官贵人的雅贿之物，或许也是卖官鬻爵的变相贿金。那些精美绝伦的鼻烟壶，确实是集各国多种工艺之大成的袖珍艺术品。

"商而进于士者"，在古今收藏家中可谓不乏其人，陈器成也是其中之一。他虽然只读过三年书，但他能葄枕图史，潜心钻研，造诣颇深。他又雅擅尺牍，与友人通信，多以章草书之。他的章草学明初书法大家宋克（字仲温），偶作石鼓文，亦笔力遒劲。他兴致高时亦信笔作山水画，不名一家，萧疏有元人风致。他多和名师益友相交游，和名画家陆抑非交往数十年，和杭州大学教授姜亮夫等过往亦甚密，每到杭州必往拜访，聆听绪论。姜是研究敦煌学、楚辞学的专家，某年，高教部以《楚辞》渐成绝学，特请姜亮夫为全国重点大学中文系教师讲授《楚辞》，陈器成闻后，亦报名参加。陈器成70岁以后才开始学诗，自在流露，时有佳句，其所作《阿育王寺》诗可见一斑："门外泱泱碧水流，山中郁郁在松椆。丰碑兀立初无恙，钟声夏鸣百不忧。万事风波岩上雾，一生跋涉浪中舟。百年朝露谁能足，愿随白云岭上游。"洒脱的人生哲理，自然流露于字里行间。

作为收藏家，陈器成还有一个遗憾，就是没能把自己的所藏全部捐献给家乡的浙江省博物馆。对捐献自己的藏品，陈器成一向持慎重态度。他首先要考虑博物馆的保管水平，再就是看他的藏品是不是博物馆最需要的。为此，他多次去杭州，到浙江省博物馆访问，考察该馆有哪些方面有待充实，他就捐献哪一部分藏品。当年可能由于未能很好地沟通，所以捐赠之事迟迟没能进行。这也是他深思熟虑之所在，一方面他不愿做那种轻诺寡信之人；另一方面担心在未成事实之前招摇出去，可能会引起不必要的麻烦。不料,他再一次为商计此事去杭州时,竟因心肌梗死在杭州医院逝世。他的两个女儿宛青、全庆为了完成他的遗愿,经过两年的整理,将他的藏品编成清册,其中有甲骨和名瓷数百件,均捐献给浙江省博物馆,以了结他生前的心愿。

孙志飞与王亢元：收藏道上两亲家

1979年，上海博物馆举行了一次捐赠仪式，褒奖为上博做出贡献的收藏家。被奖励的两位收藏家，一位是孙志飞的夫人杨甦绵，一位是王亢元。孙志飞和王亢元不但是大学同学，而且是儿女亲家，孙家之子平策娶了王家之女佩琰。

早在20世纪30年代，名人之子孙志飞和富家子弟王亢元是上海大同大学的同学，两人学的都是中文，又同住一个寝室。某天夜幕降临，两人从学校漫步到南火车站的旱桥上，凭栏远望，只见华灯初放，有轨电车叮当叮当地响着铃声进厂。这些都是上海华商电气股份有限公司（以下简称"华商电气公司"）的产业，孙志飞对王亢元不无感慨地说："将来能当上这家公司的最高领导，那就终生无憾了。"

大学毕业后，两人怀着各自的理想，各奔东西，虽然都生活在上海，但没有再相遇。直到1949年之后，在上海市政协的某次会议上，两人才偶然相遇。久别重逢，握手庆幸，各道业绩，孙志飞果然当上了华商电气公司的高层领导，王亢元爱好园艺，也有所成就，建造了无锡的蠡园。虽然两人的职业不同，但由于对中国传统文化的共同热爱，又走到了一起，双双成为收藏家。所不同的是，孙志飞收藏书画，王亢元收藏古钱币、古玉和碑帖。

孙志飞收藏宗旨：真、精、新

孙志飞的父亲孙玉声（1864—1940），名家振，号漱石，别署海上漱石生、退醒庐主人等，上海人，出身于富商家庭，清末民国著名小说家、报人。历任《新闻报》《申报·本埠新闻》《时事新报》《舆论时事报》《图画日报》等主笔和总编，自己先后创办过《采风报》《新世界报》《大世界报》《上海报》《民业日报》等报刊，是上海民办报界耆宿。一生著有小说、笔记等极多，著名的有《海上繁华梦》《如此官场》《黑幕中之黑幕》《一粒珠》《沪壖话旧录》《退醒庐笔记》等。凡是他认为平常之作，署名则用"漱石"，有时也用"退醒庐"，而自认为佳作，即用"海上漱石生"。

1905年，孙志飞出生在南市小南门篾竹街孙家祖宅。孙志飞的祖父是富商，收藏了很多书画，他自幼就受祖父的熏陶，爱好书画。他曾经对其子女说："我的祖父教会我赏画，你们的祖父教会我热爱文学，你们将来能继承什么？"

孙志飞大学毕业后不久，24岁进了华商电气公司，从一般职员做起，两年后升任人事科长。日军占领上海后，要把华商电气公司纳入日本人的管辖范围，该公司总经理陆伯宏富有民族气节，拒绝日本人的威胁，结果遭暗杀，华商电气公司的场地也被日本人占领了。公司的中层干部拒不投靠日本人，由7个科长组成了一个办公室，因为孙志飞是该公司的人事科长，公推他主持工作，他们搬到该公司设在租界的仓库里去办公。日本人占领华商电气公司的场地后，成立了华日电力公司，要孙志飞等人合作，遭到拒绝。孙志飞带着华商电气公司坚持下来的职员，利用仓库中仅剩的资金，作为最低生活开支，苦度八年，直到抗战胜利。1937年八一三事变，日军侵占南市，孙家百年老宅付之一炬，祖上收藏甚富的书画也未能幸免。孙志飞愤然地说："将来我一定会重新收藏，以传家风。"此为孙志飞收藏之缘起。

孙志飞像

抗战胜利后,孙志飞代表华商电气公司接收日本人组织的华日电力公司,并出任该公司董事兼总经理,降龙伏虎,重振雄风。恰在此时,美国人在上海组建沪西电气公司,要拉华商电气公司入伙。孙志飞看出了美国人办的沪西电气公司实际上是个空壳子,所谓"入伙",无非欲假入伙之名,行其逐步鲸吞之实而已。孙始终不为所动,断然拒绝,坚持独立自主。

孙志飞在经营实业之暇,开始殚精竭虑地投入到搜集古代书画中去。据孙平策向我回忆说:"我父亲是老板,但他不吸烟,不喝酒,更不会跳舞。我们家有一套木箱,装的是线装二十四史,父亲是熟读了的。他收藏都是以金条论价。他不只是一般看看,还要研究画史,查阅资料,写看画笔记,对同时代的画家,还要配套,每缺一个画家,他要千方百计买到配齐才甘心。"1944—1954年的10年时间里,孙志飞以平生积蓄,寻购名家书画,不计代价,以"真、精、新"为首选,收藏了128件字画。

孙氏家族捐献的孙氏原藏120多幅作品,充分体现了孙氏收藏"配套"的特点。明四家沈周、文徵明、唐寅和仇英的作品,一家不缺,而且是精品荟萃。沈周《策杖行吟图》轴，运用倪云林简疏峭劲的笔法，兼取黄公望柔韧松灵的笔意，行笔含蓄而不刻露，为其晚年的杰出之作。文徵明《树石图》轴创作于他 85 岁高龄，为传世较少的"粗文"风格，颇有清旷诗意。唐寅《雪山会琴图》轴，为唐寅少见的纸本画，对以不收绢本为收藏宗旨的孙志飞来说，当然是最为钟爱之物了。此图描绘山村大雪后，在这样一个银装素裹的世界里，文人们依然围炉款谈，或骑驴踏雪访友，琴童相随。仇英《修竹仕女图》轴，人物线描直承唐宋周昉、周文矩的写实传统，把湖边托腮凝思的女子描绘得形神兼备，堪称佳作。其他如清初四家的王时敏、王鉴、王翚和王原祁，是领挈清季山水画风的开派人物，孙志飞收藏的有八件之多。

明四家和清初四王、吴历等的名迹，为孙志飞收藏中之精品。与此同时，他还留意搜集与这些名家相关画家的画迹，力求构成流派作品系列，这已成了他藏品的又一特色。其中如吴门画派画家除沈周、文徵明外，并有文伯仁、钱榖、居节、周之冕等人的作品。文伯仁《听雨楼图》轴，以精巧的构图和朴茂的笔墨见长。钱榖《溪山策杖图》轴，以疏简沉厚为特色。居节《万松小筑图》轴在笔墨的工谨和生拙方面又完全继承了文徵明的衣钵。周之冕《芙蓉凫鸭图》轴，体现了他发展文徵明花卉图的勾花点叶体，笔墨表现更为灵活自如。这些画家的作品从各个侧面反映了吴派绘画的进程。

同样，对董其昌及松江画派作品的收藏，展现了晚明声势浩大的松江画派。《北山荷锄图》轴为董其昌风格成熟时期的佳作，石坡桥木，水岸茅亭，山村冈峦，境界宁馨幽寂，体现着自然界和谐的秩序。山石皴法以披麻兼摺带，融合黄倪两家浑然无间，具有刚健与柔婉并举的笔墨韵味，正是董其昌综合古法而自出机杼的神来之笔。松江派另一健将赵左《山居闲眺图》轴，深得江南雨后山色沉凝、烟云空蒙的景物之美。赵左弟子沈士充《秋林读书图》轴，也以意境之清幽为特色。此外，被吴伟业称为"画中九友"的卞文瑜等人的作品也与董其昌的作品默契同道,从另一侧面反映了以董其昌为首领的画家群在艺术上的密切关系。

颇为引人注目的是在他的藏品中时代最早的一批明代吴中书家手迹,如沈周《行书七律诗》轴、祝允明《行书秋声赋》轴、文徵明《行书诗》轴,其他如文彭、周天球、王穉登等吴门书家的作品,反映了明中期书风中兴的盛况。从晚明至清初一批书家的作品,更是给人以琳琅满目之感,如董其昌、张瑞图、米万钟、黄道周、倪元璐、王铎、傅山等的书法作品,各呈奇姿异态。清代书家的作品,亦有一定的涵盖面,其中张照、翁方纲、刘墉、梁同书、王文治、钱沣等人的书迹,代表着清代帖学所达到的最高水平。洪亮吉、孙星衍的篆书,反映了清中期碑学的兴起、篆书艺术回归秦汉古风的新成就。另有清代诸位帝王的墨宝,如康熙帝玄烨、雍正帝胤禛、乾隆帝弘历等的手迹,这些禁中御笔在民间为难觏之物,其中署名雍亲王的胤禛早年之作,尤为珍贵。

在这里,我把孙志飞的收藏做了最简略的介绍,从中可以看出他的藏品具有较高的文化品位和艺术价值,在沪上众多收藏家中,可以说是佼佼者。孙志飞的收藏之所以能达到这样的品位,除了他的传世家风及自身所具有的良好的文化素养之外,与他交友也有一定关系。当代著名画家、鉴赏家和学者吴湖帆、冯超然、刘海粟、朱屺瞻,收藏家严载如、钱镜塘、钱亚杰、王亢元,学者朱大可、顾景炎、郑质庵等均与之结为艺道挚友,他凡欲收进作品,都多方请教行家,并经常邀集他们一起切磋品赏藏品,不断提高鉴赏水平。孙志飞的收藏得到吴湖帆、钱镜塘的帮助最多,据孙平策回忆:"到我家来论画的,一是吴湖帆,二是钱镜塘。吴湖帆是大画家的派头,不大和我们交谈,似乎大人之间的事情小孩子不要管。他有时手头紧了,就把他的藏品卖给我父亲,如唐寅《雪山会琴图》轴,就是从吴湖帆手里买的。钱镜塘要比吴湖帆随和,能和我们交谈,不过,他每次来都会给我们带来麻烦,他带来的画,我父亲要观赏,要研究,我们兄弟就要帮助拉画,有时要到半夜还不能睡觉。"

吴湖帆和孙志飞的交往的确非同一般，孙氏的收藏中有几幅都是经过吴湖帆题识和《吴氏书画记》著录的。

沈周《策杖行吟图》轴，吴湖帆题识："石田翁早年学云林画，其师赵同鲁谓笔太繁，晚岁参透痴翁，便不觉其繁矣。此《策杖行吟图》兼具倪黄两家，又如阳城下蔡，恰到好处，不能增损一笔一墨，宜六如、衡山北面无愧。癸巳（1953）九月节后学吴倩题。"

唐寅《雪山会琴图》轴，吴湖帆题识："六如居士赋性放逸，所作书画都挥洒立就，与文衡山处处经营不同。且生性喜画素绢，故纸本者十不得一，而纸本画亦往往荒率随笔，刻意者又绝不见也。余所见《春山伴侣图》外，此其仅存矣。丙子（1936）夏日得六如《雪山会琴图》真迹，装成志快。吴湖帆记于梅景书屋。"

仇英《修竹仕女图》轴，吴湖帆题识："明仇十父《修竹仕女图》真迹，公懒赵弟近获名画之一。己丑（1949）吴湖帆题。此为仇氏最晚年所作，格调师唐周昉，而笔致流丽潇洒，不下松雪翁。倩庵又识。"

董其昌《北山荷锄图》轴，吴湖帆题识："思翁神来之笔直逼痴迂，此图天机流畅，刚健婀娜，恐倪黄亦当退避，非寻常随笔可及，审其笔势，在七十岁以前所作无疑义。庚寅（1950）夏吴湖帆鉴识。"

吴历《山村深隐图》轴，吴湖帆题识："墨井道人早岁专师玄照，晚年才由子久、叔明直入董、巨，自成化境。道人五十岁学道澳门，六十五岁乃返嘉定、上海间，不复他出，其画益奇逸。此图题有'江空不遣渔郎到，落尽桃花自掩门'之句，其为归隐之意无疑。况其笔法神化奇逸，刚柔并济，燥湿兼施，洵晚岁杰构，视此则南田太轻，石谷太甜矣。旧藏唐鹪安、李苏邻皆精鉴可信，公懒当不负此云。甲申（1944）春日，吴湖帆识于梅景书屋。"

方薰《仿黄公望密林陡壑图》轴，吴湖帆除了题写"奚铁生题方兰坻仿大痴密林陡壑图"签条外，又作了长题："乾嘉之际，石门方兰坻薰与钱塘奚铁生冈齐名画坛，曰方奚，盖继四王吴恽之后，领袖画苑。奚画每易获觏，方画则十不一二。此图方氏真迹，又得奚氏题语，二难并合，夫岂偶然哉。癸酉（1933）四月得于沪上，吴湖帆题于梅景书屋。"又题："方樗庵画多花卉，山水仅见此幅，用笔沉郁，有仲圭、香光神味，远出张篁村、钱文敏之上，观此可证纤弱一种皆非方氏真迹。奚蒙泉题曰近大痴《陡壑密林图》，犹未能尽其长也。四月五日，吴湖帆题方奚双幅之一。"

有了吴湖帆、钱镜塘两大鉴赏家掌眼——钱不仅掌眼，还提供藏品之源——孙志飞收藏书画的水准，非一般收藏家所能企及的。

孙志飞教育孩子的名言是12个字："助人为乐""低调处之"和"知足常乐"。

孙志飞的"低调处之"贯穿在其生活中。他身为华商电气公司董事、总经理，从不居高临下，其夫人杨飚绵也从不以阔太太自居，平时不外出应酬，即使必要时出去应酬，用她自己的话来说也只是"有分寸地装扮一下"，从不在人前炫耀。华商电气公司上上下下的职工都知道该公司的最大股东是杨飚绵，但却不知道杨为何许人也。孙志飞对自己的收藏也是"低调处之"，除了几位知己好友，外界不知道他的收藏。上海博物馆征集组的人是专门掌握收藏家的收藏信息的，消息极为灵通，但也不知道上海还有一位叫孙志飞的收藏家。"文化大革命"中，上海一些收藏家的藏品在抄家时得到博物馆的担保，而孙志飞所在的单位沪南供电局的造反派把孙氏的藏品抄走后，一直保存在该单位。1979年落实发还抄家物资政策时，孙氏收藏的128幅明清书画精品物归原主。杨飚绵在感慨之余，率孙氏三兄弟将这批家藏珍品悉数捐献上海博物馆。对此，孙氏后人继承家风，亦是"低调处之"，不作炫耀。2000年，为了纪念收藏家孙志飞所做的贡献，上海博物馆举办了"孙志飞先生藏书画回顾展"，在香港定居的杨飚绵、定居海外的孙氏家人都没回来参加揭幕仪式，生活在上海的孙氏后人，仍然是"低调处之"。这是因为他们都遵循祖训："此国之瑰宝，宜嘉惠世人。若徒为一己之私，则失之矣。"

王亢元收藏特色：苏维埃钱币

1979年6月8日，王亢元用极为工整的小楷给上海博物馆写了一封信：

上海博物馆负责同志：
　　近见报载邓副主席在全国政协会上的讲话，对于我们资本家来说，无不感到极大的兴奋和鼓舞。
　　党和国家如斯宽厚地关怀我们，那么，我们该以怎样的方式来积极图报呢？别人都在为四个现代化而努力奋斗，可是我年届七四，加以体弱多病，除响应国家号召勤俭节约、储余增源外，其他无法为国效劳。屡经搜索思量，偶忆及我数十年来的最心爱之物，日前已由贵馆选定的中国金、银、镍、铝各币品九十八枚，愿归诸公众，如数捐献国家，聊尽我一片微薄的心意。临书愧恧，不足挂齿，尚希哂纳并仰照准乃耳。
　　　　此致
　　敬礼

　　　　　　　　　　　　　　　　　王亢元
　　　　　　　　　　　　　　　一九七九年六月八日

这是我们常见的收藏家表示捐献意愿的一封信，除了表现出他的文学基础不错外，其他不会感受到有什么特别之处。如果我们进一步了解王亢元其人其事，就能感受到这封信在他生命中的分量了。

王亢元（1906—1990），无锡人，为上海"面粉大王"王禹卿

（1879—1965）的独生子。在无锡荣氏的发家史上，王禹卿有举足轻重的地位。王禹卿的父亲原是荣家的厨师。到了王禹卿这一辈，他就成了荣家的账房先生，对荣家的发展起了帷幄运筹的作用，同时自己也有比较丰厚的积累。一天，王禹卿和荣氏当家人荣宗敬去洗澡，两人一身轻松之后躺在躺椅上，荣宗敬要听听账房先生对荣氏今后如何发展的打算。王禹卿对荣家事业的发展作了一番构想之后，提出自己想走出去独立发展。对王禹卿提出这样的想法，荣宗敬早有准备，他知道像王禹卿这样聪明精干的人才，是不会为他荣家卖力一辈子的，早晚是要走出去单独发展。对王禹卿提出的要求，荣宗敬故作惊奇，沉思了片刻才说："王先生有这样的想法，很好，我很赞同，但我们何必要分手呢，合起来干不是很好吗？"王禹卿与荣宗敬合伙干的第一件事就是开创了福新面粉厂，王禹卿自任福新面粉厂总经理，事业发展得非常红火，后来人们就送给他"面粉大王"的称号。

　　福新面粉厂是在荣氏原有保兴面粉厂及茂新面粉厂的基础上发展起来的。1902年，荣氏在无锡创办保兴面粉厂，这是中国第一家机制面粉厂。但由于机器设备落后，石磨的产量赶不上美、英式的钢磨，没有竞争力，营业状况不佳，不到一年，原来参股的人见无利可图而退股。荣氏兄弟矢志不渝，决心继续办下去，融入新股，把保兴面粉厂的老股盘点了结，改组为茂新面粉厂。茂新面粉厂开工不久，恰逢1904—1905年日俄战争爆发，俄商在中国东北哈尔滨等地开办的面粉厂大都停工减产，茂新面粉厂乘机得到大发展。茂新面粉厂生产的"绿兵牌"面粉可与阜丰面粉厂的"老车牌"面粉并驾齐驱。王禹卿既有意搞面粉厂，他们就商定在上海光复西路筹建福新面粉厂，商标仍然采用"绿兵牌"，由无锡办购麦子。1913年，福新面粉厂开工生产，每日出粉1200袋，当年就获利4万余元。此年又以福新面粉厂的名义在沪租办中兴面粉厂，接着又开办了福新二厂、三厂。为广收新货源，茂新面粉厂的办麦行庄除以苏北产麦区为主要货源外，相继添设了蚌埠、济南、济宁等处行庄，把小麦源源运到上海。到第一次世界大战前夕，福新面粉厂的发展奠定了荣家兄弟及王禹卿成为"面粉大王"的基础。

王禹卿除了投资荣氏的面粉企业外，还投资参股荣氏的纺织企业。荣氏振新到申新的纺织企业，都有王禹卿的投资。这使他从一个账房先生成为民族资本家，在中国近现代民族企业发展史上占有一席之地。王禹卿1949年移居香港，1965年病逝。王亢元一直生活在父亲的余荫下，所以他向上海博物馆捐献文物时，身份是"原上海第十毛纺厂股东"。

作为大资本家的独生公子，王亢元却不会理财，而且性格乖僻、吝啬。他在年轻刚想出道之时，有一位测字先生为他卜了一卦，曾经预言："在你一生的事业中，若能赚到一分钱，你就来砸我的卦摊。"后来他的一生果如这位测字先生所料。

王亢元要走向社会时，曾经向其父要一个工厂玩玩。但知子莫若父，王禹卿管辖那样多的工厂，没有一家工厂让这个儿子插手。王亢元不服气，非要干几件大事给老子看看，他开办了牙膏厂，结果把本钱赔光；他开办了一家新纪元出版社，也出版过一些书，意大利作家亚米契斯《爱的教育》第一个中译本，就是新纪元出版社出版的，但出版社又以倒闭告终。对这个儿子，王禹卿实在毫无办法，看他喜欢园艺，就给他一大笔钱，要他在无锡太湖边买地建个花园，供人游玩。王亢元有几年的时间往返于上海与无锡之间，不仅自己设计，还像园丁一样种花植树，垒石叠山。这件事情终于被他干成了，就是现在的蠡园。

蠡园建成了，还能干些什么呢？为了儿子将来的生活，王禹卿在西康路和武夷路一带购置了150余处房产，告诫儿子："你什么事都干不成，今后就靠收房租生活吧。"有着少爷习气的王亢元，哪有心思去管房子收租之事，他交给代理人管理，每年能收到多少房租，他根本就不知道，代理人交给他多少就算多少。直到解放初，因一个代理人犯法被人民政府治罪，法院通知他去对质时，他才知道自己的一些房子早已被代理人卖了。就这样，他看到已成为犯人的代理人坐在一只小凳子上,还想着要去给代理人找一只高凳子,他对法院的人说:"你们怎么好让他坐矮凳子?"

就是这样一个坐吃山空的富家公子,却能写一手漂亮的蝇头小楷,能写出工整而华丽的骈文,对收藏古董文物有着特别的兴趣,而对生活的要求又极为平常简单。

王亢元的女婿孙平策告诉我,自20世纪50年代,他父亲孙志飞与王亢元重逢之后他们才认识。"那时我去无锡蠡园游览,看到喷水池旁有一座两层楼高而实有七层的宝塔,觉得设计得很奇特,回来后给王家伯伯一说,他说那就是他设计的。自那以后,我才知道蠡园是他造的。他是一个非常有趣的人,喜欢讲笑话,每次来我们家,我们全家欢迎,连烧饭的厨师也欢迎他来,他能讲许多笑话,是他自己的笑话。有一天他拿来一本政协出的文史资料,上面有介绍王禹卿的文章,其中有一句'王有一个不孝的儿子',他指着说'不孝儿子就是我'。他爱喝酒,总是喝最便宜的酒,也喜欢抽烟,是飞马牌,衣袋里也装有前门牌,那是给别人抽的。他也出去吃饭,总是吃最便宜的饭菜。他从来不理发,头发长了就对着镜子用香烟烫,胡子长了用剪刀剪……"

孙平策的夫人、王亢元的女儿王佩琰说:"我爸爸是一个玩世不恭的人,但他很有趣,他有的是西装,却从来不穿,一生穿中装或中山装。他带我去广东路逛古董店,从我们家坐有轨电车要七分钱,他只买四分钱的车票,坐足了下来步行两站路,但买起古董来,却掷千金而不惜。他喜欢收藏古钱、古玉及碑帖。他有15个子女,身上常年要带着15块古玉。他把买来的珍贵碑帖,一个字一个字剪开,把他喜欢的字贴在另一张纸上,其余的都扔掉。他有着自己的幽默,'文革'之前,我妈妈的一块高级手表坏了,他送去修理,去取表时,钟表店的人看他那副落魄的样子,要他拿户口簿才能取。第二天他又去了,人家问他户口簿带来没有?他说没带,人家说没带户口簿不能取,他把两只袖管一捋说:'你看我能取不能取?'原来他的双臂戴着十几块高级手表,逗得钟表店的人哈哈大笑。"

孙平策说:"我那位岳丈,和子女们都是平等相处的,常常要制造一些笑话让人发笑。他不是有意制造笑料,那是他的天性表现。在他三房太太所生的15个子女中,我的妻子是他最疼爱的一个。"

王佩琰说:"父亲最喜欢我,也是害了我。我中学毕业后要工作,最想当一名营业员,可是他和妈妈都不让我工作,说我是金枝玉叶,怎么好去工作呢?害得我什么都不会做。'文化大革命'中就苦了,我得学做饭,学干活,做外包工,给工厂缝纽扣,每月只能挣32元钱。我能自食其力,虽然苦,感觉还是不错的。'文革'结束后,他又不让出去工作了,害得我现在连医疗保险都没有。"

我问:"你们兄弟姐妹15人,是一个大家庭了,现在都做什么呢?"

王佩琰:"是啊,父亲在世时,我们都住在一起,吃饭是要摇铃通知的。我家的老房子在东平路10号,蒋介石与宋美龄的'爱庐'是东平路9号,邻居有宋子文、孔祥熙等。我小时候家里还挂有蒋介石的照片,是他送给我爷爷的。有时我们还到蒋介石家去做客,不过我没看到过蒋介石。那是我爷爷的关系,我父亲不和他们来往的。蒋、宋、孔几家的房子,解放后就变成了音乐学院附中。我家的老房子还在,是我的两个姐妹住在里面,后来他们都去国外定居了,只有我一个人留在上海。"

我问:"他们这一对亲家翁的收藏兴趣不同,在一起能谈得拢吗?"

王佩琰说:"他们重逢之后,两个人相处得非常好,经常在一起玩。两人有时出去,总是孙家伯伯掏钱,我爸爸去账台付账,他们回来的时候,孙家伯伯就会很得意地说今天很开心,王亢元是我的'跟班'。我的先生叫我爸爸是王家伯伯,我叫公爹是孙家伯伯,这已经成习惯了。孙家有三个儿子,没有女儿,我是孙家的干女儿,本来叫我的先生为二哥，现在也改不了口，仍称他为二哥。我爸爸的人缘很好，他去世时，我们去花店订了花圈，后来发现多了一只花圈，不知道是谁送的，花店老板说是他送的。他说我爸爸是他家的大恩人，他家祖辈都是花匠，我爸爸送了几亩地给他家种花，后来他家就发了起来，这也是花店老板从他上一辈人那里听来的。"

术业有专攻。在收藏上，王亢元和孙志飞有着同样的精神，极讲究收藏的品位，他所藏的千余枚古钱币也都很有价值。当时上海博物馆尚属市文化局领导，接受收藏家的捐赠都要向市文化局写报告，在接受王亢元捐赠文物的报告中，我们可以看出这批文物的价值：金币15枚、银币83枚。这批金币是清代和近现代历史文物，其中重要的金币有光绪丙午年、丁未年大清金币库平一两2枚，民国十五年山东10元、20元2枚，新疆粮饷银币1两、2钱金币2枚，还有袁世凯称帝时所铸之5元型团龙小金币1枚，均为金银币中的珍品。报告中把重要银币的制作年代、特点也都一一列举，并称"都是稀见之品"。为了奖励王亢元的捐献，政府发给他奖金及奖状。在王亢元第二次捐献的钱币中有革命文物，诸如鄂豫皖苏维埃工农银行银币和1932年俄文版银币、1931年湖南省苏维埃银币、川陕省苏维埃银币。

王亢元和孙志飞有一个共同的特点，即对自己的收藏低调处之，隐而不露。直到今天还是很少有人知道，上海曾有过这样一位性格乖僻的古钱币收藏大家。

吴芳生：儒商的收藏精神

海上收藏家，其祖上有不少为皖人，如潘景郑和潘达于的潘家、吴湖帆的吴家、虚斋主人庞莱臣的庞家、李荫轩的合肥李家、刘体智的巢湖刘家，如此等等，还能列出许多。皖人即不太被今人看重的安徽人。耐人寻味的是，今天不太被人看重的皖人，历史上为什么会有如此多的收藏家？

历史告诉我们，海上的这些皖人收藏家，祖籍大多是皖南的徽州（又称新安），他们的祖先有些是"一个包袱、一把雨伞走天下"，最后发展为巨商大贾，这就是我们常说的"徽州商人"，简称为"徽商"。

明代中叶（16世纪）徽商崛起，与山西的晋商共为伯仲，同执中国商界之牛耳，成为控制中国经济命脉的两大商帮。作为一个商帮，徽商自明嘉靖、隆庆（16世纪）到清嘉庆（18世纪）称雄商界，竟达300年之久，不能不说是历史的奇迹。

我曾漫游徽州所辖诸县市，登黄山，旋即入江西婺源，从历史遗迹到村规乡俗，深感徽州文化深厚而独特。在这块处于万山丛中、四面险峻的土地上，为什么会有浓郁的儒家文化气氛？考据历史方知，正是这里的特殊地理环境，造就了避难的安全之地，虽然不能说是世外桃源，但适于在这里繁衍生息是毫无疑问的。中国的北方在东汉就进入动乱时代，北方士族不断南迁，西晋末年的永嘉之乱和唐末黄巢起义，造成一次又一次移民运动，北方士族纷纷南渡，经过长期与当地越人的融合而形成了徽州人。诸如吴大澂、潘祖荫的祖先皆为由中原迁入皖南的北方士族。北方士族带来了儒学家风，"十家之村，不废诵读"，这从遗存的村学村规中就能反映出来。自宋代确立科举制度之后，正如宋代学者罗愿所指出的，"宋兴，则名臣辈出"。明清时期，"自井邑田野，以至远山深谷，居民之处，莫不有学、有师、有书史之藏"，"先贤名儒比肩接踵，虽偏村漏室，肩圣贤而躬实践者，指盖不胜屈也"，故徽州有"东南邹鲁"之称。移住徽州的北方士族，除了带来儒家文化，同时也传入经商习俗和货殖之术。徽州的自然条件形成了山多田少的格局，几乎无发展农业的潜力，当地经济资源的局限，促使徽州人利用其业儒业商的传统寻找生活出路。也可能正是这种原因吧，查阅徽州历史文献，随处可发现"贾而好儒""贾服儒行""儒术饰贾"等儒商结合的记载。徽商或从儒而趋商，或商而兼儒，或弃儒从商而后又归儒。一般而言，徽商集团的文化水准是比较高的。他们有可能把儒学优秀的文化传统运用到商业活动中来，更有足够的经济实力从事儒业。因此贾而好儒、弃儒从商，成为徽商的一个特色。在徽商中出现许多大收藏家也就不难理解了。

徽州从宋至明就是儒学的中心之一，也是大儒朱熹的故乡。朱熹的祖居之地是婺源（今属江西），而历史上朱熹则是徽州人。宋咸淳县志序云："婺源为邑，由唐迄今五百有余年矣。"由此可知婺源自唐代就设邑了。明天启县志序云："新安生聚之庶，财赋人物之盛，甲于天下，诸属邑之所同也。而婺独弦歌礼乐，有邹鲁风，君子食才，小人食力。……邑志于唐，张于宋，宋而后视婺者，等诸曲阜，其故，则以考亭。""是以故二百年来，儒林硕辅，潜修亮节之士，功在旂常、名在竹帛者，项背相望，争自濯磨。"清代光绪县志序云："婺源文物甲于皖南，近世如慎修江氏、双池汪氏，犹能昌明正学，岂非考亭流风余韵有人人之深欤！"可见程、朱理学在徽学中的影响源远流长。特别是陆九渊、王守仁一派的心学，由于对儒学的修养简易直接，尤其是抬高商人地位的经济伦理，更为徽商所乐于接受。"嘉靖以迄于明末"，对于王阳明的心学，徽州人趋之若鹜。可以说徽商在政治伦理上，是以程、朱理学为依归，而在经济伦理上却以王的心学的说教为本。王的心学提出"四民异业而同道"，"百姓日用即道"，徽州就有"士商异术而同志""以营商为第一生业""良贾何负闳儒"之说。王学的崇商观念被渗透到家法、族规、乡约中去。朱、王两派儒学的影响，导致儒为名高、贾为厚利、儒贾结合、官商互济，成为徽州人发展商业的要诀。

徽商主要经营盐、典、茶、木四大行业。盐业是徽商行业中的支柱行业，徽商中大商人都倾心于盐业。明人谢肇淛《五杂俎》中有云："富室之称雄者，江南则推新安……新安大贾，渔盐为业，藏镪有至百万者。"典当商在徽商中最为独特，是最古老的质典行业，可以说是一种高利贷资本商人。明代徽州典当铺几遍全国。由于山多田少的特殊自然条件，徽商中有很多木材商，《新安志》说："休宁……山出美材，岁联为桴，下浙江，往者多取富。"不过做木材生意最具风险，正如《婺源县志》所说："木商以其资寄一线于洪涛巨浪中。"徽州的茶商历史最为悠久。白居易的《琵琶行》中琵琶女的丈夫就是茶商，他到浮梁采购的就是徽州茶叶。浮梁是江西的县治，在唐代是茶叶集散地，徽州的茶都集中在这里销售。"祁（门）红（茶）婺（源）绿（茶）"在历史上早有此说。除此之外，徽商中还有丝商、纸商、药商、笔墨商、书商、扇商等。不管是哪一类徽州商人，他们大多遵循"儒为名高"这条原则，以文化来树立自己的形象，恰如现在人们常说的"文化搭台""企业文化"，但现在的商人在文化品位上是赶不上徽商的。

明代出版业以南北二京和东南四州为中心，即南京、北京、杭州、苏州、湖州和徽州。徽州刻印书籍以"无书不图，无图不精"冠盖群伦。书商为名为利刊印书籍，往往集作者、书商、画工、刻工等于一身。为了盈利，书商在书籍的绘图、刻图、印刷上求精与创新，客观上促进了徽州版画艺术的形成和发展。徽州书商大多是文人、著作家、收藏家，他们所刊印的大量地方志、名著、族谱、金石书画谱等书籍的流传，对中国文化事业的发展所起的作用和影响不可低估。如徽商出身的出版家汪廷讷与胡正言，既是剧作家、出版家、诗人、书画家，又是金石篆刻家。汪廷讷为休宁"汪村人，加例盐提举"。汪氏以盐业致富，儒、商、仕三位一体。晚明朝廷腐败，他隐居江湖，在家乡建"坐隐园"，在金陵还自设书坊"环翠堂"，不但自己著书刻书，还刻有多种古籍孤本、善本，《人镜阳秋》22卷，辑历史人物故事，每事一图，极为丰富。戏剧家汤显祖是他的密友。十竹斋主人胡正言也是休宁人，出身于名医世家，自己也以医名于世。他隐居在南京鸡笼山侧，《十竹斋笺谱叙》上说"十竹斋"便是他的斋名。据李克恭记载，胡宅"尝种翠筠十余竿于楯间，昕夕博古，对此自娱，因以十竹名斋"。"斋中藏有博古异书，名花奇石。"他曾参加张溥为首的"复社"，从他的《十竹斋印谱》中可以看出有钱士升、倪元璐、范景文、杨文骢、冒辟疆、史可法、杨嗣昌等。入清后，他常自署"前中书舍人"，自己也以明遗民自居。十竹斋既是他的隐阁，更是他专门从事艺术探索，特别是精心雕刻印刷的作坊。他和名刻工汪楷等合作，创造了"饾饤板""拱花"刻版技术，刊印了《十竹斋画谱》与《十竹斋笺谱》，从收集、编稿、刊刻、水印到装订成册，前后历时26年之久。

  有着"儒商"文化背景的徽州商人，他们的血液中流淌着传统文化的基因，所以在徽商中多收藏家也就不难理解了。本文要介绍的吴芳生就是从徽州文化背景中走出来的收藏家。

  吴芳生（1880—1960）是安徽休宁霞浦人。休宁商人是徽商中的一支劲旅，他们中除了有盐商、典当商、茶叶商及木材商外，还大多从事绸缎行业及制墨行业，这也是休宁商人经营的强项。尤其制墨业是休宁商人传统的经营项目。早在明代，休宁墨商甚多。现在所能看到的明代旧墨，多为嘉靖、万历年间休宁著名墨工所制。到乾隆三十年（1765），绩溪上庄人胡天注继承其岳父的"汪启茂"墨店，继续经营，取"天开文运"之意,在休宁城西街开设"胡开文墨庄",并以"苍佩室"三字为标志,其他分店不准套用。该墨庄按易水法精选原料,精心配方,严格生产工艺,其墨造型新颖独特,产品质量上乘,屡进贡品。因此,胡开文墨庄声誉日隆,与当时制墨的曹素功、汪近圣、汪节庵并称清代四大墨家。曾国藩手书"胡开文墨庄"金字招牌,店堂还悬挂着楷书白底黑字竖写的"休城起首老胡开文名墨发行"店标。吴芳生不做墨的生意,但他生前常忆及与胡开文墨庄交往的文人墨客给他留下的深刻印象和影响,收藏书画的兴趣已经留在他的潜意识中。

吴德荃字芳生,后以字行,号理斋。其长兄吴德萱,字树之;二兄吴德藩,字介人。1899年,吴芳生由浙江南浔"八牛"之一的后人、举人、藏书家蒋锡绅(字书箴)推荐到南通张謇的大生纱厂工作。蒋氏之长子即著名藏书家蒋汝藻(字孟苹),长孙即著名古籍碑帖商人、鉴藏家蒋祖诒(字谷孙)。

吴芳生不是真正意义上的徽商,在他14岁时,和其他休宁人外出一样,一把雨伞,一只包袱,离开休宁到南通当学徒,休宁人经商的素质在他身上得到充分体现,在南通搞棉纱行业。为了能够更好地发展,他于光绪二十五年(1899)进入张謇创办的大生纱厂,初仕钱庄解款,做送标据事项,后专任收购花衣(原棉)。他对业务精于钻研,以手感、手拉棉花纤维长短与嗅味即能知道所售花衣的具体产地。之后,又任主管大生各厂所自办钱庄事项多年。再后任大生纱厂业务主任,和秘书主任易敦白、总务主任蒋碾堂、财务主任王翔云为该厂的四大台柱,推动大生纱厂后来的发展。后由南通转大生纺织公司(1921年成立)驻沪办事处负责人,仍主管业务事项。抗日战争时期,吴芳生坚持在沪留守8年,对亲属小辈中与日本商人合作者屡加训斥,对制止不了者,即与之断绝往来。抗日战争胜利之后,仍主持大生纺织公司驻沪办事处工作,至解放后的1951年退休。他是大生纺织公司的高级管理人员,不是老板,但他用毕生的精力把徽商的经营之道,奉献给了大生纺

吴芳生像

织公司。

　　吴芳生虽然不是大生纺织公司的股东,但他是张謇的智囊人物,每月靠薪金收入维持生活。从大生纺织公司总部职员名册中,我看到他排列在第三名。有了这样的收入能干些什么事情?吴芳生六口之家,夫妇二人有四个子女:吴诗铭、吴诗锦、吴诗鉴、吴诗苹,收入首先要保证六口之家的生活及子女们读书深造。吴芳生虽不是徽商,但有深厚的乡土情结,所以他的收入一部分用来在家乡建学校、修路造桥、接济有困难的乡亲乡邻。从他们村到河上码头几里长的石板路,就是吴芳生投资兴建的,至今仍在通路行人。而他们自己的家庭生活却是很节俭的。我在访问吴诗鉴及吴芳生的侄子吴诗颖时,他们都谈到青少年时代生活俭朴。吴诗鉴读大学时,手中的零花钱还是很少。吴芳生把大部分余钱用来收藏书画了。

　　在上海真如镇一个居民小区的普通工房里,我访问了吴芳生的三子吴诗鉴和夫人,以了解吴芳生的收藏情况。这对搞体育工作的夫妇,对老先生的收藏知之甚少,吴诗鉴说:"我父亲收藏了什么,我们都不知道,只看到他把画挂在墙上,经常调换,不许我们动手触摸。"

我问道："老先生有没有收藏笔记或记录？"

吴诗鉴说："经常看到他用毛笔写东西，不知写的什么，也没有留下来。"

吴诗鉴告诉我，他的堂弟吴诗颖对他的父亲了解较多，我又去曹杨新村采访了吴诗颖。吴诗颖的父亲和吴芳生是同胞兄弟，吴诗颖十几岁时就离开休宁到上海来投奔吴芳生，吴芳生为他找了工作，可以说他是在吴芳生跟前长大的。吴诗颖说："我的几位堂兄都怕我伯父，平时不敢到他的书房去。我经常去，伯父有时曝画，就叫我帮助拉拉、挂挂、卷卷。那时我也不懂，不知他收藏了什么，又是如何收藏的。有一点我是知道的，他把薪水的节余用来买画。"其他就说不上来了。吴诗颖还算是舞文弄墨的干部，平时也注意收集有关吴芳生的资料，但他能给我提供的只是《总部职员名册》，是1946年总管会时编造的。还有一本1949年7月苏北工商处驻沪清查小组写的《大生一、三公司调查报告》。在这份报告中，吴芳生仍不在董事会之列，而是称其为张謇的"门人食客"。报告中写道："大权多操于'元老'之手，此皆张季直门人食客，故在工作上不强调制度，一切措施都按以人为主分工负责之习惯。不成文法，尤以三吴（吴芳生、吴申夫、吴赏阶）操权最大，此三人掌业务、财务、总务，甚至某些小事经理皆不能控制。"吴诗颖在"门人食客"旁批语云："这种说法简直恶劣，什么门人、食客，张謇搞这一套吗？明明是经多年考验的、得力的、可靠的高级业务骨干！"看来，将吴芳生列为张謇的"门人食客"，吴诗颖有些愤愤不平。所幸，在吴诗颖那里，我看到吴芳生的两通尺牍复印件，用毛笔直写，虽然和收藏无关，总算看到了吴芳生的手迹。吴诗颖对吴芳生最了解，而且又专心收集其资料，能给我提供的也只有这些了。

1960年，吴芳生病逝。稍后几个月，其子女吴诗铭、吴诗锦、吴诗鉴、吴诗苹联名向上海博物馆提出，将其尊人的收藏捐献。在上海博物馆收藏档案里，我查到吴氏捐献的原始记录。上海博物馆为吴氏捐赠

举行了捐赠仪式,当时的副市长金仲华参加了会议。在会上,吴诗铭代表吴氏兄弟做了发言,其中有云:

> 先父吴芳生几个月前去世了,我们兄弟承受了先人遗留下来他生前收集和保藏的明清各家的书画真迹200多件。这些艺术作品大部分是他晚年所收集的,他本人因退休在家养老,欣赏艺术作品在相当长的一段时期内是作为怡情养性的,可以说是他的精神生活的一部分。
>
> 我们兄弟自解放以来,通过历届各项政治运动,不断受到党的教育和启发,初步明确了个人和集体、个人和国家的关系,同时亦认识到这些古书画都是我国先民的劳动创作,是属于民族文化范畴的。通过近一时期对党和政府的保护民族文化遗物政策的学习,体会到先父遗留下来的这些文物,应当作为人民的财富,由人民所公有,才更有价值。因此经过我们兄弟交换意见,一致认为将其全部捐献国家、公诸人民,使得先父生前曾经费了一番精力所收集保藏的这些文物能够克尽其用,发挥其应有作用,才是对待这些文物和先父收集保藏这些文物所花费的心力的正确态度。

上海市文物保管委员会主任兼上海博物馆馆长徐森玉在会上介绍了文物保护政策。

上海博物馆的捐献档案中,完整地保存了《吴芳生先生遗物〈理斋旧藏明清书画目录〉清单》,清单上记载了吴氏兄妹捐献书画藏品共270件,包括明清两代绘画的主要流派之名作。其中如明代沈周《寺隐晓峰图》轴,文徵明《天平龙门图》轴,周之冕、王穀祥、徐渭、陈淳四家的花鸟和清代吴历《雨歇遥天图》轴等都是精品。此外有明代董其昌、陆治,清代"四王"、恽寿平、金陵画派、扬州画派以及石涛、石谿诸大家之作。郑板桥行书对联"子瞻翰墨擅天下,诸葛风流无古今",

在"板桥体"中可称精心之作。

我采访吴诗鉴时谈到这批文物捐献的经过,他说:"我大哥吴诗铭在无锡,二哥吴诗锦在北京,我和姐姐吴诗苹在上海,虽然身处异地,我们还是一致赞成捐献,由大哥出面写信给博物馆表示我们的态度。举行捐献仪式时,可惜二哥未能由北京来上海参加,至今我仍然感到是件遗憾的事。"

在上海博物馆的捐献档案中,我没有查到吴诗铭的这封信,但是在这次捐献工作的总结中,看到有如下的记载:

> 今年三月下旬,我会接到无锡市人民代表、无锡地方国营中华染料厂总工程师吴诗铭来信说,他"父亲晚年喜收集书画以自娱,已于三月初逝世,对于先人所遗书画,兄妹们研究后惟恐日久难免散佚,对于这些祖国的文化遗产,可以提供人民在文化艺术上研究参考之用,因此我们决定捐献给国家,可以发挥更大作用"。我会接到来信后,立即派员和吴诗铭的弟弟吴诗鉴(上海体育馆馆长)联系后,约定吴诗铭来沪,看到了这批书画,其中如明邹宜德《泉斋图》卷、沈周《寺隐尧峰图》轴、文徵明《天平龙门图》轴、徐渭《鸳鸯莲花图》轴、清王时敏等六家、释道济等四画僧、新安画派、扬州画派以及明清书法共二百七十件,大部分都是精品。

从这段记录的文字中,对吴芳生那种收藏家的人格及其后人的情操,我们可以了解一个大概。在采访中,我深深为他们那种平和的心态所打动,一切都不留痕迹。他的收藏目的就是为了"自娱",娱目娱心,这个目的达到了,其他任何所谓的"雪泥鸿爪",对一个收藏家来说又有什么意义呢?

收藏以自娱,这就是儒商的收藏精神。

张继英：云山看去天无尽

从一张委托书上，我第一次知道许张继英的名字。委托书的后面还附了一张捐献目录：明代文徵明行书《追和倪元镇江南春词》扇面、陈继儒行书扇面、焦竑行书扇面、蓝瑛《仿王黄鹤山水图》扇面、文点行书扇面、钱几《寒堤故寺图》扇面、沈颢《秋溪竹亭图》扇面、张灵《临流听泉图》扇面、清代王文治行书七言联和仇英山水扇面《仙山楼阁赋》、陆师道楷书扇面合轴共十件。

以扇面为主的收藏特色固然引起我很大的兴趣，比这更有趣的是委托书上她写的一段话："我已经九十五岁了，这些文物只有交给国家我才放心。这些书画好比我的女儿，现在我为她找到了最好的婆家。"她怀着这样一个母亲的真情，把祖传而又随她在海外漂泊多年的书画，捐赠给了上海博物馆，谁听了能不为她的情怀所打动呢？

1996年冬天，在上海博物馆举行的"接受许张继英女士捐赠文物仪式"上，我见到了许张继英。我们这群可谓见多识广的记者，都被她的气度和仪态震得一愣一愣的：她一头纯净如雪的白发，梳理得整整齐齐，在脑后挽了一个小小的发髻；一袭乳白色羊毛长大衣，大衣上别一朵鲜红的绢花，衣领内衬一条绿丝巾；面容清癯，腰背笔直，肤色白皙，鼻梁削挺；谈笑间，一口吴侬软语中不时蹦出几个英语单词；镜片下，目光是锐利的，有热情，也有矜持。

一位女摄影记者只顾瞪着眼、张着嘴巴专注地看她，连照相机的快门也晚按了半拍。捐赠仪式结束，她缓缓向我们这群记者走过来，微微一笑，吐出一句吴侬软语："我也是记者，和你们是同行。"本来就无拘无束的记者们，这时就更加热闹起来，请她谈谈自己的经历。她爽朗地答应下来，不过她说得很简单：首批庚子赔款留美女学生之一，新闻学硕士，美国《先驱论坛报》记者，上海《女青年》杂志记者，美联社、合众社驻华记者。

她的先生许骧是哈佛大学博士，著名细胞遗传学家，也是华盛顿大学终身教授。因为先生姓许，按照当时国人妇冠夫姓的习俗，所以就叫"许张继英"了。

张继英祖籍浙江湖州，1900年12月7日出生在上海。那时她已经有了一个同父异母的大哥，她的父亲是上海一家洋行的中文秘书，希望再有一个儿子。听到新生儿的啼哭声，父亲走进产房，一听说是个女儿，看也没朝她看一眼，扭头便走。从此，她便按父亲的意思，像男孩子那样穿着长袍马褂，一头秀发全部掖进帽子里。这以后，不知为什么，父亲却宠起她来，宠得她顽皮、个性强，事事都要与众不同。"我小时候脾气真是坏啊，五六岁的时候，起床都是嫂嫂帮我穿衣服，我却总是难为嫂嫂，横也不好，竖也不好，现在想来仍觉内疚。"只有一件事姑嫂俩结成了同盟：她常常到外面买那些大人不许吃的黄金瓜、甘蔗什么的，买回来藏在嫂嫂房间里，两人一起吃。男孩打扮的她，还常常被父亲带在身边进进出出，什么地方都去。10岁之后她才改回女儿装，进了上海有名的教会学校——中西女校读书，从此打下扎实的英语功底。

1921年，张继英中学毕业后考上了清华大学。入学后，正好有一笔庚子赔款可作为留学助学金，而且正是从这一年开始学校一改往年只送男留学生的惯例，给了10个女留学生的名额。"当时我真是初生牛犊不怕虎，马上报了名，要考两门外语，一门是英语，我从小就会，不成

张继英像

问题;另一门是法语,临时抱佛脚,找到女青年会的一个女先生,跟她学了一阵,考完那天,一晚上都没睡着,结果考上了!"

她考取的是美国俄亥俄州文理学院,获得文学士学位,然后进哥伦比亚大学新闻专业读书,获得硕士学位。在此期间的1924年,她在美国《先驱论坛报》实习,恰逢美国总统大选,她去采访,对方见是一个穿旗袍的苗条秀美的中国姑娘,很惊讶,一聊起来,却无语言障碍。她的采访很成功。从这以后,她又成为美国《华盛顿邮报》的记者。

1925年奖学金期满后,她按期回到中国,先是在上海基督教女青年会办的杂志《女青年》当记者,后受聘为美联社和合众社驻南京的记者。"那时,孙科是铁道部长,我常去采访,后来还当过他的英文秘书,因为这层关系,才有宋美龄结婚请我当女傧相的事。"

她接着说:"以我九十几岁的经验看,世间的事,全在一个'巧'上,正所谓'无巧不成书'。我在清华园上学时正巧招考女留学生,从此开始我一生的转折。我碰到许先生,也是巧,就是在马路上碰到的!我和他在美国留学时就认识,后来没有联系,那年在南京,我正在马路上走着,看见对面走来一个穿蓝布袍子的人,走近一看,原来是他,就此做了朋友。"许骧那时已从哈佛大学毕业，在南京中央大学教生物学。他对张继英的呵护体贴，只一个细节就可以看出：出门时，即使有她七八只包，也都是由许骧一个人背着拿着，一只也不让张继英拿，用她的话说，是"对我好得过分"。当然，许骧对别人也有一颗仁爱之心，做研究的时候，他手下人没有工资，他就把自己的工资拿出来分发给大家。许骧和张继英在1931年结为伉俪。婚后，他们转赴北大任教。1935年，他们的儿子出生。

1937年"七七"卢沟桥事变发生。为避战乱，他们一家南迁杭州，许骧到浙江大学教书，并继续他的遗传基因学研究。但战火很快蔓延到南方，他们又逃亡到江西九江，然后辗转来到香港，许骧在香港大学教书。不料太平洋战争爆发，香港沦陷，学校停课。"日本人来了，找到许先生，将他奉为上宾，说要搞什么'大东亚共荣圈'，要把学校重新开出来，也不要原先的英国人当校长了，要让许先生出来主持当校长。许先生当面敷衍，回家之后，当晚就孤身一人逃离香港。我这一生，与许先生生离死别二三次，这是头一次。当时的心情，真是难以描述，我带着孩子留在香港，不知道今后还能不能见到许先生。"之后，她也火速带孩子离开原先借住的香港大学，搬到一家修道院住。当时日本鬼子到处乱窜，找"花姑娘"，有一次闯到修道院，看见她五六岁大的活泼可爱的儿子，一个日本军官竟表示要把他带到日本去。她知道后，惊恐不已，马上去孤儿院买了一套小孩穿的旧衣裤给儿子穿上，自己也扮成又脏又土的农妇模样，混在被遣送到内地的乡下人里面，坐船回内地。在船舱里安定下来的她，忽然觉得浑身奇痒，翻开裤腰一看，不得了，密密麻麻的小虫子爬成一条线。这是什么？她叫起来，旁边有人说："这还不知道？虱子！"回到内地，她才得到许骧的消息，知道他还活着，在重庆。她就带着孩子，冒着日军飞机轰炸和盗匪抢劫的危险，朝重庆赶去。这一路上，她是心里惦着远方的丈夫，眼睛看住年幼的儿子。翻山越岭时实在无奈，坐了一趟滑竿，儿子坐前一乘滑竿，她坐后一乘，一会儿工夫儿子就不见了，她人在滑竿上，心里七上八下地直打鼓：万一抬滑竿的是坏人，怎么办？一直到了前面，看见儿子远远地等着她，她一颗心才定了下来。

团聚的日子并不长。抗战胜利前夕，许骧应美国华盛顿州立大学的邀请，乘一架美国军用飞机横越太平洋去美国教书。她则带着儿子先乘飞机去印度，再坐美国军舰穿越印度洋经澳大利亚到达美国。当没有密封的简陋飞机飞越喜马拉雅山上空时，她的儿子差一点因缺氧而窒息，脸色蜡黄，她急得不得了。也是命不该绝，飞机上有个外国人见状，赶紧找来一只氧气罩给她的儿子戴上，不一会儿，儿子的脸色转白为红，缓过了气。在茫茫太平洋上，到处都是日军潜艇，她搭乘的美国军舰是小心翼翼地绕出去的，终于抵达西雅图。许骧早已等候在此。当历尽劫难的一家三口缓缓步下码头台阶时，一大群记者蜂拥而来，纷纷询问他们此时的感受。

也许是什么感受都有过，但唯有一点没有预料到：他们一家将长久远离自己的祖国，在异国他乡旅居30多年。

在此后的30多年里，他们取得了美国国籍，怀里揣着美国护照，有了自己的带尖顶的漂亮楼房、草坪、花园和汽车，可是他们敢于迎着任何人的目光，说自己是中国人。许骧继续着他的生物学和遗传学方面的研究，直至退休。张继英在相夫教子的同时，热心从事公益慈善事业，为当地儿童医院义务服务。她总是穿一身旗袍，梳一个平整光洁的中国式发髻。他们以自己高雅的言行举止，改变着外国人眼中的华人形象。他们的儿子是在美国社会成长的，后来也成为了大学教授，也像许多美国人那样，与父母分开住，过着自己独立的生活。

他们曾先后在日内瓦和巴黎居住过，也到过世界上不少的地方，收藏了许多国家的工艺品，但他们最珍爱的物品，是那一件件祖传的明清扇面和字画。原先这些家藏一直是由张继英的母亲保存的，一年曝晒两次，年年如此，随后就交到了张继英手上。那些中国字，那些美丽的山水楼阁，在他们心目中，已远远超出了它们本身的意义和价值。它们就是中国，是永远的召唤和精神的回归之处。真是这样的。他们时时在梦想归国，中美建交后就更想了。他们曾到中国驻美国、法国、意大利、英国、西班牙的大使馆或领事馆打听回国之事，可当时中国正是"文化大革命"时期，所以久久没有得到回音。直到1980年，他们才顺利回到祖国，定居苏州。一开始连中国话都有点说不连贯，就从头再学。他们还四处旅行，不幸许骧在旅途中患上疾病，不久便去世。他穿过的旧棉毛衫，张继英稍加修改就穿到了自己身上，这当然是出于对丈夫的一片挚情，但也可见她个人生活的俭朴。她和许骧都不是企业家，经济来源靠的是工薪收入。但就在这种情况下，她还是为祖国的教育和慈善事业四处捐资，苏州医学院和苏州大学外语系都有她设立的奖学金，她义务去教英语，筹建红领巾京剧班，还将许骧生前教学和研究用的满满13箱书籍捐给了华东师范大学……至于那一批珍贵的祖传书画，她也一直在留心着，要为它们找一个称心如意的"婆家"。

她定居在苏州，那为什么要把这批珍藏捐赠给上海博物馆呢？

她说："中国有句古话：'良臣择主而事，良禽择木而栖。'珍宝当择馆而藏。"上海博物馆新馆建成，名声在外，1995年的某天，她委托的律师按照她的建议先到上海博物馆参观，回去时带了两张上海博物馆的照片。她见到照片上形似中国古鼎的上海博物馆新姿，大喜，认为比她在世界各地见过的任何博物馆都更漂亮，且深得中国古典艺术之真味，况且上海又是她的出生地、她父母长期居住的地方。于是，在1995年12月5日，她做出决定，将这批祖传书画捐赠给上海博物馆。

我的同行有人问她：这些藏品中，你最喜欢的是什么？她毫不犹豫地回答："扇面。我最喜欢的是宋人团扇，即'轻罗小扇扑流萤'的那种。"

扇子，作为文化的象征，在中国有悠久的历史。汉代班婕妤"裁成合欢扇，团团似明月"的诗句，东晋大书法家王羲之为卖扇老妪书扇的故事等，都说明这种为广大人民喜爱的"扇暑而凉"的日用品，在1500多年前已成为书法家们在其上面表现书法的一种艺术载体。这种扇子大都是圆形的，故称之为"团扇"。目前我们从传世的宋元绘画作品中，还可以看到大量的团扇原物。

折扇，又名折叠扇，古代称为聚头扇，它的出现始于北宋。据文献记载，折扇还是舶来品，是由高丽（朝鲜）使者以私觌物传入中国的。北宋郭若虚《图画见闻志·高丽国》记载："彼使人每至中国，或用折叠扇为私觌物，其扇用鸦青纸为之，上画本国豪贵，杂以妇人、鞍马，或以临水为金沙滩，暨莲荷、花木、水禽之类，点缀精巧，又以银泥为云气月色之状，极可爱，谓之倭扇，本出于倭国也。"但两宋时期的折扇原物，至今已邈不可知。

折扇的广泛使用，始于明代永乐年间，由于高丽国以此作为礼品赠送中国，永乐皇帝喜其使用方便，大力提倡，并命令内府巧匠仿造，遍赠群臣，于是折扇在士庶中逐渐兴盛起来。到了宣德、弘治年间，折扇制造业日益兴盛，制扇名家辈出，扇面的选材，除素笺以外，还大量使用泥金、洒金和冷金笺。一些著名书画家竞相在制扇名家的折扇上挥毫落墨。到了明代中期，折扇书画已蔚然成风，几乎所有书画家都把扇面书画的创作当作自己艺术活动的一个重要内容，使扇面书画这一新颖独特的表现形式，成为我国传统书画艺术中的一个重要门类。更有一些艺术爱好者把名家折扇卸去扇骨，揭裱成册页或挂轴，从而使书画折扇由实用艺术转化为永恒的不受时间节令影响的纯鉴赏的艺术品之一。明清以来，这颗书画宝藏中的袖珍明珠，受到收藏家们的广泛重视，并精心加以收集和珍藏。

张继英如此喜欢扇面画，足见她对中国传统文化、艺术的深爱。她捐献的几帧扇面，在上海博物馆的藏品中也堪称精品。文徵明《行书追和倪元镇江南春词》扇面，笔法苍劲清秀，是他64岁时所书。倪瓒（字元镇）是元代著名画家，其"不求形似，聊写胸中逸气"的创作思想，对明清文人画影响极大。文徵明以倪瓒《江南春词》为题材，创作了多幅表现南方春天山清水秀景色的作品。此行书《追和倪元镇江南春词》，诗情画意，相得益彰，甚为难得。

陆师道的书与画都出自文徵明的门庭，论者谓："文徵明诗、文、书、画四绝，师道并能传之。"此小楷《仙山楼阁赋》扇面，赋文连自识共463字，分43行书写，长行17字，短行5字，字字平稳严整，笔法秀劲纯熟，足见其小楷功力之深厚。自识谓"此为仇英《仙山楼阁图》而书"。仇英是"明四家"之一，画法南宋院体，画风精工细致而又有士气。陆师道对仇英之画极为推崇，以为可与顾恺之、陆探微媲美。

陈继儒是与董其昌齐名的晚明著名书画家，两人亦是同道挚友，长于诗词、古文辞。他淡于功名，弃科举，筑别墅于松江佘山，致力读书、著述。书宗苏轼、米芾，精于梅竹，并擅山水。此《行书五律诗》是作者借诗抒怀，道出了他淡泊富贵、倾心自然的胸怀。书法秀劲流畅，为陈氏佳作。

蓝瑛是明代晚期浙江画坛的著名画家，擅长山水、花鸟、兰石，画史称其为"浙派殿军"。实际上他的画风与明初浙派画家戴进不同，以戴进为首的浙派画来自南宋院体传统，而蓝瑛的山水，早年从黄公望入手，融合宋元诸大家画法，自立门户。他的画用笔苍劲疏宕，用墨淡洁明净，他的荷叶皴颇为时人推许。此幅《仿王黄鹤山水图》扇面，作于己卯（1639），时年蓝瑛55岁。画法以水墨为主，略施淡赭，木叶用朱砂点染，表现了萧索而又烂漫的秋天景色。自识用"王黄鹤法"（王蒙画法）。其实从此画的笔墨性情看，更多的是蓝瑛个性的抒发。

沈颢是明代晚期书画家，早岁剃发为僧，中岁还俗。他对画理颇有研究，擅山水，画风近沈周。此帧山水扇面，用水平垂直构图，溪山清远，坡堤上修竹茅亭，一老者策杖观山，笔墨疏秀清旷。自题"己卯秋仿文水道人"，"文水"是文嘉之号，"己卯"为崇祯十二年（1639），是沈颢54岁时所作。

  焦竑字弱侯,号澹园,江苏江宁(今南京)人。万历十七年(1589)一甲一名进士(状元),与董其昌为同年进士,著述颇多。行书师法苏轼,疏朗多姿。他的传世书法不多,此扇面是为友人过访而喜作五言律诗,品相整洁如新,颇为难得。

  除上述名家作品外,钱几作品为画史所不载,此扇的笔墨风格接近钱穀,此类画家虽不显赫有名,却也具有相当的艺术水平,并可补画史之缺。

  半年之后,我和钟银兰有苏州之行,专门去拜访了"许张之宅",张继英的孙女出来迎接我们。这是她们自购地皮、自己设计两层小楼阁的江南民居。白墙黑瓦、石库门、假山碧池的小院子里修竹、玉簪花、金色游鱼、红漆木楼梯、八仙桌、藤沙发、红木圆桌、虎脚凳。一切都是中国式的,都是主人从大街小巷角角落落寻觅得来的。被她命名为"愚斋"的书房里,桌上放一尊绿锈斑驳的青铜鱼洗,里面盛大半缸清水。她逢人便说,真是奇妙啊,用清水将手洗净,掌心平搓鱼洗的把手,水面就会喷出粒粒小珍珠似的水珠,赛过喷泉,不信你试试。是啊,中国的东西,几乎样样令她痴迷。所以书案上就立了一排景泰蓝制成的小编钟,墙上就挂了一只神情诡秘的立体脸谱,画轴里就有长长的《武夷山九曲图》画卷,书架上有厚厚一摞线装书,连座椅上靠着的,也是一只从四川带回来的蜡染靠垫。更不必说玻璃柜里放着的那些宝贝了。从承德外八庙里捡回来的一块琉璃瓦残片,是和印有圣母玛利亚像的古旧铜片放在同一个柜子里的。当然还有最值得纪念的物件:她的高祖张师诚留下的一副眼镜,玳瑁的镜架,白色水晶的圆形镜片。这是张师诚棺木中唯一的随葬品,经历了近两个世纪,居然奇迹般地传到了她的手上。张师诚(1762—1830)是乾隆五十五年(1790)进士,曾做过福建、江西、江苏等地巡抚,林则徐曾是其任福建巡抚时的幕僚。苏州沧浪亭有张师诚的石刻像,其拓本挂在楼下客厅的墙上,连同刻在像旁的评语:"三朝恩荣,一生忠孝,大儒名臣,惟公兼造。"身穿清代朝服的张师诚,有一个与张继英一模一样削挺的鼻梁。她说:"祖父把他的鼻子传给我了。"

她仍然是那样健康,仍然是那样俊美,仍然是那样健谈,仍然持有美国护照。可她此时穿的却是中式服装,住的是江南民居,还是喜欢扇画和"云山看去天无尽"的诗句。而几十年的美国生活,为什么没能改变她这一切呢?

袁安圊：将自己"藏"起来

《董美人墓志》（原名《美人董氏墓志铭》，以下简称《董美人》），隋代开皇十七年（597）刻。志石为正方形，高和宽均为52厘米，铭文共计21行，每行23字左右，约清嘉庆年间陕西兴平县出土，道光年间为上海人陆君庆官兴平时所得，后载归沪上，被大鉴藏家、藏书家、书画家徐渭仁（号紫珊）购藏，徐氏遂名其斋曰"隋轩"。咸丰年间，志石毁于上海小刀会之乱。此墓志有关中初拓本和上海徐氏拓本，翻刻本亦多，甚至有以木板翻刻者，其中翻刻精佳者，几难立辨真赝。

《董美人》出土时，石品如新，毫无残损，几如新刻，加之铭文中似有与史实抵牾之处，故当时诸多碑帖鉴赏家疑为赝物，其实为未仔细研读史料的误解。《董美人》是蜀王杨秀为其爱妃董氏所制的墓志铭，铭文中写董氏之丰姿曰："态转回眸之艳，香飘曳裾之风，飒洒透迤，吹花回雪。"写其墓地有云："依依泉路，萧萧白杨，坟孤山静，松疏月凉。"文字瑰丽清新，近似六朝文风。墓志铭书体楷法精备，有着上接魏晋下启李唐的微妙转变，近世碑帖收藏家多挚金求购。

吴湖帆曾花10年时间孜孜寻找《董美人》，曾有题跋云："余旧藏《常丑奴志》，颇欲觅此志为'丑美伴侣'。十年来搜录之勤，所得都三本，一即此册，淡墨笼纱，真如蝉翼，且锋棱毕现，自是石墨上乘；其一浓墨拓，嘉兴陆氏鬲鼎楼旧物；一为整本，拓最次，以未剪裁为可贵……"吴湖帆得《董美人》拓本后,在《袭美集》中又记:"曩余家传有金氏冬心斋旧藏《隋荥泽令常丑奴墓志》,因合装一函,题曰'既丑且美',并征近人六十家题词,一一和之,合一百廿首。"《袭美集》现藏上海图书馆。吴湖帆不但制"既丑且美"函匣共贮这两个隋墓志拓本,还经常拥《董美人》入寝,睡前仍摩挲不止,自谓"与美人同梦"。

其实,吴湖帆看到的《董美人》不止其跋语中所说的三种,另外还有现藏上海图书公司的陈淮生(承修)的藏本,这有吴湖帆在陈藏《董美人》的题跋可证:"丁卯之冬,淮生道兄携示隋《常丑奴墓志》,与余藏冬心斋本相校勘,赏析竟日,各易题字,以识石墨胜缘。余并示以《董美人墓志》,意亦欲共观,而先生亦以此册未携为怅,盖《丑奴》《美人》俱隋志中铭心绝品,仅有之本也,吾二人俱双有之,岂非奇缘?戊辰冬日,访先生于寓斋,因得饱眼福,并属余录郑小坡题《西河》词及余和词于后。"

除了吴湖帆经眼的几种原拓本,王壮弘在《崇善楼笔记》一书中还有两种:一种是他在市肆所见,"索价太昂,尚未售得"。另一种是他所赞赏的"极尽浑美秀韵之致"的陈景陶(憨斋)旧藏的关中拓淡墨整张《董美人墓志》轴(今藏上海图书馆)。仲威又在该馆库房中发现另一张原石淡墨初拓本,但无题跋和款识。

上海博物馆藏有一册《董美人》,为墓志整张拓本。有题签二条:(一)原石精拓隋董美人墓志铭。安圃先生珍藏。辛巳仲冬之月,福厂王禔题。(二)隋董美人墓志铭。原石精拓,鱼千里室珍藏。庚辰十月,安圃袁樊。另有褚德彝隶书题"隋董美人墓志铭",又《调寄齐天乐》词一首并跋,跋云:"十年前为湖帆世兄题此词,顷安圃仁兄复以古拓见示,因录旧作即蕲正拍。辛巳冬十月,褚德彝。"辛巳即1941年。郑慕康画《董美人小像图》,并题曰:"辛巳六月为安圃学兄所藏董美人墓志铭补图。慕康郑师玄。"

袁安圃行书长跋异常精彩。参阅《隋书》史料,论及蜀王杨秀生平,并认为此墓志铭文字及书法"自未必即为其手自撰书者也"。又详述墓志铭中出现的各种异体字、俗体字、错讹字等:"文中字体鲁鱼帝虎之讹、古今异同之变甚众。初诵,颇有佶屈聱牙之感。"最后考鉴《董美人》拓本之优劣及流传,其中有云:

> 原石出土甚晚。清道光之季,上海陆锡熊副宪耳山之子官兴平,始得之于关中,旋归徐氏渭仁庋,为隋轩长物。迄咸丰中,石即毁于兵燹,存世仅二十余载。当时藏者已自珍秘,故传世墨本寥逾晨星。矧其存世之暂,又与美人红颜摧谢,同其可伤。嗟乎!美人不永,庸讵知千百年后,其志石之所遭,竟亦如昙花一现邪。余旧藏庞氏味道腴斋蝉翼淡墨影印本,字体腴润,当推最初精拓。又曾见吴氏梅景书屋藏本,则较瘦减。至吴江沈氏藏本,结体疏滞,神采不完,远逊于庞、吴之本耳。且墓字土旁无点,制字完整无蚀,是为翻刻伪本之佐证,益增效颦之媸。此本开卷即觉光华外发,风姿婀娜,字体稍瘦,而极墨不溢笔、笔不滞墨之妙,洵为原石精拓无疑。乃与庞本相校,不爽毫厘。彼拟玉环之丰,此方飞燕之弱,亦如定武《兰亭》之肥瘦平睨,传为嘉话欤。不禁色然以喜,藏诸鱼千里室,为余秘笈之珍。将于明窗净几,临写摩挲,倪见彼美兮娉婷,吾呼之而欲出。庚辰十月,吴下安圃袁樊题记。

可知此册《董美人》为吴下(苏州)袁樊(字安圃)旧藏。庚辰为1940年。庞氏即庞泽銮(字芝阁),斋号味道腴斋,河北河间人,清末民初碑帖鉴藏家。吴江沈氏即沈塘(字莲舫),清末民初书画家、篆刻家、收藏家,书画家、碑帖鉴赏家陆恢弟子。将袁安圃藏本(印本)与陈景陶旧藏淡墨拓关中本(印本)两相校勘,袁藏本确是原石精拓本。但它究竟是关中初拓本,还是徐渭仁上海原石拓本,则难以认定,或许是徐氏拓本。袁藏本右侧钤有"陈粟园"和"古欢楼"二方朱文印，陈粟园即清末浙江海盐人陈畯（号粟园，生卒年不详），精于金石墨拓，尤工蝉翼淡墨拓，亦擅长制印泥，颇得陈介祺、吴大澂等人赏识与好评。

袁安圃何许人也？为何今人对他知之甚少，犹如"失踪者"一般？于是，我又恢复了闲置多年的寻找习惯，寻找这位名叫袁安圃的收藏家。他收藏的《董美人墓志》拓本怎么会进了上海博物馆的？对他的寻找当然还是从上海博物馆开始。原来，他的收藏在"文革"中因抄家，大都进了上海博物馆而"代管"，直到2014年5月22日才补办了"袁安圃先生捐赠文物清单"。此清单共列有书画、文物12件：丁云鹏《武夷九曲图》卷、王宠《古诗十九首》卷、祝允明字卷、王世懋等字册、华喦设色《鹦鹉》轴、罗聘《南竹》轴、王时敏《仿北苑山水》轴、马湘兰花卉卷、元龙泉窑盘、犀角杯、《董美人墓志》拓本、《元公夫人姬氏墓志》。当时办理捐献手续是袁安圃的女儿袁荍文。此外还有《永乐大典》一册为国家图书馆收藏；《张謇诗文稿》为南通博物苑购藏。

袁荍文还整理有一份袁安圃《曾经收藏部分藏品之归宿》的清单，其中有文徵明《惠山茶会图》卷，祝枝山小楷卷，冒襄行草《水绘园六忆歌》卷，朱昂之行书卷，陈元素《兰花并书〈兰亭记〉》卷，沈颢《仿大痴富春山图》卷，查士标山水卷，丁云鹏扇面，龚贤行书扇面，名人字画扇面五帧，康熙和乾隆信札散叶，清人手札二册，张謇手札三册，袁氏家谱册，翁同龢手札二册，王杰、李应桢、包世臣、徐枋、童钰、张之洞、姚元之、戴熙等人手札册，等等。

文徵明纸本设色《惠山茶会图》卷，上海博物馆（以下简称"上博本"）和故宫博物院（以下简称"故宫本"）各藏有一件。故宫本文画无款，钤"文徵明印"和"悟言室印"，画后有蔡羽《惠山茶会序》，款识为正德十三年戊寅（1518）二月清明日，另有汤珍、王宠两人题诗

17首，皆楷书，曾为顾文彬《过云楼书画记》著录。中国古代书画鉴定小组鉴为"真迹、精"（劳继雄《中国古代书画鉴定实录》）。上博本文徵明画自题"惠山茶会图"，钤"文徵明印"和"玉兰堂"两印，画后有蔡羽《惠山茶会序》，款识为正德十三年戊寅春三月朔旦，另有文徵明诗12首、汤珍诗16首、王守和王宠各诗5首；另有吴大澂篆书两跋及谢天游、吴昌硕、李慎、吕尔铎等人题跋。中国古代书画鉴定小组对上博本有"不同意见"：徐邦达"全伪""画存疑""画假"，杨仁恺"全真"，傅熹年"画假"（劳继雄《中国古代书画鉴定实录》）。其实，上博本文氏画与诸家题诗皆真，而故宫本文氏画与诸家题诗皆伪，此可谓是一桩鉴定"冤案"。

王宠草书真迹《古诗十九首》卷，用藏经纸所书，写于嘉靖六年丁亥（1527）四月望日，此是临写祝允明草书《古诗十九首》之作，故有较为明显的祝书风格。在吴门书家中，祝允明对王宠影响极深，两人亦"知爱最深"。王宠曾向文嘉借得祝允明草书《古诗十九首》，"临摹数过，留案上三阅月，几欲夺之，以义自止"（见《停云馆法帖》王宠跋祝允明草书《古诗十九首》）。但今有研究者认为王宠生前曾伪赝过祝允明草书，实乃误解。王宠曾临写、仿学过祝氏草书，此是事实，但不存在有意伪赝和射利之说。

袁安圃原居住在富民路尽头的一条老式弄堂，如今这条弄堂已被拆除，沿着延安路盖起一栋高层公寓大楼，比原来那条弄堂要阔气多了。我熟悉的还是那条弄堂，这里曾住过陈巨来和他的弟弟陈左高。左高先生是我女儿中学时的语文老师。在这栋公寓大楼里我见到了袁葰文。她早已移民国外了，后来还是留恋自己生长的地方，就又回来住了。她感到当今的高层公寓终究不如昔日的花园洋房。但室内仍然留存着往日的书香，有赵叔孺为袁安圃题写的"鱼千里室"，壁上悬挂着于右任为袁氏之夫人陈佩瑶书写的条幅，圆台上堆放着袁安圃的诗稿、残札，她正在整理之中。在交谈时，袁葰文提到她父亲的朋友陈光甫、穆藕初、胡笔江和胡惠春父子等人的名字。我虽然都没有见过他们，但仍然有着几分亲切。他们既是银行家又是收藏家，我以往曾写过海上收藏家的传记，所以对他们并不陌生。

袁樊字安圃，族谱名心泰，祖籍江苏吴县（今苏州），1904年出生于上海小东门内东街仁和里。吴县袁氏家族是明清两代著名的诗礼之家，袁安圃是明嘉靖年间吴中"袁氏六俊"之一袁裒的第13世孙。安圃15岁时，征得家中长辈同意，从中学退学，在家研学艺文。17岁拜冯超然为师学绘画，并拜吴梅为师学词，拜俞宗海（粟庐）学昆曲，19岁至南通拜张謇为师学诗文。1925年结婚后，曾先后任职于远记公司贾汪煤矿、北京京城银行、上海金城银行、新裕纺织公司、诚孚纺织公司等，主要担任文秘及兼职董事之职。1962年赴香港与移居美国的儿子团聚，应聘于香港著名收藏家社团敏求精舍。1963年12月24日因遭遇车祸而不幸去世，享年60岁。

袁安圃虽长期任职于纺织界和金融界，但他自幼雅好书画、诗文和昆曲，是冯超然的大弟子，与陆俨少、郑慕康等为同门师兄弟，所以郑慕康为他藏的《董美人》补图时，称其为"学兄"。袁安圃一生交游的师友颇多，皆艺文和鉴藏界一时俊彦，如王同愈、翁绶祺、王一亭、冒广生、俞宗海、穆藕初、梅兰芳、俞振飞、沈瘦东、陈定山、陈巨来、王福厂、胡惠春、周作民等，而对其影响最大的是两位恩师：张謇和冯超然。

因冯超然和吴湖帆在嵩山路对门而居，故袁安圃与吴湖帆也多有交往，并称吴为"湖叔"。而且，冯、吴两家住宅的房主是袁安圃的姑丈龚子渔（江苏吴县人，汇丰银行副买办）。袁葰文对吴湖帆还有些印象，是一个大胖子，穿着也很随便。和她父亲一见面，不是谈诗，就是论画。在袁安圃诗集中有《湖帆家植铁骨红一株，春来忽绽绿华，超然夫子对花写照，系之以诗，湖帆和之，余亦次韵成三解》，其一云："岂容桃李妒颜红，铁骨冰心向晓风。识得江妃长日恨，绝无梳洗闷唐宫。"

吴湖帆临石涛《烂石堆云图》，袁亦有题诗云："乱壑堆云石气蛮，行云天马匹荆关。漓漓大笔愁真宰，驀见清湘蹑逼山。"可见袁、吴相交不浅。既然如此，好为人作题的吴湖帆为什么没有为袁氏所藏《董美人》作题跋。袁葰文记忆说，可能吴湖帆当年并没有看到过这件拓本。

袁安圃将早年诗词整理成《芳草集》，吴湖帆《集宋人句调芳草奉题安圃道兄芳草集》，集苏轼、刘克庄、方千里、张炎、辛弃疾、赵师侠、蔡伸、晏几道、吴文英、柳永、陆游等诸家词。集句比自创更难，所集之句要切人、切事，还要切韵，更要熟悉诸家之词，否则觅句无所适从。更加耐人寻味的是吴湖帆题冯超然为袁安圃画的《鱼千里室图》，填《江城子》一阕曰：

十年一梦旧山川，忆前欢，总茫然，几度危阑，倚遍莫能传。翰墨情关遗研好，初末了，了因缘。闭门高卧有袁安，雪漫漫，乐鱼渊。千里沤波，咫尺且盘桓。三绝诗书图画外，眉黛扫，共婵娟。

吴词中所涉及"千里沤波"即袁安圃的别号沤波。袁安是东汉汝阳人，品性高洁，守正不移，安圃自诩为袁安后人。恽寿平有"诗书画三绝"之誉，安圃读恽氏《瓯香馆集》，"益知三绝之名，自非幸事"，把"三绝"作为自己艺术追求的目标，故吴词中亦涉及之。

在《江城子》词后，吴湖帆遵照袁安圃的嘱托，写了《鱼千里室图》背后的一段掌故："袁沤波兄《鱼千里室图》，其师冯超然先生许之十年未成，迄甲午（1954）夏，忽动画兴，一鼓竟之，偿宿诺焉。款书犹著癸未（1943）八月，不意隔一月先生邃归道山，是画竟如绝笔，后之览者，不识其原如此。"鱼千里典故出自《关尹子》："以盆为沼，以石为岛，鱼环游之，不知其几千万里而不穷也。"比喻徒然无益地做某件事情。

曾见袁安圃在1955年5月写给吴湖帆的一件信札："湖叔道席：前上芜笺并附呈《题河东君小像》长歌一首，计承垂览。兹再录《谢冒丈疚斋为题〈鱼千里室图〉及诗稿后》五古一首，均乞斧正。春光已去，不知叔近有新词可使盥诵者否？内子求螺川画册，晤乞催询，何时可趋领，随时以电话见及为感。容暇诣教，面罄不一。尚颂潭福。侄安圃顿首。一九五五、五、七。"冒丈疚斋即冒广生，螺川即周鍊霞，内子即袁安圃原配夫人陈佩瑶。

袁安圃留下《鱼千里室诗稿》二册，其中大部分由他自己手书，小部分由陈佩瑶手抄，娟娟小楷写得别有情调。他的诗也写得清新隽美，多有艳丽之语，大有唐代李贺（长吉）、李商隐（玉溪）的风韵，特别是古风及歌行都写得很有气度。他曾说自己为学的经历："画出于冯，诗出于张，词出于吴。"冯即冯超然，张是张謇，吴为吴梅，张、吴皆是诗曲大家。我曾看到张謇写给他论诗的一封信，说："李长吉为长爪郎，非福泽人；欲艳丽，可从玉溪生。李长吉命短，是学诗者之一忌。"1955年，冒广生为《鱼千里室诗稿》所写的序中，对袁诗颇多赞誉："语语真挚，使人增骨肉之重。曩与散原论诗，辟诸草木，有膏汁者生，无膏汁者死，其诗可谓有膏汁存焉者，非错采镂金可比也。"

不只是书画、诗词，袁安圃平生用功最多的还有昆曲。袁葰文告诉我，她父亲和梅兰芳、俞振飞交往很多，昆曲传字辈的朱传茗、沈传芷、王传淞是他们家的常客，父亲曾登台与俞振飞合演《牡丹亭》中《游园惊梦》一折，扮演杜丽娘，人们称他是"昆曲梅兰芳"。高亭唱片公司灌有他的唱腔留存于世。其实袁安圃师从俞振飞的父亲俞粟庐学昆曲，远在1922年就拜师了。他曾写《听俞丈粟庐度曲》的诗，有句云："俞翁高歌震屋梁，岿然大年鲁灵光。双瞳烂烂神飞扬，古调清泠气盘礴。……真情逸态妙弦外，四座闻之增慷慨。欲持如意为翁起，一字一击唾壶碎。"唱者与听者情景交融，写得真切而动人。俞粟庐其实也是清末民初著名的碑帖鉴藏家。

后来，俞粟庐应穆藕初有杭州西湖之游，袁安圃随行，这次他们巧遇了吴昌硕。袁写了一首诗，诗前小序颇记其详："俞粟老应穆藕初之约，游于西子湖头，适与吴缶老订邂逅缘，邀登西泠印社，把臂言欢，诵冬心诗'如此青山两白头'之句，不啻为当时写影。是日，嘉宾庋止，清兴不浅，复有大休上人抱琴而来，为弹《梅花三弄》，诸子报以《折柳阳关》一折，山灵有知，亦当为之击节不止。时在壬戌（1922）三月二十七日，客凡十有九人。"

看来他们绝不是当今的玩山游水，而是在玩学问，玩雅兴。对于袁安圃那一代人，只看到他们悠闲散澹的一面是不够的，还要看到他们励志于学的另一面。在袁葰文家中，我翻阅了堆在桌上的袁安圃遗稿，开始感到有些杂乱，后渐渐地理出了头绪。他当年是在准备编三册石涛画集。文稿上标明"石一""石二""石三"，下列有许多画目，应该是他要编的石涛画集的目录，另外有些标有"虚斋""过云"及画目的残页，应该是庞莱臣及苏州过云楼所藏的石涛画名。另有一册《鱼千里室考藏书画记》稿本，记录的都是手卷类，其中有清王原祁《仿元李六大家推蓬图》卷、查士标《仿黄鹤山樵水墨山水》卷，每一条目录后都写有印鉴、题跋及画家小传，看来他是要做一部书画著录之类的书。可惜仅记了三五位画家的作品，没有进行下去。除了书画外，"小嘉趣堂"是袁安圃的藏书处，曾藏书万卷；他还创办"鉴真社""安定珂罗版社"，影印出版有《明代名人墨宝》《今古鉴真》等书画册。

还有一册《鱼千里室考藏明贤金笺》并注明时间是"己丑春莫"，此册为1949年所记，记了二三十件，后来没有再进行下去。袁葰文告诉我：这批金笺扇面有500把，如今还在，由她经手，按兄弟姐妹五人分成了5份，不论价钱高低，以编号抓阄的方式分掉了，如今这批扇面都珍藏在海内外的袁家后人手里。

作为一名高级职员，袁安圃的爱好与风雅似乎是与生俱来的，探究下去还是有渊源的。"文化大革命"时批评袁家一门的"阶级性根源",这近乎荒唐。按照今天"遗传基因学"的说法,他的风雅不是无源之水,袁安圃说他们是卧雪忍饥袁安的后裔,这有些太遥远,但有家谱可查的是,他确实是明朝苏州"六俊"中第三俊袁袠的十三世孙。明袁鼐工诗书,兼精岐黄术,子侄袁表、袁褧、袁袠、袁褒、袁裛、袁裘俱负盛名,嘉靖年间被誉为"吴中六俊"。其中袁褧尝摹刻古书善本,如《世说》《文选》,亦摹刻有《淳化阁帖》,流传不广,500年来以袁刻为罕传。嘉靖末,顾从义刻《淳化阁帖》,其后万历年间潘允亮又刻之,都号称翻自袁藏本。袁刻全帙,今如星凤,世遂以顾、潘刻为善本。

袁鼐结婚十一年无子,沈周为他画榴花图题赠曰:"吾写君家多子榴,明年消息在枝头。锦囊一朝百宝露,积善袠袠皆公侯。"是年果然生了儿子,遂名袠。袁袠为嘉靖十七年(1538)三甲一百三十三名进士,官庐陵知县,勤于吏事,为人正派。擢礼部主事,转员外郎,后引疾归。父因子贵,袁鼐任承德郎、礼部仪制清吏司主事。从钱大昕题签的《清芬世守》影印本来看,仅明代题赠袁氏墨迹的就有吴宽、祝允明、文徵明、周天球、王宠、沈周、陆师道、文从简等。袁氏文脉代代相传,至袁安圃而未断,其有"江南六俊世家"一印。吴湖帆题赠袁安圃《三部乐》词中有言"不负慧业,获旧泽文缆重结",应该就是此意。

袁安圃的身份是多重的,既是高级职员,又是文化人,更是鲜为人知的鉴藏家,其名字少为世人所知,与他平生为人低调有关,更为重要的是他的人生价值取向和同时代者不同。从当时银行界的《金声》杂志来看,王辛笛、黄苗子等人也活跃在银行界,他们经常以诗唱和,后来王、黄二位都积极参加了左倾的文化运动,因而闻名于世。而袁安圃仍然崇尚儒家精神,他追求"经营不改琴书乐,贸易犹存翰墨香"的境界,以此作为与"市侩俗贾"之区别。他在有生之年,始终热衷于书画、诗词、昆曲和鉴藏,虽然一直在商界任职,却没有离开做读书人和文化人的宗旨。他虽不能称为"大隐隐于市"之人,但女儿袁葰文至今仍记得他生前曾说过的那句话:"要把自己藏起来。"有了这样有意"藏起来"的人生,他的名字与生平虽不为世人所耳熟能详,却也避开了尘世间诸多的烦恼与恩怨。仅就这一点而言,袁安圃不愧是一位"智者"。

胡惠春：暂得楼主的瓷器收藏

暂得楼是胡仁牧（字惠春）为自己收藏之处所起的堂号，"暂得"一词取自王羲之《兰亭序》中的"欣于所遇，暂得于己，快然自足"，意指因缘所遇的内心喜悦，这也是他鉴藏的一种感受。但有时"暂得"二字又可理解为暂时的拥有，后一种解释为大多数人所接受。人们便因此认为胡先生的收藏理念就是短暂地拥有藏品。意思虽然正确，但这却不是胡先生所起堂号的因由。

一

1979年，范季融来到上海，他打电话给上海博物馆，自称从美国来，是胡惠春的女婿，想了解一下岳父寄存在上海博物馆的瓷器的情况。说是"寄存"，实际上是"文化大革命"中的抄家文物，用当时的说法叫"代管文物"。上海许多收藏家都是这样，在抄家时一定会有博物馆的人在场。他们不是去抄家，而是对文物进行接收和抢救。上海博物馆的人赶到胡惠春家时，藏品已经被抄得遍地狼藉，有的瓷器已经被打碎了。上海博物馆的人将藏品——登记造册，就连破成碎片的也登记在清单中。早在20世纪50年代，胡惠春就已移居香港，上海的住宅由他人代管。清单一式三份，本该留给房主一份，但当时代管房子的人并不在场，只好将一份清单转交给居委会。胡氏的藏品进了上海博物馆，虽然逐件做了盒套，保护得很好，但对其中详情，外人一无所知。此时胡家突然来人要了解这批"代管文物"的情况，可知那一份清单已经到了胡氏手中。

1979年，国内虽然进入了改革开放的时代，但仍然处于百废待举的阶段，拨乱反正，解放思想，国门尚未打开。这位来自美国的范季融，上海博物馆方面还以为是通晓中文的外国人。可是一见面，他个子不小，不但是中国人，还是一位会讲沪语的上海人，文质彬彬，像一位大学教授。乡音缩短了彼此间的距离，作了一番寒暄之后，范就问："胡先生的东西还在不在？"接待他的马承源说："东西都在，保管得很好。"

马承源后来向我回忆当时的情景说："当时，范先生是很低调的，他没有要求看，即使要求看，博物馆也不会给他看的。"我后来在纽约采访范季融时，他也说那次上海博物馆之行留下了深刻的印象。他说："我当时见到博物馆的馆长。馆长说，东西都在这里，你们要，拿去好了，不要的话，捐在这里也可以。我听了很不高兴，叫我马上拿走，拿到哪里去？捐？又不是我的。"回到香港，他将这个情况告诉了胡惠春，胡听后说："我们暂不要做决定，东西放在家里，本来好好的，被他们拿去，为什么要我们马上决定呢？太不礼貌。"多年闭关自守带来的隔阂，使原本是上海博物馆老朋友的胡惠春，与上海博物馆之间彼此疏远了。

1981年，上海博物馆在香港举办青铜器展，胡惠春也应邀参加了。在开幕、剪彩之后，胡走到马承源身边，直截了当地问道："东西还在不在？"马承源说："在，一件不缺，都在。"

胡惠春听后，又把上海博物馆的青铜器学者陈佩芬拉到一边，悄声问道："你是共产党员吗？"陈答："不是。"胡说："你既然不是共产党员,我就给你说,我想看看东西,能提供照片吗?"陈说:"可以。"

回到上海之后,上海博物馆的瓷器陈列馆正要重新布展,胡惠春的部分藏品也在这时展出。上海博物馆就把胡惠春的藏品一件不落地拍摄成彩色照片寄到香港。胡惠春把照片和清单逐一核对,一件不缺,他也就放心了。

1984年,胡惠春在生病期间,将家人召集在一起,商量如何处理由上海博物馆"代管"的文物。这时已经对抄家物资落实归还政策,这批文物的所有权是胡惠春的,如何处理,他可以自作决定。捐给美国的博物馆?他感到对美国没有感情。捐给台北故宫博物院?他感到和台湾也没有特殊的关系。建立私人博物馆,他感到也没有什么意思。他曾不止一次去欧洲看过一些私人博物馆,设施都很陈旧,也没有多少人参观。此事的家庭讨论一拖就是好几年。1988年,上海博物馆的领导班子进行调整,并开始筹划选址建新馆。胡惠春得知这一消息,认为能在新馆为他的藏品开设一个专门陈列室,也是他花费多年心血的收藏最好的归宿。他对范季融说:"我对上海博物馆还是有感情的,还是捐献吧。这件事没有别人能代我去办,只有由你去办了。"

1988年5月,美国纽约大都会艺术博物馆举办青铜器展览,马承源应邀前往参加。范季融和马承源见了面,转达了岳父胡惠春决定向上海博物馆捐献的心愿。马承源欣然接受,并向他表示:上海博物馆陈列室正在改造,改造后的第一件事就是为胡先生的捐献办一个专题展览,并为展品出一本精美的图册,这件事可以办得很好。他们在纽约的第一次商谈就取得了双方都较为满意的共识。

从此开始,胡惠春向上海博物馆捐献事宜就被列入议事日程。1988年8月24日,胡惠春给范季融写下了全权委托书:

亲爱的乔治:

我确认希望你同上海博物馆办理商谈,包括我存在该馆的瓷器事。你可代表我，我全力支持你。

胡仁牧
一九八八年八月廿四日

10月23日，范季融和夫人胡盈莹带着胡惠春的委托书，由美国飞抵上海，马承源、汪庆正接待了他们，双方就捐献、出版图录、举办展览等事宜交换了意见。范季融夫妇还特别建议，上海博物馆将建新馆，不妨学学外国募捐活动，请一批海外客人参加捐献仪式。当时国内的政治环境，还不习惯搞公益募捐活动，更不用说请海外人士募捐了。如果接受了外国人的募捐，会不会有损中国人的颜面？此事上海博物馆的领导层也做不了主，须报请上级机关批示。但即使批准了，上海博物馆能有钱接待他们吗？这一个个问题摆在面前，马、汪两人是不得不考虑的。他们经过再三的考虑，认为此举毕竟带有开创性，想大胆一试，做一次"出头鸟"，即使挨一枪也是值得的。善解人意的范季融也理解博物馆经济的困难，提出所请海外客人的往返费用均由他来负担。

这次洽谈达成了五项协议：（一）胡先生将21件文物全部捐赠给上海博物馆。（二）举办"胡惠春、王华云捐赠瓷器珍品展"。（三）展览图录由上海博物馆编辑，出版经费由胡先生负担。（四）展览开幕时，由胡先生邀请有关亲属及专家来沪参加。（五）往返飞机票由胡先生负担，国内的费用由上海博物馆负担。

范氏还表示上海博物馆亦可邀请若干海外专家，他们的往返旅费亦可由胡氏负担。为筹备展览和出版图录，范还邀请汪庆正赴香港，费用由他负责。汪应邀飞赴香港，并拜访了胡惠春。

11月20日，胡惠春又致函汪庆正，请他去香港商谈图录出版及展览的具体事宜。1989年1月，汪庆正到了香港，再次拜访了胡惠春。胡氏最关心的是展览会的布展及图录的出版问题，要达到"精善完美"的要求，还特意提出由外国摄影师为藏品拍照，汪一一承诺，并请老人放心，一定会使他满意。对胡的健康，汪庆正请他多多保重。

1989年9月10日，"胡惠春、王华云捐赠瓷器珍品展"如期隆重举行。胡惠春因健康欠佳，未能参加揭幕仪式，但应邀的海外嘉宾46人都如期而至。展览会开幕前，上海市副市长倪天增代表上海市人民政府授予胡惠春为上海市文物管理委员会永久名誉委员的聘书，并将陶瓷馆命名为"暂得楼陶瓷馆"。

对此次为胡惠春捐献所举办的活动，范季融颇为满意，赞助全部活动经费2万美元，并提出拟在美国为上海博物馆募捐经费进行活动，同时承诺不管捐款活动能否成功，他本人每年捐给上海博物馆1.5万美元。以后又由范季融发起，在美国组织了"上海博物馆之友基金会"，每年都有资金进来。上海博物馆门前绿化地维修换草的费用就是基金会资助的。基金会还派两名会员前来考察，他们认为花这点钱还是值得的。上海博物馆建设新馆，范季融、胡盈莹夫妇又捐赠25万美元，上海博物馆用此捐款装修新馆的一个展厅，并命名为"范季融、胡盈莹展览厅"。

二

胡惠春早年和上海博物馆有着不解之缘。1949年，徐森玉主持上海市古代文物管理委员会时，他就表现出极大的热情。那时是百废待兴，筹措上海文物考古与博物馆等各项事业的重建，实有待于各方专家通力合作。曾任故宫博物院古物陈列馆馆长的徐森玉和胡氏有过较深的交往，这种旧雨相知，共同的爱国热忱，使他们都成为中国文物的守护者，加之上海市市长陈毅的聘书，胡惠春欣然出任上海市文管会委员，积极参与复兴的文博事业。1950年，他将珍藏的大部分陶瓷精品捐献给上海市文管会。这一大宗珍贵瓷器，对于当时文物基础极为薄弱的上海博物馆，可以说起到了奠基的作用。50多年后，我从上海博物馆捐赠档案中，看到了这本清册，是用毛笔抄写在红色十行笺上的，但是没写"胡惠春"三个字，只写着"解箨盦捐赠本会瓷器等清册"，共280余件。时序流转，这批瓷器已混迹于上海博物馆的大量文物之中了。如果不是1989年的那次捐献展览，恐怕这些珍品连同原藏主的名字也很难为人知晓了。

从胡惠春两次捐献的珍品，可以看出他的收藏兴趣是广泛的。除了瓷器之外还收藏玉器、碑帖和书画。论其收藏和鉴赏，还是以瓷器为博而精，他不但是藏品雄厚的收藏家，而且是颇具慧眼、功力深厚的鉴赏家。他对瓷器的研究不仅仅是清官窑，还藏有不少晋、唐、宋、元、明的古陶瓷名品。

钧窑是宋代五大名窑之一。胡惠春捐赠的北宋钧窑月白釉出戟尊，引起古陶瓷学术界的重视，被认为是不可多得的珍品，也是馆藏一级文物。该件月白釉出戟尊底部刻有"五"字。就目前所见，故宫博物院所藏月白釉出戟尊，底刻"三"字，高32.6厘米；台北故宫博物院也藏有出戟尊两件，一为丁香紫出戟尊，底刻"六"字，高24.7厘米，一为月白釉出戟尊，底刻"八"字，高22厘米。胡惠春所藏器底刻"五"字，高26.1厘米。由此可以证实，器底所刻的数字和器物的大小是有关系的，即数字小则器物大，而数字大则器物小。

明宣德青花琴棋书画图罐，是胡惠春捐赠的18件明瓷中颇为引人注目的一件，目前已发现相同的琴棋书画图罐仅有两件，除此件外，另一件今藏日本户栗美术馆。明初青花罐的图案纹饰以鱼藻纹、缠枝花牡丹纹和鱼龙纹等较为多见，而人物故事图案则较为少见。图案大多数取材于元代戏曲故事，传世较为著名的如日本万野美术馆的百花亭罐，出光美术馆的王昭君故事罐，美国波士顿博物馆的尉迟恭单鞭救唐太宗故事罐，日本私人藏家的周亚夫故事罐等。而胡氏所藏此罐绘古代上层仕女调琴、弈棋、读书、作画，是一种新的瓷画题材，颇具独创性。其颈部绘缠枝花纹，不同于常见的波涛纹；肩部饰折枝牡丹纹，也不同于常见的缠枝牡丹纹，而与永乐折枝花果纹的风格相似。近底部处绘仰蕉叶纹，茎部中空留白，已非元代风格。所用青花料与永乐、宣德时期相同，采用的是青料施彩的方法。绘画的笔触较小，亦能显出永乐、宣德青花浓淡自然并间有黑疵斑的特征，人物衣饰绘工精细，绝非宣德以后所能望其项背。汪庆正鉴定"此罐的时代应定为永乐至宣德"时期。

嘉靖青花缠枝莲纹大罐、绿釉开光青花双鹤图盘及青花云龙纹大缸，被称为胡氏捐献瓷器中的三大件，都是典型的官窑器，釉面润泽光亮，青花颜色鲜丽，尤以云龙纹缸的色泽为浓重深艳，皆是官窑采用回青和石子青正确配方的结果。明代官窑烧制的云龙纹缸，在景德镇陶瓷史上是一件大事，并因此曾引起窑工民变。由于器形太大，故极难成品，当时出窑的数量就不多，随着岁月的流逝，目前存世的已十分稀少了。

胡惠春所藏官窑瓷器中的"仿品极多"，主要是指雍正朝的单色釉，以仿造宋代的官、哥、汝、钧四窑最为成功，而其青釉的烧制，也是陶瓷史上最成功之作。胡氏所藏的清雍正景德镇仿汝大碗（一对）、景德镇窑仿汝窑花盆（一对）、景德镇仿官窑双耳扁瓶，都是仿单色釉的绝品。它们都是仿宋汝窑天青色，大碗和扁瓶都是鱼子纹小碎开片，釉面透亮，清澈晶莹。胡氏所藏的雍正官窑精品达23件之多，就私人藏家而言，这个数字即使在今天也是极为罕见的，而且多为博物馆级的藏品。

以往大多数收藏家收藏清代官窑瓷器，多以乾隆朝为下限，个别兼及嘉庆，而胡惠春的收藏则兼及嘉庆、道光、咸丰、同治、光绪甚至宣统。其中许多都是成对的器物，且绝大多数有官窑款，形成了完整的清代官窑瓷器系列，这也是一般藏家所难以企及的。

三

胡惠春（1910—1993），名仁牧，字惠春，号渭村，斋名䣓斋盦、暂得楼，祖籍江苏镇江。其父亲胡笔江（1881—1938），名敏贤，号笔江，后以号行，民国时期"中国十大银行家"之一，生于江苏江都县（今扬州市）一个钱庄店员的家庭。在17岁时，父亲送胡笔江到江苏泰县姜堰镇一家小钱庄当学徒，三年满师后转到扬州认源银号当店员。这家银号是后来成为交通银行首任总经理的李经楚所开，胡笔江在此学了不少东西。

1910年，胡家被一桩案件牵涉进去。为了这桩官司，胡笔江到南京找同学尹某帮忙，由此结识了李鸿章之兄李瀚章的第九子。李瀚章曾任两广总督，总督的"小九子"当然有相当的人脉资源。相识之后，胡笔江又应李公子之邀到了北京，并结识了天津花旗银行买办王筱庵。王介绍胡到陆军部办的公益银号任副经理，不久胡笔江又经人介绍进入交通银行北京分行任调查专员，从此开始了他的金融生涯。胡笔江后从交通银行总行稽核、北京分行副经理，升为北京分行经理。

1911年，辛亥革命爆发，各省纷纷脱离清政府，也给金融业带来了危机，行使中央银行职能的中国银行、交通银行发行的纸币停止兑付现银。胡笔江深感时局动荡之际正是个人可以主宰命运之时，乘机大捞一把，立获暴利，由此发家。此事被新闻界揭露，金融界纷纷予以谴责。直皖战争期间，胡笔江又在中国、交通两行钞票黑市交易中大赚了一笔。此事再次被新闻界揭露，胡氏见势不妙，随即匆匆拟了辞呈，离开了交通银行，举家南下，在南下途中遇到了印度尼西亚巨商和银行家黄亦住，此时黄氏想在上海开办银行，正在寻求合作者，两人一拍即合，后来在上海成立了由国内金融、工商界人士和南洋华侨合营的中南银行。

1927年，蒋介石在上海成立江苏兼上海财政委员会，聘任胡笔江为委员。胡笔江后来结识孔祥熙、宋子文，在彼此交往过程中，宋对胡的才干非常赏识。1932年,宋子文组建"废两改元"研究会,胡为研究会委员,由此胡成为宋氏财政计划的智囊人物。1936年4月,胡笔江重返交通银行任董事长,成为交通银行最高的实权人物和举国瞩目的金融业巨子。

抗战期间,国民政府为筹划战时经济,对胡笔江委以重任,任命其为金融顾问第四组委员及全国农产调整委员会常委等。1938年8月,财政部部长孔祥熙电召在香港的胡笔江飞回重庆议事。8月24日,胡与浙江兴业银行总经理徐新六等14人登上"桂林号"飞机,8时许从香港起飞。飞机飞抵广东珠江口上空,突遭五架日机追逐扫射。机长用种种方式表示此系民航机,并在云中穿梭躲避,但日机依然穷追不舍,致"桂林号"翼部中弹起火,机长被迫将飞机降落在中山县附近海面。当时机上人员均未受伤,胡笔江从飞机上下来,急忙去抢救散落的公文包,这时日机盘旋低飞,密集扫射,胡笔江不幸中弹身亡,享年58岁。

此时胡惠春27岁,刚刚结婚成家,长子代父,遂出任中南银行总经理。他不但要子继父业,更要子承父志。胡笔江虽是金融巨子,但他个人生活非常俭朴。他留下了一篇自传性文字,谆谆告诫后代"劳筋骨,饿肌肤,苦心志,望所为,乃可造成可以大任之人,予之子孙当深念之,勿自弃也"。平民出身的胡笔江,成了银行家之后,饮水思源,对家乡的教育、赈灾、医药卫生等无不关心,曾有许多慈善义举。抗日战争开始,胡笔江多次发表言论,表示对日本侵略军的愤怒和抗日的决心,他经常和朋友说:"我出身为平民之子,即使我为此次战争而牺牲,则国家的损失,不过一平民之子而已。"并以此教育家人。

四

当胡惠春和弟弟们还是少年时,胡笔江就为他们聘请名师在家教

胡惠春摄于 1957 年

授,让他们接受中国传统教育。因此,在胡惠春进入上海圣约翰中学之前,已深受中国传统文化影响,打下了良好的国学基础。中学毕业后,胡惠春进入燕京大学攻读地质。

2001 年秋,我在纽约访问范季融时,承蒙他的信任,将其岳父在燕京大学读书时的日记赐观。这部日记虽然只记了一个学期,但从中可看到胡氏的性情、爱好、志向,一个性情中人的形象跃然纸上,对理解他以后的事业及收藏,可以说是得益多多。经范先生的慨允,在此把胡氏这段岁月的日记作一简略介绍。

1933 年,胡惠春乘车北上,负笈京华,车行津浦道中,过禹城,为日记写了开篇,述其作日记始因,他在"聊作日记序言"中云:

> 是年八月念六日,芷妹婚礼后,余等匆匆返沪,塔备行装,为北来就学计,云妹亦有是时归宁意,因均于一日同行至镇,家中骤去四人,环境景象当感稍异矣。而余等有生以来读书,从未去家若是之远,此后当为我等新生命开始日也。自北来时,家中正添造新屋,约以九月一日开工,翌年正月初落成,待到雪花飘

时，余等寒假归来过镇，当约芷妹同返新屋，一家各道新生活以取乐也。职是之故，而余之日记不可不作矣。而作之日亦自九月一日起。

在这篇日记序言中，可见胡惠春与弟妹们相处之融洽。要理解他们这种融洽之可贵，此处有一背景需作一笔交代：1928年8月26日，胡笔江突遭绑架，被囚20天，才被亲友筹款赎回。他身心疲惫地回到家中，才知怀孕的妻子因日夜彷徨焦灼酿成重疾，旋又小产，气息奄奄。胡笔江目睹此惨状，悲痛交加，又挂念偿还赎金之事，遂请董事会派人暂代中南银行总经理之职，恰在这时，妻子因病身亡。这也使胡惠春遭遇了丧母之痛，以后他就和继母及同父异母的弟妹们生活在一起。从胡惠春的这段经历中，我们可感到这种融洽之可贵。

在学校，胡惠春阅读相当广泛。仅这一学期的日记中，就多次提到他所读之书并做了笔记，诸如《管子》《庄子》《亭林文集》和李商隐诗等。他虽然读的是地质专业，但对地质学并没有什么兴趣，对政治学课程亦无兴趣，此在日记多有记载。可见攻读地质及政治，都是他精神上的负担，此类学问，非性情中人所能专攻的。他读书治学的真正兴趣是在文史与艺术。在11月17日的日记中写道："作历史论文，题为《汉唐两代对外武功之比较》《汉初制沿秦旧制之原因》。"这应是历史专业的学生所要写的论文，居然出自一个理科学生的笔下，足见他的文史功底了。11月22日又记："九时上课，交历史札记，深蒙业师邓之诚先生夸奖。"胡惠春做历史札记之勤奋，笔记数量之多，在日记中多次提到，总是说"抄得手腕酸痛"。胡惠春诗兴颇浓，在其日记中两见，一是《戏题十弟小照》："十弟憩态最堪思，欲据雕鞍恣骋驰。自是胡儿身手好，笑云我以君为期。"另一首是《游天津》："懒向津沽作漫游，竹林景物自悠悠。庄田旧识红墙道，风雨凄迷徐氏楼。岁月儿时真是乐，心情客旅易为愁。孟庄眺野情无限，直送浮云到九秋。"诗的韵味、意境及用典都很不错。这时在艺术上他也表现出好尚，日记中有记他到西单商场逛旧书铺，购买《宝华山印存》，另还有为同学刻印章等。

20世纪80年代，胡惠春曾与范季融有过一次闲谈，可与50多年前的日记相映照，范在这段回忆文字中写道：

> 八十年代后期的一个下午，我往胡仁牧坐落九龙塘的寓所拜访他，那时他已良久没有收藏古物。这次见面畅谈甚欢，十分难得。言谈中胡先提及他常常困惑在过去的生命历程中，他是否走错了路。他认为他实应从事文化活动。打从购藏第一件陶瓷开始，他对每件重要的艺术品及其有关的事情，都铭记于心；反之，与他本身银行事务相关的事宜，却似乎印象不深。他想他的真正兴趣就是与艺术的交流。随后，他又怅怅地说，这只不过是随便的推想，当他刚刚开始发展事业时，其实也不容有这些选择。看来，从这段谈话中也可总结出他与文化艺术的关联。搜集与钻研艺术不单是胡先生的一项好尚，他不只是一位能有机会建立重要藏品的收藏家，对中国艺术及文化，他怀有一份炽热的情感，当成为他生命中重要的一环。

胡惠春有着与艺术相通的真性情与天赋，如果按他晚年的推想，早年选择的是艺术，而不是子承父业进入银行界，那他以后能否成为一名大收藏家呢？

五

胡惠春对陶瓷的钟爱始于北京求学时期。他购买的第一件瓷器，是一件清代的民窑笔洗。这件笔洗在胡氏后来的藏品中是极为普通的一件瓷器，但胡氏对它的钟爱之情远远超过其他珍藏。自抗日战争起，虽数经迁徙，但他都一直把它带在身边。每次迁徙，他都必须留下大部分藏品，或送出部分。这些藏品绝大部分的价值都比这个笔洗要高，但这样一个重感情的人，保留这件普通的笔洗，直至离世。从这件事可见胡惠春一贯强调的藏品与藏者的缘分，应该是超越金钱的。

正是因为对藏品有着这样的眷恋与钟爱，胡惠春在收藏中就不断追求藏品的完美。任何一件清代官窑器若有丝毫瑕疵，不论是冲口还是磕璺，他都不会接受。据范季融向我介绍，一次，胡惠春遇到一对古月轩珐琅彩瓶，其中一只因为有一处小小的缺釉，他拒绝成双收购。卖家虽然愿意将有疵的那一件瓶子半价出售，但胡氏并不妥协，只购完美无瑕的那一件。古瓷藏家大多不太理会那些不完美的地方，有人还会认为他当时做得不妥呢，但他一生都在执着地追求古瓷的完美，不能容忍瑕疵。

藏品成双配对，以达到陈列时的美观，这是胡惠春在收藏中追求完美的另一种表现。他会竭尽所能去寻觅颜色相若的器物来配衬原有的一件，也会不断搜寻一些颜色吻合的罐盖，会花很多时间去设计座架及度身定制盒子。在上海博物馆陶瓷陈列馆，有时可以看到胡氏捐赠的成双配对的珍品。如一对金代青釉大碗，釉色青绿，犹如一池春水；一对明代德化窑白釉爵杯，腹部印花，白釉肥润若堆羊脂；一对清雍正景德镇窑釉里红三鱼纹碗，胎质细腻滋润，晶莹透亮，釉里红呈色鲜艳，三尾红鳜鱼极具写意之神韵。

胡惠春赏玩文物，另一追求是器物摆放陈列的完美。曾经到胡府拜访过的汪庆正跟我说："胡先生对陈列之讲究，可以说达到美轮美奂的佳境，家具完全是清初紫檀，四壁悬挂明代缂丝花鸟树石画，瓷器对称陈列，此外一无杂物，气象清雅脱俗。"

1950年，胡惠春作为上海市古代文物管理委员会委员，极力推动上海博物馆的建设，他将珍藏的数百件文物捐献给上海文管会。他本拟留在上海发展,但是到北京开了一个有关金融工作的会议后,突然改变了主意,放弃了上海的事业,毅然决然地去了香港另谋发展。

胡惠春到香港后,对收藏的兴趣并未减退,收藏范围由官窑瓷器扩展至其他领域,甚至古代书画。他不但自己收藏,还为流散在海外的国宝文物回归做出了贡献,最值得一提的就是他为王珣《伯远帖》和王献之《中秋帖》由香港回归大陆做担保之事。

王羲之《快雪时晴帖》、王珣《伯远帖》及王献之《中秋帖》,原系乾隆内府所藏之物,乾隆将藏此三帖的读书处名为"三希堂"。辛亥革命后,"三希帖"中除王羲之《快雪时晴帖》外,《伯远帖》和《中秋帖》被光绪皇帝三位后妃之一的瑾妃遣人偷盗出宫,卖给琉璃厂品古斋,后为袁世凯亲信、大收藏家郭葆昌(号世五)以重金购得。郭氏生前曾向家人及友人表示,他百年之后,要将此二帖无条件归还故宫。

1940年秋,郭葆昌去世,《伯远帖》和《中秋帖》由其儿子郭昭俊继藏。1949年,郭氏携带二帖去了台湾,曾想将之归还台北故宫博物院,但提出能否"赏"他一些报酬,后最终未能如愿。郭氏遂又携此二帖至香港,抵押在某英资银行,眼看贷款即将到期,如不能及时赎回,将按惯例进行拍卖。当时有不少外国博物馆及私人藏家对之分外觊觎,若二帖被银行拍卖,则极有可能流往海外。

1951年10月初,已定居香港的徐森玉之子徐伯郊得此消息,立即向文化部社会文化事业管理局局长郑振铎报告。当时,郑振铎参加中国文化代表团出访印度和缅甸,正好途经香港。郑在闻知此事后,即指示徐氏务必全力抢救二帖,不使之流往海外。与此同时,郑将此事上报给政务院总理周恩来,请求能立即拨专款,并采取紧急措施,一定将二帖购回。

徐伯郊接到指令,马上找到郭昭俊,希望他不要着急,国内会购此二帖。稳住了郭氏之后,徐又请托某位香港银行界人士的关系,疏通那家英资银行,答应郭之贷款由他负责偿还,暂时不必拍卖。国内即派出王冶秋、马衡和徐森玉三人秘密前往澳门,在对二帖鉴定无误后,遂以 35 万港元购回。

当年某位香港银行界人士是何人?几十年来一直不为人知。此人正是香港中南银行总经理胡惠春。胡当时得知这一消息后,知道徐伯郊所面临的困难,即由他出面和英资银行疏通,并个人予以担保。这样徐伯郊才将郭昭俊抵押给银行的二帖取出,与郭昭俊一起带着二帖去了澳门。胡惠春虽然做了担保人,但他提出一个条件,即此事要严格保守秘密,因为中南银行主要的海外业务是在台湾和南洋,他和台湾银行界的关系密切,如果泄露了此消息,那中南银行在台湾的业务就会受到严重影响。胡惠春此举确实是承担了极大的风险。即使到了晚年,海峡两岸及香港的局势发生了根本性变化,而二帖的回归又被炒得沸沸扬扬,但他仍然是讳莫如深,不置一词。

1960 年,胡惠春与陈光甫、利荣森、霍宝材、黄宝熙、叶义、徐伯郊等人联合发起,在香港组织私人收藏家社团"敏求精舍"。陈光甫被推为永久名誉会长,胡惠春被推为首任会长。他亲自设计有"敏求"二字的会徽,就是取自唐代怀仁《集王圣教序》中之字,又邀篆刻家陆大午和陈风子共同设计"敏求"印章。此外还要招募会员,制订章程。

胡惠春到了晚年健康转坏,虽不能参加"敏求"的活动,却依然称敏求精舍为"我们的会舍"。但他对艺术及收藏已日渐失去了兴致。某天,他去女儿家与女儿、女婿交谈离去之后,他们发现桌上留有老人字迹的纸条,那是节录老子《道德经》中的语句:"甚爱必大费,多藏必厚亡。"这也许是留给收藏家及艺术爱好者铭记的教诲吧?范季融对胡惠春此一行为的理解是:"我对他晚年这种对艺术丧失兴趣的举止,可理解成这位非常感性、敏锐及热诚的收藏者以情感的手法为他自身作一个引退。"

刘靖基：书画相伴度终生

在上海的古书画收藏家中，刘靖基可以说是数一数二的人物，他的收藏不但数量大，而且精品多，这和他的鉴赏水平及经济实力是分不开的。他长期从事纺织业，开设安达纱厂等企业，爱好文学书画，青年时代即和学者、书画家、鉴赏家多有往来，有的鉴赏家成为他收藏的"掌眼人"，许多私人藏家的书画精品都先后流入他家，如庞莱臣等人收藏的名家精品。其中有些宋元名迹，都被他视为"宝中之宝"和"眼珠子"，足见他对书画的珍惜之情了。

像刘靖基这样的大企业家和大收藏家，有着很高的社会地位，因此上海博物馆对他的藏品也未有征集之想，一般的征集人员则更难与他有机缘接近。

1966年夏季，"文革"抄家之风突起，刘靖基在劫难逃。抄家之风刚开始时，刘靖基就打电话给上海博物馆要求捐献，并写了"捐献申请"。

刘靖基被抄家的那天，当上海博物馆的工作人员赶到时，家中已被抄得杂乱不堪。刘靖基被抄家者勒令站立在一张方案上，哆哆嗦嗦，几乎站立不住。上海博物馆的人为他求情，才允许他站到地上来。

刘靖基一看上海博物馆的人来了，心中宽慰了许多。他悄悄告诉上海博物馆的工作人员，有几件张大千的画被撕碎了。工作人员东一片，西一片，把几件画的碎片收拢在一起，也列在被抄的清单之中。刘靖基的家，渐渐地成了上海博物馆工作人员的世界，有的搜寻，有的点数，有的贴标签，有的造册登记，一切都做得井井有条。刘靖基也可以在屋内随意走动了。看到博物馆的工作人员做得那样认真、那样仔细，就如同在博物馆的库房工作一样，刘靖基不但放心，而且还告诉他们，这个地方藏有什么，那个地方藏有什么。藏在柜子顶部的四张石涛的画，就是在他的指点下找到的。

他时而转到登记造册人的背后，伸头看看清单上的目录，张即之《行书待漏院记》、吴琚《行书五段》卷、倪瓒《六君子图》轴、王蒙《天香深处图》轴等名作都已经登记在册。当时还有一个房间的门关着，刘靖基告诉上海博物馆的工作人员说："这个房间放着毛主席的信，里面还有许多书画。"他把门打开，又拿出几件重要的书画。原来红卫兵抄家时，刘靖基就以房间里放着毛主席写给他的信为由，没让打开，所以这个房间的藏品未被抄出来。从晚上做到翌日中午，数千件书画才清点登记完毕，用卡车拉回了上海博物馆。

抄家之后，上海博物馆的工作人员去看望刘靖基，并对他进行安慰，又从杂乱的纸堆中找到了几本册页。这时刘靖基才有机会对他们说："东西进博物馆，我放心了，一辈子的收藏心血没有白费。"

刘靖基虽然当时写了自愿捐献的条子，但上海博物馆并没有真正把它们当作捐献品看待，因为这是非常时期，只是代为保管。他们把刘靖基的书画全部集中在一个房间里，所有权仍然属于刘靖基。

中共十一届三中全会之后，落实抄家物资归还政策，刘靖基的书画当然也要物归原主。当时刘靖基原来的住宅虽然已经落实发还，但他已不再住原来的旧居，而是换了更好的住房。为了祝贺乔迁之喜，上海博物馆派专人到刘靖基的新居去祝贺。

对博物馆人员的来意，刘靖基是很清楚的，这里固然有着来祝贺的真诚，更重要的是关于那批书画如何退还的问题。他当年写的那个自愿捐献的条子仍在博物馆，所以他绝口不提退还书画之事，只是说："抄家时，是你们博物馆的努力，才使那批书画保存下来，现在保管得还好吧？"

上海博物馆的人说："好啊，给您靖公特殊待遇。"

刘靖基说："哪里还是我的书画，都捐给博物馆了。"

"靖公啊，您的东西就是您的东西，所以来和您商量如何发还的问题。"

刘靖基很兴奋，眼睛流露出光彩，似乎是被他视为"眼珠子"的书画在发光，但他还是慢悠悠地说："全部发还？"

上海博物馆的人随即回答："全部发还！"

刘靖基沉吟不语，似乎在判断此话是真是假。接下来的话如何说，他想让上海博物馆的人先开口。上海博物馆的人果然开口了："靖公，您的这些画发还之后，博物馆准备给您办个展览会。"

刘靖基感到非常意外。不久，上海博物馆将代管的书画全部发还，并为此举办了一个书画精品展览会。而且有些书画，上海博物馆都为之装裱一新。对他的藏品保管得这样好，又是做得如此周到，不能没有什么想法吧？何况他曾明确表示要把藏品捐献给上海博物馆，现在不能不有所表示吧？

某天，上海博物馆又派人去看望刘靖基。刘知道此人是上海博物馆专职搞征集的，就是把文物珍品征集进博物馆，成为国家收藏。这次没等上海博物馆的人开口，刘靖基就先说："我过去向沈馆长表示过捐献，这话还是算数的。"

刘靖基的话正道出上海博物馆来人的本意，来人随即接口说："好啊，靖公，您打算捐多少？"

刘靖基说："你们想要我们捐多少？"

"这要您自己做主啊。不过，我们总是希望能得到最需要的。"

刘靖基很爽快，当即一口答应："好，就照你说的这样办吧。博物馆需要的，你给我送份目录来。"

上海博物馆对刘靖基的古书画收藏太熟悉了，书画部随即列出46件书画目录，先经过初审，然后再由谢稚柳鉴定看过，最终选定了42件。

当上海博物馆将挑选的42件书画目录送到刘靖基手中时，他一看就愣住了。对这42件宋元及明清精品，他太钟爱了，哪件东西不是他花了心血才买到手的？仅是其中庞莱臣的几件旧藏，当年有许多收藏家争相竞价购买，如同翻越千山万水，最后才为他所得。刘靖基沉吟许久，才说："这也太厉害了，你们是在挖我的眼珠啊！"在古董界交易中，卖家有时会将一批东西"打包"出售，不单件零售；而买家只选其中最好的一两件购买，其他的都不要，行话称为"挖眼珠"。

来人笑着说："先要做到您满意，博物馆满意，大家都满意才好啊。"

刘靖基就说："那这个目录先放一放，下星期请你再来一次。"

又闲聊了几句，起身告辞的时候，上海博物馆的人向刘夫人打招呼说："师母，再见。"

刘夫人曾几次向上海博物馆的人员表示，她会劝老先生把最好的东西捐献给上海博物馆，免得以后再有风吹草动，这批东西恐怕就难以保住了。

刘靖基一听，心中一动，知道上海博物馆背着他在做夫人的工作了，就随机应变地说："啊，你今天喊她师母了，那你该称我是老师了。"

来人说："应该，您当之无愧的是我的老师。"

上海博物馆的领导得知刘靖基的情况之后，认真关照工作人员说："对靖公的事，不能操之过急，要慢慢来，不要违背党的政策。"这一点征集人员当然是清楚的，所以在征集刘靖基的藏品时，处理方法上特别的谨慎。

其实，刘靖基并没有坐在家中等待，他向张承宗请示。因为张承宗担任过统战部部长，他在电话里还习惯地称呼："张部长，我要向博物馆捐献一批书画，你看这事……"

张承宗说："靖公，您的事情您自己决定，别的我们可以商量，这件事您自己做主，我们不参与。"

两个月过去了，刘靖基还是没有作出最后的决定。他和秘书韩婉华商量，韩婉华说："靖公，对您的事情博物馆很慎重的。那42件东西还是捐给博物馆好。"又过了几天，刘靖基对韩婉华说："你打电话叫博物馆来人，这批东西我捐了。"

上海博物馆当时也真的想后退一步，不想使刘靖基为难，心中留下不愉快，就说："靖公，您想留着玩的，可以从目录中划掉。"

刘靖基摆摆手，说："你们既然选定了，我也就不划了。"

看到刘靖基果真下定决心，征集人员就把他在抄家时写给博物馆的捐献信拿了出来，说："靖公，这个东西还给您，那是在非常时期写的，不算数。现在请您重新写一张捐献书，连同这个目录附上。"

但到了举行捐献仪式那天，他居然把两件元人的作品遗漏了，实际捐献的书画是40件。在捐献大会上，刘靖基作了感慨万千的发言，现摘录于此：

> 我是一个不会书也不会画的人。我所以有一定的收藏，主要是在四十多年前抗日战争时期，常州同乡中有不少老一辈文学家、书画家、考古家、鉴赏家聚集在上海，我和他们经常在一起，从接触中受到感染，使我逐步对书画产生了兴趣，因而常到古今书画展览会参观、选购，开始收藏，从近代到宋元，并在实践中得到了一些鉴赏文物的知识，因此在收藏书画方面成为我的业余爱好，并成为生平嗜好。在我的收藏中有很好很名贵的稀有珍品，但由于缺乏经验，有时自以为是，自己骗自己，也收有不少真而不精的东西，甚至也有极少数假的，但在逐步发觉后，我仍放在家中，从不转售出去。大家知道我是一个只收进不卖出的人。

解放前夕，我曾抱着对共产党的疑惧心情，把资金货物抽调到香港，同时也把心爱的书画带了出去。解放后，在陈毅市长的关怀和教育下，在党的统一战线政策感召下，我决定把在香港的资金、设备拿了回来，同时也就把我所心爱的书画拿了回来。解放初，我还补充了不少较好的新藏品。

但是，想不到来了"文化大革命"，不仅我个人受到了很大的冲击，还被抄了家。当红卫兵闯进了我家，竟把镜框里最好的张大千的画砸碎了，接着要打、砸、抢我所有的东西，包括我花了多年心血收藏的文物也被波及。我立刻和我爱人商量，主动打电话给博物馆，请派人来全部拿走，因为这些文物都是我们先人的精心创造，不能仅仅看作是我私人所有的东西，更重要的是历代保存下来的，有重大历史意义，有重要价值的中国文化遗产的一部分，如果损坏了，不是金钱代价所能买到的。

今天在党落实政策归还我时，我能幸福地重新看到我的所有文物都保存得很整齐，深深感到当时博物馆为国家、为人民保护历史文物、抵制"四人帮"破坏的功劳是巨大的，博物馆的同志当时抢救文物和多年来精心保藏工作是十分辛劳的。对此，我也表示十分敬佩和感谢。

当博物馆征集组的同志来与我交换意见时，我曾说，过去收藏家常常打了一个"子孙永保"的图章，其实历代没有一家的子孙能永远保存，否则数百年来这些书画也不会到我手里。通过"文革"浩劫，使我认识到所有的文物，只有国家才能真正永保。

几十年来，我收藏书画的小名气在海内外有所传播，"文革"前常有日本朋友来我家访问看画，如日本已故友好人士松村兼之就来看过，甚为欣赏，近年海外亲友回来也想看画的不少。因此，博物馆同志在与我交换征集意见时，我说国家需要的，都可以留下，国家不需要的就退还给我，可以帮助我接待海外客人，起一些作用。最近美国电视台记者来我家采访,他们对挂在客厅里的明代沈石田、文徵明和清代的金冬心、郑板桥等画表示很感兴趣,并拍了电视。前几天来访的法国记者也有同感,他对所陈列的文物都拍了照,并问我怎么保存下来的,我就坦率地讲了博物馆保存和退还的经过,使外国朋友对党的政策有了进一步了解。

现在国家留下的件数不多,而把大部分退还给我,今天还举行授奖会,使我惭愧万分。如果国家对我的收藏还有需要的话,可再向我提出来。历代先人的艺术结晶,终究还是应该属于人民的。

刘靖基捐献的40件书画有:宋张即之《行书待漏院记》卷,宋吴琚《行书五段》卷,元赵孟頫《行书十札》卷,赵孟頫、倪瓒《兰竹》合卷,王蒙《天香深处图》轴,倪瓒《六君子图》轴、《竹石霜柯图》轴,冯子振《行书虹月楼记》卷,朱德润《浑沦图》卷,明沈周《吴中名胜图》册,明张灵《织女图》轴,明唐寅《行书诗》卷,周臣《春游闲眺图》卷,谢时臣《紫霄宫霁雪图》轴,夏昶《墨竹》轴,陈淳《花卉》册,金琮《行书诗》卷,边景昭《花鸟》轴,陈洪绶《雅集图》卷,董其昌《秋兴八景图》册,姚绶《林泉逸老图》轴,清吴历《墨竹》轴,朱耷《秋山草亭图》轴,吴历《苦雨诗》卷,髡残《浅绛山水》卷,王翚《重江叠嶂图》卷(乾隆题"天下第一王石谷"),清恽寿平、王翚合作《山水》卷,叶欣《梅花流泉图》卷,樊圻《江干风雨图》轴,弘仁《山水》卷等。

上述书画中的确有诸多名迹。由此可知,刘靖基的"挖眼珠"之说,并非是一时的气话。

南宋吴琚(字居父,号云壑)《行书五段》卷,又名《碎锦帖》。此卷共有五帖,分别写《汉书·霍去病列传》《世说新语》二段、《调息箴言》和《天马赋》,因是残件和节临而被后人裱为一卷,故名《碎锦帖》,无署款,第一至第四帖各钤朱文方印"云壑"(此印真伪存疑)。

吴琚是书法史上学米芾行书的第一人，董其昌曾评之云："书似米元章，而俊俏过之。"《行书五段》卷中有张埙、翁方纲、吴锡麟、吴荣光、赵怀玉、王文治、林则徐等人题跋，曾经吴荣光、赵怀玉、罗天池、潘仕成、潘延龄、孙尔准、伍元蕙等人递藏，并著录于吴荣光《辛丑销夏记》，是吴琚传世名迹之一，也是刘靖基收藏古代书法中的第一名品。上海博物馆藏吴琚书法仅此一件。卷首、卷末分别钤有一枚白文方印"希逸"，此是张珩（字希逸）之印。另还有浙江余姚人、上海银行家、古书画收藏家陈子受"陈子受家珍藏"和"姚江陈子受家珍藏"二方朱文印，刘靖基或是购自陈氏。但张珩购自何人，不得而知。

张即之是南宋晚期的一名官员，出生于名门显宦之家，自幼喜书法，习欧、褚、颜和米芾，又参以汉隶及晋唐写经书法，形成自己的独特书风，有"宋书殿军"之称，金人尤宝之，但历来褒贬不一。纸本《行书待漏院记》卷，纵47.2厘米，横2665.5厘米，书于皮纸，无张氏款印。明人吴宽在卷后跋记中言是张即之（号樗寮）之作，后人皆从其说。卷末有吴宽、李东阳、范为金、王芝林等题跋，从范、王题跋中可知，清道光时曾为江苏吴县人、金石收藏家曹载奎（字秋舫）收藏。卷末左下角有近人吴湖帆"湖帆鉴赏"和"吴倩私印"二印，后为刘靖基静寄轩庋藏。

元赵孟頫《行书十札》卷，共有尺牍10通，9通是给民瞻的，一通是给仁卿的。石岩字民瞻，与赵孟頫是姻亲，仁卿姓高，或是民瞻的亲戚。这10通书信的内容都属于约会、馈赠、需求等家常琐屑。卷末明清人题跋甚多，从题跋中可以看出《行书十札》卷大致流传经过：石民瞻→友人戴氏→戴氏后人戴从善、戴从周兄弟→戴昕→张黼→张爕→王鸿绪、王图炳父子→乾隆皇帝→退还王家→潘延龄→罗天池→裴景福→伍元蕙等递藏。顾复《平生壮观》、裴景福《壮陶阁书画录》著录，刻入潘仕成《海山仙馆藏真帖》。

倪瓒45岁时所作《六君子图》轴，画幅上有倪瓒自题："卢山甫每见辄求作画,至正五年四月八日,泊舟弓河之上,而山甫篝灯出此纸,苦征余画,时已怠甚,只得勉以应之。大痴老师见之,必大笑也。"画上有黄公望题七绝一首:"远望云山隔秋水,近看古木拥坡陀。居然相对六君子,正直特立无偏颇。大痴赞云林画。"另有朽木居士、赵觐、钱云题诗。诗堂有董其昌壬寅(1602)重九后二日题跋。裱绫左有明崇祯十三年(1640)王铎题跋。裱绫右有孙承泽书李日华跋语一段,另还有成亲王永瑆、周寿昌、许乃普、王懿荣等人题跋。《六君子图》曾先后为谢淞洲、安岐、周寿昌、韩泰华、庞莱臣递藏。张珩《木雁斋书画鉴赏笔记》有云:"此图三百年来称为名作。然以画论之,于云林诸作中殊非上乘,特以有大痴诸题增重耳。"

董其昌《秋兴八景图》册,纸本设色,董其昌万历四十八年(1620)8月至9月期间所画,时年66岁,是董氏传世册页中的名作之一,原为董其昌次子董祖源所藏,每开都钤有"男祖源珍藏"朱文印。入清之后大致递藏是:宋荦→宋荦之孙→谢希曾→吴荣光(吴氏《辛丑销夏记》著录)→潘正炜(潘氏《听帆楼书画记》著录)→孔广陶(孔氏《岳雪楼书画记》著录)→伍元蕙→辛耀文,庞莱臣以万金(一万银元)购自辛氏,并著录于《虚斋名画续录》,后归刘靖基收藏。张珩称此图册为"董册中无上妙品"。

陈洪绶纸本墨笔《雅集图》卷,高29.8厘米,横98.4厘米。卷首右上题"僧悔为去病道人作",画中9位人物用白描法。图居中作一石案,案上端放一尊雕琢精细的观音造像,及供佛用的水盂、香炉、瓶荷。案前一高士,面对造像,盘坐于兽皮之上,正展卷吟读。每位人物均以泥金标写姓名,依次为陶君奭、黄昭素(黄辉)、王静虚、陶幼美(陶允嘉)、愚庵和尚、米仲诏(米万钟)、陶周望(陶望龄)、袁伯修(袁宗道)、袁中郎(袁宏道)。此图所描绘的是想象中的明万历年间文人名士在园林中礼佛参拜的场景,可能是应友人去病道人之请而作。此图卷未署年月,翁万戈先生考鉴或是作于清顺治四年(1647)。

刘靖基（右）和画家朱屺瞻

刘靖基（右一）和谢稚柳（左一）、程十发（左二）、台湾画家李奇茂夫妇

  刘靖基捐献的40件古书画名迹，每一件都有着它的流传历史，每一件在历代收藏者手中都被视为珍宝，更重要的是每一件都记载着各个时代的文化气息。而它们的最后一位私人收藏者刘靖基，何尝不想让这些名迹"子孙永保"呢？经过十年的动荡，落实抄家物资归还政策，本可燕子归来，物还旧主，但他最终大彻大悟，在捐献会上说出那番充满哲理的话，和这些藏品告别，虽似有被"挖眼珠"之痛，但最终还是捐献给了上海博物馆，供大众观赏，这也应该是它们最好的归宿。

  在刘靖基的藏品中，其实也有一部分是赝品，这是一个收藏家早期所付的学费，也是收藏家的必经之路。任何一个收藏家，光靠自己的眼力可能不够，还需要有人帮助"掌眼"，刘靖基也不例外。他的掌眼人是鉴藏家王春渠（号曼士），常州人，江南大儒钱名山的弟子，也是钱的侄女婿，与谢玉岑、谢稚柳是表兄弟兼同门师兄弟，和陆丹林、张大千等都有极深的交往。他虽收藏书画甚多，但不慕名利，常常对他人解囊相助。谢玉岑逝世之后，他各处收集玉岑诗词文章印行《谢玉岑遗稿》，并编印出版《近代名人书林》（1932年中华书局印刷所）。刘靖基和庞莱臣不同，自己的收藏不轻易示人，所以他的收藏品从未出版过，只有他的掌眼人王春渠进行过系统的研究鉴定。"文化大革命"中，王春渠所藏书画被抄走，手指也被打断。1977年后，刘靖基想通过谢稚柳请王春渠再为他"掌眼"，谢对刘说："他比你还大一岁，哪里还能看得了画。"谢稚柳不愿帮助说情。刘靖基遂到王家登门拜访。王春渠有着白天睡觉、晚上工作的习惯，刘靖基到了，他还没有起床，见刘来了，就说："靖公，你来了也不先打个招呼，现在无法招待你。"刘靖基说明来意，王春渠说："手指头被造反派砸断了，又是这样大的年纪了，还出去干什么？还能写什么东西？"从此闭门不出。落实抄家物资退还政策后，上海博物馆从王春渠手中购买了77件元明书画，另外100多件他卖给了上海文物商店，去世之前，曾表示再也不接触书画了。

  对自己收藏的书画表现出无限眷恋痴情的刘靖基，到了晚年想法也改变了。以往秘不示人，此时为了让更多的人能欣赏他的收藏，每年用自己的藏品印一本挂历，这些挂历中的画，都是博物馆帮他挑选的。博物馆还建议他建一个"刘靖基纪念馆"，出几本《刘靖基藏画集》，编一本《刘靖基藏画目录》，博物馆可以帮助他办理这些事情。但还没来得及操办，刘靖基就住进了医院，病房里挂着唐寅的画。上海博物馆征集组的人员去看他时，他说："我怕不能闯过这一关了，非常想家，想回去和书画在一起，要死就死在书画之中。"

  但刘靖基已经无法实现这个愿望了，只有唐寅的画陪伴着他，陪他走完了一个收藏家生命的最后一程，走得洒脱，达到了收藏家最圆满的一个结局。

李荫轩：青铜泪坠如铅水

想采访青铜器收藏家李荫轩的夫人邱辉，那是多年前的事了。当时上海博物馆《鉴赏家》杂志初办，编辑邀我做特约撰稿人，专门写上海收藏家的故事。我那时正在主编《文汇报》的"独家采访"专版，也是《文汇报》重点推出的专版，所以我的主要精力都用在这个专版上，采访和组稿的任务都很重，但我还是答应了该杂志编辑的邀约。因为，上海博物馆之所以收藏如此丰富，当年上海的收藏家们可谓功不可没。我曾写了《潘达于与大克鼎》，接着又采访了顾氏过云楼的后代，还准备采访邱辉。但在《潘达于与大克鼎》发表后，其他收藏家的采访写作没有再继续进行下去。

老实说，由于我对《文汇报》的热爱，如果其他报纸或杂志邀我做特约撰稿人，我是不会答应的。而之所以欣然答应该新办杂志的邀请，完全是为了那些收藏家。但人家却已毁约，我当时并不知道，所以仍要去采访邱辉，因为是她将李荫轩毕生的收藏捐献给了上海博物馆。李荫轩是安徽合肥人，和我可谓"大同乡"，所以我对他们夫妇的收藏故事，也有着一种特殊的情感。

那是夏天，在威海路一幢大楼里，我找到了邱辉的家。房门外装着一个铁门，是用几根铁棍焊成的普通铁门。而隔壁邻居的铁门都是新定制的，既安全又美观，唯独她家的铁门是那样简陋。我按了电铃，没人开门；我用拳头敲门，亦无有应答。在门前盘桓了一个多小时，最后还是怏怏然地离去。后来，我得知自己这个特约撰稿人已被人家"解约"了，所以也就没有再去采访，只好用和邱辉的缘分还未到来安慰自己，但似乎又感觉和这位大收藏家的夫人缘分未尽，总有一天会采访到她的。

缘分终于到了。1999年1月27日下午，冬雨初晴，因为暖冬，有着一种春天的温馨，我敲开了邱辉家的大门。原来的那个简陋的铁门不见了，换上比较考究的新式铁门，迎接我的是一位仪态端庄又很开朗的老人，她对我一点儿也没有陌生的感觉，也不像我听说中的"羸弱多病"的样子。

"在我的想象中，您是很清瘦的。"我笑着说。

"这是你听来的，正如我们家老先生一样，总说他穿着长衫，其实他从来不穿那东西。"邱辉说着也笑了起来。

有关李荫轩收藏的青铜器，邱辉说她不懂。她只娓娓地叙述了那时的家庭生活：

> 我们家住在乌鲁木齐南路，和谢稚柳先生是对门邻居，站在谢先生家的阳台可以看到我们家的花园。一家三口，再加上一个保姆，生活得很平静。老先生（李荫轩）欢喜古董，尤其欢喜青铜器，购买回来后，总要在家忙上一阵，把青铜器放在桌子上，又是刷，又是抹，处理完毕，再将上面的铭文临摹下来，翻书查对，寻找依据，断定年代和查证记载的事件。五六十平方米的房里，摆满了他心爱的宝物，青铜器、古钱、古籍，那里是他的天地。后来儿子大了，也和他爸爸一样，父子俩一起查书，一起讨论，常常要弄到深更半夜。我只站在旁边看着，与其说看青铜器，不如说我是看他们父子俩的高兴劲儿。

李荫轩生性淡泊，不事张扬，为人极为低调，所以他收藏青铜器的事，除了极少数的古董商之外，几无人知。还是那位当年和父亲一起研究青铜器的儿子李青，为父亲写了一个小传发表在《鉴赏家》上，虽然极为简单，我们也可从中知道一个大概。

李荫轩（1911—1972），名国森，号选青，别署荫轩。祖籍安徽合肥，生于上海。其祖父李凤章是李鸿章的五弟，从官场退隐后定居芜湖，经营房地产和商贸，成为合肥李氏家族中的首富。李荫轩自幼喜好文物古玩，勤于考古、掌故、鉴定，通览中外历史，这使得他的收藏具有很高的文化品位。他一生不求名声显达，将毕生的精力献给了考古、收藏和文物保护。他热爱一切古物，纵然是那些残铜废石也从不舍弃，他将"抱残守缺"当作自己收藏的座右铭。

李荫轩从十几岁便开始收藏中国历代古钱币，从收得近人邓实（字秋枚）的藏币开始，所收集的历代各种古钱币十分齐备，其中尤以南宋的"大宋通宝当拾""临安府行用"准贰伯文省、准叁伯文省、准伍伯文省，以及元代"至正之宝'吉'权钞伍分"等为稀有珍贵钱币。此外，他还收藏欧美各国的古金银币和勋章、徽章，其中包括古希腊、古罗马古币等共达3万余枚，将自己的藏币之处名为"选青草堂"，并自署"选青主人"。

李荫轩约从20岁时开始收藏古代青铜器，一生的收藏共达200余件。这些青铜器的文字考据和鉴定都十分精到，极少有可疑之物。他曾在破残古屋的墙隅边得到吴方彝盖，别人都以为是赝器，但经考证是因火烧所致。其一生所藏的青铜名器有小臣单觯、鲁侯尊、厚趠方鼎等数十件。其藏青铜器之处名曰"邵斋"。

李荫轩另外还收藏有一定数量的秦汉铜镜、古钱范、秦汉瓦甓、历代印玺、元代铜权、明清符牌以及善本古籍等。其中有汉印"居巢侯相""乐昌侯印"，清嘉庆满汉文"提督广东水师总兵官印"，明建文款"吏部稽勋司郎中朝参"象牙片，明正德款"养鹰营"铜牌，清乾隆

李荫轩和夫人邱辉年轻时的合影

"太上皇帝御赐养老"银牌等,均为珍品。

李荫轩收藏的这些文物几十年来一直都保存完好,尤其是在抗日战争期间,为免遭日本侵略者的掳毁,他花了很大的精力,终使这批珍贵藏品没有散失。"文革"期间,他为了这些文物不遭毁坏,将全部重要藏品交给了上海博物馆代为保管,使它们得以保存至今。而他多年积累的手稿,以及清宫印玺等一些重要文物均已散失,令人痛惜。

我问邱辉:"社会上传说,您家老先生是李鸿章的孙子,这些收藏中有的是李鸿章传下来的?"

邱辉说:"不敢冒名顶替,老先生和李鸿章确是同族同宗,是合肥李氏家族的一个支脉。那时老先生做房地产生意,手里有几个闲钱就去买他欢喜的东西。"

李荫轩和古泉界的罗伯昭、郑家相、戴葆庭、王荫嘉等多有交往,经常参加罗伯昭组织的中国泉币学社的活动,交流藏品,相互观摩。戴葆庭(号足斋)出版的《珍泉集拓》一书中,有李荫轩题跋两则,其题"临安府行用"铜牌云:"'临安府行用'铜牌,素称稀品,'准贰伯文省'一种尤妙。乾隆时龙泓外史（注：篆刻家丁敬）于武林候潮门外建屋掘地得数十枚，《东南金石》书始有橅本。敝斋所藏'伍伯文省'一品，行字内多一点，为清仪阁旧物，《金石契》所橅即是品也。足斋先生新获丁氏旧藏贰、叁、伍三品成套，深庆天水（注：即宋朝）旧制，虽屡经浩劫而尤有存于人间者，得不为神呵护也。乙酉腊月选青主人识。"另题"大宋通宝当拾"曰："'大宋通宝当拾'大钱，曩唯吕佺孙先生藏有一枚，近时稍闻二三藏家有之，然南北合计不出十品，按此泉文字有肥瘦书者尤佳。敝斋所有者为吕氏旧藏，与足斋此品似出一范。用识数语，以证古缘。选青主人李荫轩。"

在古玩市场中，李荫轩总是以神秘买家的身份频频出现。他斯斯文文，一身书卷气，丝毫没有给人财大气粗的感觉，看到喜欢的东西，总是态度温和地和老板讨价还价，看到好的，则不惜重金购得。潘祖荫攀古楼的珍藏品，有一些就是李荫轩买去的。他手中如有重复的器物，有时也会出售于古董市场。无论是购进还是卖出，给人的感觉总有点神秘，从不在市肆多作停留，看准就买，买后即走。如果古董店老板收到了好东西，想给他报信都很困难，因为他不留真姓名，更不留家庭地址，而自称"包申甫"，是一位自我保护意识极强的收藏家。当年上海滩只有极少数古董商人略微知道一些他的真实身份，但都秘而不宣。

从古董界透露出来的一些李荫轩收藏的零碎信息，引起了上海博物馆征集组的注意，他们想见见这位出售和购藏青铜器的神秘收藏家。不知是有人给他通风报信，还是他有一种特殊的自我保护意识，每当博物馆的人走进古董店，他总是前脚进，后脚就出，悄然离去。上海博物馆的领导知道此事后，就要求征集组的同志无论如何要找到这位收藏家。如同公安局搞户口调查一样，上海博物馆的工作人员终于找到"包申甫"的住址，并登门拜访。

有关寻找李荫轩的过程，我曾了解到这样一段故事：当上海博物馆的领导得知有这样一位收藏家的情况后，就分析此人肯定不是一般的文物爱好者，应是一位对青铜器颇有研究的收藏家，且肯定有丰富的藏品，却不知道他的真实姓名和具体住址，遂指派专人一定要找到这位收藏家。从1955年至1961年，不停地寻找了多年。1961年年初，这位神秘的收藏家终于被上海博物馆的工作人员遇上了，但当时彼此没有过多地交谈，他只留下名字就匆匆离去了。

有了确切的姓名就好办。李荫轩的朋友、藏书家、原上海新安电机厂的老板孙鼎（字师匡），由于征集文物的关系，上海博物馆的工作人员和他交上了朋友，从孙鼎那里了解到李荫轩住泰兴路某号花园洋房。但当到那里时，却发现那已经不是李家了，变成了区政府和法院的办公地方。李荫轩搬到哪里去了？孙鼎也说不上来。再到区房管局查阅房产档案，才得知他已搬去了乌鲁木齐南路居住。住址找到后，上海博物馆的领导即专程去拜访了李荫轩。

第一次去拜访时，李荫轩不知道他们是些什么人，显得有些紧张。他们说："我们是上海博物馆的人，想同你交个朋友，我们知道你研究青铜器，请你到我们博物馆看看，不要紧的，博物馆欢喜收藏家，收藏家是博物馆的朋友。"他们还带去了几本出版物。原来他都已经有了，如《文物参考资料》《考古通讯》和《考古学报》，其他有关青铜器著录的书籍，也很齐备，这样渐渐地话题也就多了。按照旧式习惯，李荫轩还请他们吃了点心。从此，李荫轩就成了上海博物馆的朋友。此后，他多次应邀出席人民政府为收藏家捐赠文物而举行的颁奖会，还参加了当时的上海博物馆馆长徐森玉为收藏家举行的宴请。这样便进入了实质性的交往阶段，上海博物馆开始试探性地向他征集几件青铜器。

征集李荫轩收藏的青铜器谈何容易！一般藏品他都已陆续出售，留下的都是屡经著录和流传有绪的精品，有的虽未见著录，但铭文也极有史料价值。在进入实质性的交往之后，上海博物馆征集组的人员成为了李家的常客。

一天，当征集组人员到李荫轩家时，他已经等候在那里，见面就说:"你们两个到这儿来,实在抱歉,我没有什么好东西了。"然后话题一转,说:"这位先生,听口音你也是安徽人。"征集组中的一位安徽籍工作人员用一口浓重的合肥话回答:"敝乡是合肥,和您是真正的同乡。"李说:"我虽然很少去合肥,你那一口的乡音听来特别亲切,好,好,同乡人,事情好办。"

另一位同志不善言辞,听到他们二人东一句西一句地交谈,心中有些着急,用脚踢了踢同伴,意思是要他言归正传。这个小动作被李荫轩看到了,说:"这位先生有些急了。好,说实话,青铜器我倒有几件,你们想要哪些东西,我也搞不清楚。"这位上海博物馆的同乡连忙说:"李先生,随你的便,您认为哪些东西是博物馆可以要的,您又有的,就拿出几件看看,您是行家。"李荫轩当即表态:"好,你们下个礼拜再来。"

第二个星期,李荫轩拿出三件青铜器,都是有铭文的,也都是好东西。

"这东西好,您开个价。"征集组的人说。

"价钱应该由你们来定。"李荫轩说。

"价钱还是要您来开。"征集组的人员答道。

李荫轩开了个价,征集人员认为可以接受,准备写一张收条,把东西先带回去。

"不要收条,东西你们拿回去,我相信你们,三件青铜器还要什么收条。"李荫轩表现出大收藏家的气度。

征集组雇了两辆三轮车,小心翼翼地将三件青铜器运到了上海博物馆。李荫轩的收藏之门终于被打开了。其实打开李荫轩之门,与他看到上海博物馆的收藏也有很大的关系。

在这三件青铜器中,一件有长篇铭文,是未见著录的新器,铭文内容记载西周厉王率领军队东征淮夷之事,参加征伐者名为翏生,故此器名曰翏生盨。这是一件极有历史价值的文物,所以给了在当时最高的收购价，此价格对李荫轩来说应该是满意的。他当然并不在乎这些钱，而是他了解了上海博物馆对他的一片苦心，于是彼此进一步熟络起来。过了一年多后，他又拿出来一件青铜器，虽然有铭文，但价值不大。考虑到他的一番诚意，而且又是上海博物馆所缺少的，因此也收购了。上海博物馆知道他还有一些重要的藏品，当然是秘不示人的，因此也没有指明要看器物，凡事总要水到渠成才行，关键是结交了一位有学问的收藏家朋友。

1966年夏季，"文化大革命"开始。李荫轩和所有收藏家的命运一样，也难逃被抄家的劫难。关于当年惊心动魄的抄家，邱辉后来曾有这样一段回忆：

> 抄家那些日子，每天都心惊肉跳，不知什么时候会有人冲来抄家。一天，一群红卫兵果然冲了进来，他们不懂，一见这么多稀奇古怪的古董，连声嚷着是"四旧"，又摔又砸。那些戴着红卫兵袖章的孩子，把我家老先生多年收集来的西洋瓷器，从阳台上扔下去，那摔碎的声音使老先生心痛得发抖。还有好多古钱，红卫兵一掰就碎，他们也觉得好玩，竞相比赛，许多青铜器也都推倒，乱扔乱放，满屋子都是。他们闹了一阵，没有找到什么反动的东西，就把我和老先生分开关在两个房间里。趁没人看守时，我们从各自的房里跑了出来，四目相对，面面相觑。这时老先生突然对我说，打电话给博物馆，让博物馆的人来保护这些文物。他说着就走了出去，穿过草坪，向装有电话的房间走去。我一步也不敢离开，看着他的背影，担心到了极点，不知他这一去，要是被红卫兵发现了，会带来怎样的后果。过了一会儿，老先生回来了，悄悄地对我说"打好了"！这时我心中的一块石头落了地，焦虑的心情也缓解了许多。不久，博物馆的人来了，虽是认识的，这时也不敢说话。同时，老先生所在系统的房管所也来了许多人。

其实，我也不知道老先生收藏有多少东西，我们看也不想看，管也不想管，就躲在自己的房间里。这次博物馆收集得非常彻底，从头一天下午一直清点到第二天中午，用两辆大卡车才拉完。

李荫轩的收藏主要是青铜器，另外还有古钱、金表、印章、金币及外国古董，金币都是外国纪念币，是一些国家的重要纪念节日或纪念大典的纪念币，而且是按年编号成为系列的。博物馆的工作人员都逐一登记编写清单，给李荫轩留了一份，给他当时所在的单位房管所留了一份，上海博物馆留了一份，而且说明是"代为保管"。当时认为不属于文物的外国纪念金币被房管所拿去了，后又被认定为文物，又取回存放在上海博物馆。当他们离开的时候，李荫轩只是说："东西放在博物馆最放心。"

在和邱辉交谈时，我问她：这些东西是怎样捐献给上海博物馆的？

她回忆说：粉碎"四人帮"之后，在加拿大定居的儿子要我移民到那里去，和他们生活在一起。我们就这一个儿子，但我几次申请出国，护照都没有批准。党的十一届三中全会之后，落实政策，我拿到了去加拿大的护照。正在这时，落实文物归还政策，博物馆代为保管的东西要发还。我家老先生于1972年就去世了，如何处理这件事，没人商量。正当我进退维谷的时候，博物馆的人来了，我就和他们商量。他们总是希望这批东西能卖的就卖，能捐的就捐，放在家也没有什么用处。那时我已经无家可归了。"文革"时，我们被扫地出门，寄住在一位亲戚家里，地方很小，即使这批东西发还给我，又往哪里放？同时我也担心，如果不把这些东西捐献出来，会不会吊销我的护照，不让我出去。这样，我就把东西捐献给了上海博物馆。

有一批东西，如13斤纪念金币是卖给博物馆的。博物馆收购这批金币时和我讨价还价，他们这样做，是代表国家和博物馆的利益，我很理解。谈到最后，每斤以略高于银行的价钱进行收购，他们表示无法再让步了。这样，我就只好说："我一向看得起你们，这些纪念金币既然是历史文物，怎么把它当作散金来计算，就是收旧货也不能这样计算。"他们不正面回答我，只是和我打哈哈。我看到他们为难，也就不计较，心想万贯家财都散尽了，不要再去计较纪念金币价格的高低了。

到了加拿大后，儿子、媳妇待我很好，谈起国内的"文革"，儿子不理解。特别是我把那样多的东西捐献了，儿子更不理解。他说："妈，父亲遗留下那样大的家产，你怎么不和我说一声就捐献了呢？"博物馆给了我奖状，儿子也不理解，几次问我：为什么不给他留几件作为纪念呢？我很理解儿子的心情，他自己就是搞青铜器的，有些器物不知抚摸过多少次，是有感情的。他要求留几件作为纪念，也是合情合理的。这时，我才感到自己的疏忽，当时为什么没有想到给儿子留一份呢？想到这里，就感到我对得起国家，对得起博物馆，对得起自己，就是对不起儿子和媳妇，自己心里很不愉快，加上语言不通，没有熟悉的朋友，生活也不习惯，虽然办了移民，已在加拿大住了6年，但我还是回来了。儿子苦苦要求我不要回来，说："办好移民，生活有了保障，为什么还非要回去呢？"

回来以后，邱辉遇到的第一个困难是没有房子住，不可能总是住在亲戚家里。她又去找上海博物馆，要他们向市里反映，想办法解决房子问题。

上海博物馆即派认真负责的人去办理此事。他们到市政府侨务办公室，谈邱辉对博物馆的贡献。侨办的工作人员很热情，不久就去看了房子。一看，房子条件太差，离市区又较远，一位独居老人无法住。为了能使侨办把这件事圆满地解决，上海博物馆又去找市政协主席张承宗，他曾经担任过上海市文管会主任，随即给侨办领导打电话，请他们一定帮助解决好这件事，同时又叮嘱上海博物馆的人："这件事要盯着侨办，你们辛苦一下，多跑几次。"这样，市领导作了批示，博物馆的工作人员三天两头往侨办跑，侨办领导很负责，要房管局落实这件事。

但房管局的经办人说："邱辉对你们博物馆有这样的贡献，应该由博物馆给她解决房子。"那时上海还没有商品房，还是统一分配住房，找一套房子虽然说不上比登天还难，但当时确实也是最难办的事情。上海博物馆经办此事的同志曾对我说："我每天去房管局，软磨硬泡，居然在市中心离博物馆不远的地方，为邱辉找到了房子。"

采访邱辉正是坐在这套一室一厅的房子里。她刚住进来的时候，房子还没有装修，水泥地，石灰粉刷的墙，没有热水洗澡，没有冷暖设备，夏天热得无法住，冬天冷得伸不出手。邱辉又找到上海博物馆书画部的一位与她熟悉的女同志，此人在1966年夏天抄家时曾负责文物造册登记，以后就渐渐和邱辉熟悉了。此时，她正陪我拜访邱辉，对我说："抄家时，李荫轩、邱辉虽然在痛苦之中，但仍然很冷静，邻居都说，虽然做了邻居十几年，但从来没有看到过李家的太太。"邱辉也说："那时出去是汽车，回来时也是汽车，不和邻居打照面的。"

邱辉的娘家邱氏家族是清末民初浙江南浔巨富之一。南浔邱氏惇仁堂一支的邱其梁（字仙槎）以贩运和经营辑里湖丝而发家致富，曾在南浔四大巨富（俗称"四象"）中排行第三，后来又在上海投资房地产、典当行和钱庄。邱其梁有原配庄氏和继室高氏两位夫人，两房共生有九子八女。邱辉的父亲邱炳耀（字莘农）是继室高氏所生，是邱家兄弟中最小的一个，排行老九，后分得的家产主要是在上海的邱家产业。邱炳耀除经营丝绸和房地产外，还投资金融期货、中外股票、新世界游乐场等，但为人低调，是一位典型的隐形富豪。邱炳耀有邱培基、邱培熊、邱辉二子一女。

邱辉在出嫁之前，是邱家大小姐；出嫁之后，是李家阔太太。谈着谈着，邱辉突然问我："你认识谢稚柳，想必也认识张葱玉的了。"我说："认识谢稚柳，但没见过张葱玉。"她说："张葱玉和我们家是亲戚，和我家老先生是好朋友，经常来我们家看东西。"陪同的人看我们的话题扯远了，就插话说："我第一次走进她家的门，就感到一股冷气。为了暖脚，沙发前铺了一块塑料地毯，床前铺的地毯也是塑料的，洗澡是一个简单的塑料浴罩，用水壶烧热水……像她这样的身世，怎么能过这种生活！"她说着说着眼圈不禁红了起来。邱辉却似乎在安慰她："我还是很能吃苦的，能过底层的平民生活。"

后来，上海博物馆的领导到邱辉家里，看到那样的生活环境，连连说："博物馆应该帮助解决。"上海博物馆出面更换了生锈的门窗，安装了新式铁门，铺了木地板，装上了淋浴器，本来还要把旧的沙发更新，但邱辉说什么也不同意，只是淡淡地说："我已经80多岁，不要再讲究了。"我看到她拉着陪同来访的人的手，很高兴地说："现在能洗热水澡了。"

不管怎样，邱辉捐赠给上海博物馆的青铜器，它们身上的历史光彩总是在闪烁着。由儿子李青（尔白）出资出版的《李荫轩所藏中国青铜器》（上海博物馆1996年），收录了李荫轩生前编制的《邺斋藏器著录表》；在第二集中，收录了李青《对青铜器研究的概述》一文，基于他的研究经验，用此书中的青铜器作实例引证，并对有关的铭文作了研究和说明。第一集收录了稀见和有铭文的青铜器60件，逐件作了说明，并写了"序言"和"综合介绍"两段文字。在"综合介绍"中，对这60件青铜器的历史价值作了评述。

其中商代早期至晚期青铜器共9件，商早期兽面纹瓿和商晚期弦纹斝无铭，其余商代诸器皆著铭文。青铜器上的铭文是研究商代氏族制度的有价值资料。西周时期的青铜器共39件，颇有一些名器，周初成王时三器，以小臣单觯最为著名，铭文记载伐武庚叛乱之役，是周初立国的大事。亚盉和燕侯旨鼎都是燕初之器，虽然后来已出土了不少重要的燕器，但研究周初史料者，仍不得不提到亚盉和燕侯旨鼎。

康王时代的鲁侯尊，或称鲁侯簋，是一种酒器。因得以正名为尊，尊具方座而有两翼，至今仍为青铜尊中所仅见。铭中记述鲁侯参与伐东国之举，史籍中对这一时期的记载有所缺失，但现代史家却可以借这些青铜器铭文来补述这一段古史。

厚趠方鼎是周昭王时器，这件彝器的意义不仅仅在于铭文，而是宋代金文著录中遗存于世的极少数器物之一，弥足珍贵。师遽簋盖、吴方彝盖、趞尊、无叀簋等铭文，都或详或简地记载了当时周王对臣属策命典礼的情形。尤其值得注意的是，那时铭文中较多地注意到铸器时年份、月份、月相和干支的记载。学者公认这些纪年资料对于研究西周王位的年数和西周的历法，都是相当重要的。李荫轩能保存下来这些器物，实在有不可泯灭的功绩。

翏生盨是未著录之器，铭文记录周厉王伐淮夷的桐、遹、角、津等几个小邦国，在史籍中没有具体记载，可以说是西周与淮夷之间相当重要的军事史料。

其余西周晚期和春秋时期的器物，多为诸侯和大夫之器。其中西周的郑虢仲悆鼎、芮公鬲、齐巫姜簋、荀伯大父盨、苏甫人盘、郁伯君匜以及春秋时期的杞伯壶和簋、郜娶簋、噩公诫簠、徐沇儿钟、儠儿钟，晋邰钟等，都是两周金文中历历可数的重要器物，反映了当时诸侯和大夫地位的提高，青铜文化浸润华夏大地，是历史的实物见证。

虽然李青上述介绍青铜器的文字是学人之作，有些专业化的内容不易理解，但如果能够耐心地多读几遍，就知道它大致的内容和器物的价值，也会从李荫轩收藏中精选出的这60件青铜器，了解商周至春秋战国时代许多的历史事件，弄清楚许多以前的历史学者所无法搞清楚的问题。

当年写作至此时，我心寄霄汉，不能不捧起手中的酒壶，遥祭大收藏家李荫轩的在天之灵；不能不祝颂他的夫人邱辉永现光辉，健康长寿。

罗伯昭和钱币收藏家群体

在收藏界，钱币的收藏是最具有普及性、民间性和群体性的了。1926年张叔驯、程文龙等人创办了古泉学社，这是中国第一个民间性质的钱币组织，还创办了《古泉》杂志，也是同仁性的刊物，仅出版了一期。古泉学社和《古泉》杂志虽然影响不大，但上述的"三性"已经表现出来。1936年由丁福保、叶恭绰、张叔驯等发起，成立了中国古泉学会，并创办《古泉学》季刊，其寿命比《古泉》杂志要长了许多，出了五期才告中断，和前者相比，总算有了一些发展，并有了较好的结果。罗伯昭等人在1940年春组建的中国泉币学社是第三个泉界收藏组织。

中国泉币学社的创办，大家公认罗伯昭出力最多、贡献最大，并把他的寓所作为学社举行例会的活动场地，学社的刊物也主要靠他出力支持。然而出于对泉界前辈的尊重，罗氏率大家公推德高望重的丁福保为社长，罗伯昭为副社长，郑家相为总编辑，王荫嘉担任总校对，戴葆庭为会计。这个组织早期成员为13人，个个都是实业界和钱币界有影响的人物，由于抗战时局的动荡，他们是从四面八方汇集上海滩的。

为了寻找罗伯昭的踪迹，我来到安福路7号中国泉币学社原址——一幢三层楼的小花园洋房。斑驳的门上已经钉了许多人家的信箱，说明这地方已经是"七十二家房客"了，唯有那合抱的绿树，和久经风雨的小洋房相映衬，还能记忆起小楼的主人和钱币收藏群体在这里聚亦乐、散亦乐的生活。

南张北方巴蜀罗

中国古钱的收藏在20世纪的20—40年代达到了高潮，藏钱家殆数以千计，藏品最富的则首推张叔驯、方若、罗伯昭。张叔驯是浙江南浔人，方若（浙江定海人）寄居天津，罗伯昭是重庆人，故有"南张北方巴蜀罗"之称。

张叔驯名乃骥，号齐斋，南浔巨富张均衡（字石铭）第七子。1927年其父去世后，他分得了200万银元的家产，成为房地产巨商，收集古钱有了充足资金。张叔驯不但是古钱收藏家，也是著名藏书家。他的钱币收藏从宋靖康年间到民国期间，堪称藏界之冠。古钱币收藏家马定祥曾言："余见齐斋藏靖康钱独富，举凡靖康之小平、折二、折三、元宝、通宝，篆隶楷书铜铁钱以及钱母，几乎赅备。"靖康钱之所以珍贵，是因为此钱为北宋最后一年即靖康元年所铸之钱，仅铸造一年，故量极少，因而成了珍稀品种，但版式却又极为繁杂，有元宝与通宝两种，元宝以篆隶两体书写钱文；通宝以篆真两体书写钱文，其中通宝小平钱又有真隶两体合书一钱者。除了铜铁钱外，还有银质通宝钱，形制有小平、折二、折三三种。这种铸钱变化的频繁，很能反映北宋末年"乱世年年改号，穷士日日更名"的窘况。抗战期间，张叔驯把所藏古钱精品带往美国，但罗伯昭在《泉币》杂志上，每期都把他所藏精品介绍二三品，如"西夏大德通宝"，评介者认为此钱"今据实物，足证史氏之疏矣。此大德钱为前谱所无，今亦未见二品，洵属瑰宝"。

方若，原名方城，字药雨，光绪年间秀才，曾出任日本人主办的《天津日日新闻》社长兼总编，在日本在津势力的庇护下先后创办了多家公司经营房地产，并任日伪天津代理市长。方氏发家后，曾大量收集古物，以古钱和石经为最多，兼及书画、印玺、端砚。他是天津古玩市场中的最大主顾，古董商为他四处寻找货源，因此能在短时间内积成巨观。其所藏古钱精品及研究文字，汇编成了《言钱录》《言钱别录》《言钱补录》《药雨古化杂咏》等，并自费印行。所藏古钱曾存入天津法租界盐业银行保险库，后因经商资金发生周转困难，经张䌹伯介绍，将藏品以15万元全部卖给了上海杨庆和银楼少东家陈仁涛。

罗伯昭（1899—1976），名文炯，号沐园。罗氏早年就读于上海圣约翰大学，毕业后经营桐油生意，曾任美商生利洋行渝万（重庆、万州）分行总经理，1956年公私合营后，任上海市工艺品进出口公司经理、上海市人大代表、黄浦区副区长等。自20世纪20年代初，罗氏就开始收藏古钱币。在四川期间，他得到收藏家毛厚青协助，收购了成都杨介人的全部古钱币藏品，其中有真篆两体淳熙背利钱、靖康元宝、咸丰重宝当五十、阔缘厚大的永通万国花钱、顺治通宝川钱等，都是古泉名品。后来，罗氏又从樊树材处得其所藏全部泥范，萧梁五铢钱及一枚方背货泉，此泉亦是钱币界景仰的名品，因"货"字之"贝"字长而方形得名，原为翁友三旧藏，樊氏以一部宋版书换得，后归罗氏。

1935年后，罗伯昭到了汉口任生利洋行出口部经理，在从商之余，与钱币界朋友成立了"泉友会"，时常邀请武汉三镇的同好聚会，品评藏品，后来定于每周日共聚其府上，讨论泉学，交换藏品，其府邸遂成为交流中心。其间与之交往最密切者为汉口广东银行行长陈仲璧，罗曾从其中购得六铁（无大货二字）和战国秦权钱"第十八"、天圣铁母等珍贵藏品。由于罗氏广交四方泉友，名闻泉界，各地朋友携泉求教、求售、求交换者日踵其门，使他在不长的时间内，成为西南及华中地区的钱币界第一人，与"南张北方"形成三足鼎立之势。

1937年抗日战争爆发，罗伯昭曾返回重庆，1939年又迁居上海，仍然继续钱币收藏及交友活动，又得新品通行泉货、楷书元符铁母、景和小泉、明仁宗洪熙通宝小平、保大元宝、乾元重宝背四瑞雀、大宋通宝当十、大字宋元钱范、绍兴折二钱范等。张絅伯曾评价罗氏收藏云："伯昭同好中年较幼，好泉较晚而癖嗜之深，搜罗之勤，余叹不如。其所藏虽不逮叔驯、仁涛，然箧中不乏新颖可喜之品，两宋钱范尤为可观。"杭州人张晏孙则评之曰："罗君深于泉学，且富收藏，久为同好所推崇，比来搜集日益勤，所得尤多珍美，在昔称雄巴蜀，今且争长中原，为南张北方之劲敌矣。"

四川金石家王文焘《藏泉名家歌》诗云：北方南张西蜀罗，近代藏泉称鼎足。刀化布贝广罗搜，铜铁铅银度兼蓄。古钱今钱互研摩，奇文异品尽矜独。（方若事）药雨书画夙知名，《校碑随笔》我曾读。（张叔驯事）翩翩公子张叔驯，适园剞劂踵姚陆。乘桴远游美利加，鼎将折足丁可读。耆年著述富等身，辞典钱币椠丛牍。（罗伯昭事）沐园奕起蜀中豪，巴渝罗氏我母族。耳久闻名面未觌，冬日海上始相瞩。壮年好事能读书，不落臼科不袭书。贰贰俗书证宋椠，钱泉平议后先孰。四十泉拓记册寿，五旬万亿预为祝。驰翰殷殷问里居，屡惠千金念旧驾。

中国泉币学社和《泉币》杂志

1939年，罗伯昭到了上海，仍保持在巴蜀期间广交游、谈藏品泉的风度，与海上藏家数人登高一呼，于1940年创办了中国泉币学社和《泉币》杂志。《泉币》在1940年7月出版至1945年9月停刊，共出32期。《泉币》的内容分门别类，有不少可取之处。"考据门"和"撰述门"有许多卓有创见的论文，如第一期上张絅伯《货币释名》、鲍鼎《鱼币之我见》、罗伯昭《所谓灭监五铢之疑问》、郑家相《明刀之研究》《上古货币推究》等，都有很高的学术参考价值。在鉴定上，《泉币》则以严肃的态度，"出品门"中发表确认为真品的古钱币；而尚待考证的则列入"鉴别门",真赝严格区分。"什著门"多属序、跋、史、传、年谱和摘抄之类,如丁福保《历代钱谱序言》、王荫嘉《寿泉集拓自序》、罗休园《刘嘉灵传》等都刊载于此栏目。该栏目为读者提供了不少知识和史料。"通讯门"涉及范围较广,引人入胜。

中国泉币学社活动及《泉币》杂志事宜,多在罗伯昭家进行。如1940年11月《泉币》第三期中"通讯门"发表的郑家相《泉友谈话会消息》云:"本社同人发起之泉友谈话会,自8月31日起,每星期六午后开会于副会长罗君住宅,已历14周,每次到会者十人。会式为自由谈话,或传观出品,或讨论刊物,或研究泉学,或交易泉币。每次由罗君躬自招待,茶点精洁,谈笑风生,同人兴致之浓,无以复加。"

他们在极端困难的情况下,发扬了同舟共济的精神,坚持到抗日战争胜利,共出版杂志32期,先后召开170次例会,都在罗伯昭家举行。罗氏后在《胜利号献辞》中说:"此后基础已定,而人生聚散无常,发扬而光大之,是所望于诸贤者也。"文后附言:"比年物价高涨,本刊经费筹措,最为难事。如31期本预计为10万元,殊不料人文赖帐,竟达39万元。罗沐园君有鉴于此,特商葆庭共垫60万元(罗40万,戴20万)预付人文,胜利号得以出版,皆二君之力也。"抗战胜利后物价飞涨,《泉币》的经费难以为继,应验了罗伯昭"人生聚散无常"之言,它也就寿终正寝了。

《大齐通宝考》和《临安府贰伯文省释疑》

罗伯昭是钱币界的学者型收藏家,他在《泉币》杂志32期中先后撰写或提供藏品的文章就有101篇,平均每期有三四篇之多。他治学严谨,言必有据,言简意赅,虽寥寥百言,却能发前人之所未发。他的文章分两类:一类是考证,另一类是鉴赏。考证文章如《大齐通宝考》

《临安府贰伯文省释疑》《建国通宝考》都是广征博引、阐幽发微、掷地有声之作。

钱谱著录大齐通宝，最早见于戴熙《古泉丛话》，据云："酒人贻其先君古泉百许，中有齐泉二，破大齐其一也。"此钱一出，轰动京城，藏家及学者定之为农民起义领袖黄巢所铸。后戴熙死于与太平军作战，此物不知所在。后来张叔驯获得"大齐"一枚，因自号"齐斋"。罗氏在《大齐通宝考》中描述："厥泉完整，阔缘薄口，背似夷而有四小孔，文字则与戴文节公藏者同范，通宝二字隶书。"此"大齐"，戴葆庭得之于江西某村。戴氏搜集奇钱，常走村串巷，足迹遍南北。一次他到江西某村，村童踢毽子为戏，毽子恰好落在戴氏头上，他捡起一看，毽子上有小钱一枚，视之赫然"大齐通宝"也，遂购下，后辗转归张叔驯。此故事使罗伯昭大为感动，其不无感慨地说："噫，物之显晦固有时耶？亦视乎人之好求，张君自幼癖泉，闻名中外，得享此泉，宜哉。"对前人把此钱定为唐末黄巢所铸，罗氏在该文中提出质疑："考大齐制作，酷似十国时物。南唐有大唐，蜀有大蜀，岭南友人拓其大越通宝，据云，是南汉刘龑初铸。五代时以国名钱者，有汉元、周元、宋太祖，以宋元名钱，固一时之风气使然，无足怪也。"罗氏引用《资治通鉴》云："正月，吴徐知诰建齐国于金陵。"此事马令《南唐书》和陆游《南唐书》均有记载。徐知诰乃吴丞相徐温之养子，温事吴王杨行密有功。温死，知诰继其位为中书令，后封齐王。后三年，知诰乃篡吴位，立国称帝，国号大齐，改元昇元。罗氏断定"大齐通宝，必铸于此时"。又云："五代十国，群雄纷起，王纲未振，各自铸钱，或仍因唐制，铸开元乾元，或自以国号年号铸钱，如后蜀先铸大蜀，后铸广政，南汉先铸大越，后铸乾亨，齐初立国，先铸大齐，殆无疑义也。徐知诰以后唐沦亡，窃窥唐室，乃复姓李氏，更名昪，改国号大唐，号召人心，事见《十国春秋》。其铸大唐通宝，当在大齐之后，改国大唐时也。"罗伯昭为"大齐"断代论文一出，引起各方面注意。

"临安府贰伯文省"是临安府行用铜牌,牌为长方形,一端有洞眼,一面的文字为"临安府行用",一面文字为"准贰伯文省",常见的有三种:贰伯文、叁伯文、伍伯文。罗氏认为"所见壹伯文或一百文者,均伪作,不可信"。而牌文贰字,从弌从贝,遂起近代泉家贰贰之争。《古泉汇考》作者翁树培(宜泉),是古泉鉴赏权威,他认为"贰"实从弌,疑是弌字,非贰字;方若《药雨古化杂咏》定"贰为一"。罗氏为此撰《临安府贰伯文省释疑》《再说临安府贰伯文省》及《贰字余音》三篇文章,经过大量考证,认为"贰"字应释读"贰"而非"一"。

他写道:"考古文弌可作一,弍可作二,若从贝则遍觅字书无此贰字也。字不见经传,而强释之为一,于义终未安也。且钱牌之用,期以流通市里,出入凡夫俗子之手,果如翁氏所云,贰从一作一百,其字贤士大夫犹识之,而盼凡夫俗子能知之可乎?其不起市井之纷争也几希。故余曰贰即贰,从俗书。"

《建国通宝考》一文,尤见罗氏考据与推理的功力之深。考据首要是言之有据,但无大胆想象,则考据必走进死胡同。"建国通宝"钱谱上未见,历史上也没有"建国"年号,对于鉴别建国通宝的真伪来说,具有相当大的难度。一旦发现这枚钱是真品,那将是一个大的发现,在学术上具有很大的挑战性。此钱本为绰号"小江北"的房良从外埠收得,因为太离奇,竟被疑为南宋建炎(1127—1130)改刻者。后此钱流入天津,罗氏看到拓片,"文字精神,叹为未有"。此时杨成麒北行,将此钱追回,以400银元归罗伯昭。他"审视再三,果非赝作。铜色金黄,膛底松花绿锈,面带黑斑,锈色坚美,权之得三公分六厘。版式狭穿大字,宝含圆贝,四字平整,一气呵成。遍查建炎各种钱式,建、通、宝三字,决无此书体,焉能以炎改国。此钱轮廓风气,酷肖政和宣和,亦逼近敕制大字圣宋,其为北宋官铸钱无疑。试比南宋之制,固大相径庭也"。文章写到这里,笔锋一转,罗氏的水平、才气及鉴别中的悟性则表现出来。他写道:"然而北宋却无建国纪元,寻悟建国之义,岂取建中靖国首尾二字，以铭钱耶。"学问光有大胆推理和想象还不行，必须言之有据，罗氏又分析："宋初，太平兴国年间，以首二字铭钱，曰太平通宝，兴国二字弃之。迨至大中祥符年间，则取尾二字铭钱，曰祥符元宝，大中二字弃之。徽宗嗣位，改元建中靖国，照例应以建中或靖国二字铭钱，然而唐有建中在前。意者，徽宗巧技成性，或以靖国二字，不足以概括建中靖国四字之义，爰取首尾二字，一度铸钱，理或然欤。"

罗文中引用《宋史·食货志》一段文字："建中靖国元年，陕西转运副使孙杰以铁钱多而铜钱少，请复铸铜钱，候铜铁钱轻重稍均，即听兼铸。""余以为此钱，即陕西炉铜铁兼铸之时所出。"罗氏以元祐背陕钱较之，同为狭穿大字，轮廓大小及铜色亦相近，其文字风度近乎圣宋宣和，这样就判定了建国通宝铸造的地点和时代。"徽宗既铸'圣宋'，何遑铸'建国'乎？"经过这样一番研究，罗氏结论曰："建国钱乃建中靖国改元试铸品，旋以其制不合，而改'圣宋'欤。"最后设想："余按北宋钱自天圣以降，率真篆成对，今篆书'建国'已发现，其楷书'建国'亦或有之。"

宋徽宗1101年登基时，颁布年号曰建中靖国，遂取年号中第一字与第四字，铸钱"建国通宝"（篆书）和"建国元宝"（楷书）。后发现唐德宗李适亦用"建中"年号（780—783），即废用建中靖国年号，改号崇宁。"建国通宝"和"建国元宝"亦随即销毁，而另铸无年号的"圣宋通宝"和"圣宋元宝"。故"建国通宝"存世极稀，大约不超过十枚。

拓谱留真：《沐园四十泉拓》

罗伯昭四十岁生日，编纂《沐园四十泉拓》以作纪念。郑家相在该拓本的题词中写道："莽泉四十曰壮，人年四二亦曰壮，今君四十正壮年,选泉四十亦壮泉,记其泉,所以纪其年,莽泉五十曰大,祝君五十藏大富,无与伦比。"

郑家相的这一题词道出了罗伯昭《沐园四十泉拓》的宗旨之所在。1941年,罗氏在40岁得王莽"壮泉三十",遂遴选自藏40古泉珍品集拓成册,以作40生日之庆。其在《沐园四十泉拓自题》中有诗并序:

> 莽泉以四十名壮,余年四十不负戈而嗜小道,夫岂壮哉?朋辈有请以泉拓为纪念者,漫应之,然益增无聊而已,庚辰冬十一月伯昭志。
>
> 自比方张我不如,年经不惑惑逾初。赏珍未免居奇货,鉴古难将尽信书。愿与时贤述李翁(李竹朋之《古泉汇》,翁宜泉之《古泉汇考》,为我国泉学巨著),万方多难我何从。历朝几许兴亡恨,都付不言重睹中。

有的钱拓后有诗,并有考证,或记其得钱之经过,兹举二例:题《铁淳熙元宝背冶》诗云:"既入宝山手不空,铁钱显晦与人同。古欢斋说同千古,冶背于今信有踪。"又记云:"《古欢斋说钱一得》言,蜀中为铁钱汇萃之区,南北宋之钱无虑四五百种,其显晦兴废之迹,则因人以表见。"又言:"龚怀希(龚心钊)太史侍其尊人仰蘧方伯来蜀,与余有同好,初不嗜铁钱,余告以铁钱聚于蜀,既入宝山不宜空回,怀希遂肆力收之。铁钱之贾于是大涨,至有一枚索值二三十金者。"又言:"此次所出'崇宁元宝'冶字等钱,宣和、绍兴、乾道、开禧极小各种为前谱所不载。余按饶季音(饶敦秩)先生说,铁钱最精,先是余获其手稿已刊之《古泉学》。嗣又获其定本于其家,凡六卷,名《说泉一得》,有序文,拟付梓以彰先贤苦心。"

题"汉兴"诗云:"一品相求不与君,万金南下买泉勤。闲窗拟谱

《华阳志》，写上眉痕左右文。"又记云：《古泉丛话》：燕庭将之官汀州，借钱数十万，购辇而南，邀余同观，因见此泉及壮布、宝庆、康定等，其余常泉盖有数千，戏谓燕庭曰："兄求古泉，一购数千，当赠我一二枚。"燕庭曰："他不知己者见索，虽数千不吝也，若阁下则一泉不与。"盖恐予攫其"汉兴"也。眉痕山馆濮瓜农曰："光绪丁亥，成都新繁县民掘得古钱一垒，皆'汉兴'也，间有作左右文者。闻者极托周元辨观察罗致数枚，皆八分书，数百年疑窦，一旦豁然。"汉兴钱是东晋李寿在汉兴年间（338—343）所铸之钱币，"汉兴"二字有上下和左右排列两种，为中国最早的年号钱。从以上两则题诗和注记，可知罗氏赏泉之用心及精到。

王莽篡汉后，建立新朝，进行一系列货币改革，制造新钱。王莽所制钱币"国宝金匮直万"是极为珍贵的货币，其他六泉、十布制作也非常精良。六泉为小泉值一、么泉一十、幼泉二十、中泉三十、壮泉三十、大泉五十，称为货泉六品。六泉中除小泉值一、大泉五十较为常见外，其余均为珍稀钱币，特别是"壮泉三十"，因为稀少，常为藏者追逐的对象。罗氏年四十岁时，得一枚壮泉三十，所以很是开心，遂出《沐园四十泉拓》，拓片赋诗，以表欣喜之情。

君子之交，十步芳草

以罗伯昭为核心的海上钱币收藏家，是中国钱币学社的基本会员，彼此相处都是"十步之内，必有芳草"的风度，相互尊重，每有新品，大家同乐；每有创见，共同研讨，也都言有固然，争之成理。这从戴葆庭的《珍泉集拓》中可见一斑。

戴葆庭（1895—1976），字足斋，浙江绍兴人，毕生致力于钱币的收藏与研究，曾协助丁福保编纂《古钱大辞典》《历代古泉图说》等。

他所收藏的珍贵钱币，1949年后捐入中国历史博物馆（今国家博物馆）、上海博物馆和天津博物馆，其中太平天国"平靖胜宝当千"等199枚，极为珍贵。他编有《寿泉集拓》《戴葆庭集拓中外钱币珍品》和《珍泉集拓》。

《珍泉集拓》计搜泉拓148帧，是他历时半个世纪以来新发现的古钱名品。其中有的至今仍是孤品，有的则已流落异国，海内仅存一纸拓本。这些钱多数由他亲自发现和集藏，部分则是程云岑、方若、张叔驯、罗伯昭等收藏家的名品拓本。

《珍泉集拓》珍贵之处不只是名钱拓本，更为有意义的是集有藏泉界诸多的题跋。其中有张䌹伯、秦子帏、宣古愚、缪继珊、张果园、方雨楼、鲍鼎、沈子槎、王贵忱、郭若愚、戴葆庭、罗伯昭、宋寄、蒋伯壎、郑家相、赵权之、马定祥、李荫轩、孙鼎、彭信威、王建训、丁福保、骆泽民。题记所及，或注明出典，或断其代，或记流传之绪，论其真伪，墨笔朱印，是前辈学者论钱议泉的第一手资料。其中最早的是题大齐通宝和大泉五十，均成于1936年。最晚的是题应运、应感钱，成于1966年，先后历时三十年之久。

从这些题记中可以看出他们对泉学的孜孜以求、坦诚相见、严肃认真的学术风尚。张䌹伯在1941年的两篇题记中写道："人情大抵好谀而恶毁，鉴泉不得尚义气，亦不可尚客气，孔子益者三友，吾主直。""葆庭嘱题此册，余与之约，评判真赝，直言无讳，幸勿见怪，葆庭点首称善。"对此，书中有几处引人入胜的文字。如张䌹伯初读此册，对圜钱"渝阳"有疑，当即直书："上列圜钱，文似河阳二字，篆文恶劣，望而知为赝造，徒为本册之累，宜在删除之列。"时过五载，张䌹伯在张叔驯处目验此品，毅然更改旧见，并于1947年2月5日补记，曰：是钱"家相释为洮阳，颇惬心意，而泉亦无可訾议，次页之评甚妄，自应更正"。如此还不作罢，又在原题上加注眉批："洮阳钱有眼不识泰山，惭愧，惭愧。"反之，对阜昌通宝大钱，张䌹伯指出为仿造，戴葆庭信服,在 1963 年春补记道:"此品阜昌,张君所说,有先见之明,近年予再行审视,是泉实为后人仿大泰和之戏作。"

张䌹伯(1885—1969),名晋,浙江宁波人。1927 年到上海,曾任明华银行总行经理兼青岛分行经理,业余致力于古钱的收藏与研究。著作有《何谓泉货学》《货币释名》《新莽货币志》《后素楼清钱谈》《两铢泉考》《小五铢泉考》。1949 年后任第一、二届全国政协委员,第一、二、三届全国人大代表。

在题记中,郑家相还介绍了篆书崇庆元宝和真书至宁元宝的鉴定:"篆书崇庆元宝钱,昔为王朴全君得诸辽东,旋抵于大方(方地山)。民七(民国七年),大方尝携至沪,而沪上诸家皆疑为伪,未加注意。民九,余客居津门时与大方过从,尝见此钱,肉间细翠,精美绝伦,叹为瑰宝,即问之曰:'老方(方药雨)岂未之见耶?'大方愀然曰:'彼亦疑之耳。'余曰:'有是藏,愿以三百金易一可疑之品如何?'大方慨然:'可!'但押期未满,子其待之,至䌹伯得'至宁元宝'钱而归,老方乃想及大方之'崇庆',遂以三百金及异书大观钱易焉。噫!昔李、鲍诸氏之疑'至宁',犹近南北诸家之疑'崇庆'也。今日'至宁'证'崇庆'之不伪,亦由'崇庆'而证'至宁'之不伪,二钱因证方显,后世亦幸矣哉。"

郑家相(1888—1962),浙江鄞县人,曾任上海陇海银行常务董事。自幼受其父影响,对碑帖、古籍、泉币收藏颇有兴趣。1916 年在宁波中学任教时结识了张䌹伯,从此兴趣更浓,逐渐成为钱币专家。1924 年,他在南京得到古遗址出土的大量南朝梁的钱币泥范,并撰写了《梁五铢土范考》,自号"梁范馆主"。他编选的《泉拓》六册 16 卷,包括周秦至清代及外国的钱范,影响很大。他的泉币类著作还有《中国古代货币发展史》《瘞钱考》《中国古代货币冶铸考》《历代冶炼法考》《明刀之研究》《古代的贝币》《古钱的伪造及鉴别》。他生前将所藏的古钱及其他藏品陆续捐给有关博物馆。1962 年,郑家相去世后,其夫人吴秀卿秉承先夫遗愿,将其生前收藏文物6400余件,全部捐献给上海博物馆。

当今中外藏泉家风起云涌,但罗伯昭和钱币收藏群的收藏精神及友谊古风早已不复存在,我不能不在此大声一呼:"魂兮归来!"

李伟先：钱币界的"独行侠"

上海的古钱币收藏，从晚清到民国，一直是全国的重镇。诸如丁福保、张叔驯、叶恭绰、张䌹伯、郑家相、王荫嘉、戴葆庭等，都是声震八方、海内外数得着的大家。三分天下的"南张北方巴蜀罗"，即上海张叔驯、天津方若和四川罗伯昭，除了方若，张、罗两人都活动在上海。就连天津的藏泉大家袁克文的收藏也是始于上海，终于上海。其他经营钱币的商贾更是难以计数了。另外，1926年中国第一个藏泉的民间组织古泉社，是由张叔驯、程文龙创立于上海。1936年由丁福保、叶恭绰、张叔驯等人发起，又在上海成立了中国古泉学会，并创办《古泉学》季刊。1940年，由罗伯昭领导又创办中国泉币学社。在这些泉社组织周围，藏泉界风云人物云集，名泉绝品也层出不穷。

但很少有人知道还有一位藏泉大家李伟先。直到1963年他将珍贵钱币2356件无偿地捐献给上海博物馆，人们才知道上海原来还有这样的钱币收藏家。

在上海博物馆的档案中，我看到李伟先亲笔书写的极为简单的捐献书："一九六三年国庆节向党献礼。七七老人李伟先敬题。"在捐献书后附有老人自撰的《捐献藏币缘起》，为了展示历史的真实，将全文录于下：

捐献藏币缘起

我从1930年后起就开始集泉,其时还在永安纱厂工作。记得正是三鸟币问世的那年(1932年),发行不久,即因币面图案不宜而封存不用,我即特地换得20余枚分赠亲友,说明当时已有爱好之心。加以那时市上还在行用银元,故在平时我已着手拣选各种不同的银币从事搜集了,不过那时还处在闭门造车的摸索阶段。在抗战时至胜利后,这几年间,眼见敌币充斥,继而伪法币关壹券和金元券,不断地滥发,漫无止境,通货膨胀已达极点,所以当时集币更含有保存币值之意。兼以当时有一个名叫耿爱德的外国人,正在出重价搜罗我国稀币,眼见大好文物都将落入外夷之手,心有不甘,故暗中亦出重价竞购,以挽狂澜,因此有许多耿氏所无之品,都侥幸地归入我的藏箧中,不致流出国外,于心稍慰。在最近五六年间,我无意中也得到几件名贵品种,现在解放已14年,我深深感到共产党和毛主席的英明领导,祖国正在一日千里地建设伟大的社会主义,尤其是在三面红旗的照耀下,各方面都有蓬勃的发展,人民生活已普遍提高。我的儿孙都受到党的培养和教育,我有几个儿女侨居国外,我想伟大的中华人民共和国确是海外侨胞的靠山,将来我的儿女能够回到祖国的怀抱时,政府定能妥善安排,以后儿孙辈的出路和生活丝毫不用担心顾虑了。我自己也受到党的关怀和照顾,退休家园,过着幸福的晚年。我今年七十二岁了,身体多病,自觉精力日见衰退。纵观以上情况,我决定早日把我卅余年收集的2300余种藏币捐献与国家。化私为公正符合归与全民所有和兴无灭资的总精神,难道还能有遗留给子孙的错误观点吗?交由国家保管和陈列,不仅永无散失之虞,且能通过展览,更使广大群众得以观摩研究。记得去年上海文管会曾举行一次古代泉币展览会,可惜其中没有把银币部分全面介绍出来,现在国家接受我这份小小的贡献,也许可以充实一部分银币的内容。如果将来再度展出时，可使群众看见过去反动派政府如何滥发通货作为榨取人民血汗的手段，来提高认识，也是一份极好的反面教材。今日我在贡献之余，体会到这类实物，以后将必愈来愈少，尤其是稀币伪品充斥，国内善于鉴别的泉币人才为数极少，所谓审定真伪需要"鉴"，分门别类需要"别"，乃是一种比较深邃的学问，深望国家能以实物基础来培养成一批第二代的泉币专家来做接班人，也是一件当务之急。

广东中山李伟先谨识
公元 1963 年

许多年过去了。今天，我们重读这位收藏家的捐献书及自述，真是令人思绪万千，七七老人所言是出于形势所迫，还是发自肺腑的真情？无论是谁读到这位收藏家遗留在世间的文字，首先想到的是这样一个最为直觉的问题。从老人的经历及当时的家庭背景来看，我以为这是他发自肺腑的真情。他自己感到岁月无多，但从家人及后代考虑，中国是他们的根本之地，由此出发，老人对中国共产党有着依赖和希望的寄托。

此时，陈毅正在上海，参观了上海博物馆为李伟先的捐赠举办的珍品展览，看到那么多解放区的钱币，其中包括中华苏维埃时期各个苏区的钱币，甚为高兴，说："有些钱币连我也没见过。这位先生在白区能收集这么多苏维埃钱币，不怕掉脑壳。对共产党有感情，我要请他吃饭。"随行人员告诉陈老总行程的安排后，他又说："哎呀，安排不出时间了，我明天要赶回北京，怎么办？"和陈毅同来的陈丕显说："您明天还是回北京，我们代表您请李先生吧。"

1963 年 11 月 10 日，时任上海市委领导的陈丕显、曹荻秋、石西民以陈毅的名义在锦江饭店宴请李伟先夫妇及其儿媳林佩佩。上海博物馆馆长徐森玉、副馆长沈之瑜及保管部主任马承源作陪。之后，上海市委又批准李伟先赴香港与家人朋友会面，市委领导设宴送行。

继 1963 年捐献之后，李伟先于 1964 年和 1965 年先后又向上海博物馆作了两次大的捐献，同时还向广东省博物馆及浙江省博物馆分别作了捐献。

从李伟先捐献给上海博物馆的钱币来看，他收藏的钱币文物涵盖面广，自成体系，质量上乘，涉及中国历代古钱、银锭、近现代机制铜元、银元、镍币和铝币，不仅珍品不胜枚举，而且版别丰富，是研究中国货币发展极其难得的珍贵实物资料。在其所捐献的钱币中，既有陕西省造光绪元宝壹元、福建官局造光绪元宝壹元、中外通宝关平银壹两和五钱、西藏嘉庆元年嘉庆宝藏、广东省光绪元宝寿字壹两、湖北省造光绪元宝本省壹元、宣统三年大清银币短须龙壹元、民国二十六年孙中山像背布壹元、四川省造光绪元宝当三十、安徽省造光绪元宝方孔拾文、大清户部丙午宁字二十文、大清己酉汴字二文、大清铜币红铜满穿二文、民国开国纪念币双旗五文、民国袁像大面共和纪念十文、民国袁像小面共和纪念十文银质样币、民国十九年哈尔滨兵舰一分币、江西辛亥大汉铜币十文等铜元，也有光绪二十一年台南官钱票五百文、晋泰官银钱总局光绪一两票样、晋泰官银钱总局宣统十两票样、山东官银号光绪一两至五十两票样、豫泉官钱局光绪一千文票样、豫泉官钱局光绪三十两和一百两票样、萍乡矿局官钱号光绪二十五年五千文和十千文钱票等纸币，以及嘉靖甲辰五两银锭、清代方孔圆钱雕母等。对李伟先所捐赠的这些钱币的文物价值，上海博物馆青铜部钱币专家周祥撰有专文进行评论分析。

李伟先（1892—1972），字古寿，别号宕涛，广东香山（今珠海市、中山市）人，出生于读书世家，早年曾在家乡以教私塾为业。他的同乡李孝植，为当地的富户。据说郭琳爽、郭棣活家族原本是李孝植家的佃户，租地耕作，后到澳大利亚经商而致富。郭氏兄弟后到上海发展，兴办实业，拉李孝植入股。李孝植出任上海永安纱厂总管理处经理后，感到人手缺乏，尤其是企业财会、司库需要信得过的人，于是就动员李伟先来上海帮忙，担任永安纺织染印厂总会计，兼管郭琳爽的私人财务，并入股郭氏家族的永安公司，成了大股东之一。

李伟先在长期与金融、货币打交道的过程中，逐渐对中国各种钱币发生了兴趣。当他得知洋人耿爱德正在全力购藏中国金银币后，心里颇感担忧，生怕中国珍稀钱币被耿氏弄到外国去，于是就暗中不惜以高价收购。这个耿爱德就是前文所引用的李伟先《捐献钱币缘起》中提到的外国人。

耿爱德（Eduard Kann，1880—1962），奥地利人，是英国银行界人士，1902年来到中国，先后在俄亚银行、中法实业银行、中华懋业银行任职，还是国民政府中央造币厂的高级顾问，国民政府金融部门常向他征询货币政策的意见。他也是中国货币史专家、古钱币收藏家，在中国居住长达47年，直到1949年才离开上海，移居美国，藏品被其全部带走。耿氏著有《中国币图说汇考》《中国货币论》《中国金币史》《中国对内公债史》《中国造币史》等，书中所用古代钱币图片，大多是他自己的藏品。就当时的上海金银币收藏来说，原本是耿爱德和施嘉幹（其收藏事迹见本书《施嘉幹和他收藏的现代钱币》）各占半边天，李伟先的异军突起，使上海金银币收藏形成了三足鼎立之势。但李伟先为人非常低调，深藏而不外露，也极少与同道来往，所以很少有人知道他及其藏品。

李伟先的收藏活动除了自己到钱币市场选购，再就是钱币商人送货上门。由于出价大方，上海的钱币商贾每有所得，都要先送给他看看。1945年，钱币小商人马定祥的祥和泉币社开张，自然不会放过李伟先这样的大买家。马就成了李伟先在青海路90弄47号三层花园洋房的座上客。在上海钱币商人中，马定祥有着独特的经营之道，对李伟先的收藏无疑有着很大的支持。马定祥利用自己的人脉关系，为之奔波，将收到的金银币先送到李伟先家中，任其挑选，没有几年，就把当时玩金银币的知名藏家秦子帜、许小鹤、吴诗锦、宋小坡等人的藏品，几乎囊括下来，从耿爱德手中散出来的藏品也为之收进，大大加强了李伟先的藏品实力。

李伟先住处的楼上是藏泉处，壁橱内有一层层大抽屉，里面是一个个柚木盒子，分门别类地放着他的藏品。除了中外各种金银币、铜元、古钱、勋章，还有中外各式奖章，五颜六色，斑斓夺目。他的卧室床前还有一个大写字台，拉开抽屉，里面放的也是装有钱币的柚木盒，那是他最心爱的钱币，放在床前日夕摩挲，真可谓如痴如醉。

马定祥不但懂得经商之道，对泉学也颇有修养。所以他和李伟先的交往，不单纯是从中牟利，还告诉他要收藏资料，应把自己的钱币藏品都留下拓片，以供后人研究。李伟先采纳了这个建议，于是就请马定祥的干儿子茅大容前来帮忙。从此，茅大容每周去李伟先家一次，拿回一批钱币进行传拓，下周再来时，再换一批。那时，再珍贵的钱币也都放在茅大容的包中带来带去，诸如"长须龙""短须龙"等。如果是金币，为了安全起见，就把工具带来，在李伟先的家里拓制。所有拓片都是一式两份，李伟先一份，马定祥一份。如此工作延续了将近一年，李伟先数以万计的钱币大都留下了拓片。后来，李伟先四次向国家捐献钱币，自己也都留有一套拓片。现在能看到的由马定祥题签的《宕涛藏泉》，就是那时留下的成果。其他集拓的还有《中国稀见军饷》《中国稀见银币》《中国稀见铜币》《外国稀见纪念章》等，品类之丰富，藏品之精湛，堪称当今泉界一流。

1966年6月至7月的"文革"爆发期间，在陈丕显还未被打倒时，李伟先的家就被造反派抄了。除了自己所在单位的造反派来抄家，还有他儿子、媳妇及女儿单位的造反派轮番来抄家。最为严重的一次，造反派竟然在他的家中安营扎寨，抄了长达8天7夜，甚至挖地三尺，将花园里的草坪、花木等也挖出来。陈丕显当年请客吃饭之事，也成了李伟先拉拢领导干部的一大罪名，由文化部部长沈雁冰署名颁发的褒奖状也被扯碎在地，还给踩上了脚印。最后全家被扫地出门，搬到青海路29弄17号一处老式石库门房子楼下，那是一间不到10平方米的小房间。被扫地出门那天，他的夫人因突然受到高度惊吓，心脏病突发，儿媳林佩佩立即将她送到附近的长征医院急诊室求救，但未能得到及时的救治，在医院不到半小时即含冤去世了。

在李伟先最困难的时候，马定祥还去看望。他躺在床上摇着蒲扇，连声咳嗽、喘气，还对马定祥说有小人在害他，跟他过不去。他一直在想究竟是什么时候得罪了小人，而这个小人又是谁？他说："我对共产党这么好，捐献了那么多东西，共产党不会这样对待我的。一定有人在故意陷害我，但这个人是谁呢？"

在危难之中，李伟先最思念的还是他的夫人，他一直在问："她怎么一去医院就不回来了呢？"他有四男四女，在身边的子女始终不敢把母亲已经去世的事告诉他。跟他住在一起的小女儿每天下午都要出去一两个小时，说是到医院去看妈妈了。其实，她只是到也被扫地出门的哥哥李孝达家里待上一两个小时。女儿每次回来都带来妈妈在医院里治疗的消息，竟然一直瞒到他去世。1972年9月17日，李伟先病逝于上海市胸科医院。

以后的事情呢？我从上海博物馆的收藏家捐献卷宗中，看到博物馆写给上海市政府有关领导的报告，略微知道了一些信息。一份报告写于1980年7月30日，其中说：最近在落实本市著名收藏家李伟先先生的查抄文物政策中，因李已病故，其儿媳林佩佩征得李伟先在美国四个子女的同意，表示自愿将发还的重要金币320枚全数捐给上海博物馆。这批金币如果按当时的黄金牌价的20%收购，约值12万元。他们表示不要奖金，唯一的要求是请市政府落实私房政策，将青海路90弄47号的房子物归原主，以便他们将来回国时，兄弟姐妹能够在家中团聚。林佩佩表示，如能按政策将私房归还，她对国外的兄弟姐妹也可以有个交代。上海博物馆在报告中还表示：李伟先及其子女对国家文物事业一再做出重大贡献,再次捐献金银币,价值 30 余万元,他们提出收回自己的房产,不仅完全合理,而且是应该积极落实政策的问题。"

这个报告有关领导虽然作了批示:"按政策优先予以解决。"但却一直没有得到解决。1982 年 3 月 2 日,上海博物馆再一次给有关领导写报告,进一步说,李伟先的私人房子里住有 3 户人家,花园也被某街道办事处给占用了。有关领导的指示转到相关部门全然无效,上海博物馆多次派人去反映,但房管部门仍然采取置之不理的态度。上海博物馆只得在报告中再次强烈呼吁:"请有关部门迅速落实政策,尽快发还李家房屋。"

施嘉幹和他收藏的现代钱币

上 篇

1998年7月，上海博物馆收到一封寄自北京的信，信中写道：

我的丈夫施嘉幹先生一生从事工程技术。同时，他搜集、研究古代钱币，倾注极大心血，著有《中国近代铸币汇考》（中、英文两版）。他藏币丰富，除极少数带到北京之外，均留存上海。在一九六六年"文革"动乱开始，北京钱币查抄无还，在沪钱币得到上海博物馆收存。一九七二年老施曾表明：我的钱币"不但有经济价值，亦有历史上的价值，应归国内历史博物馆所有"。一九七五年他不幸在京病逝。一九七八年后，上海博物馆落实政策将币全部退还。

劫后幸存，又二十年过去。藏币一直妥善地保存着。我们也期待着它们有一个好的归宿。上不辱没先人，下教益于后代。回顾世事沧桑，遵照故人遗愿，我们决定将施嘉幹先生收藏的全部历史钱币（肆仟零伍拾玖枚）捐赠上海博物馆入藏。我们也相信贵馆能够精心保管，长久展陈，深入研究，承前启后，发扬光大。如此，则可告慰施老先生在天之灵，也是我们全家人的心愿和期望。

董逸新
一九九八年七月十七日

写信人董逸新，此时已是 80 岁的老人，卧病在床多年，此信是她在医院的病床上写的。她的丈夫是著名现代金银币收藏家施嘉幹先生。

施嘉幹（1896—1975），又名衍林，祖籍江苏吴县（今苏州），出生于上海，祖父是上海老介福绸缎店的店员，父亲是该店的送货工，母亲张增贞只是粗识文字的家庭妇女。施嘉幹 6 岁时，父亲不幸逝世，肩挑家中生活重担的母亲带着幼年的施嘉幹投奔他远在山东青岛的舅舅，靠母亲帮助舅舅管理家务的收入，供养母子两人的生活。在青岛，施嘉幹完成了中学学业，考入中德合办的青岛特别高等专门学堂（又名黑澜大学、德华大学）德文速成班，修读两年德文，1914 年考入唐山路矿学堂的结构专业，毕业后留校任助教。1919 年，施嘉幹回到上海，先在上海美商慎昌洋行工作两年，后又在华丰厂任工程师。1921 年，施嘉幹考取公费赴美留学，入麻省理工学院读书，获结构专业硕士学位。后在美国桥梁及房产建筑公司实习。在此期间，他对钱币产生了兴趣，并参加了美国钱币学会，开始收藏和研究中外现代钱币。

1924 年，施嘉幹学成归国，先在上海沪宁、沪杭甬铁路局从事测绘和档案整理，1928 年后又在沪创办大昌建筑公司，先后经营工程设计和营造，参加了上海北苏州路中国银行 11 层总库和办公大楼、上海证券交易所、无锡荣氏在沪多家纱厂与面粉厂、浙赣铁路南昌梁家渡大桥等 50 余项重要工程的建设。此外，他还兼任交通大学的教授，讲授机械系四年级工程设计课程。抗战爆发后，他所在的公司内迁昆明。他负责经办资源委员会后方的建厂工程。同时，他又创办实业，与当地政府合作成立大成实业公司。

尽管世事颠沛，工作繁忙，施嘉幹仍然没耽搁钱币的集藏和研究，

施嘉幹和夫人董逸新合影

并取得了不小的收获。1946年,施嘉幹第二次赴美考察工业时,在旧金山、华盛顿两地的钱币集会上展览了自己收藏的古币,并作了中国近现代货币的讲演,获得了广泛的赞誉。由此可以看出,他当时对中国近现代货币的研究和收藏已具有相当高的水准了。

1948年,施嘉幹返回上海,继续他的工程设计和机制币的集藏研究。1949年,他鉴于在美国时看到外国收藏家中有很多人收藏了中国机制币中的伪品,遂决意"写一西文之中国币考,思有以别真伪正视听",写了《中国近代铸币汇考》一书,10月在上海出版了中、英文两种版本。

该书共五编,分金币、银币、镍币、铝币及邻国造币,对从清代到民国时期的中国机制造币进行了系统考述和研究,对各种铸币的重量、面值、铸造年代、流通情况,都作了说明,对一些特种稀有的钱币作了科学的评论。全书有图版174幅,钱币照片380余种。上海博物馆钱币学专家周祥对此书评论说:"不仅是当时难得的专题论著,而且作为了解和认识中国近代机制钱币的参考书,整整影响了几代人对中国近现代货币的研究和收藏。"周祥还有专文多篇,对施嘉幹藏品的价值作了评价。

关于收藏现代金银币的起因,施嘉幹在《中国近代铸币汇考·编辑缘起》中写道:

> 编者于一九四六年又第二次赴美考察工业之行,同时应旧友之招,曾在旧金山、华盛顿两处,于货币集会中,作中国硬币(本书称铸币)之演讲。以半生从事营造建筑及办工厂之人,妄作有关中国经济之演述,虽无千里之谬,当不止毫厘之失。乃美人酷好中国硬币者不乏人,出其私藏,来相质询,而最可惊异与最感遗憾者,发现中国伪制币竟充斥于美国市场。美国最大集币会之一,有会员一万五千人以上,各城市亦有同样之会员数十人至数百人,而大小会不下百数。即以极小部分会员对于中国币制发生兴趣而言,其影响已非浅鲜,况世界各国均有此种集会,为数当不止盈千己也。归国之后,蓄意写一西文之中国币考,思有以别真伪正视听,而久未得当。一则因工作时间之缺乏,二则因参考资料之不足,因此作而复辍者再。
>
> 一九四八年八月,国民政府实行金圆券,将从前虚金本位各种学说之应用,以一纸命令行之,惊为奇迹。因好奇之心所驱使,于是启蒙翻旧帙,浏览甘末尔、卫斯林等专家之著述,以及马寅初、耿爱德诸氏之批评,并旁及清末民初梁启超、曹汝霖、汪大燮、孙宝琦诸氏,对于金本位与金汇兑各种章奏条陈,深觉金圆券政策之荒谬,其失败固不待蓍蔡之占,而益感一国经济上之任何措施,必先熟于经济上之各种逻辑,否则未有不偾事者。
>
> 中国铸币,因从前各省各自为政,种类项极复杂,且连年战乱,关于历史资料,政府早已消失,求之私家记载,则又一鳞半爪,不成片段,若得旁搜远绍,成一有系统之编制,对于国家经

济逻辑上，自属至为紧要。因此改变主张，觉改正视听之事小，而完成逻辑之事大，故本欲以西文本为主者，决改易华文本，而另编西文摘要本，分别付印，以便对证参考。

一九四八年冬，作者丁忧大故，哀毁之余，又值国共战事，迫近京沪，建筑业几陷停顿，工厂方面又复收支失衡，生产亦濒绝境。无已，检点旧日所集，益以新知，费三月时间，完成此书。因个人知识与时间所限，逻辑范围，只限于金银镍铝四种，而将错综复杂之中国铜铸币，存而不论，俟诸异日。虽属草率成书，而抛砖引玉，实厚望于今日之中国经济家。

1949年后，施嘉幹承担了诸如山西榆次经纬纺织机械厂、大连医学院、兰州水泥厂等重要工程的设计工作。1952—1955年，他正式调任纺织部工作，先后担任设计公司土建组大组长、纺织部基建司总工程师，参与了诸多项目的设计和审查。其间，为了更有利于事业的发展，施嘉幹于1953年举家迁往北京。在北上时，施氏随身携带了他念念不忘的200多枚机制币珍品，准备暇余研究。

1956年，施嘉幹调任建筑工程部设计局总工程师，并担任国家科委建筑工程组组员、土木工程学会理事、全国政协第四届委员，继续从事建筑事业。同时还撰写了《双向拱顶应用概要》等三部专业著作，可谓成绩斐然。

1966年"文革"开始，施嘉幹被诬为"资产阶级反动学术权威"，受到长期的隔离审查。而他带往北京准备进行研究的200余枚钱币也惨遭浩劫，被红卫兵抄没散失，不知所终。痛惜之余，施嘉幹毅然将保存在上海的4000余枚藏品送交上海博物馆保管，完整地保存了这些钱币，使我们今天能有幸获得这份珍贵的货币文化遗存。

1972年，施嘉幹从干校返京担任国家建委建筑科学研究院技术顾问，以古稀之年，先后编著、编译了一些建筑学方面的著作，及时介绍了国外关于地下建筑结构的最新理论。1975年1月，施嘉幹因突发心肌梗死，不幸在北京逝世，走完了他坎坷而又不平凡的人生。

施嘉幹的一生，除了致力于建筑工程设计工作外，最经心的就是他所收藏的各种古币。作为一位著名收藏家，施嘉幹的鉴赏眼光极具品位。他的藏品数量既巨，质量又精，可以整理出几套有序的中国近代钱币，也完全能够独立开设一座中外机制币的专题博物馆，其中不乏大量极其难得的珍品和孤品，是钱币界公认的"名誉品"。

施嘉幹对情有独钟的那些钱币藏品的归宿，生前就已有过考虑。1970年5月15日，他曾写有一封信给郭沫若，介绍了经历"文革"他原来所藏金银币的情况："上海所存各币22盒，送交上海博物馆保存，取有收据"，"我想将来整理之后，可以分在国内几个博物馆存放或展出"。

当上海博物馆馆长马承源接到本文开头黄逸新的来信后，立即予以复信，对她的这种化私为公的崇高精神表示敬佩，并拟派青铜部钱币专家周祥赴京，与他们商谈钱币捐赠之事。但周祥迟迟未能前往，董逸新又写信来催问此事，马承源回信说："谈及将派一名馆领导和钱币专业人员专程前往府上商谈捐赠钱币之事。然十分不巧，我馆青铜部唯一的一名钱币专业人员不慎大腿股骨骨折，一直卧床静养，故无法如约派人前往，希请鉴谅。"

董逸新接信后，随即委托儿子安昌、汉昌及女儿肖容专程赴上海商谈捐赠事宜。他们把"文革"中由上海博物馆保管、落实政策时发还而存在银行的几箱金银币送到上海博物馆。在送来时，银行当年的封条也未破损，施家兄妹应该连看也没有看，就将4086枚（件）金银币全部交来，此举令上海博物馆的工作人员深为感动。施氏兄妹回去之后，马承源立即写信给董逸新：

在和令郎的交谈中得知您身体尚未完全康复，甚为挂念，请多加保重。您对国家有如此重大的贡献,我们应该承担必要的关心和帮助,我已经要求馆职能部门在适当的时候专程去北京,对您的居住、医疗和生活照顾等问题作具体的安排和落实,希望您不要推辞。另外,我还希望您早日康复,在明年气候适宜的季节率全家一起来上海。届时,上海博物馆将专门为你们举办一次捐赠钱币的特别展览,并在钱币馆内布置永久性陈列,把其中的精品编印成册以志永久的纪念。

2000年,捐赠施嘉幹旧藏钱币仪式在北京举行。此时上海博物馆新任馆长陈燮君遵循老馆长马承源的许诺,在董逸新住院期间给予极大的关心和照顾。举行仪式的那天,陈燮君、李朝远两位馆长,亲自把褒奖状送到董逸新的病床前,向她表示谢意。2002年8月,我在上海市文管会流散文物处处长许勇翔那里看到,董逸新从北京寄来她住院所花的费用单据。好几年的时间过去,董逸新仍然在病中,而且神志不清,上海博物馆仍然是一如既往地对她给予关心和照顾。后来,我把这件事情告诉了汪庆正,他很动情地说:"她把那样多的珍贵文物捐献给我们,我们能忘记她吗?给她一些照顾也是应该的。"

下 篇

2000多年来,中国古代金属货币历来都以铜作为主要币材,贵重而稀见的黄金及白银在社会经济生活中始终不占主导地位,这种情况与西方诸国以金银货币为主的货币制度迥异其俗,形成了中国货币文化的一个显著特点。然而,这一现象在清代晚期却因西方文明的输入而发生了重大变化。

明代中叶以后,随着中外经济文化交流的扩大和海外贸易的兴盛,外国的机制货币开始进入中国，外国机制银元首先在东南沿海地区，而后深入内地，以其记值方便逐渐地得到普遍使用。这一情况，不仅使中国传统的纹银大量流失，也造成了铜贵钱荒现象的出现，使得原有的钱币制度遭受沉重打击。清代道光年间两江总督陶澍、江苏巡抚林则徐就曾提出铸造道光通宝方孔圆钱的建议，但没有被采纳。光绪十年（1884，一说光绪八年）吉林省官局率先机制币分五等的"厂平银币"，开启了中国机制银元的历史。经两广总督张之洞奏请，广东在光绪十五年开铸钱文为"光绪元宝"、背铸蟠龙的新式银元（俗称"龙洋"），中国大量铸造机制银元从此开始，并逐渐取代了传统的银两货币而上升为主要流通货币。清末至民国时期，中央和各省地方铸造的银币品种相当丰富繁多，其中有些质量颇为精良，使之成为钱币收藏界竞相追逐的新宠，也由此涌现出一大批收藏家，施嘉幹就是个中翘楚。

在《中国近代铸币汇考》中，施嘉幹不仅就清末和民国时期中央和地方造币厂的设置、沿革、铸造等情况，而且对机制币中的每一个品种、每一版别和存世珍稀情况等，都作了较为详细的论述，阐发出许多真知灼见，对每一时代的铸币都作了总体梳理。如清代中央造币，施氏在书中概括介绍说：

  清室中央初铸币，当推北京厂所铸之京局币，及天津北洋机器局所铸之呈样试版。北京造币机构，在顺治初年已具端倪，设备历代均有添置。至光绪时，户部为铸铜币起见，北京厂已扩展至相当地位。光绪二十六年曾铸有京局二角一角银币二种，适值拳变，厂被焚毁，未能续铸，故未流用。当时曾有兼铸一元及五角币之规划，其铸模后曾发现，但未见铸币，似迄未开铸。天津旧有北洋机器局，系于光绪二十一年正式开始铸币，拳变前后，曾一度停工，迨二十七年天津造币总厂成立，该厂于光绪二十八年再行开工，但专制铜币，改名为天津造币分厂。光绪十五年北洋机器局曾制有银币呈样一种，背面图案为凤凰，此币近数年方发见，惟查是时广东、吉林等地，均已正式铸币，且图案精美，此币图案及制作均逊，应待考证。

又如山东是否自己制造过钱币，施氏亦考证精确，他在书中写道：

山东旧有制造局，即兵工厂。而制造局之酝设立，自民国九年起，至民国十二年，足有三年之久，机器及厂地均已购置，但迄未开办。嗣后该项机器，即焦点与张家口成立口北造币厂之用，故鲁省从未铸造机制币。前编所述金币，固为天津厂所铸，而下述之镍币，当亦非本省自造。

对上海造币情况，施氏亦作了考察，他在书中写道：

咸丰四年，上海江海关成立，缴纳关税，以银为主，零星之数，颇感不便。当局为谋便利计，于六年指定银号王永盛、郁林盛、经正记三家，鼓铸一两及五钱银饼二种，以之完纳关税。银饼上铸有银商牌号，银匠姓名，及重量成色。铸币虽系草创，而规模悉具，距今百年，犹有存者。又当时上海中国海关，系英人监督，仍觉该项银饼参差不齐，不能统一。遂委托英国造币厂代铸中外通宝银币，计壹两，伍钱，叁钱，贰钱，壹钱五种先行试用，以资划一。但在当时铸造通货，必须户部奏请核准，方能实行，旋清廷以币上只有通宝，并无年号，于制不合，着江海关停铸销毁，候颁样更铸。但以红羊事起，东南沦陷，事遂中止。

上海在有租界时期，在公共租界设有工部局，于同治六年，亦试铸银币壹两及贰钱二种，系委托香港造币厂代铸，但因受中国政府之抗议，亦未获流通。

在谈到民国十年（1921）广西二毫银币时，施氏又考述认为："广西省民国十年（1921），似未铸辅币，……（此币）系属一合金试版，字体与他币迥异，作者于三十六年在美国纽约时，与之壹角试版，同时购得。据称系美国费城造币厂所制。或系是年中国委托该厂代制铸模时所出之样版，但中国是年并未铸有辅币，故此仅有之品，殊宝贵也。"施嘉幹这些精到的论述，对我们认识中国近代机制币的铸造与发展，具有极其重要的参考价值。施嘉幹不仅注意面上的研究，就是对机制币中的一些细节的观察和阐述，也是相当独到的。比如，在谈及"新疆省造光绪银元二钱"银币时，施氏注意到了这种银币存在两种不同重量的情况："新疆省造二钱，重6.8公分，此币与C2-45为轻重二种，重者系用库平，想系首先铸造。惟新省向用湘平，轻者或因库平之使用不便，而复改为湘平铸模仍旧，轻重惟厚薄之分耳。"库平一两重37.49克，湘平一两重35.48克。根据对董逸新女士及其子女所捐赠的施嘉幹旧藏钱币中的两枚新疆省造光绪银元二钱称重得知，它们分别重5.8克和7.6克，确实存在着重量不一的情况，由此也可见施嘉幹敏锐的观察力。

在施氏的藏品中有许多稀世珍品。他藏有"郢爰"一枚，列于《中国近代铸币汇考》版首，施氏对"郢爰"的文字解释说："郢爰，范黄金为币，始于楚，制为金钣，分小方块，随用随切，字阴文，打印而成，四方刀切。楚自文王（公元前689）始都郢（今湖北荆州），《史记·楚世家》：考烈王二十二年（公元前241），楚东徙都寿春（今寿州治），命曰郢，示不忘故都之意。金钣全块为镒，正楚之爰金也。爰，古金名。安徽寿州出土。"楚国的郢爰一般见到的大多是金质的，虽然《长沙古物闻见记》《中国古代货币发展史》都曾提到或著录过银质的楚郢爰，但始终不见实物。施嘉幹收藏的这枚银质郢爰形状和金质的楚郢爰差不多，作版状，上面钤有二十七个"郢爰"印。银质郢爰实物的存在，对于研究我国早期用银情况和战国时期楚国货币制度，具有极其重要的学术价值。

在中华民国开国纪念币中,有一枚铸有江苏巡抚程德全像的纪念币,有关此枚纪念币,历来多有异说。银币收藏家吴诗锦藏有一枚,其在《泉币》第二十八期撰文说:"辛亥革命,八月武昌首义,十月江苏巡抚程德全率众反正,被推为都督。次年中华民国元年,程氏帅师北伐,苏州铜元局以程氏驻苏有年,多惠政,乃遵武昌局成例,仿黎(黎元洪)像币改铸程像币,以冀邀宠,官场惯伎,原不足道,实则彼以副总统,此以都督,级位究差一等,程氏适中者,终未采纳,故铸额极稀。此品乃银币打样,缘阔分许,背平,边无齿纹,与背文壹圆者花纹各别,传世仅见三数品,阚恩君及秦子帏君各据其一外,他无所闻。蒋氏图说以此币属袁像,大误。盖民初袁氏羽翼在北,即有铸币,应出天津,如共和纪念币是也。苏州蕞尔小局,远阴江南,况属省营,更无隔山送媚之理。且程氏有公子名仲藩尚健在,供职本市某银行,吴君曾以此币示之,自云仿佛乃父。又宋小坡君幼时亦亲见程氏,长颐丰髯,风度不殊,则此为程氏币,千确万确,不容置辩者也。程氏号雪楼,四川云阳人,有治边才,历仕黑龙江奉天巡抚等职。"施氏在著述中亦从吴说。

陕西省自清代至民国,始终没有铸造过银币,但传世有出自英国伯明翰喜敦(或译为"希顿")造币厂的一套"陕西省造光绪元宝"五等币值的银币。一般认为,这是光绪二十四年(1898)陕西省向清政府奏请设立钱局并拟铸机制银币(银元),委托喜敦造币厂所造的试铸样币。因钱币铭文"光绪元宝"四字被英文围绕,遭清政府驳回,故未正式发行流通。可以说,以前不曾有人完整地收藏有一套陕西银币,近年才见台湾鸿禧美术馆所编的《中国近代金银币选集》一书中有完整照片著录。上海博物馆受赠的李伟先的藏币中,就有一枚陕西省造光绪元宝七钱二分样币。这次在董逸新及其子女捐赠的施嘉幹旧藏钱币中,又发现一枚陕西省光绪元宝三钱六分银币,可说是填补了上海博物馆收藏之缺。陕西银币存世赝品众多,据说民国年间做假名家平玉麟等曾先后仿铸三版,其中第三版达到了几近乱真的地步,唯一的缺陷在于正面中间的满文生硬、呆板。

除了中国机制银币外,施嘉幹旧藏钱币中还有许多罕见的近代外国金银币,如1684年罗马教皇六边形银币,17世纪德国大银币和奥地利方形银币,1813年瑞士银币,荷兰马剑银币,日本明治时期的金币,明治八年至十年贸易银币,富士山一分、五分和一两铜币,以及"保"字铜锭等。

施嘉幹旧藏钱币中,有许多独特的发现,其中的趣事也颇多,我在此难以一一详述。如有兴趣的读者,不妨去阅读上海博物馆编《施嘉幹先生旧藏中外钱币》(上海人民美术出版社2000年7月版)一书。

吴筹中：纸币收藏五十年

2002年4月，我去拜访纸币收藏家吴筹中先生。吴先生住在新建的公寓里，家中的陈设也都是新的，就像现在普通上海人的家庭。吴先生虽然85岁高龄了，但谈起纸币收藏还是兴趣很浓，一开始就说："我不吸烟，不喝酒，不穿好的衣服，钱都用在收藏纸币上。"他的夫人徐月华在旁边说："你不要的何止这些，连房子都不要。"吴说："过去，她的工资用来吃饭，我的工资用来买纸币。"徐说："是啊，你用有用的钱去买无用的钱。"我说："看来，你不支持他买纸币了。"徐月华说："支持是支持的，但牢骚还是有的。"过去徐月华曾责怪丈夫"拿通用的钞票去买不通用的废钞票，何苦既费钱又费神"，今天她也参加我们的交谈。因为吴先生耳背，我讲的又是带安徽口音的普通话，吴先生常常是答非所问，要靠她来翻译，我感到吃力，我想吴先生也会感到吃力。

郑：你从什么时候开始收藏纸钞的？

吴：1942年7月5日，八仙桥基督教青年会举办"中国历代钞票展览会"，我买了门票进去参观。展览会中有三组纸币，使人流连忘返，一组是孙中山在国外发行的纸币，有一张拾元的"中华民国金币"券，是孙中山在美国向华侨发行的筹饷票券，印有孙文、李公侠的签名，这是很珍贵的文物。另一张是北洋军阀统治时期中国银行发行的"共和纪念币"，印有袁世凯头像，还有各省发行的五花八门的军用票，反映了

吴筹中与夫人徐月华

当时军阀割据的动乱局面。再有一组是北阀战争时期的纸币,其中有一张"中央银行临时兑换券",背面印有蒋中正、陈公博签名。这三组纸币,正是中国近代史的缩影,像磁石一般吸引了我。从那时起,我以浓厚的兴趣,从收藏流通的新钞票,进展到广泛收集中国各个历史时期的纸币,持之以恒,集腋成裘,到"文革"开始时已集得我国历代纸币1.5万张。

郑:你收藏的第一张纸币是什么?

吴:是孙中山的"中华民国金币"券。在四川路桥畔有一位摆地摊的老山东,经常有废钞出售。一天,我见到有孙中山签名的一百元"中华民国金币"券,我喜出望外,由于钱不足,约定第二天去买,次日带足了钱赶去,不料老山东违约,以高于我出的价格卖给老集钞家蒋清如,我懊丧不已。过了几年,我到广东路古玩商店去,营业员告诉我,有人拿一张一百元的金币券出售,因要价过高,该店没接受,但该人留下了地址。我说正要这张金币卷,不管价钱多大,请给我收下。后来商店给我收下,拿回一看,出乎意料,却是一张面值一千元的金币券，比一百元的更珍贵。此巨额金币券迄今仅发现两张，一张为台北集币学会理事长丁张弓良女士所藏。千元巨额金币券存世稀少的原因，主要是发行量小，又因金额巨大，人们不会留存不用。

"中华民国金币"券是孙中山为推翻清政府在海外发行的后期筹饷票券，印刷精致，面值有壹拾元、壹佰元、壹仟元3种，正面为墨绿色，形式类似美钞，上端印有"中华民国金币"名称，中间印旗帜，右为"中华革命党本部总理孙文"，左面印"中华革命军筹饷局会计李公侠发"。李公侠名是男，号公侠，他为发行"中华民国金币"曾组织一新剧团，亲自粉墨登场，饰小生一角，居然精于音律，高歌一曲，响遏行云，每来往唐人街中，妇女界都称之为新小生，归寓则电话纷来，馈品杂至，几有掷果盈车之誉。

一般地说，财政与公债、国库券有关，金融与货币相联系，而"中华民国金币"却具有上述两种含义，这是孙中山在辛亥革命早期财政金融上的一大业绩。尤其是孙中山发行"中华民国金币"时，既未掌握政权，又无银行，然而却能为广大华侨所接受，这在近代史上是前所未有的奇迹。

郑：中国的纸币是从什么时候出现的？你收藏的最古纸币是哪个时代的？

吴：中国纸币最早出现在宋朝，但只有文字记载，没有见过实物，连印刷品也没有。我藏的元代纸币是最老的（此时，吴先生对夫人说："你把那张元朝纸币拿来给他看看。"徐月华拿出一本杂志，元代纸币就夹在这本杂志中，这张纸比一本书还大，上面印有"至元通行宝钞""贰贯""伪造者处死""至元年月日""尚书省提举司"等字样，是用厚而软韧的树皮纸印的），这种纸币全国只有六张，上海博物馆两张，故宫博物院两张，辽宁省博物馆一张，有一张在我这里。明朝沿着元朝的币制，只是改为"大明通行宝钞"，面值只有"一贯"的一种。清朝顺治皇帝认为宋、元、明的灭亡都是因为通货膨胀，印的钞票太多，一般不印，为了打仗需要，随印随毁，直到清朝末年才印有纸币。

郑：你的藏品中，有没有清朝的纸钞呢？

吴：有。解放前，为了广泛收集纸币，我在顺昌路太平桥菜场的棉袜衫厂内，租了门口中央的三只柜台，经营化妆品，同时挂了高价收购古旧废钞的牌子，收到不少好票子。有一次一位老太太前来卖废钞，适我在那里，老太太将一个严严实实的纸包递给我，我小心翼翼地一层层剥开来，一直到第六层时，才是旧纸币，拿起一看，正是我多年求索未得的中国银行第一版兑换券，面额壹元、伍元、拾元3种俱全，我不禁连声叫好，以高价买下来。

辛亥鼎革，大清银行清理，成立中国银行，并向美国钞票公司定印象征炎黄子孙的黄帝像纸币。上海的中国银行首先于1912年2月6日开幕，继后南京中国银行于2月14日开业，但美印黄帝像兑换券尚未运到，于是暂借大清银行宣统元年印有李鸿章像的兑换券，加盖"中国银行兑换券"和"中华民国元年戳记"，发行使用。当美印黄帝像钞票运到后，即将这种纸币收回，故流散在民间者极少。

集钞者视清代的人像票为珍品。1953年冬，上海盛传北京发现张之洞、端方像的直型银两票。清代满汉两个官员的像印在同一张钞票上，仅此一种。我连夜赶往北京购买，可那人却不卖，我盯住不放，那人见我远道而来，心诚意切，终于受到感动，除将双像钞票卖给我外，并将印有摄政王载沣像的大清银行兑换券（试色票）也让给我。这套32张的试色票是清代和民国时期印制雕刻水平最高的一套钞票，可惜只有正面，没有背面。正背面和号码图章齐全的，只见新光邮票会拍卖的一张十元券，王松麟曾以几两金子买得，后来他才知道，在拍卖场上竞购的就是出售人，意在制造假象，以便抬价卖出。这张有载沣像的大清银行十元券后来也为我所购藏。

郑：一位收藏古钱的朋友告诉我，古钱的气息能反映一个时代的精神，我想纸币的发行也应该和那个时代息息相通的吧？

吴：是的。浙江兴业银行发行的兑换券就很能说明这个问题。

解放前，上海的钱万能创立了中国纸币集藏会，提倡研究、经营、拍卖中国历代纸币。我经常到他家去，他让给我两套浙江兴业银行的钞票，一套是孤品，一套是极佳的珍品。

1894年甲午战争后，外国纷纷来中国设立银行，对中国经济和民生施加压力，刺激了中国人自办银行的愿望和要求。光绪三十一年，浙江人民在与英美有关的苏杭甬路权斗争中，成立了浙江全省铁路公司。为了便于铁路公司的经济调度，浙江资本团和浙江全省铁路公司在光绪三十三年兴办浙江兴业银行。该行1907年版的一套浙江三贤像兑换券，背面是晨鸡图。清末钞票都用象征清王朝的龙形图案，而这套钞票不印龙图，却印早晨雄鸡引颈高歌的晨鸡图，这是"风雨如晦，鸡鸣不已"的一种暗示，预示清王朝的统治已经到了摇摇欲坠的地步，寓意深刻。该票的正面，壹元券是王阳明像，他是明代中期声望很高的重臣，赤胆忠心为明王朝效力，又是当时著名的思想家和教育家。伍元券为越王勾践像，他是春秋时越国国君，越被吴打败后，他卧薪尝胆，立志报仇雪耻，终于灭吴复国。拾元券是黄宗羲像，黄是明末清初三大思想家之一，清兵南下时，他招募义兵，成立世忠营，进行武装抵抗，明亡后隐居著史，是历史上著名的民主主义启蒙思想家。

浙江兴业银行为什么要在清朝末年发行的钞票上印"浙江三贤像"，这是一个值得注意的问题。在浙江历史上，有名的人物很多，为什么偏偏选上春秋"报仇雪恨"的越王勾践、明代大忠臣王阳明、明末清初民主主义启蒙大师黄宗羲，这是不能以一般地域观念所能解释的。不仅如此，在钞票的装饰图案中，印上"大明通行宝钞"和"洪武通宝"，说明当时反清的民族主义思想和资产阶级民主主义思想在金融界也有所反映。浙江是革命党人和会党活动频繁的地区，徐锡麟、秋瑾等人进行革命活动，甚至抛头颅、洒热血，在所不惜，产生强烈的社会影响。此钞票的设计，无可否认是受到这种强烈的革命气氛感染的。同时它以浓郁的革命意识、民主思想与特殊的流通方式，感染更广泛的群众。而那个敢于冒着生命危险的票面设计者究竟是谁，至今仍是一个谜。

还有一套是浙江兴业银行独一无二的试样票。钱万能家里镜框中，挂着这套试样票，我几次欲得此票，但他不肯让出。有一次我到他家时适逢大雨，衣履尽湿，我又谈起要这套试样票，他随口开了一个大价钱，认为我不会买，却不料我偏偏忍痛买下。他无可奈何地从镜框中取出，但提了一个要求，在每张票子背后，盖上"中国纸币集藏会"和"钱万能"的图章，作为依依不舍的纪念，至今这票上还留着这两枚印章。浙江兴业银行于1921年获币制局批准发行壹元、伍元、拾元兑换券，印制后于1923年发行，不料新票甫出，伪票接踵而来，该行当即全数收回，另印新钞发行。国内外钱币界大都不知道浙江兴业银行曾发行这套兑换券，在各种有关书籍中也无记载。1926年上海《纸币旬报》馆发行的杭州沈九道编《纸币图说》曾谈起这件事，但并无图案。该书中广列纸币图案，且距此票发行和收回仅有两年时间，在其图录中竟告阙如，可见这一套是独一无二的孤品了。

郑：你前面说清顺治皇帝接受宋、元、明灭亡的教训，不印钞票，从收藏的纸币上，能否了解当时的经济信息？这对研究中国经济史、货币史有无帮助？

吴：辛亥革命时期的货币，比较能说明这个问题。中华民国临时政府在南京成立时，首先遇到财政上的极度困难，首当其冲的是陆军部。该部于1912年2月1日正式成立，上等官佐的俸金400—700元，中等160—300元，初等官佐和士兵以及部局学校人员俸饷不等，机构庞大，支出甚巨。陆军总长黄兴为了应付经济困难，发行"陆军部军事用票"壹元、伍元两种。此票正面印有铁血十八星旗和五色旗，背面印中英文的陆军部告示。

"中华民国南京军用钞票"是财政总长陈锦涛为应付财政上的困

难而发行的。他先向上海华比银行借款 100 万英镑，定期一年，年息 5 厘，后又续借 25 万英镑。此外还印发由财政部担保的"中华民国南京军用钞票"。陈锦涛是清末民初金融界的风云人物，其签发的军票大都负责收回，故存世极少。

辛亥革命时期的开国第一银行——中华银行，系沪军都督府财政总长沈缦云所创办。上海在 1911 年 11 月 3 日独立后，成立沪军都督府，当时军队聚集在上海者有数万人之多，军政费用等由财政总长筹措，于是沈氏即筹组中华银行。该行于 11 月 21 日开业，那天热闹非凡，士绅商学，来宾众多，为优待来宾，可首先兑购军用票。由于开国第一银行受人重视，一时兑购变为争购，朱少屏以大洋 50 元购得伍角券第 1 号，王奋独当场脱下手戴的钻戒一只，购得壹元票第 1 号，黄少岩以 105 元购得伍元票第 1 号，方樵苓以 50 元购得伍元票第 2 号，郭竹樵以 500 元购得拾元票第 1 号，杨谱笙以 60 元购得拾元票第 2 号，陈其美、沈缦云、俞寰澄、周葆元、王一亭、虞洽卿等以高价购得第 3 号、第 4 号。

家住杭州、在南京读书的集钞小友俞鸿，每当放假回杭州途经上海时，必来我家聚谈。大学毕业后他分配到天津，有一次来信说，天津王藜菁老人处有两套山西省独立时发行的辛亥革命货币，后来我与王老通信五年，他终于将这两套心爱的珍品让给我了。

山西省在 1911 年 10 月 29 日成立军政府，为支付军饷和各项行政费用，财政上遇到极大困难，乃设立大汉银行发行军用票。初因印制不及，借用"大清银行兑换券"加盖"山西大汉银行暂行军用手票"，以及黄帝纪元年号后通行使用，面值有 3 种。不久即发行自己印制的"大汉银行军用票" 7 种，票上盖有"晋军政分府临时大都督关防"大印，在骑缝处盖有"晋军政府军用手票"章。从当时的情况分析，军政府成立于 10 月 29 日，"山西大汉银行暂行军用手票"在 9 月中旬发行，与此同时，军政府设计印制的"大汉银行军用票"在 9 月下旬发行，然后将暂行军用手票收回，故有"候复验""验讫""付过二成"等图章。从"付过二成"图章来看，当时军政府的财政是非常困难的。新民主主义革命时期和旧民主主义革命时期的革命货币，是我收集的重点。抗日战争时期，南京大香炉和苏州玄妙观都有废钞摊，我逢年过节抽空去看看。在南京大香炉陈茂华的废钞摊上，曾买到孙中山1912年在南京任临时大总统时，陆军总长黄兴发行的"陆军部军事用票"，以及财政总长陈锦涛发行的"中华民国南京军用钞票"，后者仅见两张，另一张为丁张弓良女士所收藏。以后又在陈茂华摊上买到沪军都督府发行的开国第一银行——中华银行发行的"中华民国军用钞票"。上海的军用票怎么在南京发行呢？因为当时此票是在宁沪两地通用的。"中华民国军用钞票"全套的仅见一套，票面伍角的只有我钞集内的一张。

郑：一般的收藏都是物以稀为贵，常常为自己拥有而别人所没有的藏品而自得其乐，你有这种心情吗？

吴：也有这种心情，表现在天地会布币的收藏上。

也是在老山东的废钞摊，看到一张"钟灵堂伍两布币"，票上有四句旋读诗，我直觉地认为这是一件罕见的珍品，意欲买下，老山东却说已为某外国集钞家所订购。我不悦地说："上次百元金币券，你与我约定后，又以高价卖给了蒋清如，现在我出手高于那人的价钱，卖给我吧！"老山东见我执意要买，又肯出高价，就答应把这张布币卖给我。鉴于上次百元金币券的教训，我先将这币带回，不足钱数于次日送去。当时我不确切知道这张布币的性质，后经专家研究，确认此币系天地会之物，现在国内外仅此一张，是无价之宝。当时持此币者，如被清政府发现，有灭门之祸，因为天地会是反清组织，人们不敢保留，故"钟灵堂伍两布币"极为稀少。前两年，我将此币与中华民国仟元金币券一起捐献给国家，被上海博物馆收为一级藏品。

郑：有位李伟先先生，向上海博物馆捐赠了不少"革命钞"，对此，你是否也有收藏？

吴：有。我是经过研究比较之后，才收集"革命钞"的。我在研究了辛亥革命、民国成立、北伐战争、抗日战争等历史后，确认中国共产党是中国人民的希望所在，因此特别重视收集各革命根据地发行的纸币。日军盘踞时期，我到苏州玄妙观"老苏州"的废钞摊上买过几次票子，他看我是生意人（工商业者），偷偷给我看两张票子，问我要不要，我一看原来是川陕革命根据地发行的布票，一蓝一白。我久闻其名，未见其物，当即毫不还价地买了下来。但如何带出城去，煞费脑筋，城门口有日本宪兵和伪军站岗，应想一妥善办法，我把布票放在脚底下，日本宪兵抄身时，总是叫人双手举起，身上摸摸（主要检查有否武器），并不叫人脱鞋子，因而得以安全通过。以后我又在"老苏州"摊上买到鄂豫皖根据地的油布票，其为迄今尚是仅见的大额票。在各个时期的几十个革命根据地中，只有鄂豫皖发行过油布票。1932年10月，鄂豫皖根据地的红四方面军主力转移到川陕一带，留下红二十五军坚持战斗，经济公社为了便于金融流通起见，在1933年发行了以油布印制的"经济公社流通券"，面值有4种，流通于鄂豫皖的游击地区。此类油布票，一直流通到1935年红二十五军撤离鄂豫皖地区北上抗日为止。

川陕革命根据地的布票，在各个根据地中发行量最大，种类最多。国民党政府发动四次"围剿"时，正值东北沦陷、中日《上海停战协定》签订之际。1932年10月，国民党集中几十万军队，进攻鄂豫皖与湘鄂西根据地，由于国民党政府的兵力过大，工农红军第四方面军撤离了鄂豫皖根据地向西转移。适逢四川军阀相互混战，川北守备空虚，徐向前同志率领红四方面军过秦岭，越巴山，进入四川境内，与原有的革命武装会合，于1933年元旦前后在通江、南江、巴中一带建立了川陕革命根据地，1933年2月7日在通江城成立川陕省苏维埃政府。继后即成立川陕省苏维埃政府工农银行，除发行金属货币和纸币外，就地取材发行白、蓝、绿、红四色布币，面值共有4种，流通于川陕根据地。1935年4月，红四方面军撤离川陕根据地，川陕省工农银行发行的各种货币才停止流通,由于撤离时收回情况良好,存世不多。

郑:抗战期间,我们家乡通行"抗币",听老一辈人说"抗币"上有刘少奇的签名,你有没有收藏过这种"抗币"?

吴:我收藏有"抗币",但知道刘少奇在上面签名,那已经是很晚的事情了。抗日战争时期的1941年,刘少奇曾在"江淮银行抗币"上签过名,但在1979年以前,钱币界不知有刘少奇签名的抗币。1979年秋,老一辈的邮票收藏家居洽群来到我家,寒暄后,他指名要看各抗日根据地的抗币,当他看到一张正面印有"江淮银行"和"苏中"字样的抗币时,忽然喜形于色地大声说:"这张抗币背后有刘少奇的签名。"我将这张票子翻过一看,果然不错。

1937年7月全面抗日战争爆发,国共第二次合作联合抗日,新四军在华中地区开辟了苏中、苏南、苏北、淮南、淮北、皖中、鄂豫皖、浙东八个敌后根据地。1941年皖南事变后,中共中央华中局为了发展生产,繁荣经济,支援新四军抗击日军,委派刘少奇化名胡服,任新四军政治委员。那时曾秘密通过地下党关系,到上海采购印刷机,并聘请制版工人和排印工人,在苏中区办起了印刷厂,印制发行"江淮银行抗币",刘少奇用英文"Hwu Fao"(胡服)在票上亲笔签名后印刷。那时居洽群在苏中区工作,刘少奇签名的抗币,就是这样发现的。

郑:除此之外,还有其他签名的纸币吗?

吴:有。在纸币上签名最早出现于清朝末年。光绪二十三年(1897)五月二十七日,中国通商银行创立,该行发行的第一版钞票的正面是"中华帝国银行"的英文名,票的下面有外国人美德伦签名,中国钞票不以华人签名而由外国人签名,这在中国货币史上是绝无仅有的。此票的背面全是中文,行名为"中国通商银行"。从中国第一家商业银行的行名和签名来研究,它充分反映了当时中国的半殖民地经济。

毛泽民签字的钞票,是十分奇特而颇有意义的。新疆商业银行钞票上毛泽民的签字,看起来是横式英文,但把横式签名竖起来,再从背面透看，赫然是"毛泽民"三个中文大字，这种方式甚为少见。毛泽民后来在新疆牺牲了，由他签名发行的钞票，是一件值得纪念的文物。

1933年4月12日，新疆金树仁被迫下台，自这天起至1944年9月是盛世才统治新疆时期，曾发行面额50两的省票，从1933年至1938年前后5年内，每月最低发行额为3亿两，市面纸币泛滥，急剧贬值，物价暴涨，民不聊生。1937年7月7日全面抗日战争爆发后，中共应盛世才邀请，先后派出几批党员去新疆帮助建设。毛泽民在1938年化名周彬去新疆，任财政厅代理厅长，为了扭转金融的混乱局面，改组新疆省银行为新疆商业银行，同时实施了废两改元的币制改革，发行新疆商业银行新币10种。由于毛泽民在财政金融管理上的成就和共产党人在新疆各族人民中的崇高威望，盛世才疑惧日增，于1941年7月将毛泽民调往民政厅，以后加以杀害。其后盛世才开支无度，滥发纸币。新币发行之初，黄金一两值100余元，至1944年盛世才离新疆时已涨至1万元。盛世才下台后为国民党统治时期，到1949年年底，新疆省银行纸币面额竟高达60亿元，这在中国货币史上是绝无仅有的，在世界上也是罕见的。

郑：书画、青铜器、瓷器及古钱都通过鉴定，以别真伪，纸钞有没有真伪的问题？如何鉴定？

吴：我国发行纸币始于宋朝，因年代太久，并无实物留下。现有最早的纸币是元代的。1936年钱币收藏家陈仁涛以大洋5000元购得南宋会子的铜版，5年后，河南盛传又发现一块，上海广东路金才记古玩店主金才宝北上收购，却发现是假的。自从货币成为收藏品以来，作伪者也应运而生，赝品层出不穷，成为广大集钞者和研究者之大患。

太平天国从未发行过纸币，然而在20世纪30—50年代，国内出现了"天国通行宝钞"，以杭州某一书店出售为多。1951年在南京等地举办太平天国起义一百周年展览会前夕，南京又发现"太平天国圣钞"，系南京旧书商张某所售出。这两种太平天国的"宝钞"与"圣钞",在国内流传颇广,甚至传到日本,一时真伪难辨。为了解开"宝钞"与"圣钞"真伪之谜,我曾多次到南京进行调查研究,取得了比较确切的资料。

1954年春节,我往南京访问同好,看到"圣钞"。我询问此钞出自何处,据说是夫子庙古旧书店张某所出售。其后我到夫子庙古旧书店晤及张某,并谈起"圣钞",他即从书架上的旧书里取出"圣钞"三张,并向我兜售,我因真伪未辨而未买。

1982年春节,我第三次到南京,与沈梦笔先生谈到"圣钞"时,他第一句话就指出,这是张某伪造的。他说,张某的父亲以前在南京设铺经营历代碑帖,鉴于收藏家珍视名人碑帖,价值颇高,就开始私刻作伪,并发展到请石匠刻制假碑。张某幼时在古书店学业,以后就经营古旧书籍,据说常有善本出售,与学术界、收藏界有交往。加上其父藏有碑帖版工具和古书里的空白古旧纸张,并在长期接触古书中懂得一些历史知识,所以就具备了制造伪"圣钞"的条件。他的第一张伪钞,托钞币商陈某兜售,诡称是从门市收购到的,出售人因拆墙而在墙缝中获得。有的收藏家不辨真假,还以为是珍品。

"太平天国圣钞"所以使人迷惑不解、真假难分之处有二:一是太平天国史料难读难懂,其中有宗教用语、方言俗语、会党隐语以及利用旧词灌输新义的词语,绝大多数是词典上找不到的,这就给分析和研究者带来困难;二因洪仁玕在咸丰九年三月二十日到达天京后,曾提出过兴银行、行纸币的建议。而且"圣钞"上的年月是太平天国辛酉十一年正月,这就给作伪者找到可乘之机。

郑:我在写泉币收藏家时,发现收藏泉币有一个群体,他们经常在一起交流藏品,进行学术讨论,纸币收藏家是否也有这种风气?

吴:纸币的历史比古钱要短,收藏者也不如收藏古钱的多,不像古钱收藏家那样活跃。但是任何一种收藏都不是孤立的。我在集钞方面的成就，固然与个人努力以及一些机遇有关，但也和一些老集钞家的帮助指点和无私援助分不开。

崔显堂先生是著名的前辈集钞家，解放后，我曾专程拜访，一见如故，畅谈通宵。崔老考验我对纸币的收藏和认识，我尚能勉强对答，崔老十分诧异，临别时，他握着我的手说："我年迈，您年轻，希望您对收集和研究中国历史上的纸币多做贡献。"我回沪后不久，突接崔老从北京寄来的几个邮包，其中是他以几十年的精力和财力所收藏的纸币和有关书籍，我一阵激动，热泪盈眶。在邮局汇款时寄上一封信，表达衷心感谢，并表示绝不辜负他的期望。

集钞家徐风在上海时与我结识，自去长春工作后，我们30多年来通信不断。他提供给我的资料较多，有一次信里寄给我一张洪宪元年的纸币。洪宪纸币甚为稀少，因从设计到印制，要有一个过程，而袁世凯只做了83天皇帝。我在泉币学会蒋伯埙老人处，曾见双龙中间一个袁世凯像（并无文字）的试色样件，可见袁世凯当时拟印发洪宪纸币，但样件尚未完善而袁已经垮台。目前仅见一张商号发行的色样简单的小额纸币，也是值得珍视的。

每当我翻阅我的藏品，总会想起这些无私的前辈和友人。货币收藏和研究也是国家文化和文物事业的一部分，光靠个人的能力难以为继，我把我1万多种藏品中的5000张精品捐献给国家，可以说也是受了他们的影响。

郑：既然捐献了，为什么没有全部捐献呢？

吴：捐献也不是件容易的事，要办很复杂的手续，更为重要的是你捐献的藏品要对博物馆的胃口，要是他们最需要的。

郑：你现在还有收藏活动吗？

吴：收藏就像喝酒一样，虽然戒了酒，看到别人喝时，还是有些发馋的；但岁月不饶人，曾经沧海，看别人喝酒，我的心也不为所动了。

吴筹中不但收藏丰富，还对纸币进行了比较全面、系统的整理，他主编了《中国历代货币大系》中有关纸币的部分，还著有《中国纸币研究》一书，叙述了中国历代纸币的发行情况，提出了中国纸币起源的问题。对纸币起源于"汉武帝创白鹿皮币"、纸币起源于"飞钱"等说进行了释疑。从宋代"关于试样雕版"的发现，到对种类繁多的宋代纸币作探讨，把纸币起源问题的研究向前推进了一步。与他人合著的《辛亥革命货币》一书，比较系统地叙述了辛亥革命时期货币的发行情况。

戚叔玉：学者型的收藏家

风雨的侵蚀，那扇房门已经斑驳，狭窄的木板楼梯，走上去发出咯吱咯吱的声响，给人摇摇欲坠的感觉。到了三楼，开门进屋，一股书卷气扑面而来，率先映入眼帘的是壁上悬挂着的书画。再就是临窗的大画案，案前有把椅子，要不是画案和椅子上都堆满书籍，或许会以为主人刚刚还在伏案工作。转过身来，看到的就是古董橱，橱内陈列着各类石质的印章，也有几件杯盘瓶碟之类的小件瓷器。这是我看到的收藏家或书画家的书房在他们逝世之后最好的原貌了。

这就是收藏家、书画家戚叔玉的书房。戚氏的后人告诉我，老先生生前曾多次关照，在他逝世之后，书房里的东西不要分掉，还是按照原貌保存。后代遵照先人的遗愿这样办了。这对多子女的家庭，又是处在市场经济时代，该是多么不容易的事情。人生犹如过眼云烟，我看有时也不见得都是这样。

戚叔玉（1912—1992），原名鹤九，谱名璋，祖籍山东威海卫，1912年8月6日出生于河南省修武县一个小镇，家中排行老三。他的父亲戚南塘是我国第一批留俄铁路工程师。作为一个清末秀才、新型科技人员，戚南塘不仅通晓铁路业务，为近代中国铁路建设而四处奔波，暇余酷爱琴棋书画，戚叔玉从小深受家庭熏陶。后来戚南塘率全家由修武县迁至天津，所以戚叔玉的童年和少年时代是在北京、天津度过的。

戚叔玉4岁开始背诵《三字经》《千字文》，虽然当时不解其意，却像小和尚念经似的，仍能背诵得滚瓜烂熟。6岁时，拜父亲的好友丁佛言学习书法、篆刻。丁先生为人耿直，一身正气，他曾为反对德国侵占山东矿区通电响应武昌起义，以及抨击袁世凯称帝。他又是著名的文字学家、书法篆刻家，很快成为戚叔玉勤奋学习、正直做人的表率。丁先生从欧阳询"九宫格"、蒋骥"九宫新式"中所概括出来的具有他自己个性的"九宫法"，精心传授，帮戚叔玉打下了扎实的书法基础。戚叔玉在8岁时又拜父亲挚友、画家、收藏家金城（号北楼）学习国画。金城是北方极具影响力的著名画家和一代宗师，给戚叔玉很大的影响。同时，戚叔玉还拜赵嵩年学习算术、英文，9岁那年，已能大字写匾，11岁读完小学，17岁毕业于天津汇文中学，曾获天津地区中学生会考第二名。1929年，戚叔玉就读于燕京大学，因当年得重病休学回家。1931年，转入北京民国大学文学系，两年后肄业入塘沽黄海化学社，师从著名化学专家孙学悟博士学习颜料制造。

由于自幼得到名师指点，丁、金两先生及其父的文物收藏也极丰富，戚叔玉得以阅览海内名迹，加上他勤奋好学，天长日久，他的书画篆刻水平有明显提高。与张大千等书画名家的交往，使他受益颇多。张大千游天津时，曾以苍劲挺拔、振奇脱俗的行书七言联赠予他，上书"树看出屋青三面，水为当门绿一湾"，上款书"舒玉仁兄法家正之"。此或是戚叔玉当时寓所环境的写照。这副对联历经沧桑，至今仍保存完好，现为他的后人珍藏。据说当时戚叔玉也曾篆刻两枚印章回赠张大千。在25岁时，当他读到南宋卢梅坡"有梅无雪不精神，有雪无诗俗了人。日暮诗成天又雪，与梅并作十分春"一诗时，对梅、雪、诗三者的关系，特别是对古诗的魅力有了新的认识，于是拜诗家温毅夫、蒯若木为师，深入钻研诗词，书画之艺大进。后移居上海，1945年10月，加入上海市画人协会并任理事。1948年春，应邀赴美国纽约举办个人书画展，作品有山水、仕女、花鸟等，还有西洋画。展出盛况空前，7

天之间，作品被售一空。美国人对竹尤感兴趣，因此，不得不临时添画。当时出版的《美术年鉴》，戚叔玉曾参加编辑，并编写华北部分等。《美术年鉴》中有他的小传，其中有云："以家藏富，更得侍父师览海内名迹，是以精于鉴别。为书兼娴各体，作画能山水人物花鸟，而刻砚治印，造诣尤深。"该书中收录了他的篆、隶、魏、草等9幅不同书体的字，山水、人物、花鸟等8幅不同类型的画，以及不同风格的27件篆刻作品。1949年后，他的书画篆刻作品经常参加国内外展出，并为国内外一些博物馆所收藏。

自1933年起，从孙学悟博士研究颜料制造的同时，戚叔玉在天津中国颜料制造厂任厂长兼总工程师，并先后创办了两个分厂，一在天津旧法租界洪业大楼，一在河北省汉沽。那时，他虽在天津任职，但每星期去一趟汉沽，向孙先生求教。抗战爆发后，天津总厂被日本人占领，他只好迁到洪业大楼的分厂去办公。那时，他在颜料方面从孙先生那里学得不少高超的技术，日本人想请戚叔玉与他们合作，要他出让技术，而工厂则由他们管理，戚予以拒绝，宁愿将工厂关闭。日本人见他不从，即采取强制措施，他只得东躲西藏。日本人即通缉他，并抓住他的秘书。日本人从其秘书口中得到一些有关颜料的技术后，将他塞进工厂的大烟囱中，化为灰烬。戚叔玉十分痛恨日本人，家族中先后有7人死于日寇屠刀之下。面对日本人的通缉，他时时小心，处处提防，过着人命危浅、朝不保夕的日子。不料有一天，他骑自行车经过一座桥时，被一个日本兵认出，他见情况不妙，急忙逃离。但那日本兵反应也极快，将手持的长铁棍扔过来，正好砸在他的左额上，顿时鲜血直流。他不顾一切，奋力逃脱了日本兵的追捕，也算是九死一生。但在他的左额上，却永远留下了无法抹去的伤疤，使他时时想到日本军国主义者的凶狠毒辣。此事之后，他在天津无法再逗留下去了，于1941年7月，手提两只小皮箱，仅带了些纸笔和衣服，只身到上海，境况十分窘迫。到上海后，他原本想开办颜料厂，再展宏图，可惜未能成功，以致一度失业。

失业期间，他在家中写字、作画、篆刻，还为人代课教书。从 1941 年年底起，他先后任上海北美企业公司副理事、上海信一企业公司秘书、上海中孚行经理等职。1948 年，由当时中国科学社秘书于诗鸢介绍加入中国技术协会，为基本委员。

1949 年，戚叔玉率全家移居香港。那时香港外资企业正需要像他这样的人才，出高薪聘请，并给一幢十分漂亮、设施齐全的花园洋房，但他毅然带着全家返回内地，并带回了不少资产。当时许多上海资本家因对共产党认识模糊，纷纷带资前往香港或海外发展。当他回国时，飞机上竟然只有他家几个人。回到上海后，他即投身到社会主义建设中去，曾先后担任恒丰原料行、有明颜料行经理，佑宁药厂股份有限公司经理，公私合营佑宁药厂第一副厂长等职。1950 年，任上海市公债推销委员会化工支会副秘书长，化工原料公会主任监察委员。1953 年，任上海市制药工业技术办公室主任。1956 年 3 月加入民主建国会。1959 年，在上海市政协文史办公室工作。1962 年后，历任上海市政协委员及市政协文史委员。在此期间，他的书画篆刻创作从未间断，参与主持市政协画室的筹建工作，在市青年宫讲授书法等。1979 年 10 月被聘为上海市文史馆馆员，并任书法篆刻组顾问。

戚叔玉的绘画题材很广，喜欢画兰竹、紫藤、葡萄、凌霄、红蓼等各种花卉，尤喜画梅。他喜画庐山，为它的景色奇秀和极富哲理的诗意所吸引。他游黄山归来，所画作品多达数十幅。1982 年春，他与王个簃等政协画室成员结伴游览闽江、武夷山胜景，兼游福州、泉州、厦门诸地胜迹。归来后乘兴绘成五丈余水墨长卷《闽江览胜图》。顾廷龙题诗："武夷处处晦翁诗，叠翠澄波九曲奇。玉女簪花临宝镜，为教彩笔写妍姿。八闽胜迹图缣素，我亦随君入画游。放筏乘风江水碧，凉生衿袖暑全收。"王个簃则题："墨妙笔精，耐人寻味。"

从戚叔玉的自传中，我摘编了上述比较详细的文字，这也是其他上海收藏家没有给我们留下的。因此，对其他收藏家，我常常有雾里看花之感。但要记述戚叔玉的收藏活动，却感到并不是一件十分困难之事。

戚叔玉平时喜收藏，12岁开始，就以三代金石文物款识为主，进而收集石刻碑拓，从此兢兢业业，几十年如一日，一直以此作为自己的业余爱好，坚持不懈。在他的收藏中印谱最具有代表性，其中有《十钟山房印举》《双虞壶斋印存》《二百兰亭斋古铜印存》《读雪斋印谱》《十六金符斋印存》《澂秋馆所藏印》《伏庐藏印》《伏庐藏印续集》《封泥考略》《续封泥考略》《再续封泥考略》等。

后来《十钟山房印举》捐献杭州西泠印社。在举行捐献仪式时，我恰在杭州，也应邀参加了这个仪式。戚叔玉对收藏《十钟山房印举》的情况介绍，给我留下了深刻的印象。

要了解《十钟山房印举》，首先要介绍晚清著名金石收藏家陈介祺。陈介祺，字寿卿，号簠斋，晚号海滨病史、齐东匋父等，山东潍县人。19岁即"以诗文名都下"，乡试时阅卷官曾怀疑陈介祺是耆宿。道光十五年（1835）考中举人，道光二十五年中三甲第三名进士，授翰林院编修、国史馆协修等。居官近十年，涉猎了各种文化典籍，对经史、训诂、音韵等无不钻研，尤嗜爱金石、古印。在收金石器物及其他文物中，鉴别三代陶器数百件、三代古砖数十方，仅三代秦汉古玺就近万方，收藏之丰为海内之冠。道光三十年，他在家建造"万印楼"，珍藏印玺和一万多件其他文物，从此万印楼名声大震。《清史稿》称其"所藏钟彝金石为近代之冠"，故陈氏被誉为"一代金石大师"。

陈介祺对大量的古玺和封泥反复进行鉴别整理，在同治十一年（1872），他用自己所藏古玺并汇集吴云、吴式芬、吴大澂、李佐贤、鲍康等所藏，钤拓印集十部，每部50册，定名为《十钟山房印举》。到光绪九年（1883），又重新增编10部，每部191册，集印一万多方。之所以定名《十钟山房印举》，一是陈介祺收藏了商周古钟11件，取其整数，故将书斋名为"十钟山房"；二是在整理古玺印钤印拓时，采取了分类分列各种印式的办法。这部印举最初由上海商务印书馆涵芬楼影印出版，仍名《十钟山房印举》。新中国成立后，曾在上海再版。上海书画出版社从上万方印中精选2000方并增补了释文，出版过《十钟山房印举》选本。

抗战前夕，戚叔玉居住天津时，与陈家后人因爱好相同，素有往来，也常相互交流收藏珍品以共飨同好。一次戚偶然得知陈氏后人已将精心收藏的《十钟山房印举》印章出让给天津大藏书家周叔弢，手头还存有《十钟山房印举》的全部印拓。戚叔玉遂用五十两黄金换得这些印拓。时值战乱蔓延，戚在得到这些印拓后为避免珍宝沦落敌手，把它们分藏至香港、澳门等地，直到他返回内地后才陆续收集带到上海。

1963年，戚叔玉又将珍藏的两张七弦古琴"小一天秋"和"啸月"捐赠给上海博物馆。"小一天秋"为清初琴学大家程雄松风阁所藏名琴。程雄字颖庵，清初安徽休宁人，著有《松风阁琴谱》二卷、《抒怀操》一卷。戚叔玉居天津时，琴学大师杨宗稷曾几次到戚家抚弄此琴，击掌叹曰："名下无虚士，名器不假人，此琴九德兼备，确为佳制！"戚氏遂名其书室为"小一天秋琴斋"，并以其名钤制印谱行世。另一明代古琴名"啸月"，原为岭南友琴斋所藏，曾经香山人何玉铭重修，历来为琴学家所珍视。

"文革"开始后，戚叔玉屡受抄家之灾，《十钟山房印举》中大都为帝王将相印玺，属于"封建毒品"，必抄无疑。当时他以著书为由，苦苦恳求能留下部分印拓，竟也获准留下了几十册印拓，而留下的这部分印拓，正是周秦时代的印拓，年代久远，价值巨大。"文革"之后，在有关部门的大力协助下，抄去的印拓大都物归原主，但已是零乱散失，破损不全了。

戚叔玉因患脑血栓而手脚不便，在小女儿道澂的协助下，勉力将这些破损不全的印拓，根据《十钟山房印举》校编、排列，将所收前朝玺印之印拓，将印式、印材类举，详加整编，并一片片用熨斗熨平，装

戚叔玉在教女儿道澂作画

订成册,准备将它献给国家,以使《十钟山房印举》得其所哉。

行将捐献之时,一些消息灵通人士闻讯而来,大多欲以重金购得此宝,戚叔玉一概婉言回绝。最后他将长期珍藏并经修订整理的《十钟山房印举》共18函、182册线装本,总计9866方印拓,捐献给了杭州西泠印社,存放于吴昌硕纪念馆内。

戚叔玉曾屡次捐献自己的藏品。1958年,国家提倡民主人士要"三同三献",他就下了决心把心爱的碑帖全部捐献。他自己说:"这是我从捐献'身外之物'走上捐献'心上之物'的一个新过程,确实思想斗争激烈。"他虽向政府表示了捐献碑帖的决心,但政府不收,只得作罢。1966年4月在市政协的政治学习会上,戚叔玉又一次表示要将珍藏数十年的碑帖及书画真迹全部捐献,上海市文物保管委员会同意接收,接着就发生了"文化大革命",家中藏品被抄没一空,直到这时,他仍然感到有愧于政府。1980年,在上海博物馆为他的捐献所举行的仪式上,他仍然说:"在十年动乱中,我久久沉思,认为我今生不幸,遭此浩劫,一生心力,都付诸汪洋。且使1966年对党之真心,说的实话,结果却全部落空，实深愤恨、惭愧、难以言喻。"世界上还能找到像戚叔玉这样的人，在历经浩劫后还不断自我忏悔和自责的收藏家吗？

1980年8月21日，戚叔玉和夫人徐志英联名写信给上海博物馆，表示捐献文物的愿望。现将原信抄之于后：

上海博物馆负责同志：

今自愿将多年家藏的文物、字画、碑帖、玉龙钩、齐鲁封泥、祝京兆草书《牡丹赋》、刘南坦《逸老堂碑记》、沈芥舟《西园雅集图》、出土初拓汉《孔褒碑》等六十三件法帖及胎釉、《汉魏南北朝墓志集释》《明代名人墨宝》等复制碑帖书画资料等一百零一种一百四十四册捐献给国家，归你馆保管，至希哂收。并致

敬礼

捐献者戚叔玉、徐志英敬上

1980-8-21

附上目录单5张

在这批向上海博物馆捐献的文物中，祝允明草书《牡丹赋》是很有特色的长卷，全卷1000多字，戚叔玉还作了释文。上海博物馆另藏有祝允明行草书《唐寅落花诗》卷，《牡丹赋》可与《落花诗》媲美，两卷祝书均被中国古代书画鉴定组鉴定为真迹。祝允明草书学张旭、怀素，但已有很大的变体，融合了自己奔放豪迈的气质，通过丰富的用笔用锋，使点画和线条的处理更具有绘画性，结体大胆变化，经常意外生姿，就像一幅撩人心弦的画面，形成了奇恣绝俗、龙飞凤舞的特点，具有"惊若游龙，回翔自若""太行诸山忽若奔动"的气魄。戚叔玉称之为"心上之物"的那种恋恋不舍之情，也就不难理解了。戚叔玉还藏有祝允明行书《琼林玉树图歌》绢本册，是祝氏38岁时在南京秦淮京舍为友人所书，署款"乡贡进士祝允明"。祝允明书法伪作，自古就遍及

天下，令人难分真赝。而戚叔玉能够收藏两件祝书真迹，可见其鉴赏眼力确实非常人可及。

1987年，戚叔玉将所收集的《二十四史》《四部丛刊》等重要史书捐给上海市文史研究馆。他利用上述资料，1949年前在天津编辑出版了《伊阙石刻汇引》《宇内石刻汇引》，1987年，上海书画出版社出版了由他编撰的《北魏墓志百种》；1988年10月，上海书店出版社又影印出版了陈宝琛手钤《澂秋馆印存》线装本。他还参与了1984年由香港书谱出版社出版的《中国书法大辞典》的编撰，并任编委，负责编写下册《书迹》部分，其中采用的资料多为他旧藏（现已全部捐给上海博物馆）。1985年，他曾任《中国大百科全书》文学卷图片顾问，还编撰出版有《中国历代龙门造像文拓二千品》《中国历代石刻文字图录说明》等。2006年10月，上海博物馆图书馆编辑并出版了《戚叔玉捐赠历代石刻文字拓本目录》，分墓志、造像、杂刻、画像、砖瓦、钱币、青铜、法帖等9类，共计4800余种。近年来的拍卖市场中，也时常有戚叔玉旧藏的金石拓本出现，多为藏家竞相争购。

能将平生收藏与治学研究结合起来，这正是戚叔玉的收藏和他人最大的不同之处。

何东轩与吴王夫差盉

一位贵宾来到上海博物馆参观，被安排在贵宾室"何东轩"看画，当画卷在案上徐徐展开，众人都在聚精会神地欣赏时，他忽然仰头看看天空，阳光灿烂，湛蓝的天空飘浮着几缕白云，黄石层叠的山峰像一幅浅绛山水画，他心中不禁为之一动，随口说了一句："在露天看画，下雨了怎么办？"

看画的人听了也都抬头望天空，而上海博物馆的陪同人员却笑出声来，解释说："我们现在的位置是博物馆的最底层，是在地下室看画！"随着陪同人员的解说，阳光渐渐地暗了下来，又是一个月华如水的夜晚，天空有星，山涧有泉声，竹篱茅亭酒肆，好一派江南的夜色啊。

如此风物宜人的贵宾接待室，还是受了美国大都会艺术博物馆的启发。该馆有一个花园，是王室园林的一角，仿苏州网师园里的"明轩"搬进了博物馆，由苏州园林工人仿古建造，有些材料是从苏州运去的。但是上海博物馆由于受客观条件的限制，最好的楼层都给了各个陈列馆，贵宾接待室就必须建在地下室了。根据上海博物馆的外事接待要求，想把贵宾室设计得具有江南庭院的风格。

贵宾室需要有假山，设计人员从资料中发现，明朝堆花园假山用的大都是黄石。如现在豫园的假山，就是明人用黄石堆成的，没有人工雕琢的痕迹，完全是来自大自然的感觉。豫园还有一个浅池，同样用黄石砌成，也给人一种纯自然的感觉。所以他们决定假山采用黄石。

黄石假山下还得有个亭子。这个亭子也要古朴自然，才不致破坏假山的自然格调。他们又开始寻找亭子。但现存的旧亭子已很稀少了，即使有也是些清代的建筑，格调不高。他们想选用明代的亭子，经过这么多年的风雨，明代的亭子已经无法见到了。他们就从明代版画上找，总算是找到几个图案，设计人员就照版画上的亭子来设计。由于版画中的亭子式样不很规范，如用到实际中来，将无法建造。经过几次的反复，最终采用《金瓶梅词话》中的一幅插图，根据这个插图稍作改动，成为现在这样一个亭子，亭柱、飞角、围栏都做得极为精致，整个亭子没用一根钉子，完全按照传统的施工方法建筑。

最后就是天空了。当时上海的室内装潢还没有人做过天空，如用玻璃拼接，要有很高的技术。经过几番努力，终于把天空做成了。白天的阳光，夜晚的月色和星星，大自然的鸟鸣，均可以人为操控，而且颇得野趣之妙。当一切都做成后，结果发现圆圆的月亮里没有玉兔，星星也过大。我当年在这里采访时，贵宾室正在重新装修，星星变小了，如在遥远的天际，月亮也变成了一钩蛾眉新月，似乎更幽静，更有雅韵了。

那些栅栏、门窗、梁柱等，都是用金丝楠木，是古建筑材料中最好的木材，不用刷漆，全部是天然本色。为了防火，采用了美国进口的涂料，手摸上去仍然有着木质的感觉，其实都渗透到木头里去了，而且也防火。地砖也不是流行的水泥砖，是从窑里烧出的砖，它是经过多道特殊工序烧制而成的。还有那些家具，室内全是明式家具，不是仿制品，而是货真价实的明朝人做的家具。那庭院中的一张台子，也是颇费心思的。古代的庭院中有放置石头台子的，但石头台子太笨重，与整体风格不协调。他们以北京故宫博物院收藏的《唐人宫乐图》中的台子为样品，仿制了一张唐代台子和几张唐式矮凳，但看起来却很有现代感。

中国古人都是席地而坐，没有椅子，而埃及5000年前就有了椅子，然后传到中东，再传到中国。随着它的传播，式样也在逐渐地改变，到了唐代就变成低矮的或方的矮凳，四周饰有丝质的裙边，上面绣着梅花。

这座有着江南自然风光的贵宾室，起名"何东轩"。那它为什么要以"何东"命名呢？

何东（1862—1956）是一位有中国血统的英国人，他的英文名是罗伯特·何东（Robert HoTung Bosman），中文名何启东，字晓生，其父亲何仕文是荷兰籍犹太人。何东早年为怡和洋行华总经理，后成为一名银行家，早先曾同香港恒生银行创办人共同创办中国金银交易所，后为香港首富。何东还支持孙中山的革命，在香港曾以香港大学学生会主席的身份主持过欢迎孙中山的集会。第一次世界大战期间，何氏家族开始了对上海的投资。他是上海多家公司的股东，同时还是房地产巨商，如今的大名路、塘沽路、南浔路、峨眉路一带的房地产，几乎全是何东的产业。1937年，何东的母亲、妹妹和弟弟都参加了中国的抗日救国活动。1941年12月14日，在一次日本飞机对香港狂轰滥炸时，何东的双腿被炸断，这样一个不幸事件使何东家族的命运和中国的命运更深地联系在一起。

装潢贵宾室的用款就是何东的长孙何鸿章捐献的。其父亲何世俭是何东第三子，母亲是爱尔兰人。何鸿卿的弟弟何鸿卿是一位玉器收藏家，对玉器研究用功颇深，经常到上海博物馆看玉器，是上海博物馆的老朋友，玉器陈列馆就是何鸿卿捐款建造的，因此命名为"何鸿卿玉器陈列馆"。

看到弟弟何鸿卿为上海博物馆捐款，何鸿章也想为上海博物馆献上一份力量。但是他和上海博物馆方面并不熟悉。他的朋友唐小裕是上海博物馆的老朋友。唐小裕出生于无锡唐氏家族，对中国也是一往情深，和国家文物局合作做了许多项目。文物局外事处处长王利梅与上海博物馆有许多工作来往，就将唐小裕介绍给上海博物馆馆长马承源、副

何鸿章的父亲与祖父摄于 20 世纪 40 年代

馆长汪庆正。何鸿章要为上海博物馆新馆花钱捐一个项目,就是唐小裕为之介绍的。

何鸿章 1926 年 6 月出生于香港,3 岁时随父母到上海,曾在上海圣芳济中学(现在的北虹中学)读书,至 1947 年去美国留学。他在上海度过了童年至青年时代的 18 个春秋,难怪他能说一口流利的上海话,说自己是上海人。1951 年,何鸿章从华盛顿乔治敦大学毕业,先后任职于纽约证券交易所和通用汽车公司,直到 1956 年和 1957 年他祖父何东和父亲何世俭相继去世,他作为长孙回到香港继承家业。那时候征遗产税比例高达 52%,何先生差不多又要重振家业。他在香港金融、证券和房地产等领域拓展事业,取得了成绩,跻身于香港著名实业家之列,先后获得了马耳他、西班牙等国授予的荣誉称号,还有英国皇家的勋章、美国乔治敦大学的荣誉博士和旧金山市市长赠予的旧金山城市金钥匙。

何鸿章在与人交谈时,能引起他开怀大笑的话题必与中国相关,特别是与上海相关。他说:"我从小在上海长大,对中国有一种特别的亲切感,自从 1981 年应宋庆龄之邀首次返回内地之后,每次回来都觉得是回到了我真正的故乡。"因此，他秉承祖父和父亲的遗愿，一直在他力所能及的范围内做有益于中国的事。向中国宋庆龄基金会捐献100万港元，希望这笔钱用于帮助困难的儿童受教育，类似现在的希望工程。有趣的是，在20世纪80年代初，他就请美国的一些专家来上海考察，很早就提出了开发上海浦东的构想，并请美国的建筑设计师据此设想绘出了浦东开发的效果图，这和今天上海浦东新区的开发颇有相似之处。

他每次来上海，总要到他家的旧居看看，那幢坐落在陕西北路的花园洋房。这栋洋房是何东1926年置地兴建的，占地17亩，南沿北京西路，东沿陕西北路，早年是竹篱笆围墙，主建筑是砖木石混合的英国式住宅，内部装修颇为豪华典雅。3岁的何鸿章随父亲何世俭从香港来上海即住在这里。1949年后，何东家族举家迁回香港，何东的住宅由上海房地产部门接收，现在已是上海辞书出版社所在地了。有时他也去浦东寻找儿时的旧梦，浦东也有他们家的住房和产业。

上海博物馆的汪庆正从唐小裕那里得到何鸿章要捐款的信息后，表现出极大的热情与真诚。1994年秋，上海博物馆为何鸿章祝寿，做了一个大的霓虹灯"寿"字送给这位老寿星，请来了演员和小朋友演奏，也请了他在上海的一些老朋友，把他介绍给上海文物界。

从何鸿章的祖父起，何东家族就喜欢收藏，当年他祖父收藏的许多美术作品中就有包括郎世宁等一批名家的作品，这些绘画都是清代宫廷和香港民俗与发展的宝贵记录，何东曾专门编辑成《何东藏画》出版。旧时得康有为贺寿的书法立轴、张学良的亲笔信等许多记载着历史遗事的物件，也成了何东家族宝贵的收藏和纪念品。在这种环境感染下长大的何鸿章，家中依旧保存着许多艺术作品，从墙上的书法绘画到桌上的艺术摆设，都流露出中华文化对他的家族及他本人的深深影响。所以，何鸿章很关心国内的文博事业，和上海文物界的朋友见面相识，他感到是件非常高兴的事。

何鸿章的英文名字是埃里克·何东（Eric Edward Hotung），他是一位典型的英国绅士,但能讲一口流利道地的上海话,如果只听他说话,那是断然不会猜出他是外国人的。初次见面,何鸿章给人的感觉是标准的绅士,衣饰礼仪都很讲究,但一坐下来,特别是他用上海话和你聊天的时候,他那种随意、亲切甚至有点幽默的感觉就会扑面而来,你就会感受到他发自内心的热情。他说话时常常爽朗地开怀大笑,静听你说话时又是一脸的专注和蔼,让我们彻底忘记了他是外国人,绝对是一位彼此都相知相熟的老朋友。而这位英国绅士也郑重地声明:"阿拉也是上海人!"

这话的由来大概要追溯到何鸿章的家族史,何东家族很早就和中国有着很深的缘分。用何鸿章的话说,他们何东家族的中国情结应始于他曾祖父那一代:"我的曾祖父是荷兰人,曾祖母是离上海不远的苏州人氏(注:应为广东宝安人),他们在香港生了我的祖父罗伯特·何东。曾祖母热爱中国,她的谆谆教诲,影响了我祖父的一生。祖父后来娶了祖母(张静蓉),她是天津人氏。由此,我们的家族就开始有了中国的血统。"许多人都知道何鸿章是香港工商界的巨子、国际知名人士和慈善家,可在他祖父何东这一辈,幼时的家境还不是很富有,童年就读于中国的私塾,每日的饭钱仅够填充肚子的一半,所以从小就养成了节俭的习惯,这在后来也成了何东家族的家风,传给了他的父亲何世俭和他本人。何东后来在香港发展事业有了成就,两度被当时的英国国王乔治五世和伊丽莎白女王册封为爵士。他虽然是英国的国民,但在心里却认为自己是个中国人。他一生对中国情有独钟,他和清朝末年的维新派康有为是好朋友,支持康梁变法。后来,他又支持孙中山领导的辛亥革命,不仅为孙中山提供武器,还出任其顾问,在孙中山遭到清政府通缉时,他两次秘密安排其藏在自己家中避难。

康有为对何东以"二兄"称之,在何氏六十大寿时,康有为特书写大字"寿"祝贺,他亦请康氏书《海上蒙难二诗》条幅。何东与张学良的交往亦颇深,几次向张学良送珍品,张学良对何东以"前辈"称之,并致何氏信云:"世礼兄转到燕菜两匣,远道赐此珍品,拜领之下,谢意难名,屡赐佳品,足证爱良之深。"何东家族与中国政界的交往可谓源远流长。

何鸿章捐款之后,从此对上海博物馆新馆建设特别关心,只要到了上海,他总要到工地去看看。贵宾厅建成并装修结束,何鸿章又带领家人来参观。当他知道贵宾厅的建设经费超过他捐献的30万美元之后,颇有歉意地对马承源、汪庆正说:"对上海博物馆还应该有更多的帮助,捐款也不是一次的事情,今后还有什么项目吧?"

"感谢何先生的慷慨相助,来日方长,希望能得到您更多的支持。"马、汪两人为之深表谢意。

要奉献,机会总会有的。某年的一天,马承源在香港的文物市场上看到一件青铜器。这是古代用来调和酒的浓度的盉。此盉小口直沿,上有一个扁平的盖,盖上有系,套在链的一端,另一端与提梁上的小系相接。提梁设计为龙形,龙体中空,龙背有镂空的浮雕,以蟠龙的脊梁为装饰,中间一段不作装饰,便于提携。盉的腹部是扁圆形,靠近龙梁的一侧是一个短而曲折的龙头流,头有尖角,颈部饰鳞瓣,另一端有上翘的龙尾,龙尾的腹部饰有相同于龙梁脊饰的浮雕蟠龙。盉的底部有三个兽足,足饰为变形的兽面纹,整体造型极为规整。

作为青铜器专家的马承源,深悉盉的演变历史:青铜盉最早出现于夏代晚期,盛行于商代晚期至西周,春秋战国尚有流行。盉作为一种酒器是用来调和酒的浓度的,《说文》四部曰:"盉,调味也。"王国维《说盉》中云"盉受尊中之酒与玄酒而和之而注之于爵",是一种和水于酒之器。在西周青铜器铭文中,有盘盉并称的说法,此时盉就作为水器和青铜匜一样与盘组合,成为盥沐之器。在商周青铜器中,盉的器形变化也是最多的。盉一般为圆口深腹,有盖,前有流口,后有錾,下有三足或四足,盖和盉之间有链相连。商代盉多袋形足,西周多四足。春秋晚期盉大多是圆腹,有提梁,称为提梁盉,这种盉多在南方地区出土。

从造型上看，马承源当时一眼就看出这个盉属于春秋晚期的南方青铜器，不是新近出土之物，而是已在世上流传递藏多年。他捧起来细观看，盉的肩上近口处有一周12字铭文："敔王夫差吴金铸女子之器吉。"他极为兴奋，断定是吴王夫差的东西。不及细究，就决定购买下来。

但一谈卖价，古玩商的开价昂贵。经过双方多次讨价还价，最后确定以120万港元成交。这时已近岁尾，马承源此时知道，上海博物馆当年度收购文物的专项资金已经用完了，这120万港元是能轻易弄到的吗？虽然如此，马承源还是说服老板，请他把盉带回上海。虽然连定金也没付，但老板还是遵守诺言，同意把盉带到上海。但有一个条件，钱款须在半个月内付清，否则就要把盉送回香港。

回到上海，马承源将这个情况告知汪庆正，上海博物馆拿不出这么多钱来，但这件东西不能不买，于是就想办法筹钱。大家商量如果实在筹不到，就向上海市政府写报告要钱，一定要买这件东西。但是从写报告到拨款到位，中间有一个漫长的过程，半个月内肯定是无法办到的。而香港方面又一再催款，马承源便一再承诺：半个月内钱不到，我们保证把东西送回去。他嘴上虽然是这样说，可心中怎舍得到手的东西再放掉。

已经到第10天了，钱款还没有落实，可以说全博物馆的人都心急如焚。正在这时，何鸿章打来电话询问："有人告诉我，上海博物馆想买一件非常好的青铜器，但没有钱，我可以买吗？"

"我们买不起，你当然可以买，你买了以后可以放在我们这里，这件东西个人保管没有意思，在博物馆陈列最好。"马承源说。

一个不说直接买了捐给博物馆，另一个也不直接说想要他买了再捐献，只是借来陈列。其实双方心中真正的想法，彼此几乎心知肚明，只是当时都不便说破而已。

后来谈到付款日期，何鸿章知道时限即至，就向马承源要了古董店老板的电话和地址，并表示他能出这个价。马承源把情况说了之后，又补充道："这件东西就在上海。"

"好，我一定解决这个问题。"何鸿章语气很果断，毫不拖泥带水。

过了半个小时，何鸿章又打电话来问："马馆长，是不是120万港元，你说清楚。"

"是。"马承源肯定地答道。

"古玩商就在我的办公室，我马上签支票给他。"何鸿章说。

没几天，古玩商就把发票寄到了上海博物馆。何鸿章也决定将吴王夫差盉无偿捐赠给上海博物馆，并说："这么重要的文物，还是留在上海好，这样吴王夫差盉就定居在上海了。"

1995年岁末的一天，上海博物馆举行了新馆落成以后的第一个重要活动——接受香港何鸿章先生捐赠吴王夫差盉仪式。那一天，刚好是上海博物馆的新馆部分开放不久，在明净、华丽的大厅里不仅有上海市政府的官员、博物馆的专家学者、各国驻上海领事馆的领事，而且还有很多普通的上海市民。

在捐献仪式上，何鸿章的夫人亲自为吴王夫差盉揭开红色的幕布，何鸿章在捐赠仪式上讲了话，说："今天，两千多年前春秋战国时代吴王夫差的青铜器'完璧归赵'。我能够把这样一件稀世珍物亲自送还给中国，感到十分荣幸。"

这位香港著名的实业家面对中央电视台和上海电视台、广播电台及报社众多记者时说："我认为，是中国的东西，就应该属于中国，吴王夫差青铜器应该物归原主。如果我祖父或父亲在世，也一定会这样做。"这番表述如同他在捐赠仪式上的发言，洋溢着他对中国文物事业的一片挚诚。

何鸿章这次捐赠吴王夫差盉的慷慨之举，说明他对文物归属原主的历史意义有着深刻的理解。像他再三呼吁的那样："中国的东西，应该还给中国，我希望越来越多的人，包括外国人都能这样做。"何先生说完这话又爽朗地笑了起来，他笑得很快活。何东家族与中国的关系又添上了新的一笔记录，这一笔很浓很浓。

顾恺时：偶然走上收藏之路

2002年年初，我又见到了顾恺时医生，那是在上海博物馆为收藏家举行的迎春小宴上。之前，最后一次采访他是在1966年春天，我去上海胸科医院看他在人工心肺机体外循环下为病人手术。这种手术当时在世界上是先进的，国外也只有少数国家能做，在中国他是首创者之一。当时他是胸科医院的院长，我总是习惯地称他为顾医生。后来，报社派我跑别的"战线"，就不再联系卫生系统，但他的事还是时有所闻，后来听说他因"特务嫌疑"被关进监牢四年……

他的医学成就是大家公认的，名字与黄家驷、吴英恺、兰锡纯三位教授并列，是我国当代胸心外科的"四大奠基人和开拓者"。像他这样的名医，怎么又成为了"收藏家"呢？

我和他说话，他已经不知道我是谁了。这也难怪，毕竟他已经九十高龄，我也两鬓添霜了。

"你是谁啊？"我们说了许多话，在吃了顿饭后，他跑来问我。

"我是郑重！"他有些耳背，我大声地说道。

"哎呀，真是对不起，想你的名字害得我吃饭也不香。你看过我的手术，还给我写过访问记。"他高兴得难以形容。

"我怎么不知道您还是收藏家？成医生呢？"我问。

"有空到我家里聊天。"他给我留下电话和地址，又补充一句，"成医生很不好,唉。"

成医生是他的夫人成言嘉,上海第六人民医院有名的妇科专家。20世纪60年代医务人员到农村巡回医疗时,在上海郊区奉贤我们相处多日。谈到成医生,他的高兴消失了,有些黯然神伤。

春节之后,我去给顾医生拜年,他给我讲了他的故事——

事业篇

1913年1月13日,顾恺时出生在祖父顾西樵的宅院里,5岁之前,就是在这所深宅大院里生活的。

顾西樵生于1855年,名汉儒,江苏太仓人,少时家境贫困,18岁那年父亲去世,他就带着几个兄弟跑到了崇明,在昝姓业主家中帮佣。昝姓在长江对岸有沙滩无际,顾西樵愿意承包开荒,开出的土地可得二成。顾氏兄弟经过10年开垦,拥有了一大片土地。1890年,顾西樵的土地已连陌越阡,除他们兄弟耕作外,还由苏北、安徽来的无地农民租耕,他们开始走上了一条合作耕种共同获利的道路。1893年,顾西樵在大同村西首祝字坪内辟地20亩,建构了四进三场院的大合院,共建房60余间,历经16年方告竣工,可称是一座豪宅了。在以后的几十年,他又办学校、开商店、建城镇、开公司。

在光绪末年,顾西樵三个儿子先后就读于日本和上海的医科大学和教会大学。三子顾南群就读于日本名古屋爱知医科大学,他就是顾恺时的父亲。恺时出生时,父亲仍在日本留学未归,他就跟随祖父生活到5岁。顾恺时后来每谈起祖父,都会流露出相依相恋之情。

1918年,顾南群在上海山海关路创办了私立南洋医院,顾恺时被接到上海,入万竹小学读书。顾南群又与几位好友合作创办南洋医科大学,后又脱离南洋医科大学,再创亚东医学院。因两校分治,教学人员不能集中，经协商后，两校又合并，更名为东南医科大学，但只有一个医疗系，遂改名为东南医学院。1949年年底，该校迁至安徽怀远，后又迁到合肥，即今安徽医科大学的前身。顾恺时在12岁入民立中学，15岁考入名校上海中学。

顾恺时在上海中学读书时，曾组织"中华化学社"，出版《化学杂志》。1931年，顾恺时因品学兼优被推荐入天津南开大学生物系学习。他在南开大学学习两年后，因1933年上海医学院招收插班的转校学生，随即前往应试并被录取。当时正在厦门大学攻读生物学的成言嘉，也考取上海医学院的插班转校生。她的父亲早年留学美国，曾任苏州博习医院院长和内科主任，也是著名的西医。

此批插班转校生共有23人，班级里女生只有4人，成言嘉是其中最美丽温良的一位。20世纪60年代，我在上海市第六人民医院采访她时，她依然是仪态端庄、温文尔雅，仍保留着大家闺秀的风采。顾恺时不但医学专业课成绩好，而且兴趣广泛，常到图书馆文科阅览室去看一些历史、文学书籍，我在采访他时，也常听到他谈史论文，对考古学甚有兴趣。但他对收藏文物却是深藏不露，采访他多年，我并不知他是收藏家。可以想象，当年非常健谈的顾恺时在成言嘉面前是如何表现的，不是表现自己专业学得好，因为成言嘉在专业上也是出众的，应是向成言嘉谈史论文，这恰恰是医学院女生的弱项。两个人虽然有不少时间是在花前月下度过的，但彼此只是一种好感，并没有谈婚论嫁地表白。

医学院毕业后，顾恺时留在母校附属红十字医院任外科医师，同时担任医学院外科系助教。成言嘉亦因成绩优秀留校，任医学院妇产科系助教和红十字医院妇产科医师。两人都是事业心很强的人，毕业后都一直忙于教学和医院的工作，读书时的花前月下显然少了，但两人仍在电话中保持联系。

全面抗战爆发后，上海红十字医院组建"中国红十字救护队"，并派救护队到前线救护伤员，顾恺时被派往红十字会救护总队第三中队。

青年时代的顾恺时

当时救护总队的队部设在贵阳图云关。他随医疗救护队从上海出发,绕道越南,再转道昆明,到达贵阳总队稍事停留后,即到前方第六战区报到,立即投入到救治伤员的工作。顾恺时感受到"时间就是生命",以往在医院时追求手术的细腻和完美,已无法适应战地医院的抢救任务,他为此提高外科手术的速度,积累临床经验。由于顾恺时表现特别出色,从医生升为区队长,又晋升为中队长,救治了难以数计的伤员。约在一年之后,顾恺时从战地回到上海母校。

回到上海后,顾恺时和成言嘉进入热恋之中。原来,顾恺时在上前线时,成言嘉收到一封没有署名的信,只是用英文写下了这样一段话:"Wise men say only for rush in, but I can't help falling in love." 她不知道是谁写的,因为给她写信的不乏其人。但她似乎又猜到是谁写的,于是就悄悄将信藏好。1941 年,他们都近 29 岁了,瓜熟蒂落,即双双禀报父母准备婚事。谁知发生了变故,成言嘉出生于一个基督教家庭,她本人也是非常虔诚的基督徒。但顾恺时却无宗教信仰。所以成父不同意两人的婚事。如要成婚，顾恺时必须进行"洗礼"入教。顾恺时毅然决然走进教堂履行"洗礼"，这也是他一生中唯一一次进入教堂。

顾南群主持的南洋医院，由于管理不善，急需加强整顿，要顾恺时到南洋医院进行整顿并参与管理。顾恺时依依不舍地辞去上海医学院和红十字医院的教学和医生工作，出任南洋医院副院长和外科主任。由于医院很多重要岗位都被他们的家族成员所占据，积弊甚多，已难以适应现代医院的发展。要在此时整顿好南洋医院，使之成为一个教学医院，他深感底气不足。他想到了出国深造。1947年8月，顾恺时与成言嘉报考留学美国的研究生，并双双被录取。该年10月，他们登上了"戈登将军"号远洋客轮，前往美国留学。

顾恺时、成言嘉到达美国后的第一个目标就是进梅育医学研究中心，是一个偶然的机遇使他们把"梅育"作为第一选择的。顾恺时患有腰椎间盘突出之痼疾，多方治疗不见好转。这时有同行向他推荐，如要做手术，就到"梅育"去，那里有最好的外科专家。于是顾恺时作为病人进了"梅育"，没想到手术后三天就可以出院了，并且疼痛全消。在"梅育"住院期间，他体会到了外科手术刀以外的境界，即外科医生的成功之处更在于手术刀之外，就像中国人作诗一样，"功夫在诗外"。他把诗与手术刀两个境界的顿悟合而为一了。

经过严格考试，顾恺时、成言嘉夫妇被梅育医学研究中心录取，顾恺时学习胸心外科，成言嘉则专攻妇产科。"梅育"是全美最权威的医学中心，它没有永久名医的称呼，但谁能在"梅育"谋得一个职位，谁就是了不起的人物。在一年中，顾恺时体会到"梅育"的作风：敏捷、高效，讲究团队协作精神，并且把它糅合进现代化的专业分工中。这对顾恺时日后改造南洋医院和创办中国第一家胸心外科医院都大有裨益。

一年之后，顾、成两人离开"梅育"，转入哈佛大学附属麻省医学院进修，仍分别主攻胸心外科和妇产科。顾恺时敏锐地洞悉，胸心外科在美国虽然是刚刚起步，但不久的将来肯定会成为一门"显学"，这是因为科学的进展和病人的需要，在这个领域里磨炼一定大有作为。他的刻苦努力，很快引起世界著名胸心外科权威斯威特教授的注意，在斯威特的培育下，顾恺时看门诊、查病房、做手术、搞研究。在手术台上，顾恺时手术做得快捷、精准，教授脱口赞道："你的一双手真是上帝的杰作。"

在哈佛一年后，顾、成决定回国。1949年，他们婉拒了斯威特教授的挽留，搭乘最后一班客轮，经台湾回到上海。此时，人民解放军正挥师南下，顾南群准备离开南洋医院去台湾，南洋医院董事长邵力学出面请顾恺时出任南洋医院院长。经过改革整顿后，医院终于走上健康发展之路。南洋医院在国内较早地建立了胸心外科，并在诸多高难度的手术方面都获得了成功。1956年年初，无论是规模、医疗水平，抑或是社会声誉，南洋医院都处于建院以来的巅峰时期。但就在此时，顾恺时作出一个令人吃惊的决定：把南洋医院无偿地捐献给国家。捐献随即获得政府有关部门的批准，这个设备先进、科室齐全、有250张病床的私立医院公有化了。1957年11月，顾恺时被任命为院长的上海胸科医院终于建立起来了。

收藏篇

"我是医生，没有开过业，没有挂过牌，没有开过厂，也没有做过生意，没有搞收藏，也从来没有想过当收藏家，只是一个偶然的机会，使我成了所谓收藏家，愧不敢当啊。"顾恺时在谈到收藏时，对我说了这样一番话。

顾恺时对文物的爱好是到美国之后才开始的。他们在留学期间，学习工作之余就是旅游，纽约、华盛顿、波士顿、芝加哥……所到之处都有设备完善的博物馆，博物馆都陈列有中国的玉器、青铜器、彩陶、瓷器、雕塑等文物，甚至连敦煌壁画也被整堵墙揭去，陈列在美国的博物馆里。

谈到这里，顾恺时仍然表现出激动的情绪，说："看了玉刀、玉璧、古代大臣上朝用的手板玉笏，还有敦煌壁画……看了这些东西，才知道中国伟大，在国内从来都没有看见过，这样好的东西都流到国外去了，心想将来有钱也买几件，不要让中国的好东西都流到外国去了。"

1949年春，顾、成回到上海之后，回到原来的单位当医生或从事教学，不久他接任南洋医院院长兼胸外科主任，成言嘉也随他到南洋医院，任妇产科主任。

来南洋医院就医看病的各色人等都有。一天，南洋医院副院长向顾恺时介绍了一位病人，是该副院长留学法国时的同学，名叫叶叔重。顾恺时一听说是做古董生意的，就兴奋不已地向病人介绍在美国看到的中国文物。

"那都是经过我的手搞出去的。"叶叔重有些得意地说。

"你怎么把那么好的东西弄到国外去了？"顾恺时一方面觉得这位病人不应该那样做，但又觉得他有本事，能经手那样多的古代文物。

"我是做古董生意的，谁有钱就卖给谁嘛。"叶叔重接着又说，"如有兴趣，到我的小店里去看看。"

没几天，顾、成两人来到叶叔重的古董店。顾恺时回忆说："叶叔重的古董店就在仁济医院后边的一条小马路上，叫昭通路吧，店面很小，又是木板房子，门中挂着一块叫古寓轩的牌子。店里有许多东西，古董是无价的，我权衡自己没钱买，只是看看而已。"

"你看到了什么东西？喜欢什么？"回到医院之后的几天，副院长问顾恺时。

"喜欢的东西倒是有几件，但谈不上买。"顾恺时说。

"不要紧，你喜欢的就给我讲，我叫他便宜点卖给你。"副院长说。

"你既然这样说了,我就告诉你,马口铁盒子里的那把玉刀,我很喜欢。"顾恺时答道。

"不要紧,我一定叫他卖给你。"副院长似乎在立军令状。

过了一天,副院长告诉顾恺时:"我给叔重说好,只要200元。"

"这哪是卖东西,是他诚心送给我。"顾恺时请副院长代为感谢。

过了一段时间,顾恺时心中总是在想着那把玉刀,但没有消息,他捏捏自己的钱袋,心想可能是钱少了,也不好意思去催,只好安慰自己,人家不卖,我不玩也就是了。

"请你吃饭。"一天,副院长突然对顾恺时说。

"你怎么请我吃饭?"顾恺时问。

"是叔重请你吃饭,我是陪客,陪你去吃饭。"对方回答。

从医院出来,他们到了饭店,叶叔重就把那件古董拿了出来。那是一个很漂亮的锦缎盒子。"我要的是马口铁盒子里的那把玉刀。"顾恺时吃惊得眼睛有些发花。

"是那把玉刀,我给你配了一个新盒子。"叶叔重说。

顾恺时向我描述当时的情景道:"那个锦缎盒子有两尺多长,上面还有泥,我喜欢得不得了。后来有人认为不止商朝,年代还早。"

这是顾恺时收藏的第一件文物。他的病人中古董商还不止叶叔重一人。有了第一件,他就想买第二件、第三件,小零小碎地买了不少。他对我说:"古董是无价的,他们卖给我只收100元,实际上可能是价值1万元的东西。"

叶氏夫人夏佩卿也是一位收藏家,平时也常找成言嘉看病,因此顾叶两家的交往就不只是医生与病人、收藏家与古董商的关系,而是成为好朋友,彼此的往来也就多了起来。

1954年冬天的一个晚上,叶叔重自己携带了几件东西来顾恺时家,神情甚为紧张。

"这些东西寄放在你家,我最近很紧张。"叶叔重坐定后说。

"是运动使你紧张?"顾恺时问。

"是的,这些东西我寄一寄,可能是我自己来拿,也可能是我太太来拿。如果我太太不能来拿,我的家人需要你帮助的时候,你就帮助一下,我的家就靠你们俩多关心了。"叶叔重非常沉重地说道。

"你不要急,慢慢来,你还需要什么东西?"顾恺时关切地问道。

"什么都不需要了,给我弄点酒喝吧。"叶叔重说。

叶叔重的酒量很大,吃起来就控制不住自己,常常要吃醉。这天晚上又吃了不少的酒,出门时,顾恺时送了他一段路程,看他没有醉,便目送他消失在夜幕中。

从此,顾恺时就没有再见到叶叔重。因犯文物走私罪,叶叔重被关进大牢,家也被抄了。顾恺时每月都给予资助。当时顾、成夫妇所在的南洋医院仍是私立的,工资也较少,这些钱就算叶家卖给他古董的所得。

顾恺时说,他当时让叶夫人开发票,叶夫人说叶叔重已开了。

顾恺时告诉我:"后来我打开看了,发票没有几个钱。后来,我照顾叶家好几年,医院捐给国家之后,我还有点积蓄,仍然有条件照顾叶家。我感到叶叔重是把最好的古董留给了我,其中玉器最多,那都是无价之宝,如果到古玩市场去买,我是买不起的。"

除了叶叔重留下来的一批文物,顾恺时自己买的珍品也不少,宋代四大官窑器,都是他从市场上买来的。

1955年,上海古玩商张雪庚走私文物案发,叶叔重受其牵连被捕入狱。此前,张雪庚的太太将一件青铜器带到叶家,请其代为保管。叶一口答应。张太太刚走,叶家就把东西带到一家装裱店,定做一个盒子,于是顺理成章地把东西"寄存"在装裱店里,并声称"不要着急,有空慢慢做好了"。张雪庚入狱后在"坦白从宽,抗拒从严"的政治教育下,坦白交代了这件事,把叶叔重检举了出来。张雪庚的坦白不但自己没有从宽,而且拒不承认的叶叔重也以"匿藏货物"罪被捕入狱,并被判有期徒刑 15 年。1956 年 3 月，叶叔重被新账老账一起算，法院认定他从 1927 年至 1942 年经手收进各种珍贵文物达 8000 件之多，盗卖给美、英、法、日、瑞士等国博物馆价值人民币 700 万元，仅销往美国的即达 300 万元……叶叔重不服，上诉至上海市高级人民法院。第一，认为并不是他本人盗卖文物，而是帮着卢吴公司老板收集和贩运，得大利的是老板，他只拿佣金；第二，判决书上所列举的事实都是 1950 年《禁止珍贵文物图书出口暂行办法》颁布之前的事，不能作为判刑的根据；第三，不承认解放之前出口文物算作走私。上海市高级人民法院复审了叶的案子，于 1957 年 4 月将其改判为有期徒刑 10 年，先关押在提篮桥监狱，经他本人请求，去青海劳改农场。1967 年，叶叔重刑满释放回上海，本想感谢老朋友顾恺时对他家人多年的支援与照顾，而这时顾恺时因莫须有的特务罪被关押在监狱。此时作为"四类分子"的叶氏感到在上海难以安身，又重回青海劳改农场。在一次运输中，他从马车上滚了下来，致使严重脑震荡而死亡。

捐献篇

　　1949 年后，卢吴公司留存在京沪两地的文物还有不少，在散伙时，就将这批文物作为叶叔重的佣金，归入叶氏名下。叶遂将这批文物连同自己禹贡古玩号的藏品共计 5000 余件捐献给国家，其中 3500 件捐给文化部文管局，1500 件捐给上海市文管会，后入藏上海博物馆。叶氏自留的当然是从众多的藏品中精选出来的，所以他卖给顾恺时的那些文物的水准也就可想而知了。我曾在上海博物馆的捐献档案中，看到叶氏在 1951 年三次捐献的记录，其中有石斧、商代白陶、战国陶俑、漆盘、漆羽觞、宋代造瓷窑具、辽瓷三彩刻花大盘、三彩印花小盘等几十件。另还有上海博物馆从叶氏手中购进文物的记录。其中有商代晚期四羊首瓿、西周晚期龙纹大钟、战国重环谷粒玉璧、西汉鸟兽云纹剑、东汉群神镜、唐越窑海棠式大碗、唐拔镂鸟兽花卉象牙尺、南宋龙泉窑梅子青鬲式炉等。在这些收购文物的档案中，还有从张雪庚的雪耕斋中收购20余件文物的记录，其中有周细花虎面串带瓶（有铭文）、商兽面纹小铎（有铭文）、周细花龙彝盘（有铭文）等，可见当时上海古玩界所经营的文物皆有相当高的水平。

作为医生的顾恺时，他周围的病人有这样一些古玩店老板，收藏水平也就水涨船高了。顾恺时、成言嘉在繁忙的日常工作之余，喜欢听京剧，除此之外，就是夫妇两人欣赏文物。后来他已拥有文物200多件，包括玉器、瓷器、青铜器及书画。他们像文物专家一样，为他藏的那些珍品断代，他们还从书画的题跋上来判断作品的时代。成言嘉对元代绘画最感兴趣，她说："在博物馆里，我看到元代倪云林的画，他的画面好像总是几棵小树，一个茅亭，远林平坡，半枝风竹，也许附加人物，没有动态，然而在这极其普遍常见的简单景色里，我却体会到一种闲适无奈的、有点淡淡哀愁的寂寞和沉默，十分巧妙。"顾恺时则说："可能元代人发挥主观情绪意兴多于写实，倪云林用极其简练的笔墨勾勒出趣味来。这使我又想到以郑板桥为代表的扬州八怪的画，他们的画更有一种突破传统的开拓精神。"顾恺时心中一直有这样一个愿望："等我有时间，我编一部有关这200多件文物的考古专著，然后捐献给国家，让更多的人来研究观瞻。"

然而不久"文化大革命"开始了，红卫兵开始"破四旧"，冲向街头，摧毁文物古迹，焚烧工艺品，疯狂之举，犹如中邪一般。顾恺时虽然是名气颇响的胸科专家，医院也没有把他列为抄家对象，但是他看到红卫兵在社会上"破四旧"的情况，足以使他们夫妇心惊肉跳了。这时，顾恺时已经有了思想准备，他也按照当时流行的写"最高指示"的办法，写了一张"我们应该相信群众，我们应该相信党，这是我们必须认清的，否则，一切事情也干不了"，然后贴在收藏文物的柜门上。

一天上午，顾家来了一批红卫兵。一开始是举行仪式，让顾恺时低头弯腰，他们则高声朗诵"语录"，然后振臂高呼口号，完毕后，便翻箱倒柜。英文原版医学书籍，当然里面有着许多人体解剖插图，被认为是"黄色书"，墙上的字画被扯碎，桌上的唱片被砸碎……成言嘉精心布置得干净、雅致、舒适的家，立刻狼藉满地。这一切顾恺时已经不放在心上，最使他提心吊胆的是那批文物，他早就听说朋友收藏文物遭"劫"的惨剧。红卫兵打开贮藏文物的柜门，轻手轻脚，小心翼翼，顿时变得文静起来。顾恺时心中明白了，应该是"最高指示"起了作用，就像小鬼遇到张天师的画符一样，顿时都束手束脚。于是顾恺时的胆子也大了起来，向这群人晓之以理，动之以情，说明这些文物的价值所在和作用，希望他们能给予很好的保护。这些人可听不进去，反而呵斥他：爱好、收藏都是资产阶级的东西，也是一大罪状。

红卫兵用三轮车把数百件文物运走时，顾恺时跟着走了好远一段路，谆谆告诫红卫兵：你们要好好保护这些文物，最好把它们送到博物馆去……

第二天，另一批红卫兵来到顾家，开始他们还群情激昂，一看已四壁空空，没有什么可抄的，便把被称为"资产阶级床"的沙发剪坏，把柜子上的一只遗漏的花瓶也摔得粉碎。对顾恺时收藏古董的事，他们似乎也有所耳闻，便追问古董都转移到哪里去了。顾两手一摊说："昨天就让你们的战友运走了。"

1968年，顾恺时国外的一个同学回国访问，他把用针刺麻醉开胸的医学成就告诉了这位同学。这位同学后来出于对中国这项成就由衷的赞扬之情，作了一个专题报告。这个报告后被传到了国内，顾恺时顿时成了"泄露国家机密""里通外国"的特务，被逮捕入狱。1972年6月，遭受不白之冤的顾恺时给放了出来，4年牢狱生活使他的身心遭受了巨大的伤害，于是在家静养。半年后的一天，他突然收到上海市文管会寄来的附有抄家文物清单的通知，说他可以领取被抄走的文物了。当他得知这批文物完整无损，喜极而泣，多年来悬着的心终于踏踏实实地落了下来。

原来，当年第一批红卫兵抄去文物后，不知其优劣，就搁置一旁，第二批来抄家的红卫兵得知后，去找第一批红卫兵。凑巧，他们是对立的两派，为此双方争吵不休，谁也不愿让步。最后达成协议，将文物封存，任何一方都不能单独处理。不久，他们就上山下乡战天斗地去了，这批文物就被保存了下来。在后来的清查中，有关部门发现了这批文物，未敢轻举妄动，派了一些富有文物经验的人来清理。这样才被上海市文管会发现，其中有几件还是上海博物馆所没有的珍品，这批文物就被送到上海博物馆暂且保管。

当时进驻胸科医院的工宣队得到这一消息后，立刻来做顾恺时的思想工作，告诉他在去取回这些文物之前，先要端正态度；一会儿说"这是抄家物资，是'四旧'"；一会儿说这是劳动人民的创造，应当归还劳动人民；一会儿又说这是用你剥削来的钱买来的。顾恺时当时就表示："我在监狱里过了四年，一切都是身外之物了，那些东西我看都不想看了，也不去领了。"

"那你打算怎么办？"工宣队问。

"捐献给博物馆，这是我早就想好了的。"顾恺时说。

顾恺时写了"自愿捐献书"，写好之后，工宣队说不深刻，没有自我批判。他又写第二次，还是不行，要重写。一份"自愿捐献书"写了三次，工宣队才算通过。在上海博物馆捐献档案中，我找到了1973年顾恺时写的"捐献书"，全文分三段，第一段讲"国内外形势一片大好""无产阶级专政越来越巩固""无产阶级革命路线越来越深入人心"等。第二段写的是："二十年来我和爱人成言嘉喜爱考古，陆续收藏了不少文物，作为个人嗜好和私有。通过这次伟大的运动，使我认识这些文物是我国古代劳动人民智慧的结晶，是我国人民珍贵的文化遗产，应该由国家保管。""我过去将文物收为己有是非常不应该的。"第三段写着:"为了正确处理这些文物和更有利于我的世界观改造,我谨将我们过去收藏的文物包括商代白玉大刀、商代青铜斝、元黄鹤山樵青绿山水、宋磁等在内的二百余件贡献给国家。"

私人收藏捐献给国家,还要自我检讨、自我批判,世上岂有此理?

谈到当时的情景,顾恺时说:"上海博物馆对我还是很客气的,为我的捐献举行了一个仪式,吃了一顿饭。我捐献的事还登了报,博物馆做得很不错了。"

"还给你写了封信。"我说,因为我在捐献档案里看到了发给顾恺时的奖状文稿。

"对,文管会给我写了一封信,对我是个很大的安慰。"顾恺时说。

上海市文管会给顾恺时夫妇写了这样一封信:

> 顾恺时先生和夫人:
> 承你们热忱捐献收藏商青铜器、宋定窑印花云龙盘等二百二十五件文物,现在由我会接受保存。我们对顾先生和夫人爱护祖国文物的精神和诚意捐献表示深切谢意。并赠送《上海博物馆藏青铜器图表》和《上海博物馆藏画》各一册,以留作纪念。
> 此致
> 敬礼
>
> 上海市文物管理委员会
> 一九七三年六月十七日

1978年,上海市文管会派代表去征求顾恺时的意见,认为在1973年的非常时期,顾恺时会不会因形势所迫才决定把文物捐献给国家。

"那时的心情是不愉快,但把文物捐献给国家是我们夫妻早有的打算,我不后悔。"

上海市文管会给当时还是"上海市革命委员会"的市政府写了报告，报告中说："由于顾恺时是一位著名医生，因此我们建议，恢复过去传统正确做法，以市革委会的名义颁发奖状和奖金，由市革委会有关负责同志出面授奖和讲话，并邀请有关对象参加。顾恺时的文物可在现场布置一个小型的鉴赏会，便于参加者摩挲欣赏。"市革委会同意了这个报告。于是，上海市文管会正式接受顾恺时的捐赠，再次举行授奖仪式，并发给褒奖状和奖金，还聘请他为上海市文管会委员。

谈到这里，顾恺时似乎从沉重的心情中解脱出来，带着几分脱俗出尘又有些许不堪回首的心情说："过去的收藏都是身外之物，现在不再去想这些事了，更不想看陈列在博物馆中的自己的藏品，就让它们从记忆中消失吧。"

王南屏的遗愿：送"王安石"回家

1981年，谢稚柳在香港中文大学讲学时，王南屏向他提出要把《王文公文集》和宋王安石书《楞严经旨要》卷捐献给上海博物馆，但有个条件，他在上海家中收藏的200件明清字画要允许出境。谢稚柳当场表示这个要求不高，可以按此条件进行办理。

谢稚柳回沪后将自己的想法告诉了上海博物馆馆长沈之瑜和保管部主任马承源，沈、马两人都认为此事可行，就告知谢稚柳先要鉴定这两件东西的真伪。

谢稚柳还未对这两件藏品进行鉴定就认为可行，是因为他心中是有数的。王南屏的父亲王有林（1900—1989）是上海实业家和书画、碑帖收藏家，和谢稚柳不但都是常州人，而且还是表兄弟。王有林早年爱好书画碑帖，并有较高的鉴赏眼力，在经营染织行业外，业余时间即鉴藏书画碑帖。他藏有南宋拓《九成宫醴泉铭》、南宋拓《玄秘塔碑》、元明拓《孔宙碑》、明拓《改修吴延陵季子庙碑》、明拓《史晨前后碑》、清拓《璧玉版十三行》等，以及元杨维桢《行书诗》轴、明蓝瑛《人物山水》轴、徐渭《杂画》册等400余件。"文革"后落实查抄文物发还政策时，他将杨维桢《行书诗》、明仇英《人物山水》、明徐端本《山水》、明徐渭《杂画》册、清髡残《书画》卷等73件书画精品售让给上海博物馆，其余明清书画300件予以退还。在谢稚柳看来，王南屏在上海家中的收藏精品应该说已经不多了。

对于《王文公文集》,谢稚柳很清楚。此部宋刻龙舒本《王文公文集》是存世孤本,今已一分为二,一部分藏在日本东京宫内省图书寮,另一部分为王南屏所藏的残集76卷。王南屏所藏的残集76卷,在到香港之前,徐森玉曾拍摄有玻璃版底片藏在故宫博物院。1962年,又在徐的动员和督促下,将密封在铁箱内30多年的玻璃底片从故宫博物院找出来,与日本藏本合成一部完整的《王文公集》,由中华书局上海编辑所影印出版。20世纪40年代,王南屏藏本从内地流出去到香港,60年代初期,《王文公文集》残卷出现在香港书肆,徐森玉、谢稚柳曾商量设法将它买回来,他们委托旅居香港的王南屏、徐伯郊具体经办此事,最后为王南屏购得。本来说好内地筹到款后再从王南屏手中购回,但十年动乱开始,此事遂不了了之。在此之后,日本人曾想用重金向王南屏购买,均遭回绝。王南屏说这是中国的国宝,而且又与上海方面有约在先,不管等到什么时候,他都要把它送回内地。

王安石书《楞严经旨要》卷原系周家所藏,携至台湾,本想出让给台北故宫博物院,但台北故宫博物院无人能定为真迹,亦无王安石手书墨迹可作参证,所以婉拒收购。据说藏家在失望之下曾托人请张大千审鉴。张大千一见颇为欣喜,愿出5万美元购进,但藏家因未到心理价位而不愿出售。又携至美国托王季迁转售,亦未售出。后来藏家再携至香港,为王南屏购得。他生前曾对家人一再嘱咐,此卷将送还内地文物部门,不应让它流落到外国人之手。

王南屏购得《楞严经旨要》卷后,曾携此卷至台北请溥心畬鉴赏。溥见此卷是用旧报纸包裹(在原藏家手中即如此),遂将自己的一幅未完成之画替代报纸包装,王南屏以后一直用溥画包裹《楞严经旨要》卷。后来谢稚柳鉴定此卷时,在溥画上作了补笔,并写了一段题跋记述此事:"此溥心畬所写,然墨未毕。当年南屏世侄得王安石书《楞严经旨要》卷以示心畬,惊喜讶为人间奇迹,即□案头以此纸裹卷,归南屏忽忽已二十年前事。辛酉春，予来香江，南屏出示此卷，则此纸犹以之裹卷。今心畬下世且已十八年，南屏因属为足成之，并记其始末，以为他日王卷佳话。壮暮翁稚柳。"辛酉，即1981年。

谢稚柳鉴定《楞严经旨要》卷是王安石真迹无疑，但卷中所钤赵孟頫三印真伪存疑。此卷还有一些逸事，时任徐森玉秘书的汪庆正后来回忆说：

　　这两件东西在"文化大革命"之前，大概是一九六二年，徐森老就想办法去弄回来，谢公（稚柳）也知道，就在办公室里不止一次谈到这件事情。正好那天北京图书馆的赵万里来上海，他就把我拉出办公室说："小汪，我跟你打听一件事情，听说你们在寻王安石手书经卷和《王文公文集》？"我说："是啊。"赵万里说："《王文公文集》这件东西，你无论如何跟徐森老说说，要拿到北京去，不能留在上海，这是全国最重要的。"我说："你太心急了。"赵万里说："我请你吃饭。"其实这件东西是想通过徐森玉的儿子徐伯郊去寻找，还只是停留在口头上，没有实施。赵万里觉得指望我是不行了，他就回到办公室亲自跟徐森玉讲，说："今天我请客。"徐森玉说："哪里去吃？"当时上海请客最好的地方是红房子，赵说："在红房子。不过有一件事情，《王文公文集》要拿到北京去，徐森老，你一直是北京图书馆的保护神，这个东西你一定要给北京图书馆。"徐森玉与赵万里的关系非常好，赵是学生辈的人物，比徐森老差一辈。听了这话，徐森玉一下子从椅子上跳起来大叫："你放屁，你只知道把什么都弄到北京去，你做梦，绝对不行。"谢公（稚柳）就在边上打圆场说："八字还没一撇，你们闹什么，森老，你坐下来。"徐森玉坐了下来。赵万里跑到徐森玉身边，也坐下来，用手摸摸徐森老的光头，就说："平平气，平平气，以后再谈。"徐森玉说："没什么好谈的。"赵万里同徐森玉的关系非同一般，从来没有人敢在徐森老的头上摸。然后四个人就一同到红房子吃饭。这也表现老一辈人对文物的热爱，尽管不是他私人的。以前的人情味很浓。正如徐森玉下面有谢稚柳和潘伯鹰两干将一样，郑振铎下面有赵万里和陈梦家，也是几个不可多得的人物。

一九八一年，上海市文化局、上海市文物保管委员会联合向文化部文物局写了《关于接受香港王南屏捐献宋代珍贵文物并允许落实政策的二百件明清书画运港的请示报告》，文化部接到报告后又向国务院写了报告。

1984年5月26日，文化部国家文物局在北京委托古代书画鉴定组对王安石书《楞严经旨要》卷进行鉴定，结论如下：

> 白纸本小行书七十四行，纸凡两接，纸性坚紧，光洁如新。黄庭坚评王安石书有横风疾雨之势，观此经书法信非虚语。此卷首书："大佛顶如来密因修证了义诸菩萨万行首楞严经。"后书："余归钟山，道原假楞严经本，乎自校正，刻之寺中。时元丰八年四月十一日，临川王安石稽首敬书。"
>
> 本幅前后钤赵孟𫖯"大雅""松雪斋""赵氏子昂"三印。钤陈汝秩"陈惟寅之印""陈氏惟寅"二印。后纸有元代牟献之、王蒙题识。明代项元汴一跋，项氏并钤鉴赏印前后四十余方。清初为曹溶所藏。后转藏于安仪周氏，曾著录于《墨缘汇观》法书中。
>
> 按王氏墨迹传世作品，亦仅知此《楞严经》与《过从帖》。该帖行书信札六行，现藏台湾省，无论从书法上和其他任何一方面都与《楞严经》无法比拟的。似此流传有绪，显赫名迹巨制，洵书苑之瑰宝，得未曾有。

6月8日，古代书画鉴定组又对南宋"龙舒本"《王文公文集》进行鉴定，专家鉴定意见如下：

南宋绍兴刊《王文公文集》原一百卷。此帙旧藏清内阁大库，现存七十六卷，为卷一至三，八至三十六，四十八至六十，七十至一百。另在前有目录二卷。全书装为十六册，蝴蝶装。

此书每半叶十行，每行十七字，白口，左右双栏，版心上方记字数，下方记刊工姓名，其人均南宋初浙江、江苏、安徽等地刊工。书中宋讳"慎"字不避，也可证为南宋高宗时刊本。

现存七十六卷中，除十余卷外，均用南宋时官吏的往来书信和官牍背面印刷。背面有书信的，多钤有"向氏珍藏"楷书长形朱印。当是宋代藏书信者所钤。纸背除官牍外，书信约有五六十通，有洪适、叶义问、张运、张杰、许尹、汪舜举、唐杰、张安节、李简等人，均南宋孝宗左右江淮间官吏。

此书清末由内阁大库流出归刘启瑞，四十年代后期归孙静安，辗转流外，现为香港收藏家王某所有。它是一部近代有重名的重要宋版书。

此书在版本目录的价值：

王安石集宋代记载有一百卷、一百三十卷两种本子，明代著述传说华夏有宋刊一百六十卷本。实际上只有一百卷本，另二本不传。百卷本名《临川先生文集》，初刻于绍兴二十一年，为王安石曾孙珏官浙西转运司时所刊。（以下简称"浙西本"）"浙西本"版经元明递修，明中期尚存，印本现存颇多，不为世重，明嘉靖以后还有几个翻刻本。故迄于清末，学术界只见到"浙西本"这一系统的王安石集。

清末，一些日本目录学家和杨守敬先生见到日本官内省图书寮所藏《王文公文集》，始知世间尚存另一与"浙西本"非一系的王安石集。(以下简称"寮本")但"寮本"只存卷一至七十,又无目录,总卷数不明。于是有人猜测它可能是明华夏藏过的一百六十卷本。

本世纪二十年代,刘启瑞藏的这部内阁大库残本《王文公文集》再显于世。它的行款版式、刊工人名与"寮本"全同,可证为同一版本。(以下简称"大库本")"大库本"有目录二卷,证明这个本仍是一百卷本。三十年代初,傅沅叔先生用"大库本"校明翻"浙西本",证明这两本虽均一百卷,但分类、编次完全不同,内容、文字也大有差异,互有优劣,不能偏废。由于"大库本"刊工曾见于其他宋代安徽刊版书中,记载上王安石集又曾有龙舒刊本,故学术界暂称此本为"龙舒本"。

现存"寮本""大库本"这两帙"龙舒本"王文公集都是残本,二者配合,恰可成为一部全书。但"大库本"有目录,对了解全书原貌、确定卷数起关键作用,其重要性更大些。"龙舒本"大约在宋代就流传不广,宋以后亦无翻刻,现在除这两部残本外,国内外公私收藏单位甚至连一纸残页都没有,其罕见珍贵可知。

总之,这部清内阁大库旧藏龙舒本《王文公文集》是王安石集中自宋以后沉晦数百年不为人知的另一个系统的本子,堪称"孤本秘笈"。从雕版史角度讲,百卷钜书,字体端庄,雕工精整,首尾如一,印刷清朗,纸墨如新,保存良好,也可反映宋代雕版印刷的高度水平,在现存宋本书中也是属于最上等的。这部书应当认为是属于"国宝"级的重要文物。

又:书背宋人尺牍多达五六十通,包括洪适、叶义问等《宋史》有传的名人,书法精美,又是这些人书迹传世的"孤本",本身也具有独立的重要历史文物价值。其宋代文书官牍也是极罕有的珍贵史料。传世宋本书偶存用宋时官牍背面刷印的,多是黄纸,书法草率,像这样的精纸佳书,也属仅见。故即使抛开书籍不论,仅就这样大量的尺牍、文书而言，也应该认为是"国宝"级的重要文物。

6月8日，古代书画鉴定组又对拟准许运港之200件明清书画也做了鉴定：

> 兹据开列的书画清单和拍照的相片图册，计明清卷轴册扇书画共二百件。其中法书三十七件，绘画一百六十三件。今共同从照片逐件审阅，大致可分为三种品类。其迹比较好的有四十一件，虽真而作品属于一般的一百三十三件，各种不同的伪作二十六件，总计二百件，一百九十七号。其中真而精者，似亦不超过十件。其作家的作品传世还是比较多的。

上海市文管会第二次向上级写报告，附上专家的鉴定意见，一并报送北京国家文物局。1984年11月20日，国务院副总理谷牧在报告上作了批语后，又将报告批转给总理和副总理姚依林。谷牧的批转文字为：

> 这是一件大好事，已酝酿了一年多，须要抓紧时间，快办，办好。已经落实，归私人所有的明清书画二百件去换回国内根本没有、全世界也不会有的王安石手书经卷和"孤本"书，何乐而不为？

他们接到报告后，即于11月21日画圈批准。

为了不使国宝级的文物再流出境外，谢稚柳和上海博物馆书画组钟银兰、单国霖对准备运往香港的200件明清书画又重新鉴定了一遍，准备装箱运送。

1985年2月,上海博物馆副馆长黄宣佩亲自到深圳正式接收《王文公文集》和王安石书《楞严经旨要》卷,并亲自押运回上海,上海博物馆要为这两件国宝的回归举行捐献仪式。但王南屏已于1月在美国斯坦福大学医院做心脏手术失败而去世,享年60岁。

在3月16日举行的捐献仪式上,王南屏的夫人房淑嫣在致辞中说:"我很感谢各位来参加这个捐献典礼。王南屏先生在世的时候,挚爱中华文物,他始终没有忘记我们是中国人。所以这两件东西保存了多年,即使在我们最困难的时候,他也没有把它典卖变钱。我们有6个子女,都到国外就学深造,需要很强的经济实力,可是始终珍藏着这两件东西。他的夙愿是使中国文物回归内地。王南屏先生不幸于两个月前逝世,现在我能够为他做的就是这件大事,完成他未了之事。谢谢各位。"

以200件明清书画换回宋代两件文物,在上海博物馆内部引起不同的反响。书画部的郑为对此事持坚决反对态度,他认为这些书画是"非法出口",这样的交换"不值得",并向国家有关部门写了报告,还在上海人代会上提出质询,马承源到会作了解释,说明此事的具体情

张承宗、沈之瑜向王南屏的夫人房淑嫣授褒奖状

况。虽然如此,郑为对此事仍坚持否定态度。直到1999年我去采访他时,谈及此事,他仍然是这样认为,不改初衷。平心而论,王家所藏的200件明清书画是有价之物,而《王文公文集》和《楞严经旨要》卷则是难以估价之国宝。

《楞严经》,唐般剌蜜谛译,十卷。王安石摘录其中的观世音发妙耳门,以闻思修,以"三十二应"随机变化,现身说法,获得"十四种无畏功德"一节。卷前录有此经全称"大佛顶如来密因修证了义诸菩萨万行首楞严经"经名一行,以此定名为《楞严经旨要》。

王安石是宋朝宰相,在他执政期间,推行新法,可谓雷厉风行,元丰七年(1084)因新法受挫而辞退,次年再出任宰相,元丰九年再辞,归隐江宁钟山,率弟子谭掞、蔡肇等人编纂《字说》。同年,王安石自钟山向皇上奏劄,要求以他居住的园屋为僧寺,并请求皇上赐匾额,皇上赐名"报宁"。他书写的《楞严经》就是拟刻在寺内的。一代革新名相,寄居钟山后曾有诗云:"霜筠雪柏钟山寺,投老归欤寄此生。"此时王安石已是暮年,深悟佛理,抄经坐禅,似乎已不再计较人世间的荣辱是非了。王安石所居在钟山半山,故即以"半山"为号。苏轼、黄庭坚、米芾曾赴半山造谒王安石,吟诗谈艺,情深谊重。李公麟、叶致远、俞清光、秀光等人对王安石的学问、事业皆极推崇,时相追随;李公麟为作《王荆公骑驴图》。黄庭坚曾说:"荆公之门盖晚多佳士。"

王安石以政治、文学名世,书法亦颇有造诣。其书颇有斜风细雨之势,前人评论云"凡作行书,率多淡墨疾书","美而不夭饶,秀而不枯瘁"。所书《楞严经》卷真中带行,结字修长紧密,英华内敛,元气守护,用笔清劲,起止轻按,异送迅收,使转灵活,有着潇洒简远、隽永味长的意韵。夏玉琛在《王安石〈楞严经旨要卷〉》一文中指出:"此卷于正书中间有行书,淡墨疾书,笔画清劲,虽行次紧密,少有空白,然并无缭乱之感。如细味其用笔的漫不经意,觉有闲和萧散之韵,溢于毫素。而审视通篇的布局，诚有横风斜雨之势。"

《王文公文集》的珍贵还不限于是宋刻孤本，而在文集的背面皆为宋人书简及宋代公牍，为宋代实物文献，可补史册之未详。这又是日本所藏的残卷所没有的。宋人印书常用公文废纸，明人张萱《疑曜》中云："长睿得鸡林小纸一卷，书章草《急就》，余尝疑之，幸获校秘阁书籍，每见宋板书多以官府文牒翻其背以印行者，如《治平类编》一部四十卷，皆元符二年及崇宁五年公私文牒笺启之故纸也。其纸极坚厚，背面光泽如一，故可两用。"《王文公文集》的用纸，均有"向氏珍藏"印记，也就是用废纸印的。向氏即向沟，南宋绍兴二十二年（1152）九月，以右朝奉大夫知舒州军州，主管学事，兼管内劝农田事。乾道二年（1166）代周淙知扬州，兼淮南东路安抚使。乾道八年正月，以右朝议大夫直徽猷阁出知平江府（今苏州）。这部《王文公文集》是向沟或其子士斐等人选用舒州（今安徽潜山）公库废牍的背面及其他未经使用过的纸张印制的。书背于印书之前，逐页钤"向氏珍藏"楷书朱文长方印。南宋绍兴年间，通行的王安石著作版本，有杭州刻本《临川先生文集》和龙舒刻本《王文公文集》。

书简的作者共62人，书简300余通。诸人中见于《宋史》的有洪适、黄祖舜、叶义问、张运等，见于其他记载的20余人，其中有名官、将士、文人、学者。书简中有友情问答、官场应酬。文字则骈四俪六，书法则正书端楷。简纸幅式大，行距也宽，为后来所罕见。

公牍中颇多珍贵史料，有关军事的，如淮南西路转运司属吏范岳申复状一件。其时金兵北撤，宋人乘机收复两淮州郡，孝宗本来就有收复的志向，遂起用张浚，委以军事。张派遣李显忠出濠州取灵璧，邵宏渊出泗州取虹县，但五月二十日，金兵反击，追至符离，宋师大溃。这是宋史中没有记载的。又如《在城酒务造酒则例》《衙西店卖酒收趁则例》皆详列材料若干、产量若干、开支若干，皆为史书所不载。从这些资料看，造酒为宋代财政重要收入。

《王文公文集》为龙舒刻本，即宋代安徽舒州的官刻本。谢稚柳建议将文集背后的书简影印，遂成巨册《宋人遗简》，一举两得，湮没于书背800年之久的宋人遗简，从此重见天日。古籍版本专家顾廷龙在影印的《宋人遗简》序言中说："实则书背为正面，印本是其背面，与敦煌经卷不同，经文为正面，杂写者为背面。古时纸张坚韧莹洁，使其可以长久保存。当时公文用纸，其质较厚，所以背面可以印书。自宋以来公文纸所印宋刻之书，今所存者，殆仅十余种，其稀珍为如何哉！""乾嘉诸老所见公文纸印书不少，恐未必不想一一阅读，但缺乏条件，非不为也，是不能也。"又说："佚简问世之后，攸待专家之详说。余何幸于衰迟之年，获饱此眼福，因妄其不文，乐而为之序。"

王南屏收藏有米友仁《潇湘奇观图》卷（今藏北京故宫博物院），张珩收藏有米芾行书《吴江舟中诗》卷（今藏美国纽约大都会艺术博物馆），皆为流传有绪的翰墨名迹。王、张两人皆互有兼并之意，遂请张大千弟子曹大铁为媒，且均将各自书画卷暂存于曹氏处。曹与张相商，张不肯割让，复商之于王，亦不允。稍后，张珩因经商资金周转告急，有意割爱，索价黄金1000两，并承诺曹氏："事成，可分总价十之二为酬。若再增，凭君说。"此事因诸多原因未能成交。曹遂将两卷书画完璧归赵，并作《江城子》词记之：

　　襄阳济美两家藏，父居张，子居王。鲜璧通灵，兼得意心长。千乘一州齐居富，容假观，慢情商。

　　云山有价破天荒，费平章，莫能当。归璧匆匆，卸却仔肩装。木末鞭蓉无可搴，交不信，夺何伤？

薛贵笙：上海古玩界的老资格

往年常逛上海文物商店，总可以看到一位腰板挺直的老人，无论是坐在那里喝茶，还是在柜台上收购文物，抑或是接待买主，都不失他那个"架势"，就像京剧演员那样，似乎是训练有素一般。但又与京剧演员不同，京剧演员在台上的"架子功"是摆出来的造型，而此人的"架势"却是自然的，是生活中的常态，有一种与生俱来的感觉。许多年以来，我一直不知道此人究竟是谁。

在采访上海收藏家时，上海博物馆提供给我的名单中有薛贵笙的名字。他的名字似乎很熟，一些朋友也常把这名字挂在嘴边，多称其为"薛老板"，但我一直不认识他。直到上门去访问，走进薛贵笙的家门时，才恍然大悟："此老就是薛贵笙啊！"此时他已是90多岁，是一位名副其实的老人了，但和许多年前在文物商店见到的一样，腰板直挺，满面红光，说话时仍然是中气十足。

薛老说话很风趣，每说一件事情，似乎都在细细品味着，虽然谈的都是家常事、老年人保健的事，或国内外发生的一些大事。但他似乎有意避开文物收藏的话题。最后我实在没有办法，只好用直接提问的方法采访了。

"请谈谈您的身世，可以吗？"我说。

"可以。我的身世很简单。我是回民，家在南京。8岁到上海，11

岁就到宝山路一家烟草公司当童工。13岁开始跟古董商学生意，16岁自己开古董店，与古董文物打了近80年的交道。"

他简短的介绍令我吃惊。无论是传闻中他鉴定文物火眼金睛的故事，还是从他的气质上，都会认为他即使不是满腹经纶的饱学之士，也应是出生在书香门第的簪缨之家，是在传统文化氛围中泡出来的，却不料他是真正"苦出身"的穷人家孩子。

"那您的文化怎么学来的呢？"我又问。

"我只是断断续续上了点夜课，没有机会进正式学堂。所谓上夜课也不是每天都能去的，生活所迫，学习是两天打鱼，三天晒网。看文物嘛，一是过去年轻时脑子还算好，给懂行的老先生送几支香烟，缠着他们讲讲，老先生都不保守，愿意讲，还有就是长年累月的实践了。"

"你一生经手了那样多的文物古玩，能否说上些文物古玩背后的故事？"

他咂咂嘴，想了一会儿，说："没有什么好说的。"

我知道他是文物鉴定的多面手，鉴定瓷器的功力尤为深厚。我就说："如何鉴定瓷器的真伪呢？"

"这也不是三言两语能说得清楚的。"他说。

"我对瓷器的真伪一无所知，就请您为我上一次普及知识的课吧。"我顺着他的话接口说。

"看瓷器，一看落款，二看胎子，三看釉彩，四看造型……比如，有一只青花碗，别人说是清朝的，我说是明朝的。清朝的碗底足高且阔，而这只碗底足低且撇。从釉彩上，这只碗摸上去高高低低，明朝的颜料是从苏门答腊进口的，重，是沉底的，所以不如清碗光滑。看唐三彩，先要看碎纹，真的，出土的，碎纹天然细密；假的，碎纹粗糙，是后人用化学药水故意浸泡而成的。还要嗅嗅，出土的，泥土有股青草气，假的就没有了。看铜器的真伪，主要看上面的字。旧的字是铸成的，口小里面大，仿的字是后来刻上去的，口大里面小。鉴定

薛贵笙像

玉器……"

"我看过您主编的《中国玉器赏鉴》。"

"好,我要说的话都写在书上了,我就不再重复了。"他说。

想不到他来一个顺水推舟,不再深谈了。此书我手边有一本,其中"欣赏篇"收入自新石器时代以来各类玉器700余件,有的加配局部图片,并配有导读文字,可以使读者且鉴且赏;"鉴辨篇"是专门鉴别真伪的,收入仿古、改件、沁色等器物图片200余幅;"资料篇"概述玉材、纹饰、术语诸项,图文并茂,使用的资料典型准确。

薛贵笙为此书写了前言,简要讲了古代玉器发展的历史,文字不长,摘抄于此:

> 以玉制器,始于新石器时代。据考古发掘,最初的玉器制品,可追溯到公元前五六千年的兴隆洼文化,这些萌芽期的玉制品除少量软玉外,大多数实际上是"石之美者"的玉石器,包括工具、装饰品及更具象征意义的琮、璧等用途不明的器物。玉器

发展到商周时期，与礼制进一步挂起钩来，出现了"六瑞""六器"之说，而其实质在于国人对玉的珍视到了无比崇高的地步。玉不仅被用于祭祀这一国家重典，还被喻为人品、美德："君子比德于玉"(《礼记·聘义》)，或者"君无故玉不去身"(《礼记·曲礼下》)。春秋以降，礼崩乐坏，然尊玉之风不衰。公元前二七九年渑池大会，秦昭王欲以城池十五座向赵国换取和氏之璧，可见宝玉已非一般意义上的价值连城可喻。汉承周制，又有发展，在玉器的类型、风格、琢工上导引了以唐宋为代表的中期阶段的到来。生活器、装饰品、赏玩品、世俗化、商品化，逐渐成为唐宋玉器的主流。宋人复古，偃武修文，好玉之风遍行全国，拟古器、仿古器应运而生，前者基于艺术好尚，后者出于商业欺诈，辨伪于是成为必要。随着绘画雕塑中写实传统的式微，明清玉器的艺术水平总体上逊于唐宋。明代玉器最值一提的是出现了玉史传名的陆子刚，陆选玉之精，治玉之妙，空前绝后，而托名之作铺天盖地；清高宗弘历嗜玉，乾隆时期的御制之器在工艺上精妙绝伦，成为中国古代玉器发展史上的最后一个高峰。

对如何鉴别古玉的真伪，书中有"导读"或"概述"文字，在"前言"中写得较具原则性，他写道：

> 鉴玉辨玉，说难不难，每个时期的用料琢工总有其时代特征可寻，与当时的审美时尚、工艺水平相联系，伪古器多少会露出一点蛛丝马迹，让人识破。说不难也难，"道高一尺，魔高一丈"，作伪手段和鉴识能力都是在彼此较量中发展的。对真品伪器的比较和鉴别，有助于我们对中国玉器文化的认识和把握，从而继承和光大民族优秀文化传统。

这些文字是后来写作此篇文章时抄录的。我在采访时，要他进一步深谈，他谦虚地说："玉海浩瀚，解放前，自己开了近 30 年的古玩店，解放后在国家文物商店工作了 50 年，前后 80 年，迄今不敢说一个'鉴'字，略有心得而已。"

其实，我最感兴趣的还是他在 1924 年独资开的"薛贵记文玩号"。他的古玩店就坐落在当时五马路（今广东路）的古玩商场内。上海自开埠以来就成为南北的文物商业集散地，由于文物外销的刺激，上海古玩市场的交易异常繁荣。最初都是地摊式的小本经营，自 1921 年设立室内古玩市场后，广东路一带私营店铺林立，到 20 世纪 30 年代中叶的全盛时期，各类古玩店多达 200 家左右，其中经营珠玉的回民商人约占二分之一。薛贵记文玩号还做出口外销生意，足见少年的薛老板就有得风气之先的商业敏感了。

薛贵笙是上海古玩界的老资格，所以在 1946 年及 1947 年当选为第一届、第二届上海市古玩商业同业公会理事。该同业公会成立于 1946 年，会址设在广东路 218 号古玩市场内。经同业公会会员选举产生了 11 位理事，有禹贡号叶叔重、金古斋金从仁、诚昌祥马功甫、薛贵记文玩号薛贵笙等人。成立大会上，上海市政府社会局和国民党上海市宣传部代表分别致辞强调：古玩业在对外贸易中占重要位置，古玩中有关民族文化的物件不应源源流出国外，须特别重视，妥为保存，至少应将物件卖与国人或选送由文化机构收购。

1949 年后，上海市古玩同业公会筹备委员会成立，上海市工商业联合会又聘请薛贵笙、屠延玲、速世永、朱大鹏、哈国栋、杨永福等 12 人为筹委会委员。文物市场经过整顿之后，改变了原来萧条的状况，经营略有起色，但是由于外国对中国实行经济封锁，出口受阻，再加上 1950 年 5 月中央政务院发布了《禁止珍贵文物图书出口暂行办法》，并严厉打击文物走私和盗卖行为，原来可以出口的一般古陶瓷也停止放行，所有存货成为滞销品，古玩业绝大多数经营者或倒闭或歇业。

共和国成立之初，上海古玩商业界的私营老板也表现出爱国热情，纷纷向上海市文管会捐赠文物。薛贵笙也不甘落后，1951年就开始向国家捐赠文物，以后又不断有所捐赠，先后将个人珍藏的"西周恭王效卣"等80多件文物捐赠给上海博物馆。

1958年，薛贵记文玩号经营地上海市古玩市场进行了公私合营，成立上海文物商店，薛贵记文玩号也在合营之列，薛贵笙以私方代表的身份任上海文物商店副经理，再以后就吃了"皇粮"，变成国营文物商店的员工了。他后来任文物商店名誉经理、国家文物鉴定委员会委员、上海市古代文物保管委员会委员等。

薛贵笙有着如此丰富的经历，他所经手的那些文物背后该有多少故事啊！我还是缠着他，请他谈那些故事，他只是淡淡地说道："没有什么可谈的了。"其实，古董买卖中的许多事情或内幕是不宜公开的，这或许也与这个行业特有的行规或潜规则有关。因为人世间的许多真相与隐私是说不得的。

但我还是使出了年轻时当记者的那股韧劲，决心要让他开口谈自己的故事。最后他只给我讲了这样一个故事：过去，江西有一个做古玩生意的，手中有一个假的瓶子，瞄准一家富户要卖大价钱。但是这个富户守财如命，不愿把钱花在买古董上。后来，富户的家中发生不祥的事情，这位古玩商认为有机可乘，就和巫婆联手，请巫婆到富人家里去装神弄鬼，说是能得到一只古代花瓶即可驱邪，逢凶化吉。果然，这位富人上门求购这个假的瓶子……

薛贵笙讲完了这个故事后问我："你听懂了吗？"

"听懂了！"此时我真的感到有些惭愧，不该再像年轻时那样用一种"逼供"的方法采访。到了这把年纪，以往那种采访本事可以得失由之了。

"所以，我的子女，都不让他们涉足私人古玩业。"薛贵笙说得是如此诚恳，我感到他把心掏给了我，还有什么比这更能表现出他对我的一片真诚和信任呢!

在采访之前,我就从上海博物馆听到一些薛贵笙感人的收藏故事。几十年来,经他整理发现的各类文物、古玩中,有不少珍稀文物,如南宋六管、明万历青花虎爪尊、明正德青花黄盆等。他捐赠给上海博物馆的那件青铜器"效卣",是1938年前后他在广东路开店时购进的。此卣高24.3厘米,重3.65千克,正面有68字铭文,记述着这样一段故事:孝王赠给公五十朋货币,公又赠送给效二十朋,效觉得这件事情很光荣,特意制作酒器卣表示纪念。当年,薛贵笙见到这件珍宝,欣喜若狂,倾其所有购下。此后数十年,他都视"效卣"为掌上明珠,曾有许多人出高价欲得此宝物,都不能使之动心。在薛贵笙的捐赠品中还有一方田黄石章。田黄素有"石中王"之称,其价值比黄金还昂贵,产于福建。田黄石质温嫩纯洁,细腻莹澈,色有"枇杷黄""桂花黄""熟栗黄""黄金黄"诸种,尤以"黄金黄"为最佳。平日所见田黄石以小块居多,重至斤者罕见。薛贵笙捐赠的这件田黄石,重1.8市斤,呈黄金色,黄中泛白,俗称"金裹银",为田黄石中之珍品。在薛贵笙捐献的藏品中,还有明永乐青花缠枝莲瓶、明万历青花人物碗等。

薛贵笙捐赠的文物都是他几十年经营中筛选下来的自藏品,其等级之高可以想见。在谈到这些往事时,我问他:"你为什么不把这些留给子女呢?"他回答说:"古玩文物,缘来则聚,缘尽则散,要知足常乐啊。何况我又不缺钱用,子女都不是搞这一行的,给了他们,反而害了他们。这种事我看得太多,经历也太多,捐献给国家,也算我为后代积一点德吧。"

薛贵笙,我从心底对您有着非同寻常的尊敬。

谭敬：聚是他，散亦是他

在民国时期的上海收藏家中，谭敬是一个毁誉参半之人，当年对他的评价可谓有天壤之别。如今他不仅没有庞莱臣、吴湖帆、刘靖基、钱镜塘、张珩等人的名气大，而且几乎已被人忘却了。但在海内外博物馆所藏的曾经为其旧藏的古书画，都拥有"镇馆之宝"的地位。谭敬的好友张珩在任文化部社会文化事业管理局文物处副处长时，就曾不止一次告诫同事，在香港或海外收购书画时，一定要十分小心从谭敬手里流散出来的东西。但在20世纪50年代初上海古代文物保管委员会特邀顾问的名单中，谭敬的名字却赫然在列。

谭敬（1911—1991），字龢盦，斋号区斋，祖籍广东开平。他的祖上是清政府特许专营对外贸易的广州十三行之一，也是京城第一代买办。和其他做外贸生意的洋货行不同，谭敬的祖父早年来到上海，在汉口路小花园附近开设谭同兴营造厂（土木建筑商），经过数十年的经营，成为上海滩的富翁。在谭家诸子中，谭敬的父亲排行第三，时人称为谭老三。

谭敬之父曾留学英国，与民国时期的著名政治家、外交家、广东东莞人王宠惠是同学，归国后在外交部任职。谭敬的父亲早逝，家产遂由母亲唐佩书掌管。出身豪门的唐氏之兄唐季珊是东南亚富商，后在国内从事茶叶外销生意和投资电影业，影星阮玲玉曾是他的同居外室。唐佩书通晓文字，颇好翰墨，尤擅理财治家。她聘请岭南著名文人潘飞声为家庭教师，教谭敬学习诗文，自己则经营房产业，今陕西路、南京西路华业大楼一带的房子，都曾是谭家的房产。民国时期上海的不少收藏家，其祖上或本人是房地产商人或金融家，从中折射出当时上海经济发展的时代特征。

师兄引路进入收藏界

在随师学习期间，谭敬结识了同门师兄汤安（字临泽）。汤年长谭23岁，擅长篆刻书画，其暇时常为谭敬讲解书画鉴赏之道，选用的教材是影印的历代名家书画出版物，为其讲解古代书画流派及其笔墨技法。经过一段时间的学习后，谭敬已初窥书画门径，兴趣渐浓。适时有潘飞声的友人、收藏家姚虞琴将其所藏明清名画数件售让与谭敬，以提高其研学的兴趣。当时汲古阁裱画店店主曹友庆（一作曹友卿）也从事书画生意，且颇具鉴定眼光，时人称其为"裱画绅士"。曹氏闻知谭敬想要收藏名家字画，陆续将数十件明清书画售与他，虽系真品，但都不是精品。消息一传开，书画商登门求售者应接不暇。当时资金雄厚的收藏家是不跑五马路古玩市场的，书画商拿到好的东西，随即送货上门，买不买都没有关系，尽可留在家中鉴赏后以定购否，此是当时书画商通行的经营之道。

汤安曾说："买卖书画古物，既能增长学识，又能获利，一举两得。"汤氏一边教授谭敬鉴定书画，一边为其收购名家字画，地点设在西摩路（今陕西北路）谭宅内。初期收买文物古玩，是为布置居室，以示风雅。再则与名流交往时，也有着交谈的话题。

谭敬当年收藏有一件清末大收藏家张廷济旧藏的明建文四年款民窑山水人物五峰瓷笔架（今研究者认为真伪可疑），其釉色泛黄绿色。

建文（1399—1402）是明惠帝朱允炆的年号，但在位仅四年，皇位就被叔叔朱棣（明成祖）夺去了。朱允炆仓皇逃命，后不知所踪。由于建文年号仅有四年，并由于朱棣下令销毁了凡是带有建文年号的器物及文字史料等，故一直未见有建文朝瓷器实物传世。而所谓的建文款瓷器皆为赝品。故此五峰瓷笔架，可能是唯一一件建文朝瓷器，曾先后由钱载、张廷济等人递藏。

据说当时上海专做外销古董生意的明瓷收藏家仇焱之一直想要从谭敬手中得到此件建文款笔架，但谭氏奇货可居，不肯轻易出手转让。最后仇氏拿出了一套独缺建文款的明代各个年款的明官窑瓷，以换谭敬的这件瓷笔架，总算如愿以偿。这在当年上海滩古董界是一桩令人咂舌的豪举。

谭敬还收藏有海内孤本宋拓柳公权《神策军碑》（今藏国家图书馆），此帖原石已佚，故极为珍贵，当时购价约一万银元。民国年间曾先后经谭敬、陈仁涛、关玩流、陈澄中递藏，谭氏收藏时曾以珂罗版影印出版。另有群玉堂刻本《怀素大草千字文》、黄庭坚大字行书《经伏波神祠诗》卷及"明四家"沈周《移竹图》等。其余还有名人竹刻、三代玉器、端砚等，均属珍稀之物。后因购得陈介祺旧藏胶州出土的青铜三器中的"二区"，故名其斋曰区斋。仅两年左右，收藏已颇具规模，可谓是一位砸重金而"速成"的收藏家。

上海滩的大买家

谭敬之所以在短时间内能有这样高的收藏水平，与他和张珩的交往有关。谭敬是上海先施公司的股东之一，与经营房地产的张珩有许多生意上的往来，而谭敬又嗜好书画，遇上张珩这样的鉴赏家，当然是求之不得的。在收藏时，张珩无形之中就成了谭敬的"掌眼人"。

1939—1946年，收藏书画的机会较多。当时南北沦陷，货币贬值，书画无形中跌价。那时江浙一带的文物多集中于上海，一时字画充塞市场。抗战胜利后，溥仪带到伪满洲国的大批书画有一部分也相继流散到上海，其中许多是宋元精品，时称"东北货"。谭敬决计效法张珩，偏重收藏宋元字画。谭敬先后收得法书名画数十件，皆稀世珍宝，当时购价合黄金一千二百两。其中有一件是从北京衡亮生散出的元代张逊的《双钩竹石图》卷，因怕落入日本人之手，经北京古玩商会商定，送至上海卖给了谭敬。张逊字仲敏，号云溪，苏州人，书画俱佳，尤擅长画竹；初与李珩同画墨竹，后自认为不及，改用双钩法，独辟蹊径。此画作于至正九年（1349），是其平生代表作，历经著录，题跋、藏印累累，今藏北京故宫博物院。

谭敬还收有《佚目》中的南宋《泸南平夷图》卷，《石渠宝笈》续编著录，在《佚目》中定为宋代作品。此图前后连接，按事迹分为六段，上有弘历分段注明战绩，属于连环故事图性质。谭敬后将此图携至香港，由他人经手售与美国堪萨斯纳尔逊博物馆，当时由该馆馆长史克门鉴定后收藏。

谭敬还购有《赵氏一门合札》，是写给天目山寺院头陀中峰和尚的。卷中有赵孟頫一札，曾入《三希堂法帖》，第二札为赵氏早年所书，第三札具款为管仲姬，实赵氏代笔，第四札为赵氏长子赵雍晚年所书，第五札为赵雍书，上有华幼武钤印，幼武为华中甫先辈；第六札为赵由晳即赵雍之女所写。中峰和尚涅槃之后，赵家三辈书信被妥善地保存下来，当时应远不止这些，流传中已多有散失。由此可知赵氏一家文风之盛，史上少有与之比拟者。此卷固属珍品，在谭氏手中未保存多久，随即流散，后被书画商携至美国，售与普林斯顿大学博物馆。

谭敬当年曾对人言道："目今虚斋落伍，葱玉无力，上海之收买宋元字画一门，谁与我敌！"甚至欲点选庞莱臣（虚斋）、张珩（葱玉）所藏名品，收藏界称点名买物为"挖眼睛"。一次谭敬点名向庞莱臣商购赵孟頫一门所画的《三竹图》卷,其时庞氏因急于套现,竟被其狠狠砍价。虚斋高于谭氏一辈,且年长50余岁,平日为谭所钦仰前辈,此时其恃财傲世,竟置道义于不顾。

谭、张交谊既深,当张珩在资金上发生周转困难时,谭给予很多支持,使之渡过难关。而张则以所藏宋元名迹转让,以作偿还借贷之资。其中有南宋赵孟坚《水仙图》卷、元赵孟頫《双松平远图》卷、赵原《晴川送客图》、倪瓒《虞山林壑图》、颜辉《钟馗出猎图》卷等精品,收藏界无不为之侧目,视其为"掠贩家"。自古书画文物流传于民间,无不是十年河东、十年河西,时常转售易主亦是云烟过眼之事。

谭敬毕竟不同于张珩,他收藏书画只是为了好玩,因为资本雄厚,所以也能玩出一些名堂来了,但他的眼力与张珩不可同日而语。一次有人从长春购得清宫旧藏李唐《晋文公归国图》卷及宋高宗御笔《左传》六段合为一卷,后有元倪瓒、明吴宽等人的题跋,是为至精之品,携来沪上求售,开价黄金一百两。谭敬初欲以半价购之,但卖家非七十两不售,谭于是说留下观赏几日再谈。数日后对来人说:"伪品请还。"此图卷清初吴其贞《书画记》、乾隆《石渠宝笈初编》著录,画与书均为真迹,或是李唐和宋高宗早年之笔。王季迁后于1970年冬购自香港,1973年售与美国纽约大都会艺术博物馆。

便于保存,制造"双胞案"

汤安的外孙胡道言曾对我说过这样一件事:约1947年端午节前夕,谭敬来找汤安,席间谈论书画,语气谦恭,并问汤的生活状况,手头有无佳品。其时汤安因生活所迫,已将原有字画变卖殆尽。谭敬说"须动动脑筋",又说:"我现在所藏的画,想来看的人很多,时间长了必遭损坏,我想复制一些副本,以应观者。你是否有办法?"汤说:

"可以试试。"谭敬随即将所带赵孟頫《双松平远图》卷交给汤去办理。在古画复制的过程中,逐渐形成了一个班子:刘伯年、许徵白等人画画,书法有郑竹友;刻印由胡经承担;装裱由海上裱画高手周桂生承担;做旧及画稿设计由王超群承担。作品仿得惟妙惟肖,谭敬很满意,让他们继续做下去。复制工场设在祈齐路(今岳阳路)175弄2号谭敬的一处旧式花园洋房内,后门出去正好是永嘉路,地址是对外保密的。许徵白居楼下,汤安、郑竹友、胡经三人住楼上,王超群另居一间。大家商定,各人点件包工,由每人自定最少工时并开工价,工资先付一半,剩下待完工时付清。谭敬平常只带徐安(懋斋)来参观,此人是金城的女婿,擅长书法,学米字,家中藏有各种印谱,也经常提供一些旧印泥、上等毛笔、旧纸绢之类的东西给汤安他们使用。谭敬对做工要求十分严格,不准丝毫走样,因外界有印本可对照,将来要卖洋庄(外销)。复制所用旧纸及绵绢等材料主要由汤物色提供,从北京买来的宫中旧物,当时就合黄金二十多两。

汤安(1887—1967),字临泽,浙江嘉兴人。祖上曾参加太平天国,洪、杨失败后,逃到嘉兴枫桥落户。汤安只读了5年私塾,但有奇才,常把乡人春联上的吉祥之语改成恶语,却对仗工整。既而随父学医,后因逃婚到了上海。先后在照相馆、邮政局任职员,后又从潘飞声学古诗文。他比谭敬年长20岁,故谭敬以师兄相称。开始以卖画、篆刻为生,由黄宾虹、潘飞声、吴昌硕、狄平子为他订写润例。以后,他曾和上海书画名家吴昌硕、黄宾虹、查烟谷、吴琴木、俞剑华、吕十千、陶冷月、丁墨农、顾青瑶等在一起举行联合画展。

在画坛上风光了一阵子后,汤安又任上海《商务日报》编辑,在狄平子创办的有正书局主持刊行珂罗版画册和碑帖,继之又受聘岭南大学教授美术史及金石书画考据,还被故宫博物院聘为金石书画鉴定委员会专门委员。这些职务都要有真才实学,只会空谈者是无法胜任的。

汤安为人称道的是他潜心研制古代书画复制,此外就是如古陶瓷、铜器、碑帖、古纸、竹刻、砚台、印章也都能仿制得可以乱真，极难辨认。他的寓所在沪西拉都雷米路兴顺北里40号（今西康路38弄40号），住房两套，一为起居之所，一为仿古作坊，天井墙壁上经常悬挂经他仿制的古画，一任风吹日晒，破损不完，然后在破损处加以修补，居然古色古香。汤安的外孙胡道言告诉我，他小时候犹见院子里有一只烧制紫砂壶和摆件的窑，由他外公设计打样，由弟子胡经配料、挖泥、烧窑。胡道言还向我提供了汤氏当年仿制紫砂茗壶的画稿。目前，有的文物机构和私人收藏古紫砂器，有的即为其所仿制，上海博物馆收藏的紫砂壶，汤安鉴定时，即指出有几件是经他仿制的，这些藏品从此就不再展出。

　　有一个洋人曾在北京屡闻谭敬藏书画之名，及来上海托古玩商人洪玉琳介绍，而得识谭敬。谭敬通晓英语，两人谈话很投机，该洋人提出想看谭的藏品，并托洪玉琳劝其割让一二。谭敬想和洋人开个玩笑，半推半就将所仿书画卖给了洋人。第一次卖出8件，合金价一千两，扣除中介佣金二成，此系当时做洋庄生意中介的行规。同时他还经过徐懋斋之手将一些假画卖给了一个在美国的薛姓华侨。一般若买家出价较大，作品须要保真。复制品行话谓"孵小鸡"，除非将原画闷杀，使其无据可查，如出现"双包案"（真假包公），则买家必向中介人发难，令其退货还钱，而且信誉、口碑全毁。故都是造假者自己创稿，使购者无原作可以对比。

　　上海解放前夕，谭敬将复制完成的作品及其他真迹装箱，能卖的卖了，余下的均带到香港。留下的有马远、颜辉二件次品，当时因汤安在病中，王超群做旧程度不够，不能派用场。还有一些属未经装裱的复制品。这些人在谭家工作两年，尤以胡经为吃重。胡氏描摹印章之精准，不但与摄影无异，而且有虚有实，精神毕现，锌版的做手亦好，足与日本锌版争胜。他先后做了古今印章不下数百方，上至宋元名人，下及历代公私藏印，而且印章的印色与纸绢旧气多能逼真。由于他经常在昏暗的灯光下赶制摹印，大伤眼睛。他们在谭家一直干到上海解放。许徵白在仿制马远《四皓图》时，因谭敬拖欠工资，发生矛盾而离开谭家，谭无法挽留，后由王超群介绍金仲鱼来继续做下去。谭敬将原迹掺入复制品中一起售与外国人的作品有唐棣《山水》轴、倪瓒《绿水园》轴、周砥《铜官山图》卷（沈周《铜官山图》附后）、颜辉《钟进士》卷、王振鹏《揭钵图》卷、夏昶《清泉图》卷、赵孟坚《水仙》卷、马远《四皓图》卷、元人夏叔文《昌雁图》轴以及一批明人卷轴等。经谭敬等人先后复制出售的历代名画有：马远《踏歌图》绢本大轴、宋徽宗《四禽图》等，赵孟頫《一门三竹图》卷、盛懋《山水》轴、赵原《晴川送客图》轴及《山水》卷、项圣谟《山水》两卷、《山水》册一部，董其昌《山水》册、乾隆题恽寿平《山水花鸟》合册，朱德润《秀野轩》卷、张逊《双钩竹石图》卷等。

北京故宫博物院藏宋马远《踏歌图》轴，是国家文物部门在1949年后从香港购得。经上海画家、鉴定家陈佩秋先生鉴定，认为此件马远《踏歌图》从构图、山石皴法、人物、松柳树木、宫殿、水景等，以及画上款识的写法，都经不起细看推敲，极有可能就是谭敬通过汤安仿制明初戴进的《踏歌图》，而伪款马远。

劫后余生，终老上海

谭敬1936年上海复旦大学商科毕业，1939年美国纽约大学研究院国际贸易系毕业，回国后担任华业信托公司、华业工程有限公司董事长，东南信托银行常务董事，先施百货公司董事等职。1948年，他带着平生收藏移居香港，任香港华商总会理事。在香港时驾车出了车祸，将一名骑摩托车者撞死，引起一场人命官司，因此入狱服刑。经保释出来后欲出走澳门，为了筹措资金，遂将平生收藏变卖，其中有黄庭坚

《经伏波神祠诗》卷、金耶律楚材大字诗卷、元鲜于枢草书《韩愈〈石鼓歌〉》、赵孟頫楷书《妙严寺记》卷（今藏美国普林斯顿大学美术馆）、《胆巴禅师碑》卷、《双松平远图》卷（后由王季迁卖给了美国大都会艺术博物馆），当时得款约合黄金六百两。真可谓南柯一梦，云烟散尽，从此即与书画绝缘。当年谭敬曾拟请朱省斋为其收藏编撰一部《区斋书画录》，因此次车祸官司而不了了之。

另外有部分书画留在其母亲唐佩书处，如米芾小楷《向太后挽词》卷、赵孟坚《梅竹诗》卷、赵孟頫《临十七帖》、赵氏一门手札、杨维桢草书两卷、元明高僧书法《元明古德册》、安仪周集藏《元人诗册》、马远《踏歌图》轴、宋徽宗《四禽图》卷、赵孟頫《一门三竹图》卷、盛懋《山水》轴等。其中部分书画后经郑振铎、徐森玉、张珩等策划，陆续从香港的唐佩书手中购回，今藏北京故宫博物院。

1950年，经上海市文管会邀请，谭敬从香港回到上海。1951年10月，上海市文管会接受苏州潘家捐献祖传大克鼎和大盂鼎，在文物收藏界随即引起了连锁效应，谭敬受到潘家捐献文物精神的激励，也立即向上海市文管会捐献了自家珍藏的陈子禾子釜和陈钝釜。谭敬之所以做了如此积极的反应，也是青铜器专家陈梦家从中做了工作。

谭敬除书画及瓷器收藏外，青铜器收藏也颇为可观，陈梦家因为研究青铜器，与之多有交往，彼此为至交。对于陈子禾子釜和陈钝釜两件青铜器，陈是非常熟悉的。陈钝釜旧称陈猷区，据收藏家陈介祺考证，疑为春秋末齐国田常之子田盘（田襄子）所制的量器；陈子禾子釜，旧称陈太公区，为田盘子孙田和所制量器。另有左关𫓧一件，1857年在山东胶州灵山卫古城出土。此三器均为大收藏家陈介祺所藏，被称为"胶西三器"或"齐东之器"。此三器由陈家散出，流散到上海，前二器为谭敬购进，左关𫓧为上海市文管会购得。当时徐森玉为文管会副主任，主持日常工作，欲得谭氏所藏二器，以求三器之完整，遂向友人陈梦家谈起这个想法，其意由陈梦家去说服谭敬将此二器或捐或卖。

陈遵徐意，游说谭敬，谭氏爽快地答应将此二器捐献给上海市文管会。同时又将所藏的司马光《资治通鉴》稿本捐给了北京故宫博物院。

谭敬当时的确风光了一阵，也似有些得意过头。不久他因在家中"聚众赌博"（斗蟋蟀赌博）而被判以重刑，在安徽白茅岭劳改农场服刑20多年，1977年后才刑满释放回到上海。一直有一个难解之谜，依据当年的刑法，聚众赌博罪最高也就是5年左右（一说是7年）的刑期，为何谭敬会服刑长达20多年？而且在当时严酷的监狱生存环境中，他居然能够奇迹般地活下来，堪称诡谲，而他晚年也对此讳莫如深。近年来有一种传闻，谭敬当年所涉及的其实并非仅仅是所谓的聚众赌博罪，而是牵涉到"潘汉年、扬帆案"，据说谭氏早年曾与潘汉年有过"生意"上的往来。而且他与杜月笙的关系也非同一般，两人还是儿女亲家。

谭敬刑满释放回到上海后，不久即获准前往香港探亲。亲朋故旧，相见叙谈，恍如隔世，相拥而泣。他在香港住了3个月，宴请者络绎不绝。在即将离别香港而举办答谢宴会时，他发出了300张请柬，在著名的香港半岛酒店宴请答谢，再现了他当年在上海滩一掷千金不眨一眼的气派，谭敬一生最看重的就是面子。所有的费用均由女儿谭端言、女婿杜维善（杜月笙之子）承担，为这位莫名吃了20多年赌博官司的老人买单，让他再在人前风光一次。但女儿和女婿所经营的毕竟是现代化的企业，所以对老人那种"老派头"已经感到有些难以适应了。或许谭敬心中也已经洞察明了，属于他的那个时代其实早已一去不复返了。

谭敬应该是幸运的。他还算有一个不错的晚年，能够平静地告别人世。对他们这一代人来说，尤其是像他这种有着坎坷经历之人，能够活到80岁，不是应该很知足了吗？

张珩：四海无双木雁斋

张珩（字葱玉，又字希逸）1914年1月出生于江南名镇浙江湖州南浔。南浔古代属于乌程县，故他常自署"乌程张珩"。如果寻根问祖，张珩的祖上是安徽休宁人，和清代金石大家邓石如是同乡，不过，他祖上在明末因战乱而一支迁往江西，一支迁往浙江，到了清康熙末年张维岳才在南浔镇定居。张维岳的祖父和父亲都是"无产者"，靠走乡串户弹棉花糊口，到了张维岳这一代才开了一家小店，卖油盐酱醋茶谋生；到了他儿子张颂贤这一代才积累了一些资金，开始经营蚕丝出口，遂发展成了大丝商。张颂贤发家之后在南浔建起了住宅，并建后花园名曰"东园"，与庞莱臣家的"宜园"相毗邻。因他的商号名"恒和丝行"，故当地人称张家为张恒和。

张颂贤是张珩的高祖。张珩的祖辈有两支，南恒和一支长子宝庆（字质甫），宝庆之子张石铭，即张珩的祖父；东恒和一支次子宝善（字定甫），有7个子女，其中有一子名叫张静江，是辛亥革命的风云人物。张静江（1877—1950），名增澄，又名人杰，字静江，号饮光，别号卧禅。张静江是个很奇特的人物，他的六弟张久香写的《二兄行状》中说："二兄幼时，性殊顽劣，而智异常童"，"二兄好弈棋，于燕寝之余，围棋解闷，兄弟相与抵掌论劣是非"。李石曾在《谈卧禅》一文中也说他的眼镜和皮鞋与常人不同，镜片特别厚，而且不均匀，皮鞋类似缠小

张珩像

脚妇女的"黑高根",即脚与底之间置一木板,因其足患风湿病而变形。由于他患了骨痛病和眼疾,故放弃举业,潜心书画,书宗李邕、赵孟𫖯,画仿董其昌、王鉴等。张静江20岁时娶钱塘(今杭州)姑娘姚蕙为妻,姚氏为光绪进士、翰林院编修、山东学政姚丙然(字菊坡)之女。姚丙然亦工画花卉(见张鸣珂《寒松阁谈艺琐录》)。张静江随岳父进京得识清末重臣孙宝琦和李鸿藻等人,1902年清廷派孙氏为驻法国领事,张捐了一个江苏候补知府,作为孙氏出使随员至法国。张静江到了巴黎一年后即弃官从商,从事海外贸易,做起茶叶、丝绸、地毯、漆竹牙器及名贵古董、书画、玉器、瓷器等生意。当时中国古董文物走俏欧洲市场,张静江由家中提供30万元资金成立巴黎通运公司,并得其舅父庞莱臣等一批南浔收藏家提供货源,获利颇巨。

1905年,张静江乘法国轮船赴某地时,得知孙中山在船上,遂前往拜访,并对孙说:"君如有需,请随时电知,余当悉力以应。"并留下地址,相约通电暗号。此后,同盟会遇到经济上急需资金时,都得到张静江的大力资助,故孙中山称张静江为"民国大奇人"。1906年,张静江参加了同盟会,同盟会在欧洲的联络中心就设在他在巴黎的通运公司内。张静江还把其兄张弁群(上海通运公司总经理)、舅父庞青城(庞莱臣之弟、上海中国银行董事)介绍给孙中山,并将他们发展为同盟会会员。张静江为同盟会干了不少大事,直到后来和蒋介石闹翻,退出政坛,移居美国,1950年9月3日病逝于纽约,终年74岁。张静江是张珩的祖父辈人物,和张珩的祖父张石铭是堂兄弟。

张珩的祖父张石铭(1871—1927),名钧衡,是独生子。恒和两支分家后,在南浔西街华家桥北首明末清初文学家董说和顾家的旧宅基础上扩建大住宅和南恒和。张石铭是光绪二十年(1894)举人,除继承祖业外,还在江浙沪等地开办盐务、典当、酱园,经营码头、房地产,并投资参股浙江兴业银行、东南信托公司、慎大钱庄等,去世时资产达两千万两白银。

张石铭平生爱好收藏金石碑刻,玩赏奇石,故取字石铭。他与吴昌硕、丁辅、王福厂等书画金石篆刻家均有文墨之交,为杭州西泠印社发起人之一。他在南浔镇鹧鸪溪上原董说读书隐居处丰草庵和黄叶台旧址,建造了一座比刘氏小莲庄、庞氏宜园规模更大的园林建筑,取名"适园",自号"适园主人"。郑孝胥为其所作的《适园记》碑文中说:"张子取'季鹰适志'之语曰适园。"他奉母至孝,在园内建有佛堂,还造了一座石塔,储藏《金刚经》。适园内还有六宜阁,收藏碑刻古籍。阁为两层建筑,三面临荷池,一面通梅林鹤笼,曲径通幽,十分雅静,是一处绝好的读书之地。张石铭为南浔清末民初四大藏书家之一,聚书十万余卷,有《适园藏书志》16卷(张邀请缪荃孙编)。刻《适园丛书》72种,共700余卷,《择是居丛书》19种,共18卷,均为影宋精刊本。还收藏不少历代名家书画、碑刻,其中有晋、东魏、六朝及隋唐的墓志铭原石七八方,还有苏轼手书《赤壁赋》碑、赵孟頫手书《胡笳十八拍》碑等石刻。

张石铭有六子五女,长子张乃熊(1891—1942),字芹伯,光绪三十一年(1905)秀才,他传承乃父的版本目录之学,广为搜集善本。

据《芹圃善本书目》记载，所藏善本有宋本 88 种，元本 74 种，明本 407 种，清乾、嘉年间名藏书家黄丕烈校并题跋的 101 种，还收藏有董肇铿手抄孤本《南浔镇志》(简称《董志》，未刊印传世而散佚)。此外，他还是书画鉴赏家和收藏家。张氏所有藏书，在抗日战争南浔沦陷之前，全部运往上海，后经郑振铎和徐森玉的介绍，卖给国民政府中央图书馆，后被运往台湾。张乃熊于 1942 年在上海病逝，终年 52 岁。

张珩为乃熊弟张乃骅（字仲苹，1892—1918）之子。张乃骅与蒋介石是留学日本时的同学，1912 年由其介绍蒋与张静江认识，张静江又将蒋氏推荐给孙中山。乃骅亦爱好书画，又精于版本目录之学，但因一次乘船途中失足溺水而早逝。所以在 1930 年兄弟析产时，由他的儿子张珩继承，当时张珩才 16 岁。旧时大家族析产非同小可，像张家这样的大户人家，谁也讲不清究竟有多少家产，结果请来经济学家张文进予以财产评估。张文进最后说了两句话："除去常熟与苏州的田亩、盐厂、房产及家藏字画书籍不算，仅上海的房地产和产业估资达 2000 万元，但同时负债 900 万元。"负债指做地皮生意被"套"的部分。两者相抵，这样五房分家各得 200 万元，少年张珩在一夜之间成了百万富翁。说他是巨富家子弟，确实是货真价实的，绝非家道中落的贫寒公子，更不是寻常的纨绔子弟。

张珩是在祖父的适园中长大的。他没有受过正规的现代教育，是在家塾学习文史及外语，以学问而论，即使同时代的著名大学高材生也是不能相比的。张珩自幼追随父亲、叔叔及舅公庞莱臣，与藏书家刘承幹等往来，受其熏陶，小小年纪就钻研版本目录之学及金石书画的收藏与鉴赏。

张珩的七叔张乃骥（1900—1949），字叔驯，号齐斋，是著名的钱币收藏家。父亲张石铭去世之后，他也分得 200 万元的家产，收集古钱有了充足的财源。他以家学渊源，耳濡目染，见多识广，精于鉴别，性好古玉古泉，而嗜古泉尤酷，大力搜求，不吝巨资，各地奇珍，多为所获，藏泉之富，甲于东南，与寓居津门之方若并驾齐驱，时人称为"北方南张，盖今世之两大家也"。

和前辈相比，张珩的收藏略有差异，其藏书固然不少，铜器、瓷器、古钱也都玩过，然而最有成就的是古书画收藏，动辄一掷千金，见到好的就收，几如"扫货"。张珩定居上海后，除了与舅公庞莱臣过往甚密，还结识了谭敬、吴湖帆、郑振铎等人，这对他的书画收藏多有帮助。他收藏的名书佳画有：唐代张萱的《唐后行从图》轴（绢本设色）和唐代周昉的《戏婴图》卷（绢本设色），以及许多宋元人书画。其他古画还有：宋易元吉《獐猴图》，金刘元《司马槱梦苏小》卷，元钱选《梨花鸠鸟图》卷，李衎《墨竹图》卷，赵雍《清溪渔隐图》轴，李士行《古木丛篁图》轴，颜辉《钟馗出猎图》卷，倪瓒《虞山林壑图》轴，王蒙《惠麓小隐图》卷，赵原《晴川送客图》轴，方从义《武夷放棹图》轴等。卷轴上朱印累累，有的画卷历代古人题识长达数米，大多为流传有绪之物。至于明代唐寅、文徵明、仇英、姚绶、文嘉、董其昌，以及清代王时敏、王鉴、石涛、渐江、王原祁、龚贤等人的作品就更多了。

张珩对书画痴迷入骨，是一个真正的大鉴藏家。他虽坐吃山空，但有房产的租金收入，还足以维持他之所好。与爱画入骨髓相映照的是嗜赌成瘾，传说他曾创下一夜之间输掉一条弄堂房产的"豪举"，甚至上海最热闹的大世界游乐场那块地产也是被他输掉的。他是拿得起放得下的人物，房地产输掉以后也无所谓，只是把账房叫来吩咐一下，办办手续，一片房产就此易主，以后不必再加过问了。而这位账房先生是张家的"老臣"，忠心耿耿，看到小主人出手如此之大，也无可奈何，只好频频叹息。赌到最后，连自己亲自建造的一幢三层楼的花园洋房也输掉了，只好搬进南京西路石门路的弄堂房子里去了。房产卖得差不多了，赌瘾大于对字画的痴情，这就自然要殃及字画了。他手中的珍遗名迹，有的流散到了国外，有的就投奔了新主人，而好友谭敬得之最多。

像张珩这样久经沧海的收藏家，对收藏是"聚亦乐，散亦乐"的。但他的友人郑振铎则不同，为了记录这些画的所在，也为了使后人不忘记中国收藏史上还有张珩这样一位大鉴藏家，他四处寻觅，把张氏旧藏编汇成册，名曰《韫辉斋藏唐宋以来名画集》，宣纸精印，彩绫装潢二巨册，印刷精美，共著录其藏画精品70幅。郑振铎在序中不无感慨地写道："葱玉为吴兴望族，袭适园旧藏，而十余年来，所自搜集者尤为精绝，自唐张萱《唐后行从图》以下，历朝剧迹无虑数十百轴，皆铭心绝品也。元人宝绘尤称大宗，至明清之作，亦抉择至慎，只眼别具，劫中常思墨版，辄牵于他故中止。今得印布于世，诚论述我国绘画史者之幸也。选纸择工之责由予负之，试印再四，必期惬心当意，久乃有成，装帧可期，不幸葱玉之藏适有沧江虹散之叹，尤惜楚人之弓，未为楚得，徒留此化身数百，流览仅资此，予所深有感于秦无人也。"

1950年，郑振铎任文化部社会文化事业管理局局长，王冶秋任副局长，邀请张珩北上，任文管局文物处副处长、文物出版社总编辑。本拟请徐森玉任文物处处长，但徐氏执意留在上海，不愿北上，所以文物处就没再设正处长，由张珩主持工作。1934年和1946年，张珩曾两度被聘为北京故宫博物院鉴定委员会委员，1950年被聘为上海博物馆顾问，由此可见他的鉴定经验的丰富了。

张珩主持文物处工作时，1952年前后发现了流散在东北的《佚目》书画。末代皇帝溥仪逊位，从故宫中偷运出历代法书名画1200余件。1945年8月，日本军国主义战败投降，溥仪的伪满政权也随着土崩瓦解，这批书画又从长春故宫流散出来。从此国宝流散于海内外。故宫的藏画除了溥仪偷携、赏赐出宫以外，剩余的后来就被国民党政府运往了台湾。1949年后，故宫所藏书画文物几乎一片空白。此时，国家制订新的法规，并实施文物征购政策，组织抢救，以此充实故宫藏品。《佚目》书画被征购回到故宫之后，就组织人员进行鉴定。

郑振铎在《关于鉴定溥仪所盗书画的情况报告》（以下简称《报

告》)中写道:"当时溥仪曾嘱人清点编目,共计1.07万余件。嗣后,他选取其中精品,陆续以'赏溥杰'为名,盗携出宫,先后共携出书画1200余件。他随身带到长春,藏于伪宫中。"对于这次征购情况,《报告》写道:"东北文化部于1952年9月中,派科长曲瑞奇同志,携送五反中所缴得的书画经卷凡129件到局。此项书画,均为溥仪从故宫中盗携出宫者,每件例有乾隆、嘉庆及溥仪的玺印。当经我局第二处张珩副处长及徐邦达秘书逐件点收。"并请"徐森玉、张珩、江丰、叶浅予、蔡仪、马元放、王朝闻、蔡若虹、叶恭绰、张伯驹、启功、惠孝同、谢稚柳、朱家济、邓以蛰、徐邦达、谢元璐17人组织鉴定委员会。以徐森玉为主任,张珩为副主任"。最早参加这项鉴定工作的启功先生有一段回忆说:"文物局长(注:应为文管局)郑振铎先生、副局长王冶秋先生和张珩先生,并召集了几位参加这项工作的人。开始时有上海的谢稚柳先生、杭州的朱家济先生、北京的启功。经常在北海前门的团城上,也就是当时文物局所在地,摊开所要鉴定的古书画,仔细研究商讨。这项工作结束时,我看到一位瘦高身材、穿着蓝布制服的人进门,问起在座的先生,才知道是从上海来的徐邦达先生,后来这项临时鉴定工作结束了,谢、朱和我都各回岗位,徐先生即留在文管局参加工作了。"

从1949年至1953年,经张珩等人努力,故宫博物院绘画馆成立并开放,馆内陈列着自隋展子虔以迄晚清吴昌硕的作品共500余件。展子虔《游春图》卷、张择端《清明上河图》卷、王希孟《江山万里图》卷、卫贤《高士图》轴、顾闳中《韩熙载夜宴图》卷等名画,都是国内仅存的孤本。这些历代古典美术杰作充分体现了中国绘画的优良传统。

对张珩的鉴定水平,启功是极为推崇的,他后来回忆道:"这次大家都是初次接触散在东北故宫的著名书画,其中只有几件是以前延光室出版过影印本的,看到影印本的原迹都不免有所赞叹欣赏,而张先生却一直冷静地指出其可疑之点。如倪云林《狮子林图》卷、梁楷《右军题扇图》等,终于确定这是临本而非原件。我们由此不但对张先生的学识更加佩服外,又见他不为古书画大名头所震慑,坚持冷静地、客观地分析研究的一贯态度,才明白所以《韫辉斋所藏唐宋以来名画集》中那些件名画无一为伪品的缘故了。"张珩坚持原则的认真态度,不只表现在鉴定书画上,也表现在工作中。一位藏家要将一件元赵原《晴川送客图》赝品售与故宫博物院,张珩的某位同事写来一张条子,叫他"不要讲话",意思是请他高抬贵手,将此赝品购进。此画本来就是张珩的旧藏,是经过谭敬赝制而流散到市场上的,张珩对此事了如指掌,他怎能不讲话呢?张珩说明了这张画赝制的来龙去脉,没有购进这件赝品。一个极为宽容的人,在这方面是不顾情面的。

1949年后,张珩手头还剩下几件藏品,如颜真卿(传)《竹山堂联句》册、欧阳修《灼艾帖》、米芾一尺见方的手迹、钱舜举《八花图》卷及宋拓《兰亭序》,内有近百名明人题跋。50年代末,他曾给东北博物馆馆长杨仁恺写信,提出将这些藏品售与该馆,声称这是平生最后一批东西脱手,有"扫地出门"之意。但当时正处于三年严重困难时期,终因资金困难而被退回了。后来由故宫博物院、上海博物馆分别买下。谢稚柳在北京张珩府上鉴赏过钱舜举《八花图》卷(今藏北京故宫博物院),并借回上海,由陈佩秋临摹,陈佩秋知道张氏此卷将要脱手,遂临摹两卷,一卷送给张珩作留念,谢稚柳在卷尾题跋曰:"右雪溪翁八花卷,今在张氏韫辉阁(斋),壬辰秋日予自北京还归海上,此卷得假置行箧,展赏累月,佩秋为摹写一过,亦复得其八九。花鸟自蜀黄筌独号写生,而江南徐熙以落墨为世推重,盖传神守真,法有殊而同所归。徐黄旧迹已似空烟,论说虚玄,莫可遐想。尝见北宋人《墨花》卷,用笔秀润温凝,墨法亦婉媚独绝,体制高妙,实与南宋院画大异其趣,虽未可究其流派,要为中古写生绝调。雪溪翁此卷,花叶文理繁密,傅色艳丽,亦靡不出之于真,信为难能。代移时异,流派变迁,盖已别开门户,倡为新声,故松雪调其风格似近体,然自今观之,犹律绝诗为近体矣。"赵孟𫖯原题为:"右吴兴钱选舜举所画八花真迹,虽风格似近体,而傅色姿媚,殊不可得。尔来此公日酣于酒,手指颤抖,难复作此,而乡里后生多仿效之,有东家捧心之弊,则此卷诚可珍也。"

到了20世纪50年代后期,经过反右派、"大跃进"两个荒谬的运动,极左思潮占据了上风,"大破大立""不破不立""先破后立""厚今薄古"等一系列的方针政策出笼,文物工作自然也处于被冷落的地位,张珩也就较有暇时整理著录平生所见的古书画。首先是凭记忆列出所见书画名迹的目录。当时正值三年严重困难期间,日常饮食、用物甚至纸张都不甚易得,张珩的著录工作已进入详记正文的阶段。这时只能得到有格横写的稿纸,他便把横行稿纸作竖行来写。用高士奇《江村销夏录》的体例,包括尺寸、内容、印鉴等,一律详细记录。这种记录的要求是使原件呈现十分清晰的原貌,在今天科学技术发达的程度下较易做到,但在当时,尤其是物质条件极端缺乏的时期,文物资料借阅流通已多不易,国外出版物借阅更属困难。张珩据手边的资料和脑中的记忆进行这份记录。这些记录最初只是排列目录,进一步是记录内容,然后是考订作者,最后是分别逐件加以评论。这种庞大的计划,不意稿本未及一半时,他猝然病逝。

张珩的夫人顾湄保存了这份遗稿,时时怕有散失的危险,又亲手重抄一份,以防损失残缺。我在北京拜访国家文物局的谢辰生先生时,他向我谈了想要做的三件事:一是出版《王冶秋纪念文集》,二是出版《郑振铎文博文集》,三是出版张珩《木雁斋书画鉴赏笔记》。如今,谢辰生所努力要做的三件事都已完成,张珩的《木雁斋书画鉴赏笔记》10卷本影印出版。在1960年,张珩就为这部书写了自序,为了不忘其当年的艰辛,现将全文引录于此:

> 著录书画之书,自明以来不下数十种。其间真伪杂糅,可以资信者不过少数而已。且经历数百年,著录之件,存亡参半,又多系仅录原文,少所发明,或有各抒己见者,则又系随笔记录,

略而不详。求其二者兼备者，竟无一焉。余窃憾之，尝欲辑录现存诸作成一专书，备斯二者。此志蓄之二十余年矣。其时少年气盛，谓为必成。因遍览国内所藏，择其尤者志之胸中。迨欲访求海外，则"八一三"事变之后，时移物换，难复得遂。每叹此事将成幻想，因转为就明人物辑录成书，亦聊以解嘲云耳。解放以来，公余之暇，无日不孜孜于此，亦几于成书矣。大跃进以来，目睹耳闻，无一不为我国扬眉吐气者。独于此一门，犹令外人陆续成书，国内未闻有志于此者，其感益甚。因再伸前志，且扩而充之，俾后之有志于中国绘画史者得以为研究之据。重行甄择，于今年元旦日起抽暇执笔，倾一年全力，凡得法书四一十三件，名画一五十四件，总计五六十七件。今日写成目录之后，又窃有感焉。以历年心目所记，估计全部书画可达六千有余。以一年之力，仅得其什之一弱，则抄录之工即需十年。加之文字考证需时亦如之，非二十年不能成，有过迁缓之叹。然以一人之力，尽公余之时，隆冬盛暑，穷日孜孜，犹复所得仅此，则余之计亦穷矣。古人有言，有志者事竟成。况此究非愚公之山，终有了时，又何足畏。特年近知非，目力日衰，精神渐减。且曩时所见，大半又流出海外，抄录为难，困难尚多。即使成书，其为用何如，亦未可必。其成败利钝，固未能逆料也。倘或天假吾年，今后条件当复日佳，使斯志之得以实现，则吾愿毕矣。漫书自勉，并赋小诗以志一时之感云。

　　积习平生扫未除，十年浑自滥齐竽。眼昏睡少知何用，夜夜灯窗苦著书。

　　一九六〇年除夕不悔记于首都南锣鼓巷之木雁行斋

张珩以"木雁"名其斋，此语出自《庄子》所记樗散大木，因不够建筑材料而被大匠所弃，得以保全；不鸣的雁，先被宰食，又因不材而先失性命,这个号即自谦在材与不材之间,可见他从未以什么成就骄人,只是与朋友讨论,视为平生至乐。

1962年,国家文物局组织对全国文物机构所藏书画做鉴定工作,鉴定组成员有张珩、谢稚柳、韩慎先,由张珩负责。鉴定小组还未成行,5月1日韩慎先因突发脑溢血在京逝世,后补故宫博物院的刘九庵参加。他们从北京出发,经天津、哈尔滨、长春、沈阳、旅大,跨越四省,往返半年,鉴定书画一万多件。北行鉴定书画结束,稍作休息,张珩、谢稚柳、刘九庵三人又去湖北、湖南两省鉴定书画,冬天到了广东,鉴定广东省博物馆的收藏。一路上,张珩作鉴定书画的演讲。旧时书画的收藏与鉴赏所持的方法,多是据一时的、部分的经验,或者专靠著录、印章、题跋等的片面依据,即使谈到艺术特点,也常常是某家作风苍秀、某家作风古厚之类的几个抽象概念,因此到张珩他们这一代,还没有见到一本专论鉴别方法的著作。张珩积几十年的书画鉴定经验,以辩证唯物主义和历史唯物主义作指导,在演讲中提出了书画鉴定的主要依据是"时代风格和画家个人风格",至于印章、纸绢、题跋、收藏印、著录、装潢在书画中虽很重要,却是辅助依据,同时也讲一个好的鉴定家应具备的知识素养。这样多次的演讲,后经中央美术学院学生薛永年、故宫博物院刘九庵、文物出版社张圣福及旅顺博物馆、上海博物馆单国霖、天津市艺术博物馆、河北省博物馆诸家记录,由王世襄整理、启功校订,最后成为《怎样鉴定书画》,先在《文物》月刊1964年第二期上发表,后又刊印成书,于1966年4月出版。张珩一生鉴定书画不知多少,留下来的只有这样薄薄的一册小书。他首次提出用科学的现代的方法鉴定书画,将中国书画鉴定推进到一个新阶段。启功在《木雁斋书画鉴赏笔记》的序中写道:"我从十四岁从师学画,到今年八十五周岁,这大半生中,所接触这方面学者中,最令我'心藏不忘'的要推张珩先生了。"

1963年夏天,书画鉴定工作未竟,张珩即因病去世了。张珩去世之前有一件事情值得一记。1962年，张珩、谢稚柳、刘九庵三人北行鉴定书画，行至大连时，据杨仁恺所记，一天晚上在房间里闲聊，张珩忽然提到自己的祖父、叔父辈都是在52岁患癌去世的，他认为事情并非巧合，如果他能躲过52岁不生癌，就能长寿。在此前一年，张珩与谢稚柳同客苏州时，也是一个晚上，张珩去探望其叔病况后先回旅馆，谢稚柳在外面听评弹，回来较晚，见张珩的房间无灯光，以为他外出未还，特意打开灯一看究竟，原来张珩一个人枯坐沙发上，神情呆滞，见谢稚柳进屋，突然说出祖、父辈（如叔叔张乃熊、张乃骥）的往事，由此可见张珩心上的一个阴影一直没有消失。结果，张珩果真发现患了癌症，请名医为之手术，但术后不到24小时，溘然而逝。张氏祖孙三代差不多都在50岁左右患同一种癌症而病故，此事应非偶然，癌细胞应有遗传因子，今已得到医学的证实。

  张珩逝世后，启功有一副挽联，录于此以志对这位大鉴藏家无尽的悼念吧：

    投分推诚，久弥敬笃，最痛心，一旦摧颓，百身何赎。
    高才博学，日益精勤，堪屈指，千秋赏会，四海无双！

陈萍：功利心太强的人成不了收藏家

她叫陈萍，是最年轻的女收藏家。说她最年轻，那是因为我所写的几十位收藏家，许多人已成为历史人物，如果他们还健在的话，年龄都在百岁以上了。今天还健在的也已近百岁了，而陈萍只有70多岁。说她最年轻，还因为她向上海博物馆捐赠120件珍贵瓷器时，是1956年，当时她只有20多岁。20多岁的人居然能向博物馆捐赠100多件瓷器，你能不说她是最年轻的女收藏家吗？

也许正因为如此，上海博物馆的人对她有着深刻的印象。多年前，我在写《博物馆与收藏家》一书时，在上海博物馆采访，人们在有意无意中都谈到了陈萍，只是说她是一个很有趣的人，给人留下难忘的印象，但具体的细节又都谈不出什么来。当我提出要采访陈萍时，他们说陈萍已到香港定居几十年了。40多年前捐献之后，虽然谁也没有再见过她，但是上海博物馆的人没忘记她。

在2002年上海博物馆举行迎春的小宴上，有朋友告诉我：陈萍来了。她真的来了。她完全是一派港式装束，光彩照人，博物馆的人都围着她，有说有笑，他们彼此之间显得随意而亲和。她的爽朗乐观给大家带来许多快乐，我们也就很快消除了陌生感。

"难怪大家都说你是年轻的收藏家，你真的很年轻啊。"我说。

"你说我年轻，你猜我几岁？"像许多漂亮的女士一样，喜欢让别

青年时代的陈萍

人猜她们的年龄,其实呢,又是不太愿意别人猜出她们真实的年龄的。何况她在香港生活了几十年,早已养成了一种习惯:打听别人的年龄是不礼貌的。约定俗成,我也就不想去打听她的年龄了。

"猜猜看,我几岁?"她又问我。

"既然大家都说你是年轻的收藏家,大概是二十六七岁吧。"我说。从别人的介绍中,我推算一下当年她捐献的时候大概是这个年龄。

"你是在说我捐献时的年龄,看来你对我已经很熟悉了。"她说。

我向她说明要采访她的意思。

"有什么可谈的吗?"她问陪同她的弟弟。她的弟弟叫陈金荣,对姐姐的话不作回答,只是笑笑。

"真的,没什么可谈的,都忘记了,统统忘记了。"她说得很爽快。

虽然如此,我们还是约定了时间,我到她府上去拜访她。

再一次交谈的时候,陈萍只告诉我:她1956年结婚,要随丈夫去香港定居,那时父母身体不好,弟弟还在读书,又非常老实,不可能管好这个家,那么多的瓷器往哪里放呢?放在家里不保险,干脆送给博馆算了。

"事情就这样简单，你还要我谈什么？"她问。

"都是你自己收藏的吗？"我问。

"有我父亲买的，有我先生买的，也有不少是我自己买的。"她说。

"说说你是怎么一件一件买来的。"我说。

"没有什么好说的，买一件瓷器，就像买一件衣服、一件首饰、一瓶香水一样，喜欢就买回来了，现在都以为是名瓷，不得了，那时不当一回事，自己觉得好玩就买了。"她说得非常爽快。

我拿出一份她当年捐献文物的清单，100多件瓷器都登记在上面，她一件一件地看着，并念着，念了几件瓷器的名字就没有兴趣了，说："对这些瓷器，一点都没有印象了，全部忘了，都忘了……"

"你当时年轻，决定捐献，现在回过头来看，是否感到是一时的冲动？是否有些后悔呢？"我问。

"我做事很爽快，不是一时冲动，是经过深思熟虑的，确实感到放在家中不保险。'文化大革命'时我虽然不在上海，但1979年我回来时，知道父母在那段岁月中的经历，更感到我那时的捐献是对的，留着那些东西，说不定连父母的命都会送掉的。"她说。

"你回来之后，你父母的情况是怎样的？"

"他们都老了，瘫在床上，家里什么都没有了。因为我走的时候还有一些东西没有捐献，这时都没有了。我问他们那些铜器呢？他们说大炼钢铁时交出去了。唐三彩骆驼呢？他们说不知道。瓷器呢？他们又说不知道。我怕刺激他们，就不再追问了。"说到父母，她有些伤感，一个爽快乐观之人也会落下眼泪。

"去香港时，有没有带出去一些呢？"

"没法带啊。喏，这些是我带出去的，我落叶归根，又带回来了。"她说着就从沙发上站起来，带我去看挂在壁上的油画，又接着说："这些油画是1951年我在上海买的，当时是用美元买的，是苏联老大哥的油画家格拉希莫夫画的,一张画的是苏州,一张画的是宁波,这张画的是不是上海的城隍庙⋯⋯"

"大肚子弥勒佛,两边站着十八罗汉,中国的佛寺都是一样的,区别不出来。"

"有人说画的是上海城隍庙,我觉得这些油画都很漂亮,所以都买回来了,当时价钱是很贵的。"她说着又让我看那些古董柜、玻璃橱,接着说:"这些都是我从香港搬回来的,运费贵得不得了,人家都说我傻,花那样多的运费,还不如买新的。但我总觉得是自己用过的东西,舍不得丢啊。"

"你倒很恋旧的。"我说。

"喜欢收藏的人,都恋旧,没有恋旧情结的人,我想是不会搞收藏的。"她说。

我们把话题转到她落叶归根回上海定居上来。

"1971年,我的先生逝世,我就一直过着单身生活,那时还年轻,可以搞收藏,可以和朋友在一起玩,可以旅游,生活中有许多乐趣,也不感到寂寞。再说手里还有钱花,可以请人照顾我。随着岁月的消逝,越来越感到香港不是我久留之地,1991年之后,我就酝酿回上海定居的事情。"她说。

"香港不是有许多人移民到加拿大或澳大利亚去定居吗?"我说。

"是啊,特别是1997年之前,有的朋友也劝我和他们一起移民到加拿大去。我说我不会烧饭。她们说我们几个合雇一个厨子。我说我的英文只能听,能说几句,但看不懂文件。她们说我们给你翻译。我觉得我还是适合在上海生活,上海平平安安,人老了,平平安安很重要。我决定在上海买房子。朋友们都说国内人都把钱往国外弄,你反而把钱弄回去,这不是很傻的事情吗?"

"你这房子并不好啊。"我说。

她住的地方叫华侨新村,其实就是一般的民居,六层楼,水泥楼梯,一个楼梯上去有三户人家,她住的是两户打通的,客厅不大,房间里东西又多,显得拥挤。

"是啊,我开始买的一套比这还小。1995年前后,上海的房源少,房子不好,还很贵。买的只是一个水泥空壳,装修材料昂贵。装修这房子的材料,除了黄沙、水泥、洋钉,其他都是我自己跑市场去买回来的,可累人了。"她说得乐哈哈的,似乎在享受收获的快乐。

"你怎么没有找上海博物馆帮忙呢?他们对收藏家还是很关心的。"我问。

"没有想到啊。我不是说过吗,对收藏和捐献的事,早都忘光了,谁还会想到博物馆啊。"她想了一阵又接着说:"我和博物馆取得联系还是一次偶然的机会。1979年,我第一次从香港回上海,没有去博物馆。1994年又回来,那时上海博物馆还在河南路,和我同来的香港朋友要去博物馆参观,我也去了。在展览厅内,我看到一个高脚碗,看来看去很眼熟,我就说这件东西像是我捐赠的。她们一听都感到惊奇:'啊!你还搞收藏?还向博物馆捐献过文物?'对这些事,我向来是不张扬的。她们说既然是你捐献的,为什么不写你的名字,其他人捐献的都有名字,要去找他们馆长。我说算啦,既然捐献了,还要写名字干啥,写不写都是一样的。我这个人就是这样,想要收藏的东西一定要得到;再好的东西,一旦不属于我了,就不再去想它了。后来我到博物馆小卖部去买东西……"

陈萍说着就走到玻璃橱前,指着玉如意,接着说:"这几件玉器就是那年在上海博物馆小卖部买的,一次就花掉几万块钱呢。在小卖部买东西时,大家都说,你既然把文物捐献给博物馆了,买东西应该打些折扣吧。我想也对,就要求他们给我打折扣。营业员问你是谁呀?我说我是陈萍,营业员都高兴地围了上来,问你是不是住在衡山路263号的陈萍?你捐的东西很多,我们经常都能看到的。能不能打折扣,营业员做不了主,他们就把副馆长汪庆正找来。我又不认识汪庆正……"

汪庆正把陈萍和她的朋友请到贵宾室,热情接待。大家寒暄之后,汪庆正说:"按道理说,你捐了那样多的瓷器,买几件玉器不要说打折扣,就是送给你也是应该的,不过这件事情我也做不了主。"

陈萍的朋友说:"陈萍也没有要你拿公家的东西送人情。不要你送,只是打点折扣。还有,别人捐献的文物上,都写上了捐献者的名字,陈萍捐献的文物上为什么没有写她的名字?"

汪庆正说:"我们找你找了几十年,你一点消息也不给我们,让我们找得好苦。现在文物都在装箱,等新馆建成,你捐的文物上一定会留下你的名字,我做保证。"

从这时开始,陈萍又和上海博物馆有了联系。

"给你看一样东西……"陈萍像突然想起什么重要事情似的。

她拿来一张1970年香港的《星岛日报》,上面登载着香港某拍卖行的拍卖消息,其中有一条消息特别突出:"康熙年间黑底素三彩花卉太白尊,开价70万元(港元)售出。"报纸同时还刊登了太白尊的照片。这张报纸虽然已经发黄,但用塑料纸包着,完整无损。

"这件东西就是我买的,还没带回来,藏在香港一家银行的保险箱里。"陈萍说。

提到在银行租保险箱,陈萍感到苦不堪言。她在香港租保险箱的那家银行要搬家,就来信通知她到香港去,把那些东西另租保险箱存放。

"那里面都是石头,重得很,我怎能搬得动啊。"陈萍说。

"你到香港还继续收藏吗?主要收藏什么?"

"瓷器也买过几件,但不太懂。我最喜欢的是玉器,仅古玉的镯子我就买了许多。在家里,两臂都戴满玉镯,晚上睡觉把玉器铺在床上。你看看我傻到什么程度,对一件东西喜欢了,我就要犯傻。"

"你这才是真正收藏家的性格。"

"我是个购物狂,到老了为什么还改不了呢?"她感到对自己无法理解了。

她把我带到玻璃橱前,指着那个提着水桶的小玉人,说:"我的生辰八字中缺水,我很喜欢这个提着水桶的小玉人,为了买它,几乎要和别人打架。"

她在香港几乎每天下午都逛古玩市场。一天,她看到一位女士拿着这个玉人走进古玩店,说这件东西太贵,不要了。她一眼就看中了,连价也不还就决定买下。正要付钱的时候,那位女士又回来,还是要买。陈萍说已经被她买了。那位女士说:"我的东西,你为什么要买!"两人大吵一通。陈萍很得意地说:"东西在我手里,她没办法,最后还是被我买下了。"

陈萍还藏有一个翡翠的擎着荷叶的玉人,为了得到这件东西,她也费了许多心思。某天,她到一家古玩店里,要店老板拿几样好东西给她看看。店老板说好东西是有一件,看看可以,但是不会卖的。陈萍一看就喜欢上了。老板有言在先不卖,她也没有办法。回家之后,她的心里老是想着那件玉人,无法入睡。第二天下午,陈萍又走进这家古玩店。老板还是那句话,看看可以,但是不卖。陈萍说假如卖的话值多少钱。老板说啥也不愿说个价。被陈萍纠缠得没有办法,老板最后说至少也得9000港元吧。第三天陈萍又去了。店老板还是那样一句话,看看可以,说啥也不会卖的。陈萍把一包钱往柜台上一放,说:"我今天把钱带来了,是现金9000元,不要你让一分钱的价,你看怎么办吧。"老板急得团团转,说我只是随便说说的啊。陈萍又表现出她那收藏的快乐,说:"这件翡翠擎着荷花的玉人又被我买回来了。"

"这件东西带回来没有?"我问。

"还没有,在香港的保险箱里,用棉花包裹着,最后要带回来的。"她说。

放在玻璃橱里的古玩、玉器、珍宝甚至一件极为普通的小摆件,陈萍都能说出购买时的故事和乐趣。她去古玩店,看到老板娘手上戴的古玉镯子,她硬是让老板娘从手上捋下来卖给她。她去加拿大,看到三块水晶内布置着挖矿的场景,有一块在挖,有一块在运,有一块完工,她全买回来。回香港时一位朋友想要,她就让那位朋友从中挑一块,陈萍对我说:"都是包好了的,她挑的恰恰是完成的那块,现在他的事业很红火,有很大的发展,你看,我还在辛苦地挖呀,运呀……"

"你看这是件什么宝贝?"陈萍顺手从玻璃橱里拿出一件东西要我看。

这是一块不规则的破砖,上面贴着黄的、蓝的装饰材料,我在手里掂了掂,还是有些重量的,我说:"看不懂。"

"这是香港汇丰银行大楼上的砖头。这个大楼拆了,我去拣了一块,别人还送给我两只用这个大楼的砖头做的烟灰缸。你说他们会玩吧?真是动足脑筋收藏啊。"

"你的事业是做什么呢?"我想象她这样的收藏,没有雄厚的资本是不行的。

"事业?我没有事业。结婚之前,在家里跟着爸爸当女儿,是小姐;结婚之后,跟着先生当妻子,是太太……"她想了一阵,又接着说:"如果说事业,我曾经做过股票,买进来之后就忘记抛出去,不但没赚到钱,连本也赔光了。所以朋友都说,陈萍啊,炒股不是玩古,你不能买了就放着,只进不出啊。所以我干脆连股票也不做了。"

"除了收藏,你平时怎样生活呢?"我问。

陈萍给我看一张她在香港拍的照片,一群老太太,打扮得珠光宝气、花枝招展。她说:"你看,我们这一群单身贵族,个个都打扮得像花蝴蝶。我们在一起玩牌、购物、旅游……"她又说:"我是购物狂,对同一款式的不同颜色的衣服,我会全部买下来。过去买瓷器也是这样,同一花色我会买许多。捐给博物馆的瓷器,当时都是一扎一扎买来的,一扎就是好几件同一色的瓷器。回上海之后,我想收藏100把紫砂壶,只收了20多把,就感到力不从心了,现在没钱了,看来无法达到

100 把了。"

"你可以处理一些旧的收藏，再玩新花样。"我说。

"收藏，收藏，藏在那里的东西一分钱也不值，只有把藏品卖掉才能变成钱，但收藏也不能太有功利心，太功利了就藏不住东西。"她说。

"现在也没有特别可玩的东西了。"我说。

"是啊，没有什么特别可玩的东西了。"她看看她收藏的三只小猪，一只是陶的，一只是铜的，还有一只是玉的，说："你看这个嘴巴多大，笑得连牙齿都露出来了，你看这只嘴巴又是那样小，再看这一只还有点撒娇的样子，你说好玩吧。"她欣赏了一阵，转头要我猜："你猜多少钱？你猜不到吧，只是几块钱一只。"

"你的玩兴不减当年啊。"我说。

"是啊，我的刹车坏了，刹不住啊。只不过玩的东西不同了，过去是玩年代，玩品位；现在是玩垃圾，玩便宜货。我曾嘲笑自己，车子越坐越大，房子越住越小，收藏的东西也越来越便宜。"

"你还是有不少珍品啊，玩得还相当有品位。"

"珍品、有品位的藏品，将来还不是进博物馆？我又没有子女，留给谁？就是有子女，也不一定会留给他们，他们不一定会玩、能玩。"

谈到这里，陈萍沉默了一阵，又说："我真想让时光倒流 50 年。收藏了几十年，现在才算悟到收藏的乐趣在哪里，才懂得什么叫收藏。如果时光倒流 50 年，重新开始收藏，那应该又是一种境界了。"

在这里，我要写给我的读者，当你读完陈萍的这番谈话，会有什么感想呢？你有没有从她谈的那些平凡而又风趣的小故事中，把握到一个收藏家的脉搏，感受到一种收藏的境界呢？

杜维善：从"丝绸之路"古钱币上发现历史

收藏证史：开拓丝绸之路古国研究的新视野

20世纪60年代，杜维善开始收藏中国古钱，到80年代已有20年的集藏历史。那时他通过东方钱币学会的介绍，认识了几位在美国的钱币专家，在交谈中说起古代丝绸之路古国钱币，他们都是这种钱币的收藏者。丝绸之路的古币对杜维善来说完全是一门新的课题，他感到茫然无措，但是以往的收藏经验告诉他，只要下功夫，应该是可以钻进去的。开始，他不是收集古国钱币，而是收集古国的历史资料，前后花了几年时间，对丝路诸古国的历史有所了解后才开始对古币的收藏，而且是以波斯萨珊王朝为主，然后再收集一些和它有关的其他古国钱币。

杜维善从国际拍卖会拍品目录上看到有萨珊王朝古币要拍，就乘飞机到拍卖现场，拍得这枚古币。80年代，当考古学家夏鼐在《文物》杂志上发表论文谈到新疆萨珊王朝古币的资料时，他对此种古币的收藏已甚为可观了。

1990年，杜维善回到离别四十余年的上海，走进坐落在河南中路的上海博物馆，参观该馆的钱币收藏。马承源、汪庆正在会客室接待了他。杜维善左顾右盼，感慨万千，这个地方，这个房间，是他在少年时代曾经到过的。这个平时极为严肃的人，突然和上海博物馆的两位馆长

杜维善像

开起了玩笑:"我要向二位馆长收房租了。"上海博物馆当时所在的大楼原是中汇银行大厦,是杜月笙的产业,如果还能子继父业的话,杜维善当然有权收房租了。两位馆长也笑着说:"我们知道,杜先生此次来是要有所贡献的。"

杜维善此次上海之行,的确是要把他收藏的丝绸之路古国钱币捐献给上海博物馆的。

11月26日,杜维善、谭端言(谭敬之女)夫妇又致信马、汪二位馆长:"在下月我和端言将补遗二部分32枚金银铜币带来上海呈交贵馆。""我们这批古币将来可以提供给学者专家们在元朝历史研究上有所帮助。"

此信寄出之后的当天,杜维善又急不可待地把令人兴奋的消息写信告诉马、汪二人,信中说:"皇天不负有心人,总算没有令上博失望,日前收到伊利汗拜都大汗银币(极少),现在伊利汗九位大汗全部收齐,将来钱币馆能全部展出一定很完整,这消息烦请电告陈源局长,为编辑元明卷打一剂强心针。"

一个月后的 12 月 26 日，杜维善、谭端言捐献丝绸之路古国钱币仪式在上海博物馆举行。两大厚册的集藏集子，每页都整齐有序地嵌着 10 枚古币，367 枚古币，无不发出历史的幽光。每一枚古币的护套上，都有杜维善手书的中英文说明，当时有评论者认为"目前中国还没有一个人可以做出这些说明"。从说明中可以得知，这批古币的收藏范围包括古西域 55 国中的 20 多个国家。其中最为引人注目的是萨珊王朝的金银币。

萨珊王朝是有四个世纪历史的波斯古国。这个古国的文化不但透过丝绸之路深深影响我国，同时在外交、经济及文化上一直和我国保持着良好的关系，当萨珊王朝被白衣大食灭亡后，他们的子孙都逃到我国并被唐高宗册封为波斯王、武卫将军。在我国许多地方，特别是新疆维吾尔自治区出土了大量萨珊钱币，此足以证明萨珊王朝和我国贸易之频繁。

萨珊王朝钱币以银币为主，银铜合金钱币只见于早期几位皇帝，除了阿塔尔一世的较为常见外，其他都非常少。金币主要是用于宫廷赏赐，铜币作为辅币，两者都非常稀少。故萨珊王朝的金银币，历来为国际古货币收藏家所垂青，但因其年代久远，种类繁多，价值昂贵，素为收藏家视为畏途。汪庆正对杜维善的收藏评价道："他实是一位有魄力、有眼光、勇于索求、精于鉴别的钱币收藏家，对萨珊王朝金银币，收藏之宏富，品种之齐全，研究之精到，已骎骎乎凌驾于全世界同类私人藏家之上，现为世界私人收藏之首位。"

1992 年 1 月，杜维善、谭端言夫妇将由香港移民加拿大，仍然念念不忘对上海博物馆有所奉献，以利乡邦。临行之前，他又给马、汪两位馆长写了一封信，对上次的捐献作了补遗，信中写道："去加前夕整理行装，搜出补遗二目录及拓片资料，兹奉上请参考。补遗上目录中尚有遗漏，须待到加后清理方能奉告。本拟将补遗中诸录先奉上，俾便作拓图，然迄今尚未找到，可能在行李中已运送至加。目录中请注意蒙古帝国早期四大汗国中仅缺贵由汗一枚，伊利汗和萨曼王朝诸汗已齐全，其中阿不赛音当二金币非常少。萨曼王朝亡于黑汗王朝（喀喇汗），后者钱币在新疆大量出土，其形制和前者有关，故必须收录，花剌子模、蒙古帝国钱币皆受萨曼王朝钱币影响，故甚重要。纵观总目，贵霜、嚈哒、帖木儿诸汗国钱币尚有加强必要，期臻至国内博物馆最佳收藏。"为了使上海博物馆钱币馆成为"国内最佳收藏"，杜维善又向上海博物馆作了第二次捐献。对于这批珍贵金银币，上海博物馆辟出专室，全部予以陈列，并请杜维善撰文编印《丝绸之路古国钱币》专册，以广流传。

杜维善的心中也有一股浓浓的乡情，在他给我的一封信中，表达出乡情绵绵的思绪，他写道：

> 我始终认为一个好的钱币收藏，不在于它的金钱价值，往往你有再多的"钱"，并不能买到一个好的收藏品。任何一个收藏如果目的是炫耀个人的财富，那他没有学术价值。构成一个好的收藏要具备两点：一、有系统性，可以作深入的研究，以填补历史上的空白，纠正过去对古币的错误看法；二、对中国的古钱要有正确观念，不管一枚是否值一元或值一万，要知道所有在中国本土出土的古钱都是国家的财产，将来叶落归根，应该回到中国去。像我现在虽然身在异域，但心存故土，我认为我的收藏应该原封不动将来捐给上博，一方面物归原主，另一方面也可以让后人利用我的收藏对我错误的地方作纠正研究。

钱事因缘

杜维善给我讲了这样一个故事：有一次，他在香港观古阁见到一枚半两钱，店主索价500港元。普通最好的半两钱当时只需要100港元，他觉得太贵，没有买。回家后，他左思右想，感到失之可惜，还是决定第二天去把它买下来。第二天,他又到观古阁,店主说已经卖掉了。这使他懊悔不已。事隔三四年后,有一天他在香港嚤啰街闲逛,无意中在地摊上发现这枚半两钱,售者只要100港元便肯卖,他连价都不还,付钱拿了便走。这枚半两钱为什么会给他留下那样深刻的印象?因为它是一枚传形钱。所谓"传形钱",就是"半"字在左,"两"字在右,普通的半两是"半"字在右,"两"字在左,而此钱的两字倒置,是一枚罕见的半两,市场上都是赝品,这一枚是真的,但品相比较差。后来他才领悟到,这一类的半两,品相多数很差,若品相完美,那本身就有问题。

杜维善由此悟到,收集古钱讲究"钱缘",是你的终究会归你,不是你的就是到了你的手中,以后也会失去。从以下的小故事中,我们可以看到"钱缘"两字是如何伴随杜维善的集钱生涯的。

故事一:得五铢巧识孙家骥

台北市北门邮政局对面的一排商场,二楼有一家四川餐馆,三楼是商场,商场里有一家小小的古董店。杜维善32岁那年的某一天中午在餐馆里吃了一菜一汤两碗白米饭,信步走上三楼,在古董店里看到几枚古钱,顺手拿了一枚五铢钱,问店主唐书新:"这枚五铢是东汉的还是西汉的?"

"我分不出。"唐书新说。

"你做这个生意,怎么会分不出?"杜维善有些不解。

"你慢慢地研究就知道了。"唐书新说。

"那我就买一枚回去研究吧。"这天,是杜维善开始收藏古钱的第一天。

在台湾,杜维善对收藏家知道得甚少。从买了第一枚五铢之后,他每天中午吃过饭就到古董店去。古董店店面虽小,但每天都有人在那里聊天,杜维善也就成了那里的"聊客"。在"聊客"中有一位叫孙家骥的,是一位清钱专家,而且是一位民族文化学者。一聊才知道他本来住在台中大甲一带，因为喜欢到海边收集贝壳，结果被边防员抓了起来，说他是大陆派来的间谍，给关了起来。几年后被放出来，孙家骥每天就泡在这个小古董店里。

杜维善自认识孙家骥之后，就开始了解清朝的钱币如何收藏。在这以后的5年中，杜维善的钱币知识大有长进，他现在采用的对中国古钱的分型、分式、断代完全是从孙家骥那里学来的。杜维善现在对五铢、半两的分法，也就是孙家骥对清钱的系统分法。孙当时已50多岁，正处于穷困潦倒之时。

孙认识台湾几位比较有名的钱币收藏家，在台湾是数一数二的，其中一个就是胡公鲁。胡公鲁的书房叫紫丁香馆，自号紫丁香馆主人。胡公鲁是名车凯迪拉克在台湾的总代理，当时总统、官方所用的车全部是他包办的，所以他比较富裕，是唯一能经常到海外买回一些钱币名品的人。

自从认识胡公鲁之后，杜维善对中国古代钱币有了比较全面的了解。这是因为胡公鲁收藏的钱币从贝、刀、布开始，一直收到清朝的钱币，历代钱币都有。此时杜维善初涉收藏，还谈不上有什么明确目的，虽然对五铢的兴趣很大，但是他认为还是要买一点清朝钱。搞收藏的人都有这样的过程，开始时见到什么都想收，到后来越来越明确，也越收越精。此时的杜维善正处于收藏的初级阶段。他要在对清朝钱有所研究的基础上，再发展到五铢、半两，循序渐进。他开始收光绪钱，因为光绪钱分型和分式都比较简单，但它小的形式也有很多。在两年的时间里，他收藏了光绪钱4000余枚，各种形式都比较完整。在那时的台湾来说，杜维善所藏光绪钱是数一数二的了。

有了收藏清朝钱的基础，杜维善就转移目标，决定要收五铢和半两了。但是，在台湾基本上看不到五铢和半两，即使像胡公鲁这样的收藏家，也只有四五个大大小小的半两。但是胡公鲁知道在莺歌那个地方有一位叫李东园的大收藏家，是天津人，去台湾时带了不少古钱，其中有一对折二靖康通宝。这对钱不但品相好,而且在台湾只此一对。他要卖给胡公鲁。一天,胡公鲁约了孙家骥和杜维善去莺歌,三个人捧着一大袋子 8 万元台币到李东园家。这是杜维善第一次见到李东园。

"对不起,这钱我不卖了。"李东园见面就说了这样一句话。

"我们坐了火车来到这里,你居然说不卖了,那么我今天就不走了,一直坐下去。"胡公鲁有些恼火。

中午吃饭,李东园也不提靖康钱的事情。直到下午 5 点钟,李东园仍不松口。但胡公鲁坚持不肯走,李东园没有办法,事情成了僵局。

"这样吧,你再加点钱。"李东园说。

"我一分钱也不加,本来是讲好价钱的嘛。"胡公鲁寸步不让。

胡公鲁既不愿多加钱,钱币又拿不到,无论孙、杜两位怎么劝,就是不肯离开李家。李东园没办法,扭着胡公鲁的衣襟要把他送到警察局去。收藏家无论是多大年纪,遇到理想的藏品,常常能表现出孩子般的天真。李东园没有办法,最后把这对钱拿出来,一流的品相,杜维善一看,果然是对好钱,爱不释手。

"家骥,这对钱我是不能让的,让了等于我把女儿嫁出去了。"李东园此话是对孙家骥说的,实际上是说给胡公鲁听的。

"你讲嫁女儿,也是嫁到胡家,是一个很好的大家庭,你放心好了。"胡眼疾手快,说着就把这对钱收了起来。

李东园、胡公鲁就这样在吵吵闹闹中成交了。

他们告别时,李东园对杜维善丢下一句话:"杜先生,你不是喜欢五铢半两吗?我藏有很多,将来有机会请过来看看。"

当时杜维善并没有把李东园的话放在心上。他们三人回到台北时,已经是半夜零点了。

故事二:精研"郑家相",智赚李东园

杜维善虽然兴趣在五铢,实际此时对五铢并没有深入的了解。这

也难怪他,对一个起步的收藏者来说,要熟悉五铢当然有一定的难度。自周代创行刀布以来,历次变更其形制,由笨拙而趋于轻便,由简率而趋于整齐。至汉武帝改创五铢钱,面背轮廓具备,大小轻重一律,而制作始称完美,所以它能经两汉魏晋而六朝,通行739年而未废。正因为五铢钱行用时间悠久,其间因国之兴衰,世之盛衰,历代重铸与私铸,因之五铢钱之形制变化,名目繁多,史书虽有记载,但多语焉不详。如五铢面文虽同属五铢二字,而形制极其繁杂,有厚大与薄小,有精好与粗率,有"五"字交叉曲笔与直笔,有"铢"字"朱"头方折与圆折,有面背有轮廓与无轮廓,更有四决、四出、上下画、上下星、上下横竖,以及面背阳文与阴文之记文,种种不同,何止千种。初涉藏钱领域的杜维善,难免有雾里看花之感。

正在此时,香港有一位叫布维纳的德国人,他把抗战时期郑家相主编的《泉币》杂志翻印出版,杜维善获得一套,这里有郑家相撰述的《五铢之研究》长篇连载。此文是郑家相积20多年的藏钱经验,自藏五铢数千枚,排列几案,朝夕注视摩挲,辨别其文字,审其制作,乃得历代五铢钱各自独特之气质,费时一年六个月方始告成。杜维善得此,如得到阿里巴巴"芝麻开门"的灵咒,细心钻研,把数百种图录仔细辨证,由此对五铢钱有了一个概念,虽不能说了然于胸,也能说出个子丑寅卯来。

孙家骥此时已是杜维善家中的常客,他们经常在一起喝酒谈钱,每次总是谈到很晚才分手。一天,杜维善问孙家骥:"李东园手里究竟有什么东西?"

"李东园的东西都是从天津带来的,五铢半两很多,但是我们都看不懂,你不妨去看看。"孙家骥说。

经孙家骥联系,胡公鲁没有空,杜维善和孙家骥两人约定去看李东园的藏钱。这一天晚上,杜维善心情很紧张,一晚都未能睡好觉。第二天一大早他就起身,和孙家骥一起乘火车去莺歌找李东园。

"你是不是来看五铢的?"李东园一见面就问。

"是的,请把你的所有好东西都拿出来。"杜维善说。

李东园把他珍藏的所有五铢钱都拿了出来,有三四十枚,杜维善看着,李东园就从中挑出四枚五铢,说:"这四枚五铢是我最喜欢的,不能让。"

杜维善端详了一番,李最喜欢的四枚五铢,他并不喜欢,就问道:"东老,其他五铢你肯不肯让?"

"其他五铢可以让,但这四枚不能让,都是名钱。"

"好,不让你割爱,我就要另外几枚吧。"

"不过,这钱很贵,要1000台币一枚。"李东园开了价。

杜维善知道李东园是漫天要价,他一个月的薪水只有1600台币,一枚五铢就要1000台币,这个价只能买一枚,而他看中的有五六枚。他脑子转了一阵,对李说:"东老,您开的价我买不起。现在这样,您把钱全部翻过来,我不看正面的字,看钱挑钱。如果我挑出来了,您得300块钱一枚卖给我。"

杜维善从几十枚五铢中挑出10枚,李东园把他挑出来的钱做了暗记,然后又把所有的钱混在一起,全部是背面朝上。结果杜维善把他要的10枚钱挑了出来。

"你是怎么挑的?"李东园甚为惊讶。

"我们先成交再讲给您听。"

"可以。"李东园此时也很干脆。

杜维善以3000台币买下了李东园的10枚五铢。成交之后,杜维善又问李东园知道不知道哪些钱是东汉的,哪些钱是西汉的。李东园说不出来。杜维善说他挑的10枚五铢全部是西汉的,而且告诉李东园这是西汉早期郡国的五铢。

"何以见得?"李有些不服。

"东老,如果您没有其他五铢钱卖给我,我就讲给您听;如果您还有其他的要卖给我,我现在还不能讲。"杜维善说。

"没有了。"

"好,这样我就给您讲。西汉郡国五铢钱的背穿四角有时是圆的,东汉五铢钱的背穿全是尖角的。"当时杜维善对五铢钱的了解也就到此为止。后来他知道西汉郡国五铢背穿也有尖角的,同时还要看文字才能断定。

杜维善以3000元台币买走了10枚西汉五铢,李东园很不高兴,杜维善和孙家骥一离开,他就骂道:"这个黄毛小贼今天居然把我给哄了。"

在此后的很长一段时间里,杜维善不敢再到李东园那里去,恐怕被骂。

故事三:为收"半两",抵押房子

作为钱币学家,杜维善不只是对丝绸之路古国钱币研究卓有成就,而且对唐"开元通宝"及"半两"的研究也是成绩斐然,独树一帜。开元通宝是中国历史上最早行使的"通宝"钱式,也是使用时间最长的一种制钱。杜维善以顾小坤的丰富收藏为基础,并充分利用出土资料及考古学的成就,写了《开元通宝系年汇考》,解决了开元通宝的断代及分式的难题。特别是他的巨著《半两考》,是在他所藏的"半两"基础上完成的。20世纪60年代以前,钱币界对半两知之甚少,对秦始皇时期的半两和战国半两更是模糊,研究者多沿司马迁旧半两是从秦始皇始的说法。杜维善在《半两考》中,参照出土资料,破除旧说,考证出半两的出现最早"在秦献公七年(公元前378)或更早,到了秦孝公十八年(公元前344)商鞅颁定度量衡标准后,方孔圆钱成了定制,以后各朝代一直沿用这个形制到清朝末年才废止,在货币史上最有特殊意义"。杜维善的半两钱的收藏真正打开局面,还是从李东园那里得到2个半两开始的。

自从李东园手中购了10枚五铢之后,杜维善对古钱收藏的兴趣更是高涨，他和孙家骥在一起，一天到晚交谈的就是钱币。他们两人曾坐上火车，从台北到台南，到高雄，环岛去找钱。当时台湾市场上的古钱多是从印度尼西亚进来的。当时打捞的沉船里有许多古钱，常常是一麻袋一麻袋地按废铜价钱卖到台湾。懂行的人就先把钱拣出来送进古董市场，多数是宋钱、明钱、清钱，不要说五铢，就连开元也很少见。杜维善望眼欲穿的半两更是求之不得。

这样过了一年的时间，杜维善又打起了李东园的主意。他叫孙家骥不妨先造访李东园，请他把半两拿出来看看。孙家骥讲这个办法不好，还是两个人一起去，随便聊聊，见机行事，然后再把话题转到半两。这样，杜维善和孙家骥又到李东园家去了。这一天，李东园和孙家骥的身体都有些不适，情绪不高，他们只是随便聊了几句，连钱都没提就告辞了。几天之后，杜维善和孙家骥又到李东园家。这一天，李东园身体好了，情绪也很好。

"杜老师又来了，是不是又要买五铢？"李东园很幽默地说。

"东老，您不是没有五铢了吗？还有别的什么东西，拿出来让晚辈开开眼界。"杜维善说。

"你要什么？我最好的钱是五代天成元宝。"李东园说。

"那个钱我哪能要？那是您的镇库之宝。"

"那你要看什么？"李东园问。

"东老，您的刀布让我看看。"

李东园感到奇怪，心里在说这小子不知道又在动什么脑筋，为什么要看刀布？他拿出一批刀布来，有三字刀、四字刀、五字刀、明刀、直刀，还有尖首刀。

"这个东西我买不起。"杜维善把刀布一一看了。

"那你什么东西买得起？"其实李东园早就知道他要看什么了。

"还是把您的半两拿给他看看吧。"孙家骥担心把老先生惹烦了，什么也买不到了。

"真是个黄毛小贼！"李东园说着又拿出十几个半两钱来。

看到半两钱，杜维善的眼睛睁得很大，他瞄中了2个大的半两，品相非常好，就有些随意地说："这个你肯割爱？"

"杜老师，你要是用来研究，我一定让给你。"

"我要2枚大的，您开个价吧，看我有没有这个能力。"杜维善说。

"你既然是研究用的，我也不能多要，20万吧。"李东园说。

一听这个价，杜维善傻了，不久前他买了一栋房子，价钱是30万台币，2枚半两几乎等于买一栋小楼的钱。

"东老，我是您的晚辈，您怎么好意思开这样的天价，您的天成元宝能值多少钱？"杜维善有些急。

"好，我让你5万，15万，不能再少了。明天下午5点之前把钱送来，否则我就不卖了。"李东园说。

杜维善回到台北后，对这2枚半两难以忘怀，想了一夜，第二天决定把房子押出去，又去找李东园。这次他是志在必得，非要把2枚半两买到手不可。

"你怎么又来了，我不想卖了。"一见面，李东园就是一句不客气的话。

"东老，您是不是在给我开玩笑，我把房子都押出去了。"杜维善简直急得双脚跳。

李东园看杜维善如此认真，语气缓和了下来，说："我是和你开个玩笑，2枚半两就3万元吧，给你便宜一点。"

第三天，杜维善从抵押房子的押金中提出3万元，又去了莺歌，结果李东园只收了1.5万元。杜维善高兴地捧回2枚大的半两，台北钱币界马上就知道了这件事，都笑他是"神经病"，押了房子去买2个半两。此时台北的钱币，除了胡公鲁有2个大的半两外，再就没有人拥有了。许多年过去了，这2枚半两仍在杜维善手里。

谈到这段经历，杜维善对我说："说来也真很奇怪，几十年来，我看的半两不下五六万枚，但是没有找到和它接近的，而且这两枚钱的品相特别好。我现在想想，赎房子还钱的时候，虽然很辛苦，但还是值得的。"

坐看潮起潮落，静观藏事兴衰

在台湾，孙家骥对新疆红钱的研究是比较深入的，在香港的布维纳也经常到台湾向他请教。当时在美国拍卖市场，新疆红钱也很少见，一次胡公鲁在美国拍到三枚新疆红钱，都是光绪时期的，虽然很普通，但他还是非常高兴。他把朋友都请了去，一起吃饭，酒兴方酣时，他把三枚新疆红钱拿出来让大家欣赏，其中一枚让给张寿平了，价钱相当于张寿平半个月的薪水。

张寿平，1925年出生于江苏无锡，台湾政治大学教授。1966年开始收藏古代钱币，书斋名"安缦室"，别号缦盦。他得了这枚新疆红钱，兴奋得难以形容，一个晚上没有睡着觉，甚至得意忘形到早晨起来还为此钱吟了一首诗。他将此钱做成拓片，分送给"钱友"。为此，胡公鲁为他起了个名字叫"张疯子"，他迷钱迷到这种程度。回忆到这里，杜维善说："当时，我们都认为这是一件大事。一般地说，那时我们都比较穷，如果要大量买钱也是不可能的事。"

一天，钱友们又相聚于胡公鲁家，饮酒间胡公鲁说不能再收钱了，因为他太太喜欢赌钱，欠了人家100万左右，当时是一个很大的数目。胡公鲁没有办法还债，就准备变卖自己的收藏，请大家帮忙，但是有一个条件，就是不让它流出台湾。胡公鲁把全部金银币让出去之后，仍然不够还债，他就开始卖中国古钱，把所有的半两、五铢和一部分开元通宝，原封不动地让给杜维善，其他的钱如刀、布、两宋及元、明、清的钱全部让给蔡养吾。蔡养吾此时正是生意兴隆，手边现金充裕，可以帮助胡解决还债之急。胡公鲁将债务还清之后,再也不收藏钱币,以后的境况也不佳,作为收藏家从此从收藏界消失了。

1977年,杜维善由台湾移居香港后,孙家骥突然生病了,而且病危,杜闻讯后由香港飞赴台湾。见面后,孙拜托他一件事,要杜把其所有的钱币卖掉。杜虽然不收清钱,但还是买下了其中一部分,以解决孙的燃眉之急,另一部分就让给香港收藏家苏锡文。孙家骥的钱全部卖得台币20万元,但他收到这笔钱没多久就去世了。对于孙家骥的去世,杜维善曾说:"这对我是一个很大的打击,我很伤心,失去了一位老师。"

杜维善移居香港后,台湾钱币收藏的圈子发生了变化,孙家骥去世,胡公鲁退出,新的收藏家又成长起来,像蔡养吾、蔡孝彬、李建兴等。

蔡养吾1926年生于上海,和海上著名钱币收藏家王荫嘉是亲戚,受王的影响,也玩钱,但主要是收藏邮票,一旦转向收藏古钱,就出手不凡,专收名钱,像政和通宝铁母、嘉熙通宝铁母等扬名台湾的古钱,都在他手里,加上从胡公鲁那里购进的一部分,在台北藏钱界,蔡养吾的收藏算是数一数二的。杜维善离开台湾那个阶段,古钱不准离岛,他的一部分钱就留在母亲姚玉兰那里,蔡养吾就把杜维善最喜欢的永安五铢背后有土的和南朝梁天监五铢借去赏玩。这枚天监五铢外有内廓,廓上面和下面有星,而且不是青铜,是白铜,这个钱很少。永安五铢背后有土的这枚钱,本来是黄耀庭的收藏,是杜维善花了四年工夫才从黄的手中买到的。黄经常往返于日本,把流散到日本的中国古钱带回台湾,是台湾收藏的一个重要来源。蔡养吾要借这两枚钱玩赏时,杜维善就说:"借给你玩玩没有关系,到时你要还给我,因为这是我系统里面的钱,不能少的。"这两枚钱在蔡养吾那里一放就是十年。蔡养吾从胡公鲁那里收钱的时候,他的收藏达到顶峰。就在胡公鲁从钱币界隐退5年之后,蔡养吾投资的生意失败,他把所有的钱都卖了,连同杜维善的永安五铢和天监五铢也没剩下。后来，杜维善又花了多年时间寻觅，才收得这两枚钱，使残缺的系列完整起来，但在品相上和原来的两枚钱不可同日而语了。

就在蔡养吾大势已去之时，张寿平做生意发了大财。谈到张寿平，杜维善带着无限感慨地对我说："张寿平本来是政治大学的穷教授，发了财之后，马上买了大房子，自己有大办公室，有汽车，我去台北经常到他家吃饭，而且，一进门口，就是一个大屏风，大概有 2 米 × 1.5 米，像是一张整幅的敦煌壁画，是从香港买的，家里面全部设施很讲究。一个穷教授突然之间变到这个地步，在我心目中认为这是他的'煞气'，不可一世，因为他太那个了嘛！"此时，张寿平的收藏也像蔡养吾那样达到顶峰。因为受孙家骥的熏陶，在新疆红钱上花了很多工夫，可以说在台北也是数一数二的。他的五铢、半两也有相当高的水平，西藏银币更是全台湾第一。

一天，张寿平突然打电话给杜维善，说："维善兄，你一定要来一下，我有重要的事情要跟你谈。"

杜维善到了台北才知道张的生意失败了，房子卖了，汽车卖了，收藏的新疆红钱也卖了，只有五铢、半两保存了下来。他对杜说："这些钱都是你在研究的，我不能卖给别人，你一定要买下来。"杜维善就把这批钱全部买了下来。这批钱本来价值台币 4 万—5 万元，张寿平只要 2 万元。杜维善知道他目前正处于困难时期，急着用钱，就说："你还有什么困难，如果有需要我帮忙的地方，我一定尽力。"

"我必须离开台湾，你要想办法把我弄到香港去。"张寿平说。

"离开台湾是很简单的事情，但是到了香港你怎么生活？"杜维善说。

"到了香港，你不必管，但你要想办法把我弄出去。"

杜维善离开台湾时，偷偷把张寿平转让给他的钱带回了香港。直到今天，这批钱仍然原封不动地收藏着，没有一枚流散出去。杜维善回到香港后,接着就想办法把张寿平接了过去,这是张最困难的时候。

有一天,张寿平到杜维善家喝酒吃饭,酒喝到微醉之后,随便聊天,张寿平说:"我要写一首歌给你,你定一个词牌子。"

"我要《摸鱼儿》,我喜欢这个词牌。"杜维善说。

之后不几天,张寿平果然带了一首新填的《摸鱼儿》来了,说:"这是我一生写得最好的一首词,送给你。"

> 更谁夸,旧家门第,翩然江海来去。南都一掷黄金尽,囊取青蚨无数。蓬瀛住,漫回首,弥天风雨无归路。临泉自语,叹流传无常,水中萍梗,前世是飞絮。
>
> 神州事,汉帝秦皇曾误。重关明月如古,今人又发咸阳墓。幽恨歌弦能诉。错已铸,知多少,五铢半两埋尘土。雄图何苦,且去拓新钱,深情暂寄,纸墨初干处。
>
> 杜维善与余同癖铢两钱,又同有身世之感,赋长歌赠之。缦盦。

这首涕泪交集、柔肠百转的词,写尽了张寿平从平淡到得意、得意后又到落魄的经历,也深深打动了杜维善。1983年春节,杜维善去许姬传家拜望,他们就谈梅兰芳,谈了之后许姬传又提出对对子玩玩,他叫杜维善出下联,他对上联。这时杜维善又想到了半两钱,于是就写了下联:"见二年牍方知半两非秦始",许姬传随即对了上联:"藏元狩泉匦囊五铢珍宣汉"。随后,许姬传就用乾隆旧纸写成一副对子送给杜维善,回香港后张寿平也把《摸鱼儿》词写在后边,像半两钱一样珍藏了起来。

在这潮起潮落、此衰彼兴的动荡年代,杜维善仍然坚守着自己的收藏天地,继续通过潘氏观古斋收藏半两。但在香港收藏中国古钱的人寥寥无几,一般都是收集机铸银、铜币和纸钞,能和他谈五铢、半两者几乎没有，曲高和寡，难免给他带来几分寂寞。

在向上海博物馆捐赠丝绸之路古国钱币之前，杜维善收藏以萨珊王朝和蒙古帝国四大汗国钱币为主，1992年以后，他又重新开始收集中亚古国的货币。这次收集和第一次不同了，因为主题是由中国西迁的塞人、大月氏和哒哒为主，他们的西迁影响了整个中亚的政局，动荡不安，各个小国都僭号称王，战争没有停歇，历史记载不但少，即使有也混淆不清，以钱币断代是最可靠的历史依据。附带的收藏还有安息、萨珊、印安王朝的货币。到目前为止，他收集的古代货币比捐献给上海博物馆的更有系统，数量也是第一次的三四倍，其中有许多是第一次没有找到的。他说："将来可以弥补第一次收藏中的空白。"

杜维善的内心世界是沉静的。他在给我的一封信中写道："我本人的生活很简单，每天大半时间是在书房里整理古钱资料，基本上完全不参加一般无谓的应酬，所以有些人说我枯燥无味，一点风趣都没有，而且我给人的感觉是冷傲，非常难接近。事实上那只是我的外表，你和我在一起录音时不是有说有笑吗？"

的确，杜维善在上海期间，我们四次相遇，都是在有说有笑中度过的。我觉得他的人就像他所学的地质，是岩壳包着的岩浆，表面坚硬而冷峻，内里燃烧着沸腾的岩浆，不时地向外喷出热量，都表现在对待中国古代文化上。

张永珍：收藏我喜欢的东西，再贵也值得

2003年国庆节刚过，汪庆正接到香港张永珍的二哥张宗宪的电话，他转达了一个信息：张永珍愿将雍正粉彩蝠桃纹橄榄瓶捐给上海博物馆。当天夜里，汪庆正即把这一消息告知馆长陈燮君。三天后，陈燮君在南伶酒家宴请张宗宪，请他转告对张永珍的谢意。10月26日，汪庆正和许勇翔一起赴香港，张永珍盛情款待他们，郑重地表示上海博物馆是这件珍贵瓷器的最好归宿。28日下午，张永珍在家中将此瓶交给他们，并和张宗宪一起送他们乘晚6时半的飞机返回上海。由于是临时购票，公务舱已无余票，他们只得捧着这件珍贵瓷器乘坐经济舱。深夜11时，这件天价的雍正粉彩瓶安全地放进了上海博物馆的库房中。汪庆正长长地吐了一口气，说："我从事文物工作51年，这么价值高昂的文物的捐赠过程，就这样简单而快速地完成了，似乎有点不可想象！"

在上海博物馆的贵宾厅里，我第一次看到雍正粉彩蝠桃纹橄榄瓶，只见它乳白色的瓶身上缠绕两束折枝桃花枝，枝上缀着鲜桃七枚，还有两只红色的蝙蝠。既然鲜桃已经成熟，花期已衰，不会再有含苞待放的花朵，但构图者构思巧妙，偏偏画上数枝嫩枝，枝上点缀已放或含苞待放的桃花。我只是定睛地看着，不敢或是不忍用手去触摸它。

过了几个月，我居然面对这位捐献者，促膝交谈。她就是香港商界领袖人物、全国政协常委张永珍（英文名爱丽丝·张）。

2002年5月7日，在香港苏富比拍卖公司，张永珍以4150万港元的天价拍得清雍正年间粉彩蝠桃纹橄榄瓶，当时惊得港人目瞪口呆，这也成为香港的十大新闻之一。但谁也没有想到，一年之后，她就把这个创清代瓷器最高拍卖价纪录、在私人收藏的古代瓷器中极少有的雍正官窑珍品，捐献给了上海博物馆。她极为宽慰地说："我把最漂亮的女儿嫁出去了，找对了婆家，我放心了。"

张永珍捐赠的雍正粉彩蝠桃纹橄榄瓶，是当年收藏家现买现捐给上海博物馆的最昂贵的一件瓷器。当她在上海博物馆贵宾厅第三次观赏这件珍宝时，陈燮君、汪庆正两位馆长告诉她："将来把它放在陈列室展出，我们会永远写上您的名字，说明是您捐献的。"

张永珍听了很高兴，说："啊，这样它就永久和我的名字连在一起了，我随时都可来看它喽。"

陈燮君说："对您的如此厚爱和重托，我们也深感任重道远，一定会善待它。"

汪庆正也不无感慨地说："想不到这样快就梦想成真，似乎有点不可思议啊。"

张永珍对社会奉献了厚爱，而社会给她的回报，不只是鲜花、荣誉，还有那些最平凡的人对她的信任与爱戴，这也是别人所无法得到的。

"只要喜欢，便有价值"

我们两人的谈话是从拍卖这件雍正粉彩蝠桃纹橄榄瓶开始的。

郑：你以4150万港元的高价拍得这个瓶子，在香港收藏界有什么看法？比如说，有没有值得不值得的议论。

张：别人怎样议论我不管，凡是我喜欢的，我都要买进，我认为是值得的。

郑：在拍卖之前，你有没有心理价位，到多少价位你就想退出了。

张：（她指指坐在一旁的二哥张宗宪）开始时，他告诉我如果价位抬得太高，就不要再举拍了。虽说收藏，其实我是什么都不懂，一切都从自己喜欢出发。我很中意这件瓷器，只要喜欢便有价值，多贵也值得，因此拍卖时没想过上限，没有想过价钱，没有想过不要。我喜欢的东西其实未必最贵，不喜欢的送给我也不要。

张宗宪：我这个妹妹，对拍卖行的规矩一点都不懂。我常对她说，在竞拍时，你要看看周围举拍的都是些什么人，是否有意要把拍品的价位抬上去。可是她不管，只要她看中的，就不停地举牌，直到把所有的人打下去。

郑：是出于好强之心吗？

张：不。是出于喜欢。

郑：你以4000多万港元的高价拍得蝠桃纹橄榄瓶，我想它一定是你喜欢的了，可是你购进才一年多的时间，怎么又把它捐献了呢？

张：是啊。想不到你也提这样的问题，许多人也这样问过我。我女儿也说，你既然这样喜欢，为什么不多玩几年，现在就急于捐献呢？这的确是一件我最喜欢的东西，但是我一共才看到两次，一次是从拍卖行把它抱回家，一次是决定捐献之后，上海博物馆汪庆正副馆长及流散文物处许勇翔处长去香港交接时，从保险柜取出。到现在为止，只看到两次。刚刚拍进这个瓶子时，人家老是问我把它放在哪里。我说放在保险柜里。人家又问你什么时候能看到它？我说想看的时候去看。女儿也说，你既然这样喜欢，就放在家里，可以经常看看。我实在不敢把它放在家里。女儿又说你最喜欢的东西，又不能经常看，不是太可惜了吗？没有办法，这样的宝物，只好放在保险柜里。

郑：你在打算把它买进时，是否就已想到捐献的事呢？

张：没有想得这么多。只是喜欢。喜欢的我就要买。

郑：原先是不是准备投资？

张：没有。我买进之后，香港也有人要出高价向我买，但我不卖。就像买一栋自己喜欢而又要长期住下去的房子那样，不能因为涨价了就把它卖掉。

郑：你高价购进之后又捐献，对你来说是两个比较大的举动，事先有没有和家里人商量过？

张：没有。买进它是我喜欢的事情，捐献它也是我乐意的事情，干吗要和他们商量？我43岁才走出家门参加工作。对家庭我已经尽到责任了，对孩子我也尽到责任了，现在他们都已经成家，过着独立的生活。我现在要对社会尽责任，向社会做出一份贡献。

郑：正像你的女儿说的，为什么不多玩几年、多看几次，待尽兴之后再捐呢？

张：这样贵重的东西，不宜在私家久留。再说，我也到了这样的年纪，又有几个孩子，留给谁好呢？如果将来为了分钱，又要再次拍卖，说不定又到了外国人手里。我所以不惜以高价把它拍进，就是怕它再次流到境外，落到外国人手里。如果现在不捐献，说不定什么时候就又流落到国外了。

郑：捐献到哪家文物机构，你开始有所选择吗？为什么最后决定捐献给上海博物馆？

张：有过考虑。这件东西如果捐给北京故宫博物院，故宫的好东西多，人家也不一定在乎。我出生在上海，这里是我的故乡，有共同语言，有亲切感。它流落国外多年，现在应该是落叶归根的时候了。粉彩蝠桃纹橄榄瓶要落叶归根，我也要落叶归根。

我们交谈的时间不算短。在交谈的过程中，她的面部表情是朴素的，心态是平和的，语言的表述急切而热情，透露着青春的气息，是一种性格的本色。

张永珍说雍正粉彩蝠桃纹橄榄瓶"该是落叶归根的时候了",这是一种感慨,也是她最真实的心境。近100年来,这只花瓶一直在美国奥格登·里德家族中递藏。奥氏时任美国外交大使理事会主席、*Ambassadors Review* 总编辑。在此之前,他曾任过美国纽约《先驱论坛报》董事长兼总编辑,也曾就职于艾森豪威尔政府,出任美国驻以色列大使。他的母亲海伦·罗杰斯·里德是巴纳德大学董事会主席、纽约大都会艺术博物馆理事,也是蒋介石及宋氏家族的挚友。

雍正粉彩蝠桃纹橄榄瓶是在他母亲家族的纽约豪宅中发现的。据奥格登回忆,他幼年时见过几次,但从不知道它价值昂贵。那个年代,美国人喜欢把花瓶底部钻个洞,改装成为灯座,这个宝物也成了一个灯泡座,放在大屋角落的小茶几上,所幸的是底部没有钻洞。他外祖父的收藏品虽然大部分进了大都会艺术博物馆,但这只作为灯座的花瓶并没有引起家人的注意。

早些时候,奥格登打算把外祖父及父亲放在老家的一批古董拍卖,纽约苏富比的专家在无意中发现了这件沾满灰尘的珍宝。该瓶除了塞了半瓶黄沙外,还有一张1969年9月3日的《格林威治时报》。他知道这只花瓶可能很值钱,但不清楚到底值多少钱。

这个百年来被藏于美国人家、打破清代官窑瓷器拍卖世界纪录而"衣锦荣归"的花瓶拍卖场面,会留在那些参与竞拍者终生的记忆里。那天上午拍卖会大厅内,黑压压的全是人,连人行通道也挤得水泄不通。雍正粉彩蝠桃纹橄榄瓶是第532号拍品。拍卖官朱汤生(朱利安·汤普森)开始起拍前也来一次深呼吸,然后以900万元起拍。现场竞拍者此起彼落地争相举牌,令人目不暇接,报价表上的数字瞬息转换,朱汤生来不及招呼每一位举牌的人士,有些人紧张地叫出自己想承接的价钱。在大厅的中央只有张永珍穿着鲜红耀眼的衣服,一直气定神闲地竞拍。当叫到1300万和1700万时,都有新的竞拍者加入角逐,还有电话中的竞拍者跟着出价。此时张永珍早已把哥哥"如果价位抬得太高,就不要举拍"的提醒丢到脑后,像一匹不停蹄的骏马,毫不犹豫地再接再厉。"3100万!3200万!3300万!3400万!3500万……"当拍卖官叫至3600万元时,先前争先恐后的竞拍者摇头的摇头,慨叹的慨叹,最后都成了旁观者,有的说"我已尽力了"!

张永珍不假思索,志在必得,笑容可掬地举起606号拍卖牌,终以4150万元拍得这件粉彩蝠桃纹橄榄瓶。全场人士发出赞叹之声,热烈鼓掌祝贺。朱汤生事后表示,这是他从事拍卖50年以来最有纪念性的一次。

象牙塔外的创造与奉献

和我相对而坐的张永珍,虽然和我一样年近古稀,但仍然有着雍容高雅的气质,那大概是丽质天成吧。无法想象她在19岁告别上海到香港定居时是何等的靓丽。她到了香港不久,又去英国留学,认识了英国剑桥大学考古学教授、古画收藏家郑德坤之子郑正训,他们在英国相恋、结婚。婚后生儿育女,她就开始了象牙塔里的生活。她常对人说:"我们在英国认识和结婚,婚后我当了很长时间的家庭主妇。"如果以个人事业而言,她在43岁之前可以说是一片空白。她生有两儿两女,居然不请工人和保姆,事事都亲力亲为。直到孩子们长大成人之后,她决定走出家庭这个象牙之塔,到外面闯荡世界,实现自己的人生梦想和人生价值。

她的第一份社会工作就是创办杂志《象牙塔外》,并担任社长,这是一份关心香港妇女社会地位和未来的杂志。现在这份杂志虽说已经停办了,但它作为香港妇女活动的一面旗帜,留在了张永珍同一代女性的心中。

张永珍进军商界的第一个项目是经销内地的石油，注册成立了香港大庆石油有限公司，因为当时"王铁人"的精神在全国颂扬，也感染着香港人。她相信内地出口的石油中，一定包含着不少大庆油田的产品。创业初期，内地的石油在香港还没有仓库和油罐车，张永珍要向其他的公司租用，要看他人的脸色。"万事开头难，只要有勇气和恒心，目标一定能达到。"她凭着这个信念，凭着过人的胆识，率先开展了全天候的送油业务，在全港建立起了完整的销售网络。这样，初涉商海的张永珍硬是在外国石油一统天下的香港，为中国石油的销售打开了一片新天地，成为香港商界的名人。

张永珍后来又在上海投资第一幢由港资建造的雁荡大厦。这栋高25层的大厦，在1978年建成，她投资了5000万元。那时还在计划经济的模式中，房地产市场还没有开放，就连原本商业意识很强、精明的上海人也不知楼花为何物，更不认为房地产业在整个国民经济中是一个重要行业。张永珍给上海人上了一堂课，进行了商品房的启蒙教育。她也为上海房地产行业培育了一批精兵强将。每当她站在雁荡大厦前时，心中就有着许多的宽慰。回忆这段往事，她淡淡地说："那时投资5000万元，只是想做个试验，已做好了赔进去的思想准备。"

张永珍还牵线引进了一个中外合资项目——南京爱立信熊猫通讯有限公司。她担任瑞典爱立信电话有限公司的中国高级顾问，并同瑞典政府有着良好关系，曾先后帮助爱立信在南京和北京建了合资公司。这些合资公司后来取得了很大发展。1997年，张永珍荣获瑞典国王亲自颁发的瑞典皇家北极星勇士勋章，这是香港首位获得该项殊荣的商界人士。

随着海外对中国投资的增加，张永珍深深感受到国家对建设人才的渴求，因此，在她的倡议下，在香港中华总商会王宽诚、霍英东两任会长的支持下，中华总商会举办了培养内地经贸人才的"香港工商业研讨班"，张永珍任研讨班主任。这期间，她精心策划、审定教学方案、教学规划，邀请国内大学的老师来香港参加香港工商业研讨班讲学。在14年中，研讨班共举办了42期，为全国30个省、自治区、直辖市培训了1200多名学员。虽然耗费了她许多时间和精力，但她依然乐此不疲。1995年，张永珍荣获香港城市大学颁发的工商管理学名誉博士学位。她捐助1800多万元为该校建造一座大楼，为海内外到香港进修的人士作课堂和宿舍之用，也为该校提供一个国际人才交流的学习环境。她说："现在看来，培养一批人才，比引进某一个项目似乎更为重要。我的物质财富可能不比别人多，但是我在精神上很富有。"

事业获得成功的张永珍，热心公益，回报社会。她对内地尤其是边远地区的教育事业倾注了许多心力，先后捐建了几十所希望小学，还为全国妇联捐款200万元用于春蕾计划，帮助失学女童上学。1998年，她捐资20万元在宁夏西吉县建造了一所民族团结小学。2001年9月，她决定再捐100万元，用作补充教学设备，改善学生的生活。在黑龙江大庆市杜尔伯特蒙古族自治县巴颜查干乡，有一个曾获联合国人居奖的"永珍王府新村"，其中也凝聚了她的一片爱心。1998年，这里遭受了特大洪涝灾害，村民的房屋被冲毁，只得搬到山上栖居。张永珍从照片上得知这一切后，毫不犹豫地捐了1060万元建造农民新村。当时正是东南亚金融危机影响香港之际，张永珍此举无疑引起了极大的反响。312户居民为了感谢张永珍的善举，将新村命名为"永珍王府新村"。此后，张永珍又捐助40万元，用于当地发展畜牧养殖业。

张永珍曾留下"走一路，捐一路"的佳话，她先后向四川省海外联谊会捐赠100万元，其中50万元赠予成都大熊猫繁育研究基地，50万元用在四川省自贡市和凉山州各修建一所希望小学；还向重庆市人民政府捐赠了100万元，分别在重庆市万州区及重庆市西阳县兴建希望小学。她说："赚钱很辛苦，但只要花得有意义，我很舍得。"2001年年底，张永珍被增选为中国光彩事业促进会副会长，中央统战部副部长胡德平在推荐词中赞扬张永珍自1994年至2001年先后捐款1亿多元用于内地的教育、扶贫、救灾等光彩事业和社会事业的义举。十多年来,她捐款 2 亿元而不广为人知。

正是因为有了如此众多的公益和慈善义举,张永珍把以天价购得的,而且又是她最喜爱的雍正粉彩蝠桃纹橄榄瓶慷慨捐献,也就不难理解了。她谦逊地说:"我这只不过抛砖引玉罢了。"

萝卜张:古董市场风云人物

要进一步了解张永珍收藏情趣形成的文化环境,有必要先了解一下张氏家族的前世今生。张家没有家谱之类的文字传世,根据金石碑帖鉴藏家褚德彝《竹人续录》一书中褚氏撰写的《张西桥传》一文可知,张宗宪(原名张永元,字宗宪)的祖父张钰(1870—1924),字楫如,号西桥,江苏武进(今常州)人,出生于一个小康商人家庭。张楫如早年曾在煤店做学徒,几年后离开到苏州学做木工雕刻,得到其师傅手艺之传。光绪十二年被官府征雇做木工雕刻,数月之后才放归,心中耻辱不已,就此发誓不再做木匠,租赁一间小屋种植盆栽为生。在此期间认识了碑帖鉴藏大家费念慈,费氏对张楫如的木刻手艺极为赞赏,费氏此时正在桃花坞建造住宅,就让张为其镌刻名人书画悬挂于壁间。费氏所藏青铜器、书画卷册等木盒上的题签,均由张楫如镌刻。后来,张氏移居上海,专工竹刻、治印和微雕,得到了褚德彝的赏识并向友人推荐,求者无虚日。但可能由于长期从事竹木雕刻而吸入粉尘,张楫如后来得肺病而亡,年仅 54 岁。

张宗宪的父亲张仲英(1899—1969)在家中排行第四,曾读过几年私塾,16 岁时到上海集粹阁古玩店当学徒,跟老板王鸣吉学习瓷器鉴定,后被另一家古玩店味古斋老板沈觉仁挖走,沈氏临终前将自己的女儿和店铺托付给张仲英。张接手后将店名改为聚珍阁,开始做洋庄

（外国人）兼本庄（本国人）生意，在 20 世纪 40 年代中后期，成为上海六大著名古董商之一（另五位是仇焱之、戴福葆、张雪庚、洪玉林、管复初）。1956 年，聚珍阁被公私合营，张仲英进入上海文物商店工作，后在"文革"期间因病未得到及时抢救而去世。张仲英共生有子女七人（其中两人夭折），依次是张永娥（姐）、张永芳（哥）、张永元（宗宪）、张永珍（妹）、张宗儒（弟）。

张宗宪，英文名叫罗伯特·张（有人戏称"萝卜张"），在古董市场声震八方，是位风云人物。他穿着讲究，鼻梁上架着墨镜，有时是白色西装、白色皮鞋，头发梳得根根精光，拍卖时往往拿一号牌，坐在第一排，在香港的拍卖市场是有名的"天下第一顶"。1993 年，上海朵云轩举行首次拍卖，当第一号拍品——丰子恺的《一轮红日东方涌》上拍时，起拍价为 2 万元，随着叫价交错上升，张宗宪把它"顶"到 11.5 万元而得手，高出起价的 4.8 倍。最后一件拍品是王一亭的《皆大欢喜》，张宗宪把它"顶"到 12 万元，可谓善始善终，帮了朵云轩的大忙。对此，他也自鸣得意，说："不要说千斤顶，就是万斤顶也没有我顶得厉害。"

为了赶拍卖场子，他经常在空中飞来飞去，所以他把自己的藏画处叫"云海阁"。云海阁里陶瓷、玉器、钟表古玩、传统书画、华人油画，可以说应有尽有，不少是令人铭心的作品。

一天，他在上海花园饭店的咖啡厅里接受我的采访，他是个嘴巴没遮拦的人，海阔天空地谈了一通，就算正式开始了采访。

郑：你妹妹好收藏，和你们家庭的文化背景有关系吗？

张：妹妹是位收藏家，我是个古董商人，当然和家庭背景有关。我的祖父张楫如，是苏州有名的竹刻家，尤善于刻竹扇骨，制作鸟笼等手艺也很精致，算是有艺术细胞吧。我父亲这一辈就到了上海，做古董生意。父亲叫张仲英，开了一家聚珍阁古董店，专营明清官窑瓷器，在上海很有名，大收藏家都是在我父亲这里买东西。我们看到父亲买进卖出，能不受影响吗？

郑：你可谓是子继父业。

张：我小时候是个浪荡子，但不是败家子，我没有败自己的家。16岁就出去跳舞，没有什么成绩，父亲就把我赶到苏州。苏州没有舞厅，没地方跳舞了，我就开一家百货商店，后来又开了戏院，也做过服装生意。1949年我21岁，到了香港，身上只带20美元。在香港，我两眼一抹黑，没有朋友，没有亲戚，没有钱，不懂广东话，也不懂英文，可谓五大皆空。那种苦别人是受不了的，再苦下去，香港就无法待了，回上海没面子，我曾一度想去广州参加革命，投奔军政大学。但我还是坚持下来了，慢慢往上爬，开始做服装生意，慢慢有了基础。经过10年的奋斗，到31岁开始有好转。以后就做古董生意，渐渐地发展起来。

郑：你妹妹说她去你那里买东西，你不愿卖给她，有这样的事吗？

张：她要到我家里买东西，我说家里不卖东西，要买必须经过拍卖行。因为我的东西都寄放在拍卖行，由他们租仓库，由他们买保险，我要卖东西，也经过他们拍卖。妹妹知道我的东西不会错，都是真货加精品，我这个哥哥应该是可信的。我的东西，她先后也拍了几千万元，一件康熙珐琅彩，她就花了1000多万元。你已知道了我妹妹的脾气，她喜欢的东西志在必得，会不停地举拍，直到没有人应投为止。特别是拍我的东西，这样就容易引起别人的误解，认为她是有意把价钱顶上去。实际上她不是这样的人。

郑：你的货从哪里来呢？

张：到处找货源啊。妹妹经常去欧洲，从那里会买到一些东西回来，价钱不高，东西也好。后来她把我带到欧洲，我从那里买回不少东西，这样货源的问题解决了，局面也打开了。

郑：你的藏品最能吊人眼珠子的是什么？

张：一言难尽。1993年6月香港佳士得为我开了一个收藏展，来自世界各地的600多位古董商看了我的收藏，件件让他们吊眼珠子，你去看了，两个眼珠子都会吊着。像宋代磁州窑白底釉下褐釉划牡丹纹梅瓶，龙泉窑三足弦纹式炉，明清官窑有明成化青花碗、清康熙五彩盘、清雍正黄地龙纹大碗、清康熙郎窑红胆瓶。书画方面在锦江展出208件，你去看过的，我就不说了，那次展览也是让你吊眼珠子吧？

郑：买回来的古董还要销售出去，销售不出去怎么办呢？

张：我的东西，何愁售不出去，人家抢还来不及呢。不过我不能像妹妹那样玩古董，她有钱，可以只进不出。我不行。我要进进出出。有的是替人代卖、代拍，我只收取中介费。我从欧洲买回来的东西，无论是卖给香港人还是台湾人，东西都是留在中国的土地上，对文物来说是落叶归根。我为台湾人代理，也引起一些人的妒忌，说"萝卜张"只会跳舞，又不懂英文，你们为什么那样相信他？我的委托人就说，你们说"萝卜张"不行，是否要把他的生意抢过来，托你们的人代买？"萝卜张"虽然爱跳舞，但他的敬业精神是一流的，有眼光，有魄力，有精神，从来没有给我们买假货，你们能办到吗？

郑：和你相识多年，我觉得你是天马行空，久经沧海。

张：是的。黄君实最后给我写了"天马行空"四个字。我现在是78岁，夕阳西下，但我说我的精神是38岁，生龙活虎，口没遮拦；我的心有90岁，比90岁的人懂得还多，红黄蓝白黑，方方面面，什么都懂。这和我的人生经历有关。

郑：听说你在苏州的"张园"装潢很怪，把太湖石假山涂成金黄的和银白的，看来你是要在苏州养老了。

张：任何事情怪到底就变成美了。我说美国总统有"白宫"，我在苏州有"红宫"。人老了，总要落叶归根的嘛，我还是要回到苏州。

后　记

　　《海上收藏世家》和《京华收藏世家》都是很多年前写的文字，早已蒙上一层灰尘，在我的记忆中已沉寂了。还是在生活·读书·新知三联书店的编辑唐明星小姐高谊盛情的感召下，我又重操旧业，进行梳理，文字背后的故事又都活跃起来，浮现在眼前。

　　20世纪90年代末，我已退休，告别了记者生涯。在消闲中，与文博大家马承源、汪庆正相遇。那时上海博物馆新馆已建成，对观众开放展览。马、汪二位都真诚地邀请我到博物馆去"坐坐"。他们都是我的朋友，过去我是经常去博物馆，到他们那里坐坐的。

　　1949年后，中国博物馆的文物陈列，都是以阶级斗争为纲，作通史式的展览，按照朝代的序列呈列，文物杂陈，使观者无法看到文物自身发展演变的规律。"文革"后期，他们冲破了这种陈列旧规，分别开辟了青铜馆、书画馆、陶瓷馆，给人耳目一新之感。那时，我就感到他们不只是有真知灼见的专家，而且是有胆有识的文博大家，于是在报纸上给以"鼓吹"，从此和他们的往来就更多了。

　　新馆落成，又承蒙他们的盛情，我真的应该去"坐坐"了。第一次去"坐坐"的时候，马承源陪同并作介绍，不是介绍文物，而是介绍贵宾室的小桥流水、曲径通幽，介绍堆假山用的基石、门前广场铺地用的花岗石、大门外的几尊雕塑坐在什么地方、他人是怎样运到上海来的。当我再次去时，就坐到专门为我开的一间办公室里。马、汪都客气地说："对你没什么要求，你想干什么就干什么。"并带我去了办公室、保管部的库房、图书馆，算是向他们打了招呼，只要我有什么需要，都给予支持。这样一"坐"就是七八年，为我开启了一扇重新学习的大门，也可以说是我人生求知道路上的一次大转折。

开始坐在那里，我有些彷徨，无所适从，不知干什么好。一次，我看大厅的墙壁上陈列着收藏家的名单，心中为之一动，想到在名单的后面一定有收藏家的故事。更何况在"文革"期间，我见到过几位老收藏家。他们那时是破帽遮颜，但是在破帽下，特别是看到文物时那双炯炯发光的眼睛，给我留下深刻的印象。我当时就想，何不做一个收藏家的话题。

上海市文物管理委员会成立之始，文博大家、文管会的主政者徐森玉就定下了"要善待收藏家"的规矩，从此这条规矩也就成了上海博物馆的传统。60年过去了，直到今天，在展厅中文物的标签上，仍然可以看到捐献者的姓名。在上海博物馆，我看到保存完好的收藏家档案，不只是装订成册，而且分门别类地装进特制的盒子里。这些档案中有收藏家的原始收藏记录，收藏家写给上海文管会或博物馆的信函，收藏家捐献文物的清册以及文物保管人员去收藏家的家中清点文物的记录，有的还留有图片。

开展对收藏家的专题研究，需要进行一些采访。这时我发现上海博物馆专设有收藏家联系的机构，有专人负责。对收藏家当时存在住房、生活、生病、养老等诸多困难，他们不但了如指掌，而且和有关部门进行联络沟通，帮助解决。他们介绍我访问了一些收藏家和收藏家的后代。从他们那里我听到许多收藏故事，还陪我看了收藏家的故居。有的收藏家或后代还给我看了"宜子孙"的镇宅之宝，这些都是他们没有舍得捐赠给博物馆，为家庭留下的纪念之物，可谓是稀世珍品。此外，还有许多难得一见的老照片。

更为复杂的是对收藏家捐献文物的鉴定，但凡我需要看的文物，写出申请，经马承源或汪庆正签字批准，即可从保管部库房提取，其中有书法、绘画、小件青铜器、瓷器、古钱、金银币、纸币、玉器、佛像……使我有些眼花缭乱，更感到知识缺乏，就诚实地向专家请教，专家们也给予热情的指点和解释。对于出版时需要的插图，他们都慷慨地提供照片，对博物馆的专家，我是以老师尊之，直到现在遇到问题，还在请他们释疑解难。

往事历历，物是人非。重现20年前采访写作的文字，我已经有着这样的感受，更何况那些文物呢？它们存世的时间长则数千年，短则也有数百年；有的长期寄宿于民间，有的深居皇宫内府。围绕着它们的流转，演出了生动的历史活剧，但它们都在静静地冷眼旁观。它们无论在哪里，那些收藏者、保护者显然都是匆匆过客，但他们都肩负着历史使命，扮演着传承文化的角色。我笔下的这些人物又何尝不是如此？但试问今天他们安在？

徐娘半老，再度出嫁，总是要经过一番化妆打扮的。万君超先生删繁就简，为之瘦身。我又补其不足，调整篇目，使此部《海上收藏世家》成为与另一本《京华收藏世家》风格一致的姐妹篇，不知读者诸君以为如何？

敬请批评指正。

郑重
2020年3月10日